von G für

Kristina.

24.12.02

Alexander Demandt
Über allen Wipfeln

Alexander Demandt

Über allen Wipfeln

Der Baum in der Kulturgeschichte

2002

BÖHLAU VERLAG KÖLN WEIMAR WIEN

Die Deutsche Bibliothek – CIP-Einheitsaufnahme

Demandt, Alexander:
Über allen Wipfeln: der Baum in der Kulturgeschichte /
Alexander Demandt. – Köln ; Weimar ; Wien : Böhlau, 2002
ISBN 3-412-13501-1

Umschlagabbildung: Moritz von Schwind, Im Walde
(Des Knaben Wunderhorn), um 1848, Schack-Galerie München
(Foto: Artothek, Weilheim)

Ursulaplatz 1, D-50668 Köln
Tel. (0221) 91 39 00, Fax (0221) 91 39 011
vertrieb@boehlau.de
Umschlaggestaltung: Kerstin Koller, Köln
Druck und Bindung: Friedrich Pustet KG, Regensburg
Gedruckt auf chlor- und säurefreiem Papier.
Printed in Germany
ISBN 3-412-13501-1

Inhalt

Für Daphne

Vorwort

Der GeheimeRat wird es mir nachsehen, wenn ich die Kopfzeile seines Nachtliedes abgewandelt habe – oder könnte ihm nicht selbst diese Formulierung zuerst eingefallen sein, ehe sein Sang die Form gewann, in der er ihn am 6. September 1780 in der Jagdhütte auf dem Kickelhahn über Ilmenau an die Wand schrieb? Fünfzig Jahre später, am Tag vor seinem letzten Geburtstag, bestieg er nochmals die mit Heidelbeersträuchern bewachsene Höhe, „ergötzte sich über die herrliche Waldung" und rekognoszierte die Bleistiftinschrift – sie war noch vorhanden, bis das Haus im Herbst 1870 ein Raub der Flammen wurde.

Bäume hatten es ihm angetan – wen wundert dies? Zu allen Zeiten haben sie Menschen fasziniert. So auch mich. Die „dauerhaften Holzgewächse mit ausgeprägtem Stamm und bevorzugtem Längenwachstum an den Spitzen des Sproßsystems" – wie die Lexika lehren – reizten schon den Knaben zu waghalsigen Ausflügen in die Höhe. Jeder Kletterbaum forderte mich heraus. Ich versuchte mich daran, bevorzugt allein, um nicht verlacht zu werden, wenn's mißlang. Mich schaudert, wenn ich heute vor einem der alten Lindheimer Bäume stehe und mir sage: dem bist du mal als Quintaner in die Krone gestiegen. Dann die Pfadfinder-Zeit, die Wochen in den Büdinger Wäldern fernab der geschäft'gen Welt bestätigten meine Vorstellung vom lieben Gott: als runzliger Mann mit weißem Bart mir undenkbar, wohl aber als gewaltiger Baum. Und schließlich die Entdeckung: All jene Farben waren mir angenehm, die an unseren Bäumen vorkommen.

Der Baum war das bevorzugte Thema meiner lyrischen und graphischen Federspiele. So habe ich Gedanken zu dem vorliegenden Werk seit langem absichtslos gesammelt. Es ging mit ihm gemäß dem Gleichnis vom Senfkorn im Matthäus-Evangelium (13, 31). Nicht nur das Himmelreich – auch Anderes gelangt aus kleinen Anfängen zu überraschender Größe: so dieses Buch. Aus verzweigten Wurzeln ist es erwachsen, hat Jahresringe gewonnen, und Früchte verspricht es allen, die es zu nutzen verstehn. Wer es gelesen hat, wird Bäume mit anderen Augen betrachten. Jedes Buch über den Baum ist ein Plädoyer für den Baum.

Gestalt gewonnen hat das Thema auf einem unserer literarischen Spaziergänge in der heimischen Gemarkung, vielleicht über die Kuhwiesen am Seemenbach oder auf dem Brendelweg zum Teufelsgraben. Da kamen Bruder Ecke und ich auf die Frage, wie sich verschiedene Völker und Zeiten zu einzelnen Bäumen verhalten haben und damit einen Teil ihres Wesens zum Ausdruck brachten. Daraus entstand jener zweiseitige Miniatur-Essay »Bäume und Zeiten«, den der unvergessene Joachim Günther 1986 in seine Neuen Deutschen Hefte (33, S. 496f) aufgenommen hat. Er enthält, wie das Senfkorn, *in nuce* die gesamte, hier ausgefaltete Thematik. Im Anhang ist er nochmals vorgelegt.

Dann aber hat mich der Stoff nicht ruhen lassen. Ich habe weiteres Material gesammelt und wollte in den Weihnachtsferien 2000/2001 daraus einen längeren Aufsatz für den zweiten Band meiner Historica Minora machen. Aber Baum nach Baum gesellte sich herzu wie einst um den singenden Orpheus (s. 5y). Es zeigten sich die Konturen eines thematischen Längsschnittes durch die Geschichte, wie ich ihn in keinem anderen Baumbuch gefunden habe. Es gibt deren viele, doch behandeln sie stets nur Ausschnitte. Das Thema scheint noch nicht umfassend behandelt. Der Grund liegt nahe: Mehrere Disziplinen sind gefragt: Geschichtswissenschaft in Altertum, Mittelalter und Neuzeit, Religions- und Rechtsgeschichte, Literatur- und Kunstgeschichte, Philosophie und Botanik, Volks- und Völkerkunde – und all dies durch die Jahrhunderte in verschiedenen Kulturkreisen. Dazu die unerschöpfliche Fülle des Stoffes, sie erschwert den Überblick.

Die Spezialuntersuchungen des 19. Jahrhunderts sind quellennah und materialreich, daher unentbehrlich, aber schwer lesbar. Hier steht an erster Stelle Jacob Grimms »Deutsche Mythologie« (1835), gefolgt von Wilhelm Mannhardt mit seiner Darstellung der alteuropäischen »Wald- und Feldkulte« (1875/1905). Über die Pflanzen im griechischen Mythos unterrichtet uns umfassend Josef Murr (1890); die Frühzeit der europäischen Nutzpflanzen ist das große Thema von Victor Hehn (1911). Viel Stoff über Bäume bietet ebenfalls James Frazer, The Golden Bough (1890/1922) im weiten Rahmen der Religionsgeschichte aller Zeiten und Völker. Beinahe alles über bemerkenswerte Eichen findet sich bei Paul Wagler (1891/92). Die seit 1892 erscheinenden Mitteilungen der Deutschen Dendrologischen Gesellschaft enthalten auch Beiträge zur Kulturgeschichte.

Den neueren, oft vorzüglich bebilderten Darstellungen (Gollwitzer 1984; Fröhlich 1989; Selbmann 1993; Eggemann/Steiner 1995; Mader 1996; Laudert 2000) fehlt zumeist die historische Tiefe, die quellenkritische Fundierung und nicht selten die gebotene Distanz zur mystisch-mythischen Esoterik – so der materialreichen Arbeit von Brosse (1990). Wie leichtfertig geht man mit dem Begriff „Lebensbaum“ um! Der in literarische wie künstlerische Baumdarstellungen hineingedeutete Hintersinn ist oft ebenso schwer nachvollziehbar wie die angeblichen Zusammenhänge in der ikonographischen Tradition, wo Baum und Stab, Kreuz und Lilie, Säule und

Pfahl ineinander übergehen, auseinander abgeleitet werden. Die Sehnsucht nach Sinn ist die Mutter des Unsinns.

Ein großer Wurf ist Simon Schama, *Landscape and Memory* (1995), etwas irreführend unter dem Titel »Der Traum von der Wildnis« eingedeutscht. Der Autor ist *Professor of Humanities* an der *Columbia University* und behandelt die Ideologie der Landschaft allgemein. Er konzentriert sich auf die letzten Jahrhunderte der europäisch-amerikanischen Naturbetrachtung, doch fehlt es nicht an weitreichenden Rückblicken. Mir geht es um weniger und mehr zugleich: nur um Gehölze, aber die zurück in die Tiefe der Zeiten. Mein Versuch einer quellenorientierten und zugleich lesbaren Zusammenfassung war ein intellektuelles Risiko, doch ist nicht seit Montaignes fünfzigstem Essay der „Versuch" eine seriöse Gattung?

Drei Probleme waren zu lösen. Das erste betraf die Auswahl der Zeugnisse: Welche der 341 Belege für Ulme in der *Patrologia Latina* müssen zur Sprache kommen? Sollte die Zerstörung der Götterbäume von Schkeitbar genannt werden? Verdienen die Baumbilder von Pascha Weitsch Erwähnung? Das zweite war die Anordnung des Stoffes: Gehören die Baum-Exempla der lateinischen Kirchenväter in die jüdisch-christliche, die antik-römische oder die mittelalterliche Rubrik? Welcher Epoche ist Goethe zuzurechnen? Noch dem Rokoko oder schon der Romantik? Hier ist auf das Register zu verweisen, auf das ich Sorgfalt verwendet habe. Das dritte Problem waren die Proportionen. Ist die Antike nicht zu breit vertreten? Der Leser möge das nicht als Eigenliebe des Althistorikers verstehen, sondern angesichts der reichen Rezeption antiker Baumsymbolik entschuldigen. Unberücksichtigt blieben die amerikanischen Kulturen und die Naturvölker – die eurasische Tradition bietet mehr als genug. Nur sporadisch berücksichtigt wurde schließlich das verbreitete Brauchtum um Bäume. Das Register im »Handwörterbuch des deutschen Aberglaubens« enthält drei Spalten Stichwörter.

Mein Buch sollte und durfte weder ein Wälzer noch eine Enzyklopädie werden – nur das Wesentliche konnte zur Sprache kommen, schon um das Publikum nicht zu ermüden. Die Meinung des Kallimachos, sinngerecht verkürzt, *mega biblion mega kakon* – „ein großes Buch ist ein großes Übel" teile ich zwar ebensowenig wie Athenaios (72 A), habe aber Verständnis für jene, die sie vertreten. Dagegen kommen die nicht in Betracht, die mit Plinius (Briefe I 20, 4) meinen, ein gutes Buch sei um so besser, je dicker es ist. Der ideale Leser, wie Du, liebe Daphne, sucht nicht nur Unterhaltung und Belehrung, sondern auch Anregung – er denkt selbst weiter. Dazu muß der Autor ihm Gelegenheit geben, Lücken lassen. Dies habe ich getan. Georg Christoph Lichtenberg bemerkte einmal, es gebe Menschen mit der Fähigkeit, überall noch etwas hinzuzufügen. Dem habe ich meinerseits nichts hinzuzufügen außer dem Wunsch, daß dies so bleiben möge.

Der Baum ist ein unablässiger Denkanstoß, ein unergründlicher Gegenstand der Meditation, eine unerschöpfliche Quelle der Inspiration. Die Botschaft der Bäume hat sich in der Kulturgeschichte allenthalben niedergeschlagen. Dieser Begriff ist hier eng gefaßt, nicht nur als Gegensatz zur Naturgeschichte, die dem Historiker ohnehin nicht ansteht, sondern auch im Unterschied zur Zivilisationsgeschichte, zur Technikgeschichte und zur Wirtschaftsgeschichte, wovon ich in der Regel absehe. Es geht mithin weder um Botanik noch um die lebenspraktische Bedeutung der Bäume, ihres Holzes und ihrer Früchte, so unentbehrlich sie waren und sind für die Ernährung und das Bauwesen, für das Handwerk und die Heilkunst. Dafür ist auf Johannes Hoops (1905), Victor Hehn (1911) und Ludwig Reinhardt (1911) zu verweisen. Dem Bauholz in der Antike hat Meiggs (1982) ein Buch gewidmet.

Es geht mir nicht um die Geschichte des Forstbetriebes, behandelt von Kurt Mantel (1965) und Karl Hasel (1985), auch nicht um die Geschichte des Gartens und der Parks, die durch Marie Luise Gothein (1914) umfassend geboten wird, nicht um die Geschichte des Waldes, die uns Hansjörg Küster (1998) dargestellt hat. Mein Augenmerk gilt vielmehr der Haltung der Früheren zu den Bäumen, deren stets wechselnde und doch immer vorhandene Rolle im Bewußtsein, in der Phantasie: in Religion und Mythos, in Poesie und Kunst, im Denken und Fühlen; kurz: Es geht um die Bäume in den Köpfen.

Zu danken habe ich für wundersame Baumvermehrung vielen Freunden, nicht nur aus Berlin, Europas baumreichster Stadt. Geholfen haben: Albrecht Berger, Wolfgang Blösel (Greifswald), John Carey (Cork), Manfred Clauss (Frankfurt), Klaus Peter Decker (Büdingen), Barbara Demandt – sie las mit, Jörg Dendl, Kay Ehling (München), Iradj El-Qalqili, Arnold Esch (Rom), Peter Robert Franke (München), Hiltrud und Julian Führer, Britta Garstka, Thomas Gerhardt, Andreas und Maren Goltz (Leipzig), Tankred Howe, Sven Felix Kellerhoff, Anne Kugler, Dietrich Kurze, Rainer Leonhardt, Bernd Löhberg (Wülfrath), Wolfgang Maaz, Werner Portmann, Uwe Puschner, Johannes Renger, Holle Scheffler (Grünberg), Heinrich Schlange-Schöningen, Daniel Schönpflug, Ernst Schubert, Eckhard von Schütz, Hans-Dietrich Schultz, Frederik Schulze, Hagen Schulze (London), Gilbert Schwarz, Gotthard Strohmaier, Charles Marie Ternes (Luxemburg), Hans Georg Thümmel (Greifswald), Annedore Tischer, Harald Völker und Ulrich Wanke. Ein ganz besonderer Gruß gebührt meiner Sekretärin Renate Meincke. Trotz schwerer Belastungen hat sie mit zäher Geduld und wachem Sachverstand meinen – wie stets – mit der Feder geschriebenen Text in den Rechner getippt, die späteren Ergänzungen und Verbesserungen ausgeführt, bis schließlich die vorliegende Fassung – es mag die zwanzigste sein – fertiggestellt war.

Wenn es mir nicht gelungen ist, alle Seiten meines Themas zu erfassen, so tröstet mich Nietzsche: „Ein historisches Phänomen, rein und vollständig erkannt und in ein Erkenntnisphänomen aufgelöst, ist für den, der es erkannt hat, tot". *Quod absit.*

Lindheim, Palmsonntag 2002 Alexander Demandt

1. Bäume und Menschen

	a.	Brechts Redeverbot
Nutzen der Bäume	b.	
	c.	Nahrung
Werkstoff	d.	
	e.	Material
Schönheit: Gestalt	f.	
	g.	Blätter
Rinde	h.	
	i.	Blüte
Jahreszeiten	j.	
	k.	Lebensgefühl: Goethe
Brauchtum	l.	
	m.	Ebenbild des Menschen
Anpassung	n.	
	o.	Drei Sphären
Verletzbarkeit	p.	
	q.	Geschlechtlichkeit
Lebensalter	r.	
	s.	Wald
Sprichwort	t.	
	u.	Stammbaum
Mikrokosmos	v.	
	w.	Denkbild
Zeit wird sichtbar	x.	
	y.	Jahresringe
Dendrosophie	z.	

Die Seele wird vom Pflastertreten krumm.
Mit Bäumen kann man wie mit Brüdern reden
und tauscht bei ihnen seine Seele um.
Die Wälder schweigen. Doch sie sind nicht stumm.
Und wer auch kommen mag, sie trösten jeden.
Kästner

1. Bäume und Menschen

a. Was sind das für Zeiten, wo/Ein Gespräch über Bäume fast ein Verbrechen ist,/Weil es ein Schweigen über so viele Untaten einschließt!" Brechts Svendborger Mahnwort »An die Nachgeborenen« war 1937 kaum berechtigter als heute. Müßten wir nach dem, was am 11. September 2001 in Amerika passiert ist, nicht zusätzlich auf das Reden über Obst und Blumen verzichten? – Und dennoch hat das Elend seiner Zeit auch Brecht nicht abgehalten, Bäume zu besingen. Sein erstes einschlägiges Gedicht von 1913 galt dem »Brennenden Baum«, es folgten das »Lied vom Geierbaum«, die »Großen Bäume in den Niederungen« und die »Geburt im Baum«. Die »Morgendliche Rede an den Baum Griehn« wurde später orthographisch in *Green* anglisiert. Brechts »Zu Potsdam unter den Eichen« von 1927 ist ähnlich wie die »Ballade vom Baum und den Ästen«, wie das Gedicht »Sie sägten sich die Äste ab«, auf denen sie saßen, und das traurige Kinderlied vom »Pflaumenbaum« getragen von prophetischer Melancholie über den Hitler-Wahn. Doch auch nach dem Krieg dichtete Brecht noch über Bäume: »In den Weiden am Sund«, »Tannen« und der »Einarmige im Gehölz«. Es lohnt sich, mit dem Dichter über » das »Klettern in Bäumen« zu fabulieren. Kann der Hurtige doch dadurch den Sonnenuntergang rückgängig machen! Gewiß: nur zeitweise – was aber wäre im Leben nicht „zeitweise"?

b. Brechts Nähe zu Bäumen steht in einer alten Tradition. Kein anderes Geschöpf ist mit dem Geschick der Menschheit so vielfältig, so eng verknüpft wie der Baum. Das beruht zunächst auf dem Nutzen der Bäume. Sie bringen nährende Früchte für Mensch und Vieh, spenden Schatten und Schutz, liefern Bast und Holz. Wälder mäßigen das Klima, schaffen fruchtbaren Boden und bewahren ihn vor Erosion durch Regen und Wind. Sie sammeln das Grundwasser, speisen die Quellen und mildern Überschwemmungen, sie schützen vor Sturm und Lawinen. Das Blattwerk setzt bei der Photosynthese den Sauerstoff frei, den wir zum Atmen benötigen. Grünflächen reinigen die von Menschen und Maschinen verpestete Luft, Parks sind die „Lungen" der Städte.

c. Bäume lieferten den Menschen der Frühzeit die ersten Grundnahrungsmittel. Vor der Einführung des Getreidebaus, den die Griechen als Geschenk der Göttin Demeter, der göttlichen Erdmutter, ansahen, haben Nüsse, Bucheckern und vor allem geröstete Eicheln den Hunger gestillt. Man wußte, daß der Getreide-Anbau nicht schon immer üblich war und entsann sich des Stadiums zuvor, das wirtschaftlich zurückgebliebene Völker noch zur römischen Kaiserzeit aufwiesen – so in schwer zugänglichen Gegenden Spaniens. Zum Mästen der Schweine dienten Eicheln und Bucheckern bis ins 19. Jahrhundert. Die ernährungswirtschaftliche Funktion verlagerte sich dann auf die Obstbäume.

d. Bäumen verdanken die Menschen durch die Jahrtausende den wichtigsten Werkstoff. Nach dem charakteristischen Material für Geräte wurden Geschichtsperioden benannt. Demgemäß unterscheiden die Historiker seit Oskar Montelius (1843 bis 1921) Steinzeit, Bronzezeit und Eisenzeit. Von einer „Holzzeit" zu sprechen wäre sinnlos, denn diese dauert vom Urmenschen bis heute. Die Kulturgeschichte beginnt mit dem Feuer, das der Blitz in die Bäume schlug, und mit dem Werkzeug, für das Holz zu allen Zeiten unentbehrlich war. Schon die Stiele der Steinbeile waren vor siebentausend Jahren so hölzern wie die unserer Äxte. Holz lieferte die Energie zum Kochen, Heizen und Töpfern. Holz-, Braun- und Steinkohle, aus Bäumen entstanden, machten die Metallschmelze möglich. Ohne Bäume keine Seefahrt. Holz begleitet uns durchs Leben, auch wenn die Blockhäuser und das Fachwerk selten geworden sind: Hölzern sind noch heute unsere Möbel, hölzern die Wiege, das Ehebett und der Sarg. Beim Lesen der Zeitung am Frühstückstisch sollten wir die skandinavischen Fichtenwälder nicht vergessen, aus denen das Papier gewonnen wird.

Bäume unterscheiden sich in ihrer Eignung für menschliche Zwecke. Holz ist nicht gleich Holz. Aus Esche werden Stiele für Axt, Spaten und Hacke gemacht, ebenso einst Speere – während die Linde den Schild, die Eibe den Schießbogen lieferte. Letztere bot auch das Gift für Pfeile. Gute Möbel sind aus Buche, Körbe und Zäune aus Weiden, Fässer und Häuser aus Eiche gefertigt. Ihr Holz trotzt Jahrhunderten. Aus leichtem Nadelholz wurden Jahrtausende hindurch die Schiffe gezimmert. Die Seemächte Karthago und Venedig, England und Holland wären undenkbar ohne die schwimmenden Bäume, Macht auf Holzgrundlage. Die Vereinigte Niederländische Ostindische Kompanie beherrschte die Meere Asiens mit Schiffen aus Schwarzwald-Tannen. Unter ihnen spukt der Holländer-Michel in der Kleidung der Flößer, jener Waldgeist aus Wilhelm Hauffs »Kaltem Herz«.

e. Die Bedeutung des Holzes für das Bauwesen spiegelt sich in der Wortgeschichte von „Material". Lateinisch *materies* oder *materia* – „Stoff, Baustoff, Brennstoff" und dann „Stoff" überhaupt – kommt von *mater* –

„Mutter“, meint damit jedoch nicht diese, sondern im übertragenen Sinne den Baumstumpf mit seinen Schößlingen, das Niederholz. Ganz ähnlich entwickelte sich im Griechischen das Wort *hylē*, das zunächst „Wald“ bedeutet und dann über „Holz“ und „Baustoff“ den Sinn von „Materie“ schlechthin gewann. Das deutsche Wort „Baum“ wird von „biegen“ abgeleitet – nicht sehr überzeugend, denn Mangel an Geschmeidigkeit nennen wir „hölzern“.

f. Bäume sind nicht nur nützlich, sie sind auch schön. Die Frage warum? kann nur ein Blinder stellen – oder jemand, der seiner Augen nicht würdig ist. Die Grundform der Bäume ist stets gleich: verzweigtes Wurzelwerk, singulärer Stamm, ausladende Krone – doch gibt es Typen. Freistehende Eichen und Buchen bilden Kugeln oder Halbkugeln. Die Bavaria-Buche bei Pondorf auf der Fränkischen Alb sitzt wie eine riesige Mütze auf der Wiese (s. Abb. I/II). Alleinstehende Roßkastanien neigen zur Kegelform, ähnlich dem Dilldopp alias Dopsch, den die Kinder im Hessenland mit Peitschen zum Kreiseln brachten. Pappeln gleichen Säulen, Zypressen gemahnen an Flammen, die Palme hat einen Schopf. Als Schirm oder Trichter erscheinen Kiefern und Pinien. Die Tanne weist wie ein Pfeil in den Himmel, die junge Linde wiederholt im Umriß ihrer Krone die Herzform ihres Blattes – alles sehr menschlich.

g. An ihren Blättern kann man sie erkennen, der Früchte bedarf es nur in Ausnahmefällen. Das Bauprinzip der Blätter ist stets gleich. Es wiederholt die Baumstruktur: So wie aus dem Stamm die Äste, so entfächern sich aus dem Blattstiel die Rippen und Nebenrippen. Die Form erinnert an die der Feder mit festem Kiel und weichen Fahnen oder an die des Segels mit stehendem Mast und wehendem Tuch – das Spiel des Windes hat sie geschaffen. Die Variationen sind dann aber so vielfältig wie die Arten. Espen haben runde, Weiden längliche, Erlen ovale Blätter. Das Blatt der Eiche ist gebuchtet, das der Ulme ist gezahnt, das der Hainbuche doppelt gesägt. Die Blätter der Roßkastanie sind fingerförmig, die des Spitzahorns handförmig, die der Linde herzförmig. Wiederum sehr menschlich. Das Blatt der Platane gleicht einem Pentagramm, die Silberpappel wurde benannt nach der weißen Unterseite ihrer Blätter. Lindenlaub läßt das Sonnenlicht durchschimmern und erzeugt eine zauberhafte Stimmung unter dem Baum. Ähnlich vielgestaltig wie die Laubblätter sind die Schuppen der Zypressenarten und die Nadeln der Tannengehölze. Die Gesamtzahl aller Baumblätter, die es jemals gab, mag so hoch sein, wie sie will – zwei gleiche fänden sich darunter nicht.

Ihren Blättern entsprechend werfen die Bäume unterschiedlich Schatten. Wir finden heute meist nur ein Mehr oder Weniger. Der ältere Plinius hingegen widmet den Formen und Wirkungen des Schattenwurfs ein ganzes Kapitel seiner vor 70 n. Chr. abgefaßten »Naturgeschichte« (XVII

89ff), in dem er nach ästhetischen, psychologischen und botanischen Gesichtspunkten subtil differenziert. *Est quaedam umbrarum proprietas* – Schatten ist nicht gleich Schatten. Feinsinnige Beobachtung geht allerdings über in populären Aberglauben, wenn Plinius nützlichen und schädlichen Schatten meint scheiden zu können: *umbra aut nutrix aut noverca est* – Schatten kann Nährmutter oder Stiefmutter sein. Ob er wirklich geglaubt hat, daß Walnußbäume einen giftigen Schatten werfen? Wenn unter Pinien nichts grünt, liegt das am Nadelfall. Empfindsam beschreibt Plinius, wie das Blätterdach verschiedener Baumarten die Regentropfen hindurchläßt: jede auf eigene Weise. Die Art, wie Licht und Niederschlag das Blätterdach durchdringen, wie das fallende Laub den Waldboden bildet, bestimmt den Bewuchs auf ihm. Reich ist er unter Eichen, arm unter Buchen, im Fichtenwald gedeiht nur der Fliegenpilz – so bildet jeder Baum den für ihn bezeichnenden Teppich, auf dem er steht, so daß ein kundiger Forstmann den Baum schon erkennt, wenn er sieht, was unter ihm grünt.

h. Wie das Blatt ist auch die Rinde artenspezifisch: Grob gefurcht der Mantel der Eiche, längsrissig geschuppt das Kleid der Kastanie, fein gebügelt das Hemd der Buche. Der Stamm der Esche wirkt gekämmt, derjenige der Kiefer gehämmert. Wenn sie sich schält, lösen sich bis handtellergroße wunderbare Formen ab, gerundet-gebuchtete Roccaillen, die an exotisches Muschelwerk erinnern. Der Kirschbaum pellt sich in Locken. In die wulstige Schwarte einer Linde mittleren oder gar höheren Alters läßt sich auch mit dem schärfsten Messer „gar manches liebe Wort“ nicht hineinschneiden. Wilhelm Müller hat nicht genau beobachtet. Die Fichte trägt einen zarten Pelz, die Haut der Tanne ist genarbt. Der perfekte Förster müßte geschlossenen Auges mit den Fingern erfühlen, welchen Baum er vor sich hat. Auch der Blick wird bedient. Besonders reizvoll sind die mehrfarbigen Stämme: die grauweiß gemaserte Borke der Birke und das grüngelbe Mosaik auf der Platane – vielgestaltig wie eine Landkarte. Kinder malen den Stamm eines jeden Baumes braun, doch gewöhnlich ist er grün.

i. Wir nehmen Bäume mit den Augen wahr, können sie aber ebenso mit den Händen und mit der Nase spüren. Nadelhölzer verbreiten einen erholsamen Harzgeruch. Die Düfte von Kiefer und Wacholder sind unschwer zu unterscheiden. Myrrhe und Weihrauch, aus Balsambäumen gewonnen, liefern die „Wohlgerüche Arabiens“. Ihre Wertschätzung beweist sich darin, daß sie im Matthäus-Evangelium (2, 11) als Gaben der Weisen aus dem Morgenland an den neugeborenen Heiland dem Golde gleichgeordnet werden. Brachten die Magier doch Gold, Weihrauch und Myrrhe! Dendrogene Aromata spielten in der Antike, ähnlich wie heute noch im Orient, nicht nur in kultischem Kontext eine Rolle. So auch bei uns: Sie haben sich im katholischen Gottesdienst noch immer erhalten. Man wird den Duft als

Lustquelle wiederentdecken! Laubbäume riechen weniger stark, doch gibt es Beispiele dafür. Narkotisch duften die blühenden Linden im Juni. Lorbeerblätter dienen als Gewürz, der Duft welker Kastanienblätter hat etwas Berauschendes. Geschnittenes Eichenholz riecht scharf säuerlich nach Gerbsäure. Jede Baumart hat, wenn auch noch so schwach, ihren Eigengeruch, an dem Insekten sie identifizieren. Sie alle riechen angenehm, ausgenommen der Weißdorn, dessen Blüte Trimethylamin verströmt und daher an Heringslake gemahnt.

j. „Nichts ist heiliger, nichts ist vorbildlicher als ein schöner starker Baum" schrieb Hermann Hesse in seiner »Wanderung« von 1920. Wahrlich! Bäume sind zu allen Jahreszeiten schön. Die Photos des Baums der Vier Jahreszeiten, der Bavaria-Buche bei Pondorf, zeigen es (s. Abb. II). Aussehen, Geruch und Geräusch der hölzernen Gesellen verändern sich von Monat zu Monat. In den drei wärmeren Jahreszeiten erfreut uns ihre Farbe, im Winter ihre Form, wenn die Struktur einem Scherenschnitt gleich sich gegen den Himmel abzeichnet. So wie Blatt und Borke, so läßt auch das entlaubte Geäst die Arten erkennen: den ungebärdig-eigenwillig verknorzten Eichbaum, die feingliedrig, ja haarig gefiederte Linde, die zart verästelte Buche, den ornamental gefächerten Walnußbaum und die grob geäderte Kastanienkrone. Vollendet wird das Winterbild, wenn das Filigran des Apfelbaums vor meinem Fenster in der Morgensonne schneebepudert leuchtet.

Der Winter läßt die Farben der Borke hervortreten, der rötlichen Kiefern und Weiden zumal. Doch erst der Frühling schwingt den Pinsel. Immer wieder überrascht, wieviele Spielarten des Grüns es gibt – jeder Baum präsentiert seine eigene Variante, von gelb-gräulichem Anflug bis zu blau-bräunlicher Tönung. Durch ihre Blütenpracht bezaubern uns Kastanie, Robinie und die Obstbäume: Kirsche und Pflaume, Apfel und Birne. Im Laufe des Mai treten die Individualfarben zurück, bis dann im prallen Sommerlaub das Dunkelgrün dominiert. Die alte Frage, welche Jahreszeit die schönste sei, wird ein Freund der Bäume wohl mit dem Herbst beantworten. Er präsentiert die Bilanz des Jahres und reizt die Bäume, noch einmal alles zu zeigen, was sie können, bevor der Frost den Schlußstrich zieht. Nun wäre zu entscheiden, welchem Herbstblatt der Schönheitspreis gebührt. Birke und Gingko schmücken sich mit goldenen Dukaten; Eichen und Buchen werben mit reichen Schattierungen zwischen Hellgelb und Rotbraun. Der Meister des Herbstes aber ist der Ahorn. Auch wenn die heimischen Arten die Pracht des kanadischen nicht erreichen, zaubern sie doch auch bei uns die wunderbarsten Kunstwerke hervor. Schon der Form nach sucht das Blatt des Spitzahorns seinesgleichen, sein herbstliches Farbenspiel gar übertrifft an Reichtum jedwedes andere Laub. Phantasielos ist die gemeine Esche, ihr fällt zum bereits erreichten Sommergrün keine Alternative mehr ein.

k. Bäume krönen die Höhen, zieren die Ufer, bereichern die Ebene. Sie setzen Akzente in der Landschaft, fangen den Blick und verleihen Höfen und Häusern eine Aura der Geborgenheit. Ihre Nähe prägt unser Lebensgefühl. Kinder malen Männchen und Häuser, Autos und Bäume (s. Abb.??). Der Knabe baut sich eine Baumburg, wo er alles übersieht und von niemandem erreicht werden kann. Der Jüngling schnitzt seine Initialen und die seiner Liebsten, gerahmt in ein Herz, der Buche in die Rinde und setzt eine Jahreszahl hinzu, die ihn noch in späten Tagen an den ersten Kuß erinnert. Der alte Mann zimmert sich eine Bank an den Baum, auf der er besinnlich den Lebens- und Feierabend genießt. Jeder Altersstufe haben Bäume etwas zu bieten. Über ihre „Influenz" auf den Menschen äußerte sich Goethe am 2. April 1829 zu Eckermann. Er meinte, daß man zu Recht „der Pflanzenwelt eines Landes einen Einfluß auf die Gemütsart seiner Bewohner zugestanden hat. Und gewiß: wer sein Leben lang von hohen ernsten Eichen umgeben wäre, müßte ein anderer Mensch werden, als wer täglich unter luftigen Birken sich ergänge". Anlaß für die Bemerkung war der Blick auf zwei Tischpflanzen: auf „einen blühenden Lorbeer und eine japanesische Pflanze". Ersterer versetze den Betrachter in eine heitere, milde Ruhe; letztere wirke barbarisch und mache melancholisch.

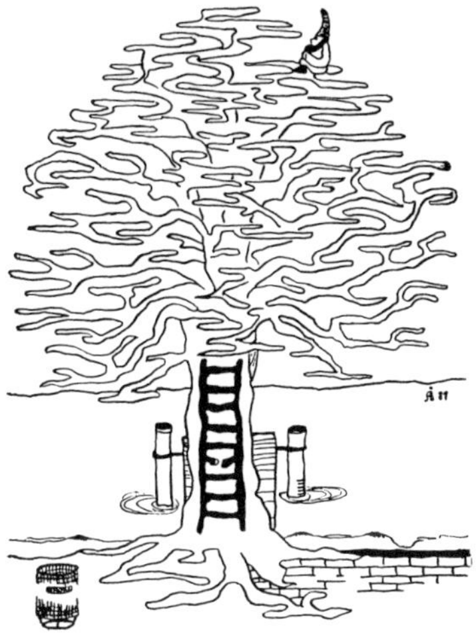

1 Märchenbaum eines Fünfzehnjährigen

l. Bäume begleiten uns durchs Leben. Ein vielfältiges Brauchtum knüpft sich an sie: von dem Reis, das bei der Geburt gepflanzt wird, bis zum Baum auf dem Grab. In den Dörfern Süddeutschlands wird alljährlich der Wonnemonat mit dem Maibaum begrüßt; der in Hessen übliche Kirmesbaum, meist eine bebänderte Birke oder eine festlich geschmückte Fichte, scheint der Vergangenheit anzugehören. Unentwegt halten jedoch die Zimmerleute am Richtbaum fest. Das ist verständlich: Wenn das mit bunten Bändern gezierte Tännchen auf dem Dachstuhl prangt, heißt dies: Nun muß der Bauherr „einen springen lassen". Zur Feier eines Ereignisses, insbesondere eines Jubiläums wird ein Baum gesetzt, ein lebendes Denkmal, das an einen Vorgang oder einen Menschen erinnern soll. Bäume sind historische Erinnerungsorte, *lieux de mémoire*, sind philosophische Meditationsobjekte, gemahnen zu Strebsamkeit und Standhaftigkeit, zu Einheit und Vielfalt, zur Einsicht in Vergehen und Wiederkehr.

m. „Die größte Freude, die Feld und Wald gewähren", so Emerson (1836), „ist die Ahnung einer dunklen Beziehung zwischen Mensch und Pflanze". Dies gilt insbesondere für Bäume. So heißt es im ersten Psalm: Der Gottesfürchtige „ist wie ein Baum, gepflanzt an den Wasserbächen, der seine Frucht bringt zu seiner Zeit, und seine Blätter verwelken nicht", und im Hohen Lied preist Salomon die Schönheit seiner Geliebten als die einer Palme. Homer verglich Achill mit einem wohlgezogenen Gartenbaum (Ilias XVIII 437f); der Sturz des Helden im Kampf erinnert ihn an das Fällen eines Waldbaumes (XIII 178 ff). Menschen aller Zeiten, allen Ortes haben in Bäumen ihr Ebenbild gesucht und gefunden. Wie kommt das? Antwort gibt die hohe Zahl der Berührungspunkte zwischen uns und ihnen, sie ist größer als bei anderen Identifikationsobjekten. Gehen wir davon aus, daß es natürlich ist, wenn Menschen überall in der Natur Menschliches wittern, so begrüßen wir im Gestirn den Glanz, im Berg die Majestät, in der Blüte die Schönheit, im Tiere Kraft, Eleganz und Schnelligkeit, im Fluß dessen Vergleichbarkeit mit dem Lebenslauf, immer nur Einzelaspekte.

Der Baum aber bietet eine Vielzahl von Anklängen an Menschliches. Die Identifizierung drängt sich auf, sie erfolgt unbewußt und unfreiwillig. Als Jesus den Blinden von Bethsaida heilte, sah dieser nach der ersten Handauflegung nur unscharf: „Ich sehe Menschen umhergehen, als sähe ich Bäume". Nach der zweiten Handauflegung wurden aus den Bäumen Menschen – so schreibt Markus (8, 22ff). Menschen und Bäume verbindet die aufrechte Gestalt; beide suchen, was über ihnen ist. Bäume haben wie wir einen Körper, eine Haut und mehrere Glieder; „Fuß" und „Krone" des Baumes sind anthropomorphe Metaphern. Der Saft oder das Harz der Bäume entspricht unserem Blut. Wo am Stamm Äste abgebrochen oder abgesägt wurden und die Wunde zuwächst, entstehen „Augen", die bei Buchen und Kastanien bisweilen richtige Gesichter bilden.

n. Jeder Baum ist ein Geschöpf von Erde und Himmel, so wie der denkende Mensch aus Stoff und Geist besteht. Zugleich ist der Baum wie jeder von uns ein Produkt aus Anlage und Umwelt. Die Kiefer bleibt eine Kiefer, ganz gleich, wo sie wächst – und dennoch: zu wieviel verschiedenen Formen ist sie fähig! Sie lehrt uns Selbstbehauptung durch Anpassung. Als Solitär ist sie grün benadelt bis zum Fuß. Im Waldverbund opfert sie die unteren Äste einem höheren Zweck: dem Streben zum Licht. Im Gebirge beugt sie sich dem Wind und grünt, ihm abgewandt, dem Sturm zum Trotz, sobald sie einmal Fuß gefaßt hat (Abb. III). Machen Menschen das anders? Unter den widrigsten Daseinsbedingungen überleben sie, selbst auf schmalstem Fuße, ähnlich den ostasiatischen Zwergbäumen, die künstlich zur Kleinform gezwungen, trotzdem gedeihen. Bäume kämpfen um ihr Leben, sie leisten Widerstand; zu den bewunderten Eigenschaften eines Baumes gehört seine Stärke. Sie besteht darin, mehr als die Last zu tragen, die er selber darstellt: so die Nester, um welche Jesus die Vögel beneidete (Matthäus 8, 20), und die Gehenkten, die Josua an ihnen aufzuknüpfen pflegte (Josua 8, 29; 10, 26).

Die umweltbedingte Gestaltenvielfalt, die immer vorliegt, wird erhöht durch besondere Umstände, die zu Raritäten führen. Im Einzelfall seltene, im Ganzen aber zahlreiche Sonderformen kommen vor. Der Karlsruher Botanikprofessor und Großherzoglich badische Geheime Hofrat Ludwig Klein hat 1908 in einem forstbotanischen Merkbuch singuläre Anomalien gesammelt: die Henkelfichte, die einen „Griff" hat; die Hängefichte, die an eine Trauerbuche erinnert; die Kandelaberfichte, deren Zweige wie Kerzen auf den Ästen sitzen; die Zitzentanne, deren Zweige aus „Brüsten" wachsen; die Schlangentanne, die wild mit ihren Ästen gestikuliert; die Harfentanne, aus deren gestürztem Stamm Äste zu eigenen Bäumen emporgewachsen sind; die Schneckenkiefer, die erst nach einigen Windungen den Weg nach oben findet; die Knollenkiefer, deren Borke mit Bällen besetzt ist; die Stelzenkiefer, deren Wurzeln sich überirdisch zum Stamm verbinden; die Kropflinde, die einen krebsartigen Auswuchs am Stamm hat; die vielstämmige Garbenbuche, die zweibeinige, die x- oder o-beinige Buche; Zwerg-, Kriech- und Krüppelexemplare; der Überbaum, der als Fichte auf einem Berghorn wächst, die fünf Schwestern oder sieben Brüder, die im Büschel dastehn ... Immer wieder wird deutlich, wie menschenähnlich die Bäume empfunden werden.

Grüne Bäume sind Bilder des Lebens, dürre sind Bilder des Todes. Das aus dem abgestorbenen Stumpf sprießende Reis kündet Hoffnung, das immergrüne Nadelgehölz Beständigkeit. Der lebende Baum gleicht der Liebe: wächst sie nicht, vertrocknet sie. Der dürre Baum ist ein *Memento mori*; die Risse im Asphalt verkünden, daß sich dereinst die Buchenwälder über Europa wieder schließen werden. Ist das nicht tröstlich? Bäume sind stumme Lehrmeister und Wunder der Natur: Sonne und Regen, jene Mächte des Himmels, lassen sie entgegen der Schwerkraft aus der Erde in die Höhe wachsen. Aus so dünnen, gestaltlosen Dingen wie Licht und Wasser bilden sie feste Stoffe und klare Formen. Kleinste Anfänge führen zu ungeahnter Größe – endlose Transformation, ewige Metamorphose.

o. So wie der Mensch lebt auch der Baum in drei Sphären zugleich. Er wurzelt in der Tiefe der Natur, deren Kräfte, im Erdreich des Unbewußten verborgen und geborgen, sich der Beobachtung entziehen. Sind die Wurzeln bloßgelegt, so stirbt der Baum – die Verhaftung im schützenden Dunkel ist unseren inneren Organen wie den Baumwurzeln lebensnotwendig. Der Stamm dagegen steht im Mittelreich der Realität, sichtbar und faßlich – er bildet das Wesen des Wesens, auf ihn kann der Baum nicht verzichten wie auf eine einzelne Wurzel, einen einzelnen Ast – der Stamm ist wie der Körper des Menschen einmalig. Die Krone macht den Baum zum König. Die Zweige in lichter, luftiger Höhe streben in die Sphäre der Phantasie, die Hoffnung gewährt – auch sie ist dem Menschen vonnöten wie den Blättern die Sonne. – Im Märchen verbindet der Baum die drei Sphären, indem er Wege nach oben wie nach unten eröffnet. Über einen Kletterbaum gelangt das Bäuerlein hinauf in den Himmel und holt sich einen Dreschflegel – so bei Grimm. In einer hohlen Weide finden Maren und Andreas eine Treppe, die hinab in die Unterwelt zur Regentrude führt – so bei Storm.

p. Der Baum wächst, wie die Natur es ihm erlaubt. Er entwickelt sich, verwirklicht sich gemäß seinen inneren und äußeren Möglichkeiten. Letztere erweitert der Mensch, indem er Bäume einbürgert und akklimatisiert. Ein Großteil unseres Großgrüns stammt aus fernen Landen, aber gedeiht bei uns. Dem Eingriff des gestaltenden Gärtners gehorchen die Arten unterschiedlich, im ganzen aber erstaunlich weitgehend. Nicht nur mit Schere und Säge läßt ihr Bild sich bestimmen, denken wir daran, was durch Pfropfen und Okulieren möglich ist, wie durch Kreuzung Hybriden, durch Züchtung Sorten entstehen! Wird sein Wachstum unbedacht gestört, erscheint der Baum uns „verkrüppelt" wie ein verunstalteter Mensch; rammt ihn ein Bagger, so wird er „verletzt"; hat man Äste gestutzt, so wirkt der Baum „verstümmelt". Das ist oft das Werk von „Baumchirurgen". Bedarf es derer? Heilt der Baum sich nicht selbst? Wir aber meinen es gut mit ihm, da er doch ebenso leidet wie wir, neuerdings gar in der Nähe von zivilisatorischer Hektik unter Streß steht.

Das Fällen eines Baumes gleicht einer Exekution. Conrad Ferdinand Meyers Gedicht »Der verwundete Baum« bezieht die diesem zugefügte Verletzung auf sich selbst und ist voller Hoffnung. Anders Gottfried Keller, der ja auch als Maler fabelhafte Baumbilder geschaffen hat. Er beschreibt in seiner Novelle »Das verlorene Lachen«, wie die uralte, endlich doch zu Bauholz verurteilte Wolfhartsgeereneiche ausgerodet wird. Ihr Besitzer hat sie lange bewahrt, aber letztlich nicht retten können. Das Ende des Baumes wird mit einem Volksfest verbunden, der Leser aber erlebt und erleidet es wie die zeremonielle Hinrichtung eines lieben Verwandten, den schnöde Gewinnsucht zu Fall bringt. Kann man den Tod der Alten nicht der Natur überlassen? Einen Baumriesen, der tausend Unwettern getrotz hat, mit Eisen umzuwerfen, ist unritterlich, mit der Kettensäge zumal. Die Waffen sind allzu ungleich. Stürzt er dagegen im Sturm, hat auch sein Ende etwas Heroisches. In der Regel war er zuvor schon dürr. „Kaiser sterben aufrecht", bemerkte Vespasian (Sueton 24), wie Bäume.

Die gegenteilige Wertung ist selten, findet sich aber bei Kellers Landsmann Pestalozzi. In seiner Fabel von den »Faulen Eichen und den jungen Tannen« von 1797 fällte ein Bauer alte, angefaulte Eichen. Diese beschwerten sich, zumal ihr Sturz Jungeichen niederschlug. Die kleinen Tannen aber frohlockten: Jetzt gibt es Licht für alle! Hier hören wir den Pädagogen, dem die Zukunft der Jugend wichtiger ist als die Pflege der Alten.

q. Schwer zu beantworten ist die Frage, ob Bäume geschlechtsspezifisch wahrgenommen werden. Genauer: ob dies, wo es geschieht, berechtigt oder wenigstens sinnvoll und nachvollziehbar ist. Die Botanik hilft hier nicht weiter. Die meisten Bäume sind einhäusig; beide Geschlechter, männlicher Samenträger und weiblicher Fruchtstand leben auf demselben Exemplar, im „gleichen Haus". Sie sind einhäusig, bisexuell, Hermaphroditen. Manche Arten dagegen sind eingeschlechtlich, daher zweihäusig. Das Geschlecht von zweihäusigen Bäumen ist nicht ohne weiteres zu erkennen, männliche und weibliche Pappeln, Eiben oder Weiden, Palmen oder Gingkobäume unterscheiden sich nur durch die Blüte. Die Geschlechtlichkeit der Palmen war schon Herodot (I 193) und Plinius (XIII 31) bekannt. Daraus hat man diesen Bäumen ein echtes Liebesleben angedichtet. Ammian (XXIV 3, 12f) fabuliert, Palmherr und Palmdame ergötzten sich an der Liebe (*amore mutuo delectari*), und im Verlangen nach Vereinigung bögen sich die Äste der beiden Bäume aufeinander zu, so daß kein Sturm sie trennen könne, bis die Befruchtung stattgefunden habe. Diese wurde dem Wunsch der Bäume gemäß von Menschen künstlich herbeigeführt, wobei nach Ammian die Gattenwahl von der Frau ausgeht, die durch ihren Duft den Geliebten herbeilockt und seine „Zuneigung" bewirkt.

Das Liebesleben der Bäume wurde bis in die Spätantike besungen. Claudian, der Hofdichter Stilichos, dichtete

> *Vivunt in Venerem frondes, omnisque vicissim*
> *Felix arbor amat, nutant et mutua palmae*
> *Foedera, populeo suspirat populus ictu,*
> *Et platano platanus, alnoque assibilat alnus.* (X 65ff)

„Belaubte Zweige leben für Venus, alle glücklichen Bäume lieben einander, Palmen neigen sich gegeneinander zum Bunde, Pappelmann seufzt, von der Pappelfrau getroffen. Platanen und die säuselnden Erlen üben sich im Liebesgeflüster mit ihresgleichen."

Ein Liebesverhältnis hat man in der Antike auch artverschiedenen Bäumen angedichtet, zwischen dem starken Ölbaum und der zarten Myrte, die Wurzeln und Zweige ineinander verflechten, so der Aristoteles-Schüler Theophrast (De causis plantarum III 10, 4), und zwischen Rüster und Weinrebe: er trägt sie, sie schmückt ihn, so Ovid (Metamorphosen X 100),

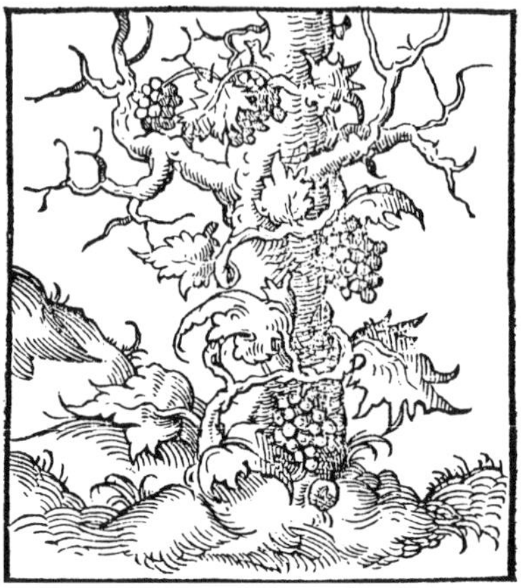

2 *Ulme und Weinrebe. Emblem aus Alciatus 1542*

Plinius (XVI 72) und Claudian (XXXIV 111). Ein Emblem des 16. Jahrhunderts bei Alciatus zeigt es (s. Abb. 2). Horaz (Epoden II 10) vermählt Weinranke und Pappelbaum. Neben der Liebe wird indes auch der Haß zwischen Bäumen vermerkt. *Quercus et olea pertinaci odio dissident* – Eiche und Ölbaum sind einander unversöhnlich verhaßt, schreibt Plinius (XXIV 1). Jeder von ihnen stirbt, wenn er in die Nähe des anderen gepflanzt wird. Antipathie herrsche auch zwischen Eiche und Walnuß. Beide Bäume sind Juppiter zu eigen, wie Isidor von Sevilla (XVII 7, 21) meldet. Ob sie Eifersucht entzweit?

Bei Griechen und Römern waren die Bäume weiblich. *Genere autem feminino arbores dicimus*, heißt es bei Isidor (XVII 6, 3). Man glaubte, daß Nymphen in ihnen wohnen (s. 4a), doch werden in Ovids Metamorphosen auch Männer in Bäume verwandelt. Ebenso sind im Deutschen die meisten Bäume *feminini generis* außer den endungsbestimmten Namen auf *-der* (wie Holunder) und *-ling* (wie Speierling) und dem Ahorn; der Name weist vermutlich auf das lateinische Adjektiv *acernus* – „aus Ahornholz". Gleichwohl empfinden wir, ihrem ästhetischen Charakter gemäß die knorrige, trutzige Eiche als männlich, wobei die botanisch-anatomische Doppelbedeutung von „Eichel", entsprechend lateinisch *glans* und griechisch *balanos* – so die Medizinautoren – wenig besagt. Mehr verrät eine Umfrage nach dem Lieblingsbaum (Lehmann S. 40), bei der die Eiche von Männern auffallend häufiger genannt wurde als von Frauen. Schon bei Ovid wird Philemon in eine Eiche, seine Frau Baucis in eine Linde verwandelt (s. 3b). Wie die „biegsame" Linde, das besagt ihr Name, so wirkt die zarte Eleganz der Weide weiblich, elastisch, wie stammverwandt *vitis*, die Weinranke. Die Buche, dieses „weibliche Gegenstück der Eiche", erschien Theodor Lessing (1926) „so recht wie eine vornehme deutsche Matrone", während er die Birke, die „bleiche Braut im Linnenkleid" sich auf sein Grab wünschte, das ihn allzubald in Marienbad erwartete.

Kaum zu klären ist die gleichwohl berechtigte Frage, ob Männer und Frauen ein unterschiedliches Verhältnis zu Bäumen haben. Auffällig viele Bücher und Texte zu Bäumen – wie zu Gärten und Pflanzen überhaupt – verdanken wir weiblichen Autoren. Ist das Zufall? Verlassene Frauen umarmen Bäume in dem Gefühl, von ihnen Kraft zu empfangen, und erheben Einspruch, wenn Männer die Axt schwingen. Stellt man hingegen die Frage nach der Neigung zu Bäumen oder Blumen alternativ, so würde wohl eine Mehrzahl der Männer die ersteren, der Frauen die letzteren vorziehen. Daß man die Frage nach der geschlechtsbedingten Beziehung überhaupt aufwerfen darf, ergibt sich aus der germanischen Sage: Männlich ist die Esche, weiblich die Ulme, denn Esche (*ask*) und Ulme (*embla*) waren das erste Menschenpaar (s. 60). Auf einen baumbezogenen Geschlechtsunterschied verweist schließlich ein wohlbekannter Brauch: Sie geht ins Gebüsch, er geht an den Baum.

r. Es ist kein Wunder, wenn der Mensch sich im Baume wiederfindet, in jenem erdentsprossenen Gewächs, das, so wie er dem widrigen Geschick, standhaft Wind und Wetter trotzt, das wie er Licht und Wärme liebt, das sich wie er auf allen Böden behauptet und immer in die Höhe strebt. Das Maß für die Dicke eines alten Baumes ist schon in der Pflanzengeschichte des Theophrast (V 8,1) der Klafter; wir erfahren, wieviele Männer nötig sind, den Baum zu umfassen. Er wird durch Umarmung gemessen – spricht daraus nicht ein Gefühl der Verwandtschaft? So wie der Mensch zeigt der Baum sein Lebensalter und seine Daseinsbedingungen, mit den Jahren gewinnt er Charakter. Jeder Baum – am deutlichsten die freistehende Eiche, Linde und Buche, am wenigsten Pappel und Fichte – ist erkennbar eine Individualität, sichtbar gewachsene Geschichte, anders als Blumen und wilde Tiere. Wenn dann alte Bäume noch frische Blüten und gute Frucht bringen, so mag das Menschen ermuntern, ebenfalls im Alter noch gute Werke zu verrichten.

s. Bäume gedeihen wie Menschen sowohl einzeln als auch gemeinsam auf je unterschiedliche Weise. Der isoliert stehende Freibaum ist in höherem Maße als der Waldbaum den Unbilden von Wind und Wetter ausgesetzt. Er steht ungeschützt und ist gefährdet. Aus diesem Grund muß er tiefer, fester im Boden wurzeln. Dafür aber kann er sich allseits frei entfalten. Das Licht rundum erlaubt ihm einen tiefen Ansatz der Krone, die sich zur majestätischen Kugel ausbilden darf. Die Analogie liegt nahe: Der auf sich selbst gestellte Einzelne muß den Halt in sich selber finden, er wird von anderen nicht geschützt, aber auch nicht behindert. Einsamkeit ist der Preis für Freiheit.

Anders der Baum im Wald. Hier lebt er unter seinesgleichen, bildet im gemeinsamen Streben zum Licht seinen Stamm zu voller Große und Schönheit aus und schafft so einen Raum, während der Freibaum einen Körper darstellt. Seit Jesaja (10, 34) wurde der Wald als ideale Gemeinschaft gedeutet, als Gottesgarten und Muster für das Zusammenleben von Menschen in Gleichberechtigung. Jedes Einzelwesen kann sich so weit entfalten, als es den Nachbarn nicht behelligt. Traurig wird das Bild indes, wenn um alte Freibäume herum aufgeforstet wird. Das Jungholz nimmt ihnen Raum und Licht, die unteren Äste sterben ab; umstellt von Stangen verliert sich ihre beherrschende Wirkung. Davon abgesehen erscheint der Wald als Sinnbild des Friedens, und doch entsteht er aus Platzmangel durch eine gnadenlose Konkurrenz um Raum und Sonne – aber ist das in der Menschengesellschaft so viel anders?

t. Die Wahlverwandtschaft zwischen Baum und Mensch zeigt sich in zahlreichen Redensarten. Das Sprichwort nennt den Baum und meint den Menschen: „Der Apfel fällt nicht weit vom Stamm" heißt es, wenn der Sohn die Unarten des Vaters wiederholt. Mal ist die schlechte Anlage, mal die fehlende Erziehung schuld, wenn der „Nachwuchs" auf „keinen grünen Zweig kommt", denn „man muß den Baum ziehen, solange er noch jung ist". Anderenfalls könnte es zu spät sein: „Wenn das am grünen Holz geschieht, was soll am dürren werden?" Gemeint ist der „Sprößling", der „Stammhalter". Er muß gezogen werden: „Das schönste Obst reift an Spalieren". Das Kinderspiel „Bäumchen wechsle dich!" wird für Erwachsene naserümpfend zitiert. Kraft zeigt der Kerl beim „Bäume ausreißen". Freilich soll man auch nicht zuviel verlangen, von einem Birnbaum keine Äpfel erwarten. Es ist bedenklich, wenn sich jemand auf dem „absteigenden Ast" befindet, ein „Brett vor dem Kopf" hat oder sich auf seinen „Lorbeeren ausruht". Wer sich gegen das Unglück „aufbäumt", zeigt, „aus welchem Holz er geschnitzt ist". Das vermittelt Hoffnung, denn „von einem Streiche fällt keine Eiche". Niemand sägt sehend den Ast ab, auf dem er sitzt; niemand will sich in seinen Möglichkeiten „beschneiden" lassen. Ein solches Ansinnen „bringt ihn auf die Palme". Wer trotz aller Mühen nicht vorankommt, ist auf dem „Holzweg", einem holperigen Knüppeldamm; wer nicht weiß, wohin er gehört, befindet sich „zwischen Baum und Borke". Bejahrte Menschen soll man lassen, wo sie sind, denn „einen alten Baum verpflanzt man nicht". Will jemand zu hoch hinaus, so ist dafür gesorgt, daß die „Bäume nicht in den Himmel wachsen". Ihm ist vielleicht schon die „Axt an die Wurzeln" gelegt. Wir wünschen ihm das nicht und sagen „Gut Holz!" Was wer ist, zeigt sich an seiner Leistung, denn *ex fructu cognoscitur arbor* „an ihren Früchten sollt ihr sie erkennen". Wer vor lauter Einzelheiten das Ganze nicht mehr überschaut, der „sieht den Wald vor lauter Bäumen nicht" – das Umgekehrte droht jemandem, der eine Kulturgeschichte der Bäume schreiben will – die Masse des Stoffes deckt die einzelne Erscheinung zu.

u. Der Baum gehört zu den allgemein-menschlichen Anschauungsformen von spontaner Evidenz. So dient er als Denkbild für Familien und Völker. Lateinisch *stirps* bezeichnet zunächst den Baumstamm, aus dem die Äste hervorgehen, dann die Nachkommen eines Ehepaares, das ganze Geschlecht, die Sippschaft. Die Doppelbedeutung unseres Wortes

„Stamm" im Sinne von „Baumstamm" und „Volksstamm" findet sich bereits im Althochdeutschen. Der Baum der Blutsverwandtschaft, die *arbor consanguinitatis*, ist eine stehende mittelalterliche Denkfigur (Schadt 1982). Der Grund für die Metaphorik liegt wohl in der Anschaulichkeit des organischen Zusammenhangs der Teile mit dem Ganzen und in der Ähnlichkeit zwischen Baumstamm und Stammbaum (s. Abb. IV). So nehmen wir in Kauf, daß letzterer, anders als ersterer, von oben nach unten wächst. Hinzu kommt die Parallelität der Entwicklungsstufen. Der Baum spiegelt die Lebensalter. Keimen und Wachsen, Blühen und Fruchten, Erstarren und Zusammenbrechen verbildlichen Menschen- und Staatenschicksale.

v. Nicht nur als Symbol des Individuums, einzelner Familien und Völker, sondern auch als Mikrokosmos läßt der Baum sich begreifen: jeder ist, wie ein Mensch, ein kleines Universum. Wir finden in ihm die vier Elemente des Empedokles (VS. 31, 17): die Erde, in der er wurzelt; das Wasser, von dem er lebt; die Luft, in die er hineinwächst, und das Feuer, das er brennend hervorbringt. Bäume haben eine Affinität zum Wasser und zum Stein. Natur und Mythos stellen den Baum an eine Quelle, an einen Felsen oder auf einen Berg, weithin sichtbar. Feind sind dem Holze Eisen und Feuer – sie tun ihm weh und verleihen dem Menschen die Herrschaft über den Baum, der doch seinerseits dem Menschen die Verfügung über Feuer und Eisen ermöglicht.

Bäume verkörpern Vitalität und geben sie weiter. Sie verwandeln mit Hilfe der Sonnenenergie anorganische Materie in organische, die beim Verbrennen Licht und Wärme wieder freisetzt. Der dafür benötigte Sauerstoff entstammt, wie unsere Atemluft, der Atmosphäre, deren gesamtes Oxygen photosynthetisch entstanden ist. Ohne pflanzliche Nahrung gäbe es kein tierisches Leben; die Flora trägt die Fauna. Bäume ermöglichen Symbiose mit anderen Pflanzen, sie leben und lassen leben: sie bieten Efeu, Wein und Knöterich Licht, werden von Moosen und Misteln, von Pilzen und Flechten bewohnt, sie öffnen darüber hinaus Tieren Lebensraum, in unseren Breiten vornehmlich den Vögeln, den Mardern und Eichhörnchen, die auf ihnen nisten. Im Dschungel hausen Affen und Schlangen zwischen Himmel und Erde. Mowgli läßt grüßen! Zahllose Kleintiere suchen sich ihre Nische. Der gastlichste unserer Bäume ist die Eiche, sie beherbergt Hunderte von Spinnen-, Würmer- und Schneckenarten, von Käfern, Schmetterlingen, Fliegen und anderen Insekten. Sollten wir diese Lebensgemeinschaft nicht aus der biologischen in die soziale Sphäre übertragen und so ein Vorbild für menschliche Gemeinwesen gewinnen?

w. Der Baum dient materialiter dem Leben, idealiter dem Denken. Er illustriert das Verhältnis zwischen Möglichkeit und Wirklichkeit: Millionen von Kastanien, Eicheln und Bucheckern fallen alljährlich zu Boden –

jede Frucht könnte einen neuen Baum ergeben – und doch, wie wenigen gelingt das! Wir sehen ein Bild für die Vielzahl des Möglichen gegenüber der Rarität des Verwirklichten, einen Hinweis auf die ungeheure Bedeutung günstiger Rahmenbedingungen in der Natur wie im Menschenleben allenthalben, ohne die niemand von uns geworden wäre, was er ist, oder täte, was er tut. Und doch: „günstig" ist ein Werturteil aus punktueller Perspektive, im Blick auf das Ganze verliert sich dies. Denn in der Natur verkommt nichts. Jede Frucht, die nicht keimen kann, sondern fault, ernährt wieder andere Organismen. So sind auch in unserem Leben die vielen versäumten Möglichkeiten Voraussetzungen für die wenigen verwirklichten. Das Gleichnis vom Sämann (Matthäus 13, 3ff) ist landwirtschaftlich empfunden, jedoch naturbezogen weiterzudenken: Haben nicht auch die Vögel ein Recht auf Körner? Der Baum gibt der Erde mehr zurück, als er ihr verdankt, selber schafft er den Humus, von dem er und andere leben – sofern das Gartenbauamt nicht den Laubsauger einsetzt.

Der Baum stützt unser Denken, er konkretisiert abstrakte Vorstellungen als Strukturmodell für Theorien verschiedenster Art. Die mittelalterliche Logik arbeitete mit der *Arbor Porphyriana*, einem nach dem Neuplatoniker Porphyrios (gest. 304) benannten dendromorphen Schema für die aristotelischen Kategorien (Schadt S. 82). So erwächst die der Substanz aus der individuellen Wurzel „Sokrates" am Stamm der *linea directa* aufwärts über *homo*, *animale*, *vivens*, *corpus* zur *substantia* als dem allgemeinsten Begriff, während das Geäst der konstitutiven und disjunktiven Linien zu den Bedingungen, beziehungsweise Widersprüchen hinführt. In der neueren Wissenschaftstheorie gibt es baumähnliche Modelle der Kausalität, der Wahrscheinlichkeit, der Entscheidungsfolge. Der Baum lehrt, wie durch Verwurzelung aus Vielem Eines, durch Verzweigung aus Einem Vieles wird: *Omnia ad unum, ab uno omnia*. Er ist die greifbare Synthese, die augenfällige Differenzierung. Die Baumform bietet sich an als Stammbaum oder als Nachfahrentafel der Genealogen und Biologen, der Sprachforscher und Kulturhistoriker. Die Baumgestalt veranschaulicht Einfluß und Auswirkung, einen universalen Typus von Zusammenhängen und Funktionsunterschieden: wir können tragende, lastende und schmückende Elemente unterscheiden.

x. Der Baum macht die Zeit sichtbar. Er verbindet Dauer und Identität mit Wandel und Wachstum, jahreszeitliche Wiederholung mit lebenszeitlicher Entwicklung über Jahre, Jahrzehnte, Jahrhunderte. Baumbilder dienen als Zeitangabe: „An dem Feigenbaum lernet ein Gleichnis: wenn sein Zweig jetzt saftig wird und Blätter gewinnt, so wißt ihr, daß der Sommer nahe ist" – so Jesus zu seinen Jüngern (Matthäus 24, 32). Auf den römischen Mithras-Reliefs wird links der Herbst durch einen Baum mit Früchten und dem Tierkreiszeichen des Skorpions dargestellt, rechts der Frühling durch einen sprießenden Baum und den Stierkopf des Zodiakus. Plinius (XVIII 253) rühmt den Maulbeerbaum als Zeitweiser: Sobald er Knospen treibt, ist kein Frost mehr zu befürchten. Weil er dies weiß und bedenkt, ist er der klügste aller Bäume: *morus sapientissima arborum* (XVI 102).

Werden und Vergehen sind allerdings oft unsymmetrisch: Ein Baum, der Jahrhunderte gebraucht hat, um zu werden, was er ist, kann im Handumdrehen stürzen – ebenso ein Mensch, ein Kunstwerk oder – heutzutage – ein oder zwei Wolkenkratzer, ja eine ganze Stadt. Dabei werden Dinge sichtbar, die man zuvor allenfalls ahnte – schlummernde Kräfte erwachen. Oft bringt erst der Tod ein Leben ans Licht. Lessings Fabel von der Eiche, die der Nordwind zu Boden geworfen hatte, lehrt dies: Der Fuchs, der den Riesen nun liegen sieht, bemerkt: „Was für ein Baum! Hätte ich doch nimmermehr gedacht, daß er so groß gewesen wäre!"

y. Bäume sind die einzigen Lebewesen, die wie die Menschen in erkennbarer Weise altern und dabei über lange Zeiträume die Jahre zählen. Ihre Jahresringe sind ein eingebauter Kalender. Je nach Niederschlag sind diese Jahresringe breiter oder schmaler, so daß sich die Ringe datierbaren Wachstumsperioden zuordnen lassen. Identifizierbar sind die aus der literarischen Überlieferung bekannten Trockensommer von 1727, 1816 und 1921. Die außergewöhnliche Sommerdürre von 1964 erscheint bei einem alten, um 1800 entstandenen Baum außen, bei einem jungen, der 1950 gesetzt wurde, innen. Das erlaubt es, die Ringfolgen zu verzahnen und einen ortsgebundenen Idealbaum zu konstruieren, der älter als alle lebenden Bäume ist und alle Jahresringe besitzt. Da jede Sequenz in diesem Baumringkalender prinzipiell nur einmal vorkommt, lassen sich fossile Hölzer datieren. Die Dendrochronologie, zu Anfang des 20. Jahrhundert in den Vereinigten Staaten entwickelt, ist zu einer höchst bedeutsamen Hilfsdisziplin der Archäologie geworden; die Datierbarkeit der mitteleuropäischen Eichen reicht inzwischen zurück bis ins 7. Jahrtausend vor Christus. So öffnet uns der Baum einen Weg in die Vergangenheit, die nicht nur die seine, sondern auch die unsere ist, wenn Menschen ihn gefällt haben. Schließlich verbildlicht der Baum Zeitlichkeit überhaupt, sofern wir den Stamm für die Gegenwart, die vielgliedrigen Wurzeln für die unsichtbare und doch uns tragende Vergangenheit nehmen und in der sich öffnenden Krone die Möglichkeiten der Zukunft erkennen. Sie sind vielseitig und doch begrenzt. Der Himmel beginnt, wo die Bäume aufhören.

z. So gewiß die Achtung vor Bäumen ein gemeinmenschlicher und insofern natürlicher Zug ist, so hat doch jede Zeit, jeder Glaube, jedes Volk eine eigene Dendrosophie – entsprechend dem kulturell unterschiedlichen Verhältnis zur Natur insgesamt. Bestimmte Bäume gehören ins Bild bestimmter Zeiten und prägen dies in jeweils anders bestimmter Weise. Darum kann ein Gang durch den Wald zu einem Gang durch die Kulturgeschichte werden. Es ist ein ungebahnter Pfad, der gleichwohl vertraute Erscheinungen in den Blick rückt – doch eben von ungewohnter Seite, in ungewohnter Gesellschaft. Zu dieser Wanderung lade ich nun ein.

2. Juden und frühe Christen

a. Junius Bassus-Sarkophag
Paradiesbaum: Feige oder Traube? b.
c. Apfel!
Baumkult: Moses' Dornbusch d.
e. Abrahams Eiche
Salomons Zedern f.
g. Palme Deboras
Siegespalme h.
i. Aschera-Bäume
Baum-Allegorien j.
k. Völker-Bäume
Königswahl der Bäume l.
m. Israel als Weinstock
Baruch-Apokalypse n.
o. Baum der Weisheit
Henochs Lebensbaum p.
q. Talmud: Baum-Tabu
Der kabbalistische Baum r.
s. *Christen*: Johannesoffenbarung
Allegorien der Evangelisten t.
u. Weinstock und Ölbaum
Clemens Alexandrinus v.
w. Pseudo-Hippolytus
Ambrosius x.
y. Augustinus
Mani z.

Wenn der Baum fällt, er falle
nach Süden oder nach Norden,
wohin er fällt, da bleibt er liegen.
Kohelet 11, 3

2. Juden und frühe Christen

a. Im April des Jahres 1595 wurde bei Ausschachtungen in der Peterskirche zu Rom der schönste erhalten gebliebene Sarkophag der frühchristlichen Kunst entdeckt. Er gehörte einst dem römischen Senator und Stadtpräfekten Junius Bassus, der, wie die Inschrift lehrt, am 25. August 359 als Neubekehrter (*neofitus*) zu Gott einging. Es handelt sich kunstgeschichtlich gesehen um einen Säulensarkophag, benannt nach den durch Säulen vorgenommenen Abtrennungen der Bilder des reichen Reliefschmuckes (Gerke 1936). Eine Szene zeigt den Sündenfall: Adam und Eva, ihre Scham bedeckend, links und rechts neben dem „Baum der Erkenntnis des Guten und Bösen", um den die Schlange sich windet. Es ist der Baum, der am Anfang der Menschheitsgeschichte steht (1. Mose 2f), mitten im Garten Eden. „Esset nicht davon, daß ihr nicht sterbet!" Eva aber ließ sich von der Schlange überreden und verführte auch Adam – da wurden ihnen die Augen geöffnet, das Paradies aber verschlossen.

b. Tausend Künstler haben die Szene gemalt und gemeißelt, wie Eva dem Adam den Apfel reicht. In der Walpurgisnacht spricht Eva zu Faust: „Der Äpfelchen begehrt ihr sehr/Und schon vom Paradiese her" (4132 f). Aber war es ein Apfel? Die Bibel spricht nur von einer „Frucht". Theologen haben bisweilen Tiefsinn dahinter gesucht, daß der Paradiesesbaum botanisch nicht spezifiziert ist. Zu Unrecht, denn es ist zu zeigen, daß bei vergleichbaren Anlässen vielfach schlicht von einem Baum ohne nähere Bestimmung die Rede ist. Die Art ist weniger wichtig als die Gestalt, der Standort oder eine bestimmte Eigenschaft – so hier Hervorbringung schmackhafter Früchte. Gleichwohl hat man darüber nachgedacht, welcher Baum denn gemeint sei. Man erwog die Dattelpalme, den Zitronenbaum, den Rebstock oder den Feigenbaum (Goetz S. 24 f). Für letzteren sprach und spricht der Schurz aus Feigenblättern, den sich die Ureltern dann machten. Dies meinte jedenfalls der Künstler des Junius-Bassus-Sarkophags, er stellte einen Feigenbaum mit gelappten Blättern zwischen die beiden, und das war in der frühchristlichen Kunst allgemein üblich. Auch frühchristliche Texte sprechen vom paradiesischen Feigenbaum, so die zu den Apokryphen des Alten Testaments gerechnete »Apokalypse Moses« (Kautzsch II, S. 522), wo Eva bekennt: „Ich nahm Blätter vom Feigenbaum und machte mir daraus einen Schurz. Gerade von diesem Baum hatte ich gegessen". Somit ist es schwerlich ein Zufall, wenn Augustinus, als er im Frühjahr 387 das *tolle, lege!* vernahm, ausgerechnet unter einem Feigenbaum gelegen haben will: *ego sub quadam fici arbore stravi me*, wie er in seinen »Confessiones« (VIII 29) bekennt. Seine Bekehrung erfolgte unter dem Baum der Erkenntnis. Hatte doch einst der Herr auch den Nathanael unter dem Feigenbaum erkannt (Ev. Joh. 1, 48). Augustin behandelt diese Stelle in seiner Erklärung zum 31. Psalm (PL. 36, 264): *sub arbore fici erat, sub conditione carnis erat* – „unter dem Feigenbaume war er, unter der Gewalt des Fleisches" – von der nun auch der Kirchenvater erlöst war.

Der Autor des biblischen Paradieses-Mythos hielt sich an das Übliche: Der klassische Fruchtbaum in der Bibel ist der Feigenbaum, nicht der Apfelbaum. Dieser wird zwar bisweilen mit Achtung genannt, wenn Sulamith im Hohen Lied singt: „Wie ein Apfelbaum unter den wilden Bäumen, so ist mein Freund unter den Söhnen; ich sitze unter dem Schatten, des ich begehre, und seine Frucht ist meiner Kehle süß" (2, 3). Doch war dies eine Ausnahme; der Apfel ist in Palästina nicht heimisch. Er wird noch fünfmal im Alten Testament genannt, und dies allein in der hellenistisch geprägten Weisheitsliteratur. Die Feige dagegen wird 37 mal erwähnt. In der griechisch-orthodoxen Ikonographie war und ist sie die Paradiesfrucht. Ein Zusatzgrund mag mitgesprochen haben. Nach der Erkenntnis von Gut und Böse „erkannte" Adam sein Weib. Die Feige war in der mediterranen Welt ein Aphrodisiacum und ein Sexualsymbol (s.4l, 5m), so daß sie ihre Wirkung damals zum ersten Mal entfaltet haben könnte.

Mit dem Feigenbaum als Baum der Erkenntnis konkurrierte der Weinstock. Er ist zwar kein Baum im engeren Sinne, da er anlehnungsbedürftig ist, weist aber in verholztem Stock und Reben, Blättern und Früchten die konstitutiven Elemente eines Baumes auf und wird daher in der Antike – so bei Plinius (XVI 90) – als solcher behandelt. Den Weinstock nennen apokryphe Apokalypsen (Leder S. 169f), darunter die im 2. Jahrhundert n. Chr. entstandene griechische Baruch-Apokalypse, ein jüdischer Text mit christlichen Zusätzen. Sie zählt ebenfalls zu den Apokryphen des Alten Testaments (Kautzsch II, S. 446ff). Dort fragt der Autor, der sich Baruch nennt und sich in die Zeit Nebukadnezars zurückversetzt, den begleitenden Engel: „Zeige mir, was für ein Baum den Adam verführt hat! Und der Engel sprach: Der Weinstock ist es, den Samael – das heißt der Teufel – gepflanzt hatte, worüber Gott der Herr zornig wurde". Er verfluchte den Baum und verbot Adam, von ihm zu essen. Nachdem dieser es dennoch getan hatte, spülte die Sintflut, die auch das Paradies überschwemmte, eine Rebe Noah vor die Füße. Auf Geheiß des Engels Sarasael pflanzte Noah sie ein, denn Bitteres wurde zu Süßem, die Frucht des Teufels zum Blute Gottes, dessen Genuß im Abendmahl den Sündenfall ausgleicht – Adam verlor durch die

Traube das Paradies, Jesus gewann es zurück durch den Wein (Kap. 4). Der Autor trennt scharf zwischen dem sakralen und dem profanen Weingenuß – letzterer bleibt die Wurzel endloser Übel.

c. Im kühlen Mitteleuropa wurde aus der „Frucht“ ein Apfel. Die Verwandlung vollzog sich in Gallien im 5. Jahrhundert bei zwei geistlichen Dichtern. Cyprianus Gallus, dessen Name allerdings nur erschlossen ist, nannte in seinem um 425 n. Chr. verfaßten Epos über die Schöpfung die verbotene Frucht *malum noxale* (CSEL. 23, S. 3). Die Stellung im Hexameter beweist, daß der Apfel – *mālum* gemeint ist, nicht *mălum* – das Übel. Dasselbe gilt für den Beleg bei Bischof Avitus von Vienne. Dieser schrieb um 500 n. Chr. ein Gedicht über den Sündenfall, in dem Eva einen Apfel vom tödlichen Baum pflückt: *unum de cunctis lethali ex arbore malum detrahit*, und ihrem Manne die verderbliche Frucht, *exitiale pomum* darreicht (PL. 59, S. 334). Vermutlich war dieser Übergang pflanzengeographisch begründet, da der Apfel in Mittelgallien weiter verbreitet war als die Feige. Für die Akzeptanz des Motivs aber sind zusätzliche Gründe denkbar. Der Apfel war in der antiken Literatur eine Liebesgabe, so bei Vergil (Ekloge III 64) und Isidor (XVII 7, 3).

Möglicherweise spielt der Gedanke an die goldenen Äpfel der Hesperiden eine Rolle, die auf den Inseln der Seligen im westlichen Okeanos angesiedelt wurden, so von Strabon (I 1, 5; III 2, 13). Das Motiv war karolingischen Autoren bekannt, findet sich zuvor bei Vergil (Ekloge VI 61) und Orosius (Historia I 2, 11). Gemäß dem verbreiteten Bestreben, biblische und antike Tradition zu verknüpfen, wurden die Inseln der Seligen mit dem Paradies gleichgesetzt, wie der *praeceptor Germaniae*, der in Fulda lebende Hrabanus Maurus (gest. 856) bezeugt (PL. 111, S. 354). In seiner Beschreibung des Paradieses, das er allerdings im Osten annimmt, fehlen die vielfältigen Wald- und Fruchtbäume um das *lignum vitae* nicht (S. 334), das fortan überwiegend als Apfelbaum gedacht wurde (Heisig 1952). Manche Künstler blieben jedoch bei der Feige, so Raffael in der Stanza della Segnatura des Vatikan.

Das früheste Beispiel für den Paradiesapfel in der Kunst findet sich erst spät, um 1250 im Elsaß (Selbmann, S. 111), doch wurde das rasch kanonisch. Humanistische Gelehrsamkeit der Renaissance führte dann zu naturwidrigen Mischformen. Albrecht Dürer zeigt auf seinem Kupferstich mit dem Sündenfall von 1504 die Stammeltern unter einem Apfelbaum, der Feigenblätter trägt – ebenso Cranach 1509, Baldung gen. Grien 1510 und Holbein 1526. Begünstigt wurde die Umdeutung von der Feige zum Apfel durch die seit Osbern von Gloucester (Derivationes 337) um 1150 nachweisbare Ableitung des Wortes *mālum* – Apfel von *mălum* – Übel, beginnt doch schon die Geschichte der Griechen mit dem „Streitapfel“, den der fürstliche Hirte Paris – Homer nennt ihn Alexandros – als Liebessymbol der Aphrodite reichte und so den Trojanischen Krieg anbahnte. Im mittelalterlichen Burgund war die verbotene Paradiesesfrucht eine Weintraube, in Nordfrankreich eine Kirsche, im neuzeitlichen Kongo ist es eine Banane.

Mit dem *lignum vitae* verbindet sich ein Problem. Gab es einen oder zwei Paradiesbäume? Gemäß Genesis 2, 9 schuf Gott den „Baum des Lebens mitten im Garten und den Baum der Erkenntnis." Demnach waren es zwei. Da aber dann laut 3, 3 der Baum der Erkenntnis „mitten im Garten" steht, scheinen die Bäume identisch zu sein. Nur ein einziger Baum steht im Mittelpunkt. Bei der Vertreibung aus dem Paradies schließlich soll Cherub verhindern, daß Adam vom „Baum des Lebens" esse und ewig lebe, so 3, 22ff. Diese Eigenschaft ist der todbringenden Kraft des Erkenntnisbaums entgegengesetzt, so daß es sich um einen anderen Baum handeln müßte – nur bleibt dieser funktionslos. Für wen wäre er geschaffen? Die Aufgabe des Torwächters ist auch ohne einen besonderen Baum des Lebens verständlich. So scheint die ursprüngliche Form der Geschichte nur einen, den Baum der Erkenntnis gekannt zu haben, der zum Baum des Todes wurde und dem ein Baum des Lebens beigesellt wurde, ohne daß die Verbindung ganz geglückt wäre. Mehrere Redaktionsschichten fassen wir ebenso bei der zweimaligen Erschaffung des Menschen zuerst in 1, 26f als Paar und darauf Adam und Eva nacheinander in 2, 7 und 2, 21ff.

d. Die Paradiesbäume wurden nicht vom Teufel, sondern von Gott gepflanzt. Diese Tätigkeit verbindet ihn, wenn wir Xenophon glauben, mit dem persischen Großkönig, so wie bereits der Gedanke und der Begriff des „Paradieses" (s. 3g). Auch an anderen Stellen der Bibel erscheint Gott als Baumgärtner (s. 2f). Ist er hier schon im späteren, monotheistischen Sinne himmlischer Schöpfergott, so deuten andere Zeugnisse auf einen bei den Kanaanäern verbreiteten Baumkult hin, den auch die Kinder Israel zunächst übernahmen. Die mit den Kultreformen von Hiskia und Josia im 7. Jahrhundert v. Chr. verbundene orthodox jüdische Überarbeitung, in der uns das Alte Testament vorliegt, hat nicht alle Spuren einer älteren, polytheistischen Religiosität beseitigt.

Die ältesten biblischen Zeugnisse lassen ein magisches Baumverständnis erkennen. Auf „heiligem Land" wuchs der „brennende" Dornbusch, aus dem der Engel des Herrn dem Moses erschien und ihm mit der Stimme Gottes seine Berufung verkündete (2. Mose 3). Gott selbst, wie die ältere Tradition will, „wohnte in dem Busch" (5. Mose 33, 16). Der Patriarch Jakob vergrub unter der Eiche von Sichem Götzenbilder (35, 4). Später ergänzte Josua bei diesem Heiligtum Jahwes das Gesetz Gottes (Josua 24, 26), und Abimelech wurde „unter der Eiche am Steinmal bei Sichem" zum König ausgerufen (Richter 9, 6). Vermutlich ist dies die „Zaubereiche", wo Abimelech einen Sieg erfocht (9, 37). An einer Eiche bei Ophra erschien ein

Engel Gottes vor Gideon, und er opferte dort (6, 11 u. 19). Zuweilen wird neben der Eiche ein Felsen oder „Malstein“ erwähnt (Josua 24, 26; Richter 6, 19; 9, 6), eine Kombination, die uns bei den Griechen wieder begegnen wird (s. 4b).

e. Mehrfach sodann erlebte Abraham, der Stammvater des Volkes Israel, die Nähe des Herrn in Bäumen, die ursprünglich wohl einmal Gott verkörperten. Abraham wurde unter der prophetischen Eiche bei Sichem durch Jahwe belehrt (1. Mose 12, 6). Als Fremdling im Lande der Philister pflanzte er in Beerseba eine Tamariske und rief Gott an (1. Mose 21, 33). Berühmt ist die Terebinthe beziehungsweise Eiche des Amoriters Mamre (14, 13) bei Hebron, wo Abraham dem Herrn einen Altar baute (13, 18) und seine Wohnung aufschlug. Dort erschien ihm Jahwe, „als der Tag am heißesten war“ (18, 1) – in der Gestalt von drei Boten (s. Abb. V) – und verhieß ihm Isaak, den lang ersehnten Sohn von Sarah; so ward sie die Stammutter des Volkes Israel. Mamre wird dann auch als Ortsname gebraucht. Das Einholen von Baumorakeln galt in späterer Zeit als Götzendienst (Hosea 4, 12).

Josephus (Antiquitates I 10, 4) gibt dem „riesigen“ Baum Abrahams den Namen *Ogygē* und berichtet, daß man ihn für so alt halte wie die Schöpfung (Bellum IV 9, 7). Im ersten Fall nennt er den Baum *drys* – Eiche, im zweiten *terebinthos* – Terpentinbaum. Schon er wußte nicht, welcher Baum mit dem hebräischen Wort *elon* gemeint war. Euseb und Hieronymus verwenden „Eiche“ und „Terebinthe“ unterschiedslos. Das botanische Problem ist kaum zu lösen. Beide Bäume sind im Alter einander ähnlich, beide galten den Israeliten als Gottesbäume, denn ihre Namen (nach der üblichen Übersetzung) *elon* – Eiche und *ela* – Terebinthe werden von *el* – Gott abgeleitet. Der heilige Baum bei Sichem wird in der Bibel mal der einen, mal der anderen Gattung zugewiesen, im griechischen Text der Septuaginta begegnen nebeneinander die Bezeichnungen *tereminthos* (Terebinthe), *balanos* (Eichelbaum) und *drys* (Eiche) – dieses Wort erscheint am häufigsten, so auch für den Baum von Mamre. Wenn Luther sich für „Eiche“ entschied, war das eine für seine deutschen Leser gedachte Teutologie, gewiß hatte er den Thüringer Wald vor Augen, der damals noch nicht durch Forstwirtschaft vernadelt war.

Die Eiche Abrahams bei Mamre blieb ein Ort der Verehrung und der Begegnung. Unter ihr wollen die unbekannten jüdischen Autoren der Apokalypsen im vierten Buch Esra und im syrischen Baruch (Kautzsch II, S. 398; 414) gesessen und ihre Visionen empfangen haben – das war um 100 n. Chr. Aus dem 3. Jahrhundert n. Chr. meldet Sextus Julius Africanus (bei Synkellos 202), unter der wunderbaren, noch immer von den Umwohnern verehrten Terebinthe seien die Patriarchen Abraham und Isaak begraben. Alljährlich gab es hier im Sommer zum Weinlesefest einen vielbesuchten

Jahrmarkt. Er erreichte eine traurige Berühmtheit, als Kaiser Hadrian nach der Niederwerfung des Bar Kochba-Aufstandes 135 n. Chr. Tausende von jüdischen Kriegsgefangenen *in tabernaculo Abrahae* in die Sklaverei verkaufen ließ und jene, die keinen Käufer fanden, nach Ägypten deportierte. Dabei seien viele umgekommen. Der Kirchenvater Hieronymus deutete dies in seinem Zacharias-Kommentar (PL. 25, S. 1500f) als Strafe Gottes an den Juden.

Aus der im frühen 5. Jahrhundert verfaßten *Historia Ecclesiastica* des Sozomenos (II 4) erfahren wir, daß der Markt bei der Eiche zugleich ein religiöses Fest war, zu dem sich – ein singulärer Fall – Angehörige aller Glaubensrichtungen friedlich zusammenfanden. Hier trafen sich Leute von nah und fern, aus Palästina, Phönizien und Arabien. Sie kauften und verkauften und ehrten den Baum: die Juden, weil Abraham ihr Erzvater war; die Griechen, d. h. die Heiden, weil sie die Gegenwart der Engel (*angelos*) verspürten, und die Christen, weil sich dort Gott offenbart hatte, der dann als Sohn der Jungfrau Maria die Menschheit erlöste. Sie alle vollzogen dort ihre Rituale: die einen beteten zum Herrn der Welt, die andern riefen die Engel an, spendeten Wein und opferten Rinder, Schafe oder Hähne. Diese Opfertiere wurden ein ganzes Jahr zuvor gemästet und als Gelübde zum Wohle des Opfernden und seiner Familie dargebracht. Der Heiligkeit des Ortes zuliebe erschienen die Menschen im Schmuck und beachteten den Anstand. Sie lebten in Zelten und schliefen durcheinander (*anamix*), wahrten aber kultische Keuschheit, um die Gottheit nicht zu erzürnen. Bauten gab es dort nicht, außer der Hütte Abrahams an der Eiche und dem von ihm angelegten Brunnen. Zur Festzeit aber trank aus ihm niemand, denn einer heidnischen Sitte entsprechend wurden Kuchen und Wein, Geld und Spezerei hineingeworfen. Auch zündete man Lichter an.

Um das Jahr 324 besuchte Eutropia, die aus Syrien stammende, lange verwitwete Schwiegermutter Constantins das Fest und berichtete dem Kaiser davon. Dieser war empört, wie sein Biograph Eusebios (III 52 f) bestätigt, und schickte sofort ein tadelndes Rundschreiben an die Bischöfe im Heiligen Lande, die dem schandbaren Götzendienst dieser „fluchwürdigen und verruchten Menschen“ tatenlos zusähen, und befahl dem General Acacius, den Altar und die Götzenbilder zu zerstören. Der Kaiser drohte jedem ungläubigen Besucher mit der Todesstrafe und ließ eine Basilika errichten. Der namentlich unbekannte »Pilger aus Bordeaux« nennt die Kirche Constantins an der Stelle der Mamre-Terebinthe im Jahre 333 (CCL. 175, S. 20). Das Fest fand in christianisierter Form weiter statt.

Der Baum selbst scheint schon nicht mehr gestanden zu haben. Hieronymus schreibt um 380 in dem von ihm bearbeiteten eusebianischen Ortslexikon des Heiligen Landes (GCS. Eus. III 1, S. 77), bis in die Zeit seiner Kindheit unter Constantius (337 bis 361) sei die von den Heiden abergläubisch verehrte Eiche Abrahams – Hieronymus verwendet *quercus* und *terebinthus* nebeneinander – noch gezeigt worden. Dies bestätigt Isidor (XVII 7, 38), wo die Lesart *Constans* unwahrscheinlich ist, da dieser Kaiser nie im Osten regiert hat. Die Pilgerin Paula, deren Reise Hieronymus 404 in einem Brief an ihre Tochter Eustachium (epistula 108, 11) beschrieb, sah nur noch Spuren des Baumes – *vestigia quercus*.

Aus den späteren Berichten über die Eiche Abrahams ergibt sich, daß die Verehrung auf andere Bäume übertragen wurde – so wie ja schon das kaiserzeitliche Exemplar mit dem Baum der Genesis kaum identisch gewesen sein dürfte. Aus der Zeit um 570 stammt der Pilgerbericht des Anonymus Placentinus, eines Besuchers aus Piacenza (CCL. 175, S. 168). Er nennt die Eiche (*ilex Mambres*), die dort verehrten Gebeine von Abraham, Isaak, Jakob, Sarah und Joseph und die *basilica quadriporticus*. In deren offenem Atrium spendeten Christen und Juden, durch verschiedene Pforten eintretend, Brandopfer. Ob die „massenhafte“ Beteiligung der Juden im Sinne Constantins war? Der Autor notiert, daß am Tage des Herrenbruders Jakobus und Davids, am 26. Dezember, Leute mit Lichtern und Gaben nach Mamre pilgerten. Da Jakobus auch am 25. Dezember gefeiert wurde, steht das Baumfest mit Weihnachten in Zusammenhang (s. 9i). Reste der Kirche, ein Brunnen und eine Ummauerung aus der Zeit des Herodes sind 5 km nördlich von Hebron bei Ramet el-Khalil gefunden worden.

Bereits in die arabische Zeit fällt schließlich das Zeugnis von Adamnanus, dem Abt des irischen Hebriden-Klosters Hy/Iona. Seine Schrift über die Heiligen Stätten geht zurück auf den Bericht des Bischofs Arculf, der um 670 in Palästina war (CSEL. 39, S. 261f). Nach dem Besuch von Hebron pilgerte dieser zu dem nördlich gelegenen blühenden Hügel von Mamre, wo er die große Basilika bestaunte und innerhalb der Ummauerung die wunderbare Eiche Abrahams beschrieb. Sie soll nach dem Zeugnis des Hieronymus vom Anbeginn der Welt bis in die Zeit Constantins dort gegrünt haben – so Adamnanus. Arculf jedoch sah nur noch einen toten Stamm von doppelter Mannshöhe im Kircheninneren, stark mitgenommen von den Beilen der Pilger, die sich Spähne als Reliquien abgeschlagen hatten. Dies ist das letzte Zeugnis für den Baum, ehe in der Kreuzfahrerzeit eine neue Tradition faßbar wird (s. 7f).

Mamre war wohl das bedeutendste, aber nicht das einzige Baumheiligtum in Kanaan. Weitere sind an den genannten Orten Sichem und Beerseba bezeugt, ebenso in Ophra und Kadesch in Naphtali. Bestätigt wird der Baumkult im Gelobten Lande durch archäologische Funde, so durch zahlreiche bildliche Darstellungen, zumal auf Siegeln und Amuletten, die Bäume mit nackter Göttin oder Betern zeigen. Sie stammen aus dem frühen ersten Jahrtausend (Keel/Uehlinger 1992).

f. Alle Könige Israels hatten irgendwie mit Bäumen zu tun. Saul wurde unter einem solchen bestattet. Nachdem er Gottes Gunst verloren hatte und im Kampf gegen die Philister gefallen war, hörten das die Leute von Jabesch in Gilead, gingen über den Jordan nach Beth-Schean, holten die Leichname Sauls und seiner Söhne und begruben sie unter der Tamariske bei Jabesch (1. Samuel 31, 11ff). Die älteste Überlieferung sprach wohl nur allgemein von einem „Baum", der erst nachträglich spezifiziert wurde, denn nach dem Parallelbericht (1. Chronik 10, 12) war es eine Eiche, so wie auch Rebekkas Amme unter der „Klage-Eiche" bei Bethel bestattet worden war (1. Mose 35, 8). Es kam also wiederum mehr auf die eindrucksvolle Gestalt des einzelnen Baumes an als auf die biologische Art.

Die „heidnische" Verbindung zwischen Baum und Gottheit findet sich noch bei dem frommen König David. Er übte Dendromantie, denn Jahwe sprach zu ihm durch das Rauschen der Maulbeerbäume und verkündete ihm, wie er die Philister besiegen werde (2. Samuel 5, 23f). Im übrigen nutzten gottesfürchtige Herrscher Bäume nur zu praktischen Zwecken. David baute um 1000 v. Chr. seinen Palast in der von ihm eroberten Jebusiter-Stadt Jerusalem aus Zedern, die ihm der König Hiram aus dem phönizischen Tyros zur Verfügung stellte (2. Samuel 5, 11). Hiram versorgte auch Davids Sohn Salomon mit Zedern und Zypressen vom Libanon zum Bau des Jerusalemer Tempels (1. Könige 5, 15ff). Das Fällen dieser beiden Baumarten rechnete um 700 v. Chr. der Prophet Jesaja (37, 24) dem König von Assur Sanherib als Sünde an. Salomos Weisheit erwies sich in seinen Sprüchen und Liedern (1. Könige 5, 12f): „Und er redete über die Bäume, von der Zeder auf dem Libanon bis zum Ysop, der aus der Wand wächst". Die Sprüche sind ebensowenig authentisch wie der ›Prediger‹, wo Salomo sich rühmt: „Ich tat große Dinge, ich machte mir Gärten und pflanzte allerlei fruchtbare Bäume hinein" (Kohelet 2, 4f). Einen Palastgarten gab es in Jerusalem 587 v. Chr. zur Zeit der Belagerung durch Nebukadnezar (2. Könige 25, 4).

Die Zeder verdankt ihren Namen dem hebräischen Wort *qatar* – räuchern. Das deutet auf eine kultische Verwendung des Holzes hin. Der Baum gedieh im Heiligen Lande nicht, aber man kannte ihn – er genoß im Alten Testament hohe Bewunderung. Gott selbst hat ihn gepflanzt, wie der Gottesmann Bileam (4. Mose 24, 6) verkündete. Im Psalm 92, 13 lesen wir: „Der Gerechte wird grünen wie ein Palmbaum, er wird wachsen wie eine Zeder auf dem Libanon", und im Psalm 104, 16ff. heißt es: „Die Bäume des Herrn stehen voll Saft, die Zedern des Libanon, die er gepflanzt hat. Dort nisten die Vögel und die Reiher wohnen in den Wipfeln". Bewunderung für die Libanonzedern äußerten der Prophet Jesaja (9, 10) und später Theophrast, der Schüler und Nachfolger des Aristoteles, in seiner Pflanzengeschichte (V 8, 1). In Cypern, so schreibt er, standen die Zedern unter

Königsschutz. Es ist nach den Oliven der Athena (s. 4g) der zweite Fall von gesetzlich geschützten Bäumen.

Als am 1. September 1920 die Franzosen den Libanesen die Eigenstaatlichkeit zugestanden, wählten diese als Flagge die Trikolore mit einer grünen Zeder auf dem weißen Streifen. Von den Bäumen war damals allerdings nicht mehr viel übrig. Hemmungsloses Abholzen hat die Zedern auf dem Libanon bis auf wenige, heute geschützte Restbestände vernichtet (Meiggs S. 371ff). Ein kleiner Hain überlebte zu Barouk in der Nähe von Beirut, ein größerer zu Bécharré bei Tripolis. Er steht unter dem Protektorat des Patriarchen der Maroniten, die dort alljährlich im August die „Zedern des Herrn" mit einem Fest ehren. Der Übergang vom Baumkult zur religiösen Folklore wird uns noch öfter begegnen (s. 3m; 7c; f). Einzelne Libanonzedern sind 25 m hoch, haben einen Umfang von 12 m und ein Alter von 1500 Jahren.

g. Die im Psalm neben der Zeder genannte Palme meint die wegen ihrer Früchte, ihres Holzes und ihres Schattens geschätzte Dattelpalme. Botanisch gesehen sind Palmen baumartige Gräser, die aus Afrika und Asien stammen und in geschichtlicher Zeit sich auf die Nordküste des Mittelmeeres verbreitet haben. Sie erreichen eine Höhe bis zu 20 m und sind namentlich freistehend eindrucksvoll. Wie im Psalm der Gerechte, so wird im Hohen Lied (7,8) die Braut Sulamith mit der Palme verglichen: „Dein Wuchs ist hoch wie ein Palmbaum, deine Brüste gleichen den Weintrauben". Das hebräische Wort für Palme, *tamar*, findet sich auch als Frauenname.

Unter einer freistehenden Palme hat nach dem Buch der Richter (4, 5) Debora, Prophetin und „Mutter in Israel", vor versammeltem Volk Recht gesprochen. Diese Gerichtspalme wurde später auf dem Gebirge Ephraim zwischen Rama und Bethel nördlich von Jerusalem gezeigt. Dieselbe Funktion konnten auch andere Bäume übernehmen: Saul saß zu Gericht bei Gibea, einmal unter einem Granatapfelbaum, andermal unter einer Tamariske (1. Samuel 14, 2; 22, 6). Versammlungen unter Freibäumen werden uns im Mittelalter wieder begegnen (s. 7n; o). Die Palme als Namengeberin von Orten ist seit alttestamentlicher Zeit bezeugt, die „Palmenstadt" im Deuteronomium (34, 3) ist nicht Palmyra, sondern Jericho.

h. Ein zeremonielles Monopol hat die Palme in Palästina anscheinend nicht besessen. Denn unter den beim Laubhüttenfest verwendeten Zweigen werden Palmwedel neben jedwedem anderen Grün genannt (Nehemia 8, 15), und am salomonischen Tempel war das Palmenmotiv wohl nur floraler Dekor. Auf den Münzen der Makkabäer aber feierten Palmen den Sieg über die Seleukiden, die nach 164 v. Chr. nur noch nominell Oberherren in Judäa waren. Zum Zeichen der Anerkennung übersandte der Hohe Priester dem König einen goldenen Kranz und einen Palmzweig (1. Makk.

13, 37). Später setzten die aufständischen Juden in beiden Kriegen gegen Rom Palmen auf ihre Münzen, sowohl unter Nero und Vespasian 66 bis 70 n. Chr. als auch unter Hadrian 132 bis 135 n. Chr. Ebenso verwiesen die Römer mit Palm-Emblemen auf ihre Nah-Ost-Politik. Nach dem Sieg Vespasians im ersten jüdischen Krieg 66 bis 70 n. Chr. erscheint eine sitzende Frau mit rückwärts gefesselten Händen als IVDAEA CAPTA unter einer Palme auf den Denaren. Ähnliche Münzen prägte dann auch Titus, der Eroberer Jerusalems (s. Abb. 4f). Die Palme ziert einen Sesterz Nervas mit der Umschrift FISCI IVDAICI CALVMNIA SVBLATA, womit auf die Beseitigung der Mißstände bei der Eintreibung der Tempelsteuer hingewiesen wird, die Vespasian auf den Juppiter Capitolinus übertragen hatte, und erscheint wiederum auf einem Sesterz Hadrians mit dem Bild, wie der Kaiser der unter der Palme sitzenden IVDAEA die Hand reicht.

Als Siegeszeichen war die Palme damals wie im griechisch-römischen (s. 4p) so im jüdisch-christlichen Brauchtum verankert. Wenn der Evangelist Johannes (12, 13) um 90 n. Chr. bei der Schilderung vom Einzug Jesu in Jerusalem am „Palmsonntag" 30 n. Chr. schreibt, die Juden hätten ihn mit Palmwedeln in den Händen begrüßt, kann das auf ein Siegesritual der Diadochen verweisen. In der Offenbarung Johannis (7, 9) treten die Märtyrer mit Palmen in den Händen vor den Weltenrichter. Entsprechend bezeichnet der Palmzweig in der frühchristlichen Kunst den Triumph des neuen Glaubens, namentlich das als Sieg über den Satan verstandene Martyrium. Die mittelalterliche Legende erzählt, wie Jesus auf der Flucht nach Ägypten den Zweig einer Palme zum Siegessymbol bestimmt habe (s. 7i).

i. Das durchgehende Thema der Geschichte des Volkes Israel in der Zeit des Alten Testaments ist die Wahrung des mosaischen Gesetzes: Du sollst keine anderen Götter haben neben mir! Gemeint sind damit vorrangig der von Kanaanäern und Phöniziern auf Bergen verehrte Himmelsgott Baal – in der Mehrzahl sind die Baalim lokale Naturgottheiten – und die Fruchtbarkeitsgöttin Aschera, die babylonische Astarte. Der Prophet Jeremia (7, 18) nennt sie die „Himmelskönigin". Sie wurde „auf hohen Hügeln unter grünen Bäumen" angebetet (2, 20), die als ihr Sinnbild, ihr Wohnsitz oder ihre Verkörperung gedacht waren. Der Prophet Hesekiel (6, 13) bestimmte die von ihren Anhängern verehrten Bäume als Eichen. In einer späten Nachricht des Talmud (s. 2q) ist von Palmen die Rede, doch besagt das nicht, daß es sich schon immer um solche gehandelt habe. Vermutlich ging es wie zumeist um lediglich eindrucksvoll Exemplare beliebiger Spezies. Statt des Baumes wird auch mehrfach ein Pfahl genannt.

Das mosaische Gesetz gebietet an mehreren Stellen des Exodus (34, 13) und des Deuteronomiums (7, 5;12, 2f; 16, 21f), die Götzenbilder zu zerschlagen, die „grünen Haine" abzuhauen, auszuroden und zu verbrennen. Dagegen wurde – wenn das Gebot denn schon bestand – vielfach verstoßen, so durch die Könige Rehabeam (1. Könige 14, 23), die Mutter Asas (15, 13), durch Ahas (2. Könige 16,4), Hosea (17,10) und Manasse, der gar ein Ascherabild in den Jerusalemer Tempel stellte (21,7). Nach späterer Überlieferung ließ König Manasse den Propheten Jesaia mit der hohlen Zeder, in den dieser sich geflüchtet hatte, bei der Siloah-Quelle zersägen (Kautzsch II, S. 122f).

Fromme Herrscher hingegen folgten dem Gebot, falls es sich nicht um eine Rückprojektion handelt, und fällten die Bäume, so Gideon (Richter 6, 25 ff), später König Hiskia (2. Chronik 31,1) und im Jahre 621 v. Chr. Josia (34,4). Erst die Kultreform der beiden letzteren im 7. Jahrhundert v. Chr. hat die Kriterien der Rechtgläubigkeit festgeschrieben, wie sie uns in den voranstehenden Büchern des Alten Testaments entgegentreten. Sie wurde dort hineinredigiert. Damit war die Exklusivität Jahwes durchgesetzt und die Baumverehrung als Götzendienst verteufelt.

In außerreligiösem Zusammenhang regelt das Deuteronomium (20, 19f) den Umgang mit Bäumen im Feindesland. Wenn die Israeliten eine Stadt belagern und für die Schanzarbeiten Holz benötigen, dann sollen sie sich auf das Fällen von wilden Bäumen beschränken und aus ihnen Bollwerke bauen. Fruchtbäume hingegen sollen sie schonen – mit deren Beseitigung schadet sich der Eroberer nur selbst. Wo es um Bekämpfung des Feindes geht, da werden hingegen auf Jahwes Befehl die Städte zerstört, die Brunnen verstopft und die „guten Bäume“ gefällt – so beim Krieg der Israeliten gegen die Moabiter (2. Könige 3, 19). Auf dieses Vorbild konnte sich die israelische Armee berufen, als sie im Juni 2001 an der Benjamin-Route in Samaria dreitausend Ölbäume der Palästinenser von Abud niedermachte. Sie sind mit Kettensägen wirkungsvoller zu bekämpfen als mit Maschinengewehren, Ölbäume wachsen langsamer nach als Menschen.

j. Mit dem Sieg des Monotheismus verschwindet der Baum aus dem Kult, nicht aber aus der Kulturgeschichte. Er begegnet vielfach in Sprachbildern. Das Alte Testament ist reich an allegorischen Baumbeispielen. Der Baum symbolisiert den Menschen: Die Trauernden zu Zion erweisen sich als standhafte „Terebinthen der Gerechtigkeit“ (Jesaja 61, 3). Ähnlich im ersten Psalm: Der Fromme „ist wie ein Baum, gepflanzt an den Wasserbächen, der seine Frucht bringt zu seiner Zeit, und seine Blätter verwelken nicht“. Oder im Psalm 128: Das Weib des Frommen gleicht einem fruchtbaren Weinstock, seine Kinder jungen Ölbäumen. Wer sich auf Menschen verläßt, schrieb Jeremia (17, 5ff), kümmert dahin wie ein Dornstrauch in der Wüste. Wer aber auf den Herrn vertraut, gedeiht wie ein Baum am Bach – seine Blätter bleiben grün, und er bringt reiche Frucht. Das Bild des Baumes für den Menschen reicht weit zurück in den Alten Orient. Eine sumerische Hymne (Falkenstein/Soden S. 126) auf König Lipitischtar von Nisin aus der Zeit um 1890 v. Chr. beginnt: „Wie der Schößling einer Zeder stolz das Haupt erhebend bin ich der Mann von gewaltiger Kraft“.

Selten wird der Unterschied zwischen Mensch und Baum thematisiert. So klagt Hiob (14, 1ff), schuldlos von Gott geschlagen: „Der Mensch, vom Weibe geboren, lebt nur kurze Zeit und ist voll Unruhe, geht auf wie eine Blume und fällt ab, flieht wie ein Schatten und bleibt nicht ... Doch ein Baum hat Hoffnung, auch wenn er abgehauen ist: er kann wieder ausschlagen, und seine Schößlinge bleiben nicht aus. Ob seine Wurzel in der Erde alt wird und sein Stumpf im Boden erstirbt, so grünt er doch wieder vom Geruch des Wassers und treibt Zweige wie eine junge Pflanze. Stirbt aber ein Mann, so ist er dahin". In der griechischen Übersetzung, der Septuaginta, steht hier (14, 9) für das Wiedergrünwerden das Adjektiv *neophytos*, das uns auf dem Sarkophag des Junius Bassus begegnet ist (s. 2a). Die Christen bezeichneten damit die Erneuerung des Menschen durch die Taufe. So liegt dem Begriff der spirituellen „Wiedergeburt", die es im tierischen Bereich ja nicht gibt, der Gedanke an einen Baum zugrunde – das wiederholt sich später im Terminus Renaissance (s. 8e).

k. Wie das Los des Einzelnen wird in der jüdischen Bibel auch das Geschick von Völkern und Mächten mit dem Wachsen, Verdorren und Stürzen von Bäumen verdeutlicht – so zeigen sich beim Propheten Jeremia (24,6) die Wechselfälle des Volkes Israel an einem von Gott gepflanzten Feigenbaum. Dem Hause David bebte das Herz „wie die Bäume im Walde beben vom Winde" (Jesaja 7, 2). Bei Hesekiel (17,22) gleicht das Volk einer Zeder, sie veranschaulicht ebenfalls das künftige Schicksal des Pharao (31, 1 ff). „Menschensohn, sprich zum Pharao, dem Könige von Ägypten und zu seinem Gefolge: Wem gleichst du in deiner Größe? Fürwahr, eine Zeder stand auf dem Libanon, schön von Astwerk und schattenspendender Belaubung und hoch an Wuchs, und zwischen den Wolken war ihr Wipfel. Wasser hatte sie groß gemacht, die Flut sie erhöht, mit ihrer Strömung umzog sie rings die Stätte, wo jene gepflanzt war, und entsandte ihre Rinnsale zu allen Bäumen des Gefildes. Es mehrten sich ihre Zweige, und es verlängerten sich ihre Äste von dem reichlichen Wasser. In ihren Zweigen nisteten allerlei Vögel des Himmels, und unter ihren Ästen gebaren alle Tiere des Feldes, und in ihrem Schatten wohnten alle die vielen Völker. Und sie war schön in ihrer Größe durch die Länge ihrer Zweige, denn sie wurzelte bei reichlichem Wasser. Andere Zedern verdunkelten sie nicht im Garten Gottes, Zypressen glichen ihr nicht mit ihren Zweigen, Platanen kamen ihr nicht gleich mit ihren Ästen; kein Baum im Garten Gottes glich ihr an Schönheit". Aber weil sie so hoch ward und ihr „Herz sich erhob", fällten sie Fremde und ließen sie liegen.

Mitunter geht die metaphorische Vermenschlichung von Bäumen über das Maß des unserem Sprachempfinden Erträglichen hinaus: Bäume klatschen in die Hände (Jesaja 55, 12), sie frohlocken (Psalm 96, 12) oder heulen (Sacharja 11, 2). Sie erkennen Gott (Hesekiel 17, 24), empfinden Neid

(31, 9) trösten sich in der Unterwelt (31, 16), haben ein Menschenherz (Daniel 4, 13) und trinken sich satt (Psalm 104, 16). Zeder und Dornstrauch verschwägern sich (2. Könige 14, 9). Bäume wünschen sich einen König: Wie soll man sich das vorstellen?

l. Welche Folgen eine Königswahl haben kann, lehrt die Fabel Jothams aus dem Buch der Richter (9, 8ff.) im Alten Testament: Die Bäume wollten den Ölbaum zu ihrem König salben, der aber lehnte ab, ebenso der Feigenbaum und der Weinstock. Zuletzt baten sie den Stechdorn. Der wunderte sich, gehört er doch, wie die Antwort des Königs von Israel Joas an Amazja, den König von Juda, bestätigt (2. Könige 14, 9), ähnlich der Tamariske zu den verachteten Gewächsen. Der Stechdorn nahm die ihm angetragene Königswürde an und ließ die Zedern des Libanon im Feuer verzehren. Die Zeder ist das Gegenbild zum Dornbusch, wie bei Joas, so bei Jotham. Der Sinn der Fabel: Wähle einen Monarchen, und du erhältst einen Tyrannen – Macht wird mißbraucht.

m. In der Fabel von der Königswahl der Bäume erscheint unter diesen auch der Weinstock. Als Allegorie für das Volk Israel benutzt ihn der Psalmist Asaph, nach biblischer Legende der Musiklehrer Davids. Gott wird angerufen, sein Volk ist in Not, aber er hat es schon einmal gerettet. „Du hast einen Weinstock aus Ägypten geholt, hast vertrieben die Völker und ihn eingepflanzt. Du hast für ihn Raum gemacht und hast ihn lassen einwurzeln, daß er das Land erfüllt hat. Berge sind mit seinem Schatten bedeckt und mit seinen Reben die Zedern Gottes. Du hast seine Ranken ausgebreitet bis an das Meer und seine Zweige bis an den Strom. Warum hast du denn seine Mauer zerbrochen, daß jeder seine Früchte abreißt, der vorübergeht? Sie haben ihn zerwühlt, die wilden Säue ...“ (Psalm 80). Gott ist als Winzer gedacht, er wird aufgerufen, seinen Weinstock zu schützen. Israel als rankender Weinstock begegnet uns auch bei den Propheten: Hesekiel (17, 6ff) beschreibt sein Gedeihen, das überschattet wird von den als Adler dargestellten Königen Babyloniens und Ägyptens. Die schwankende Politik des Königs Zedekia um 590 v. Chr. führt dazu, daß der Weinstock ausgerissen wird und seine Blätter verdorren. Am Ende aber werde Gott Israel als eine Zeder auf hohem Berge neu erblühen lassen. Ähnliche Bilder verwendet Hosea (14, 6ff). Nach düsteren Prophezeiungen folgt ein Hoffnungsstrahl: Israel werde gedeihen wie ein fest wurzelnder Weihrauchbaum (*libanos*), wie ein Ölbaum, wie ein Rebstock: Sodann vergleicht sich Gott selbst mit einem üppigen Walcholder (*arkeuthos*), dessen Früchte sein Volk nähren sollen. Die „Linde“ (für *libanos*) und die „Tanne“ (für *arkeuthos*) im Hoseatext bei Luther sind wieder Eindeutschungen. Ölbaum und Weinstock hat er bewahrt – diese waren in der Symbolik der Juden allzeit lebendig. Herodes setzte vor das Tempeltor von Jerusalem einen goldenen Weinstock, wie Josephus (Bellum V 210) und Tacitus (Historien V 5) melden.

n. Die schon genannte Baruch-Apokalypse (Kautzsch II, S. 402ff) vergleicht wiederum Israel mit einem Weinstock. Hintergrund ist der Erste Jüdische Krieg; Jerusalem wurde 70 n. Chr. durch Titus zerstört. Der Prophet sitzt weinend auf den Trümmern der Stadt und schläft ein. Da hat er einen Traum: Er sah einen wuchernden Wald, der großen Raum einnahm. Ihm gegenüber stand ein edler Rebstock, unter dem eine Quelle hervorsprudelte. Sie quoll immer stärker und überschwemmte den Wald, dessen Bäume entwurzelt wurden, bis nur noch eine einzige Zeder übrig war. Dann aber stürzte auch sie. „Und ich sah, wie der Weinstock seinen Mund öffnete und wie er mit der Zeder redete: Bist du nicht die Zeder, die von dem Unglückswald übrig geblieben ist?“ Der Weinstock hält nun der Zeder eine Strafpredigt über all das von ihr verschuldete Böse und kündet ihr die Strafe an. „Danach sah ich die Zeder, wie sie in Flammen stand und den Weinstock, wie er emporwuchs, und rings um ihn her war eine Ebene voller Blumen, die nicht verdorrten“ (Kap. 35ff). Es folgt die Deutung: Roms Reich muß fallen, und der Messias erhöht das Gottesvolk.

o. Alttestamentliche Baumsymbolik gilt nicht nur konkreten Menschen, sondern auch abstrakten Begriffen. Aus dem 2. Jahrhundert v. Chr. stammt die Spruchsammlung von Jesus Sirach, überliefert unter den Apokryphen zum Alten Testament. Darin preist sich die Weisheit: „Ich bin eingewurzelt bei einem geehrten Volk, das Gottes Erbteil ist. Ich bin hoch gewachsen wie eine Zeder auf dem Libanon und wie eine Zypresse auf dem Gebirge Hermon. Ich bin aufgewachsen wie eine Palme bei Engedi und wie die Rosen zu Jericho. Wie ein prangender Ölbaum in der Ebene und wie eine Platane wuchs ich empor. Ich dufte wie Zimt, Salbei und Myrrhe, wie Galbanum und Onyx, Stakte und Weihrauch im Tempel. Ich breite meine Zweige aus wie eine Eiche, prächtig und lieblich. Ich sprieße üppig wie ein Weinstock, meine Blüte bringt reiche Frucht. Kommet her zu mir, alle, die ihr mein begehrt!“ (24, 16ff). Wer wollte da fernbleiben?

p. Zu den wirkungsvollsten Baumsymbolen des Alten Testaments gehört der aus der Genesis (s. 2a) bekannte Baum des Lebens. In den Sprüchen Salomonis wird mit ihm die Weisheit verglichen (3, 18), aber auch die Frömmigkeit (11, 30) und die Friedfertigkeit (15, 4). Gemeint ist jeweils ein lebenspendender Baum ohne ausgesprochenen Bezug auf eine botanisch oder mythisch bestimmbare Pflanze. Der Lebensbaum findet sich in der Henoch-Apokalypse, die aus hellenistischer Zeit stammt und unter den Apokryphen des Alten Testaments überliefert ist (Kautzsch I, S. 217ff). Henoch war ein Sohn Kains und der Vater von Methusalem; er gilt als der siebente vorsintflutliche Patriarch und wurde von Gott entrückt. Dies beschreibt er als eine Wanderung durch das Weltengebäude, auf der ihn ein Engel begleitet, ähnlich der Baruch-Apokalypse (s. 2b), der »Visio Wettini« von Walahfrid Strabo von 826 und der 1321 vollendeten »Divina Commedia« Dantes. Eine erste Reise führt den Seher an den Ursprungsort des Lichtes, zu den Strömen der Unterwelt, zum Grundstein, den Säulen der Welt und den sieben Edelsteinbergen. Die zweite Reise bringt ihn in die vier Weltgegenden, zuerst nach Westen. Dort, am Ende der Welt, erblickte Henoch einen hohen, bewaldeten Berg. Alle überragte ein Baum, der an Wohlgeruch und Schönheit seinesgleichen nicht hatte. Seine Blätter und Blüten welkten nie, seine Früchte schmeckten „wie die Trauben der Palme". Durch den Erzengel Michael erfährt Henoch, daß hier der König der Welt das Jüngste Gericht halten und seinen Auserwählten den Baum übereignen wird, dessen Früchte ihnen zum Leben dienen werden. „Dann werden sie fröhlich sein und in das Heiligtum eingehen" (Henoch 24f).

In der jüdischen Literatur des frühen Mittelalters gehört der Lebensbaum zu den beliebtesten Bildern der eschatologischen Mythologie. Zumeist sind es phantastisch ausgestaltete Beschreibungen des Paradieses: Der Baum verkörpert die Welt, fünfhundert Tagesreisen beträgt seine Höhe, fünfhundert Jahre braucht man, den Stamm zu umrunden, er trägt Früchte aller Art, sie erquicken die zur Unsterblichkeit Auserwählten. In seinem Schatten sitzen die Patriarchen Abraham, Isaak und Jakob, sowie David und Salomon mit funkelnden Kronen samt den zwölf, nun wiedervereinigten Stämmen. Moses und Aaron lehren das Gesetz. Der Baum läßt Licht erstrahlen und gewährt Ewigkeit allen, die es trifft. An seiner Seite steht ein Haus aus Gold und Silber, Perlen und Juwelen, alles blüht und duftet. Mittelalterliche Buchmalerei, Fresken, Mosaiken und allerlei Volkskunst illustrieren diese Texte (Ameisenowa 1938/39).

q. Vielfach ist im Talmud von Bäumen die Rede (Busi S. 255ff). Das in Babylonien im 6. Jh. n. Chr. redigierte Kompendium rabbinischer Gelehrsamkeit, das die Gebote der Torah in Lebensregeln umsetzt, befaßt sich unter verschiedenen Aspekten mit Bäumen. Da geht es um Formen und Rechte der Nutzung, um Eigentum und Veräußerung, um Anpflanzung und Fällen. Von besonderer Bedeutung ist die stets bedrohte kultische Reinheit der Gläubigen unter anderem beim Verhalten gegenüber den heiligen Bäumen der Aschera, die nach dem Gesetz Moses gefällt werden sollen und nach den historischen Berichten tatsächlich großenteils ausgerodet worden sind. Aber es gab noch immer Reste des Baumkultes (s. 7f), so daß die subtil erörterten Probleme nicht pure Geistesakrobatik waren.

Die Ausgangsfrage lautet, ob zwischen Bäumen, die für den heidnischen Kult gepflanzt wurden, und solchen, die erst als bereits stehende verehrt wurden, zu unterscheiden sei. Darf man im einen oder anderen Falle einen Palmzweig davon für das Laubhüttenfest oder wenigstens für weltliche Zwecke verwenden? Ist, wenn der Baum dem Gesetz gemäß gefällt wurde, der Stockausschlag wiederum unrein? Wie steht es um den Stumpf, bleibt der unberührt? Wenn ein Aschera-Bild unter dem Baum stand, er also nicht selbst angebetet wurde, hat ihn das vor Befleckung verschont? Darf man den Schatten eines Aschera-Baumes genießen, oder wenigstens der Schatten des Schattens – was immer dies sei? Ist es erlaubt, sich ihm zu nähern? All das wird der Strenggläubige verneinen. Der Fromme kommt in Schwierigkeiten, wenn der Baum an einer öffentlichen Straße steht. Muß man einen Umweg wählen oder genügt es, sich zu eilen, um rasch an ihm vorbeizukommen? Dies und anderes wird im Traktat Abodah Zarah akribisch diskutiert. Da die dort genannten Meinungen der Rabbiner auseinandergingen, blieb dem frommen Juden eine Wahlmöglichkeit.

Ein Gefühl für die Würde von Bäumen spricht aus der Bemerkung, daß jemand, der einen schönen Baum fällt, um das Holz zu verwerten, keinen Segen davon haben werde (Pesahim S. 245). Selbst wenn der Baum sein Eigentum ist, verfinstern sich dann aus Trauer der Mond und die Sterne (Sukkah S. 131). An einem Baum, den man gepflanzt oder gekauft hat, kann man nicht im gleichen Maße Eigentum beanspruchen, wie an einem Haus, das man gebaut oder erworben hat. Denn ein Baum ist ein Werk Gottes oder der Natur. Den Spruch aus den Proverbia Salomonis (3, 18): „Wer die Weisheit ergreift, dem ist sie ein Lebensbaum“ erläuterte Rabbi Nachman ben Isaak eigenwillig aber erfahrungsnah: So wie ein kleiner Baum, wenn er brennt, einen großen in Feuer setzen kann, so verhält es sich mit dem Gelehrten: Die Jungen schärfen den Geist der Alten. Entsprechend bemerkte Rabbi Hanina: Ich habe viel von meinen Lehrern gelernt, mehr von meinen Kollegen, aber am meisten von meinen Schülern (Taanith S. 26). Den Satz könnte ich unterschreiben.

r. Auf die talmudische Zeit haben die mittelalterlichen Kabbalisten ihr Gedankengut zurückgeführt, doch weist dessen Entstehung eher ins nachantike Spanien und in die Provence. Zu den theologischen Spekulationen jüdischen Glaubens gehört der kabbalistische Baum. Er bezeichnet das Modell, mit dem die Mystik der Juden das Verhältnis der zehn Sephirot (Abstufungen), der Wesenheiten Gottes zueinander darstellte. Ganz oben findet sich die „Krone“ der reinen Existenz, aus der in absteigender Folge die drei Trinitäten hervorgehen, symmetrisch geordnet: Einheit, Weisheit und Verständnis; Liebe, Stärke und Schönheit; Sieg, Klarheit und ganz unten der „Grund“, das Königtum. Der kabbalistische Baum wächst somit von oben nach unten, wie das ebenfalls bei Platons Weltenbaum (s. 4w) zu beobachten ist. Die gesamte Figur wird auch als Urmensch (*Adam Kadmon*) und Bild des Kosmos gedeutet, so daß wir eine funktionale Äquivalenz der Gestalten von Baum und Mensch vor uns haben.

*

s. Jüdischen Traditionen ist auf allen Gebieten das christliche Denken verpflichtet – so bei den Endzeit-Erwartungen. In apokalyptischem Kontext erscheint der Baum des Lebens als mythische Figur wieder in der Johannes-Offenbarung des Neuen Testaments, und hier wird er abermals als Fruchtbaum bestimmt: „Wer überwindet, dem will ich zu essen geben von dem Baum des Lebens, der im Paradies ist" (2, 7). Wird Gott am Ende selber tun, was er am Anfang den Menschen verboten hat? Johannes beschreibt den Thron Gottes, von dem ein kristallklarer Strom ausgeht, und mitten auf dem Platz davor, von dem Wasser beidseitig umflossen, das „Holz des Lebens", das jeden Monat Früchte trägt und dessen Blätter den Völkern zur Heilung dienen. „Selig sind die Menschen mit reiner Weste, auf daß sie teilhaben dürfen an dem Holz des Lebens und zu den Toren eingehen ins himmlische Jerusalem!" (22, 14).

t. Die aus der jüdischen Bibel bekannten Baumallegorien schätzt ebenso das Neue Testament. „Es ist schon die Axt den Bäumen an die Wurzel gelegt", die keine gute Frucht bringen, sagt Johannes der Täufer (Matthäus 3, 10), und Jesus bemerkt: „An ihren Früchten sollt ihr sie erkennen" (7, 16f). Jesus nimmt in Kauf, daß ein Baum sich nicht aussuchen kann, welche Früchte er bringt, der Mensch aber sehr wohl frei ist in der Wahl seiner Werke. Naturmetaphern sind deterministisch – so auch die Fortsetzung: „Kann man auch Trauben lesen von den Dornen oder Feigen von den Disteln?" Faule Bäume, die keine gute Frucht bringen, werden „ins Feuer geworfen". Sind sie schuldig? Beim Einzug in Jerusalem verflucht der hungrige Jesus den Feigenbaum, der keine Frucht trug (21, 19). Welche Feige reift schon zu Passah?

Die Feige erfreut sich im Neuen Testament keiner großen Beliebtheit. „Es hatte einer einen Feigenbaum", heißt es bei Lukas (13, 6ff), „der war gepflanzt in seinem Weinberg, und er kam und suchte Frucht darauf und fand sie nicht. Da sprach er zu dem Weingärtner: Siehe, ich bin nun drei Jahre lang alle Jahre gekommen und habe Frucht gesucht auf diesem Feigenbaum und finde sie nicht. Haue ihn ab! Was hindert er das Land? Der Gärtner aber antwortete und sprach: Herr laß ihn noch dies Jahr, bis daß ich um ihn eine Baumscheibe grabe und bedünge ihn, ob er nicht doch noch wollte Frucht bringen: wo nicht, so haue ihn ab". Jesus hat dem Volk Israel vergeblich gepredigt – nach der „langen Chronologie" drei Jahre. Die Strafe Gottes steht bevor, aber Jesus bittet um Aufschub für eine mögliche Bewährung. Im Thomas-Evangelium (§ 43) wirft Jesus den Juden vor: „Sie lieben den Baum und hassen seine Frucht, und sie lieben die Frucht und hassen den Baum" – ein prophetisches Wort!

u. Seine eigene Gemeinde vergleicht Jesus mit einem Rebstock: „Ich bin der rechte Weinstock, mein Vater ist der Weingärtner. Eine jegliche Rebe, die nicht Frucht bringt, wird er wegnehmen; und eine jegliche, die da

Frucht bringt, wird er reinigen, daß sie mehr Frucht bringe" – so Jesus zu seinen Jüngern. Der Evangelist Johannes (15, 1ff) fährt in der Herrenrede fort: „Ich bin der Weinstock, ihr seid die Reben. Wer in mir bleibt und ich in ihm, der bringt viel Frucht; denn ohne mich könnt ihr nichts tun". Wer aber nicht in Jesu bleibt, wird „weggeworfen wie eine Rebe und verdorrt, und man sammelt sie und wirft sie ins Feuer, und müssen brennen". Jesus beziehungsweise Johannes greift hier zurück auf den 80. Psalm, der das Gottesvolk mit einem Weinstock verglich (s. 2m).

Den Zusammenhalt der Gemeinde verdeutlichte wiederum Paulus durch eine Baumallegorie, in der er dann selbst der Gärtner ist, hat er doch durch seine Missionsreisen zu den jüdischen Christen auch Heiden, das heißt Griechen hinzugewonnen. „Ich habe gepflanzt, Apollos hat begossen; aber Gott hat das Gedeihen gegeben. Nun ist weder der da pflanzt, noch der da begießt etwas, sondern Gott, der das Gedeihen gibt. Der aber pflanzt und der da begießt, die sind einer wie der andere" (1. Korinther 3, 6ff). Paulus (Römer 11, 17ff) verglich die Heidenchristen mit Zweigen, die von einem wilden Ölbaum auf einen edlen gepfropft, das heißt ins Gottesvolk aufgenommen wurden. Gärtner machen das allerdings umgekehrt, sie setzen Edlinge auf wilde Stämme.

Der Kirchenvater Justinus aus dem 2. Jahrhundert erweiterte das Bild vom Baum der Gottesgemeinde, indem er die Juden als „toten Ast" bezeichnete – so in seinem Dialog mit dem Juden Tryphon (119, 1). Aus dem 5. Jahrhundert stammt das Bild des Kirchenvaters Victor von Vita aus dem vandalischen Reich um Karthago (II 21). Die katholische Kirche erscheint dort als ein wunderbarer Baum, der sich vor der Ankunft der Germanen bis zum Himmel erhob und „fast ganz Africa" beschattete. Gemeint ist die Provinz *Africa Proconsularis*. Als sich alle Menschen darüber freuten, erschien ein wild gewordener Esel – *asinus violentus* – rieb seinen Nacken am Stamm und warf ihn mit großen Getöse um. Der Esel ist vermutlich der Vandalenkönig Geiserich, der Africa eroberte, oder sein Nachfolger Hunerich, der als Arianer die Katholiken drangsalierte.

v. Die Bäume in der Bibel prägen das Verhältnis der Christen zu den Gehölzen. Der Ende des 2. Jahrhunderts in Alexandria wirkende christliche Gelehrte Titus Flavius Clemens macht in seinen eher als „Zeugstücke" denn als „Teppiche" zu verdeutschenden *Stromateis* vielfältig von Baumgleichnissen Gebrauch. Umgang mit heranwachsenden Menschen kann sich an dem mit jungen Bäumen orientieren: Sie bedürfen des Schutzes, denn sie sind schwach; was ihr Wachstum hindert, muß beseitigt werden; Seitentriebe sind zu kappen, damit der Stamm gedeiht; Früchte soll man nicht zu zeitig, sondern erst vom ausgewachsenen Exemplar verlangen. Das mosaische Verbot, edle Bäume zu fällen (s. 2i), das sei zu bedenken (Overbeck S. 288f). So wie Bäume unterschiedlich keimen, je nachdem auf welchen Boden der Samen gefallen ist, so ergeht es auch mit der Saat der Lehre, die verschiedenartig aufgeht (S. 182).

Clemens greift das Ölbaum-Gleichnis des Paulus auf, berichtigt es und spinnt es aus. Die heidnische Philosophie wird durch die christliche Lehre beziehungsweise den Heiligen Geist veredelt, so wie man einen wilden Ölbaum durch Pfropfen verbessert. Die vier Arten, in denen die Baumgärtner verfahren, wendet Clemens an auf die Bekehrung der Heiden, Juden, Ketzer und Gnostiker (S. 552). Der Gerechte gleicht einem fruchtbringenden Baum (402); die Früchte, an denen man ihn erkennt, verbildlichen die Lebensführung – Blüten und Blätter, das heißt bloßes Reden und äußeres Aussehen kommen dagegen nicht in Betracht (328). Glaubensstärke vermag nicht nur Berge zu versetzen, sondern auch Bäume umzupflanzen (426). Den „Baum des Lebens“ deutet Clemens als Sinnbild der göttlichen Weisheit, das Paradies als Symbol der Welt, darin der Logos Fleisch geworden ist und am Kreuz das Heil erbracht hat wie ein erntereifer Baum, damit jeder, der von diesem „Baum der Unsterblichkeit“ koste, das wahre Leben empfange – der Sündenfall am Baum der Erkenntnis kehrt sich um (462). Abschließend vergleicht Clemens die unsystematische Darstellung seiner *Stromateis* mit einem Baumstück, das nicht wie ein zur Augenweide mit liniengeraden Gewächsen angelegter Ziergarten erscheint, sondern dicht bedeckt ist mit wilden „Zypressen, Platanen, Lorbeer und Efeu, zugleich aber absichtlich bepflanzt ist mit Apfel-, Öl- und Feigenbäumen“. Diese Mischung soll es den Obstdieben schwer machen und dennoch, wenn auch versteckt, den Gerechten Früchte bieten (642).

w. Ein groß angelegtes Baumbild bietet die sechste Osterpredigt im Corpus von Johannes Chrysostomos (PG. 59, S. 743ff). Der griechische Text stammt sicher nicht von ihm; er wurde dem Hippolytos von Rom zugeschrieben, doch auch dies ist unsicher. Der Prediger sieht im Kreuzbalken den Gegenbaum zur Feige im Paradies und steigert ihn zum Weltenbaum: Dieses Holz dient mir zum ewigen Heile, von ihm nähre ich mich, mit ihm tafle ich, unter seinen Wurzeln suche ich meine Wurzeln, hier breite ich meine Äste aus. Sein Hauch schmückt und erfreut mich, sein Schatten beschirmt meine Hütte vor Hitze und bietet mir reichen Tau. Mit seinen Blüten blühe ich, seine Früchte erquicken mich, von Anbeginn sind sie für mich bestimmt. Er bietet meinem Hunger köstliche Speise, meinem Durst einen Trunk aus der Quelle, meiner Blöße eine Bedeckung. Sein Laub ist der Geist des Lebens – ein Feigenblatt brauche ich nicht mehr –, es ist dem Gottesfürchtigen ein Schild, dem Wankenden ein Stab, dem Kämpfer ein Preis, dem Sieger ein Kranz. Der Baum ist mir ein steiler Pfad, ein enger Weg, eine Jakobsleiter, wo Engel auf und niedersteigen, über welcher der Herrgott steht. Von der Erde erhebt sich der Baum bis zum Himmel, ein unsterbliches Gewächs, fest inmitten des Himmels, inmitten der Erde – die Stütze des Weltgebäudes, die

Säule des Universums, der Träger des Kosmos – es umfaßt den Erdkreis und alles was lebt, zusammengehalten durch den unsichtbaren Geist. Dieser Baum ist Jesus. So das Bild, frei übersetzt.

x. Später als die griechischen treten die lateinischen Kirchenväter in Erscheinung. Um das Jahr 390 n. Chr. verfaßte Ambrosius, Bischof in der Kaiserresidenz Mailand, sein Sechstagewerk, lateinisch Exameron, griechisch Hexahemeron. Es handelt sich um eine Folge von tatsächlich gehaltenen Predigten, in denen der Bericht über die Schöpfungswoche in der Genesis ausgelegt wird. Mit einer erstaunlichen Sachkenntnis werden hier die Erscheinungen der belebten wie der unbelebten Natur erläutert und in moralisierender Allegorese, teils auf die Kirche und ihre Werke, teils auf den Menschen und sein Seelenheil bezogen (PL. 14, S. 192ff). Einen eigenen Abschnitt widmet der Kirchenvater den Bäumen (III 54):

„Was sollte ich aufzählen, wie groß die Vielfalt unter den Bäumen ist? Wie abwechslungsreich und schön der Schmuck jedes einzelnen Baumes? Wie breitästig die Buchen sind, wie schlank die Tannen, wie nadelreich die Pinien, wie schattig die Steineichen, zweifarbig die Pappeln, dichtbelaubt und sich verjüngend die Kastanie, die, sobald sie gefällt ist, gewissermaßen einen Wald neuer Sprößlinge zu treiben pflegt? Wie sich auch an den Bäumen ein hohes oder jugendliches Alter erkennen läßt? Die jüngeren haben schlankere Zweige, ältere strecken kräftigere und knorrige Arme aus; erstere tragen glatte und flache Blätter, letztere eher zusammengeschrumpfte und rauhe. Auch gibt es Bäume, die aus ihrem altersschwachen und abgestorbenen Wurzelstock, wenn sie gefällt werden, keinen Nachwuchs zu treiben vermögen; andere, die frische Jugendkraft und größere natürliche Fruchtbarkeit besitzen, denen das Fällen mehr nützt als schadet, so daß sie von neuem nachsprossen und in vielen Schößlingen sich verjüngen und fortvererben."

Mit exegetischer Phantasie liest Ambrosius in der Natur einen Kommentar zur Offenbarung. Er beschreibt die Vielfalt und Schönheit der Bäume, den Nutzen des Obstes und des Holzes und deutet es als Zeichen der Fürsorge Gottes für den Menschen. Sie mögen von den Bäumen und dem Umgang mit ihnen lernen: zu Gott in die Höhe zu streben, standhaft im Glauben verwurzelt zu bleiben. Palme und Lorbeer weisen auf den Sieg der Kirche, der Weinstock mit seinen Reben auf die Zusammengehörigkeit der Gemeinde, die biegsame Weide auf die Bande Christi, der immergrüne Buchsbaum auf die Hoffnung. Aus der Baumgärtnerei gewinnt der Kirchenvater Belehrung, wenn er in der künstlichen Befruchtung der Palme, der Kaprifikation der Feige und der Veredelung des Mandelbaums Anschauung für Verhaltensregeln findet. Bäume belehren uns, daß gute und schlechte Frucht nebeneinander gedeihen, also nach ihrer Qualität, nicht nach ihrer Herkunft zu unterscheiden sind; daß wir entsprechend den immergrünen Pflanzen unsere kindliche Unschuld bewahren mögen; daß wir angesichts der langsam reifenden Früchte die Geduld nicht verlieren sollten. Nicht immer ist alles zu haben. So wie die Natur ihre Gaben nur dem kundigen Gärtner zuteil werden läßt, so verhüllt der Weise seine Werke im Geiste – *sapiens enim spiritu celat negotia* (III 56).

An allen Bäumen findet Ambrosius etwas Gutes, selbst an der „bösen" Tamariske (*myrica*) mit ihren dürftigen Blättern und ihrer gerbstoffreichen, daher bitteren Rinde. Sie gemahnt uns, vor schlechten Menschen auf der Hut zu sein. Die in der Wüste kümmerlich wachsende Tamariske ist der im assyrischen Tammuz-Lied zum Durst verdammte Baum (Widengren 1951, S. 11) und dient bei Jeremia (17, 6; 48, 6) als Bild des Gottverfluchten, ähnlich wie in der römischen Literatur, in Vergils viertem Hirtengedicht (IV 2) und bei Plinius (XIII 116), er nennt sie ein „unglückliches Holz". Sie trage keine Früchte und diene bloß zur Herstellung von Besen (XVI 108). Er zählt sie zu den „verdammten" Pflanzen, die im Götterkult nichts zu suchen haben. Dasselbe meint Mohammed im Koran (34, 15). Die Tradition ist uralt. In einer babylonischen Fabel streiten Tamariske und Dattelpalme um den Vorrang bei Göttern und Menschen (RAC. II S. 9) – man ahnt den Ausgang. Nach Isidor (XVII 7, 49) benutzten Giftmischer die Tamariske für Schadenszauber. Überführte Verleumder mußten in Rom als Zeichen der Schande einen Tamariskenkranz tragen (Murr S. 107). Unfruchtbare Unglücksbäume (*arbor infelix*) benutzte man in Rom als Marterpfahl, wie Cicero (Pro Rabirio 13) und Livius (I 26,6) bezeugen.

Ambrosius schreibt aus eigener Anschauung, scheut aber auch Anspielungen auf heidnisch-römische Schriften nicht: so auf ein Lob der Fruchtbarkeit in Ciceros Dialog »Cato Maior. Über das Greisenalter« (52f) und auf Wendungen aus Vergil. Die „zweifarbige Pappel" zitiert die *bicolor populus* mit ihren grünweißen Blättern aus der Aeneis (VIII 276), die „breitästige Buche" den Eingangsvers von Vergils erstem Hirtengedicht: *Tityre tu patulae recubans sub tegmine fagi* – „Tityrus, während du ruhst überdacht von den Ästen der Buche ...". Den Grundgedanken seines Baumlobs entnahm Ambrosius einer Predigt des wenig älteren griechischen Kirchenvaters Basilius von Caesarea in Kleinasien über die Schöpfungsgeschichte (PG. 29, S. 109ff). Basilius schätzte Baumthemen auch sonst. So verglich er das, was ein Christ aus der Literatur gewinnen könne, mit dem, was ein Baum dem Menschen bietet. Dies sind in erster Linie nahrhafte Früchte, die allein aus der Wahrheit der Offenbarung kommen, daneben aber zeigt er seine Schönheit – in diesem Sinne dürfe ein Christ auch heidnische Bücher lesen (PG. 31, S. 568).

y. Ambrosius' Schüler Augustinus hielt sich mit seiner Baumdeutung enger an die Heilige Schrift. Der Kirchenvater (Civitas Dei XIII 21) bemerkte, wer nicht an der historischen Wahrheit der Bibel zweifele, dürfe das Paradies zusätzlich symbolisch verstehen: Die Bäume dort verkörperten die nützlichen Künste, ihre Früchte die Sitten der Frommen, der Baum des Lebens die Weisheit als Mutter alles Guten und der Baum der Erkenntnis von Gut und Böse die Erfahrung der Sünde. Sehen wir im Paradies die Kirche, so sind die Obstbäume die Heiligen, die Früchte ihre Werke; der Baum des Lebens deutet auf Christus, der Baum der Erkenntnis auf die Willensfreiheit. Zur Veranschaulichung des Ewigen Lebens benutzt Augustinus den immergrünen Baum als Gegenbild (XXII 1). Dessen Dauergrün beruhe darauf, daß Blätter gleichzeitig abfallen und nachwachsen, aber die zur Seligkeit Berufenen blieben in voller Zahl erhalten. In »De fide et symbolo« (9, 17) vergleicht er die Trinität mit einem Baum: Wurzel, Stamm und Krone sind sämtlich hölzern, aber je etwas Eigenes und bilden doch ein einziges Ganzes: *regula nominis maneat, ut radix lignum sit, et robur lignum, et rami lignum; nec tamen tria ligna dicantur, sed unum*. Ebenso stehe es mit Vater, Sohn und Heiligem Geist. Schon der Prophet Hosea hatte, wenn auch in anderem Sinne, Gott mit einem Baum verglichen (s. 2m).

Zuweilen kommt Augustin auch in seinen Predigten auf Bäume zu sprechen. Sermo 110 (PL. 38, S. 638 f) behandelt den drei Jahre lang unfruchtbaren Feigenbaum bei Lukas (13,6 ff). Den Baum versteht der Kirchenvater als Bild der Menschheit, die drei Jahre deutet er als die Weltzeitalter *ante legem* (von Adam bis Moses), *sub lege* (von Moses bis Christus) und *sub gratia* (seit Christus). Stets hätten die Menschen gesündigt und keine gute Frucht gebracht. Der um Aufschub der Abholzung bittende Gärtner, der Baumscheiben graben und sie düngen will, er verbildlicht die Heiligen, die das Gericht hinauszuschieben suchen und inzwischen zur Buße rufen. Der Baum möge hören!

1852 publizierte der Präfekt der Vatikanbibliothek Angelo Mai in seiner »Nova Patrum Bibliotheca« (I p.1 ff) eine Augustin zugeschriebene Predigt über Eva und Maria, in der ersterer alles Übel, letzterer alles Heil zugeschrieben wird. Der Autor verknüpft den Schlangenbaum des Paradieses (er nennt es *pomerium* statt *pomarium*) mit dem Kreuzbaum auf Golgatha: *Sicut per arborem mortui, ita vivificati per arborem* – wie wir durch einen Baum den Tod empfangen haben, so gab ein Baum uns das Leben. Jener zeigt uns unsere Nacktheit, dieser bekleidet uns mit den Blättern der Gnade; jener brannte uns die Sünde ein, dieser kühlt uns mit der Vergebung. Der Baum der Erkenntnis (*arbor scientiae*) brachte uns Kummer, der Baum der Weisheit (*arbor sapientiae*) Hoffnung und Heil; der Paradiesbaum bescherte uns Leid, der Kreuzbaum (*arbor crucis*) Frieden; *arbor bonum, malum arbor ostendit* – ein Baum zeigt uns das Gute, ein Baum zeigt uns das Böse.

z. Augustinus hat vor seiner Bekehrung wechselnden Glaubensrichtungen angehört, darunter neun Jahre der gnostischen Erlösungslehre des Persers Mani aus dem 3. Jahrhundert n. Chr. Dessen Lehre hatte sich im ganzen Imperium verbreitet, doch kennen wir sie besonders gut aus den Schriften

Augustins. Er wußte, wogegen er nach seiner Bekehrung zum Christentum polemisierte. Manis Jünger teilten sich auf in *Electi* – Auserwählte, die strengen Askesevorschriften unterlagen, und *Auditores* – Hörer, den christlichen Laien entsprechend. Mani forderte eine Reinigung der Seele, die sich über die Metempsychose vollzog. Die Seele durchwanderte Pflanzen und Tiere, die demgemäß als wesensverwandt mit dem Menschen galten und nicht getötet werden durften. Während der Verfolgung erst durch heidnische, dann durch christliche Kaiser prüfte man einen des Manichäismus Verdächtigen durch die Aufforderung, eine Ameise zu töten. Augustin berichtet in seinen »Confessiones« (III 18), er selbst habe als Manichäer einst geglaubt, ein Feigenbaum weine wie eine Mutter milchige Tränen, wenn man eine Frucht pflücke, und ergänzt in seiner Schrift »De moribus Manichaeorum« (18, 54ff), daß Mani das Fällen von Bäumen, ja selbst das Brechen von Früchten und Laub als Verletzung, als Mord (*homicidium*) verboten habe. Gleichwohl werde die Wiedergeburt (*revolutio*) in einem Baum als Strafe betrachtet. Der Kirchenvater fand es ungereimt, daß den Bäumen zwar die Fähigkeit zu hören zugesprochen werde, ihnen aber nicht gepredigt werde, um sie zur Weisheit zu läutern. Daher täten die Manichäer gut daran, alle Bäume umzuhauen und dadurch die in ihnen gefangenen Seelen zu befreien.

Bäume wurden von Mani als Glieder Gottes, als beseelt und schmerzempfindlich gedacht. Wer sie schädigt, verletzt das „Lichtkreuz" (Böhlig S. 140ff). Die vierte der sieben Wohltaten, die Helios, der Erleuchter, den Menschen täglich zuteil werden läßt, ist das Gedeihen der Bäume und Pflanzen (S. 170). Mani verglich seine Predigt mit der Aussaat von Baumsamen auf gute Erde (S. 80). Auf die Frage seiner Schüler, was Jesus mit dem Gleichnis der zwei Bäume (Matthäus 7, 17) gemeint habe, antwortet Mani: die Früchte des guten Baumes sind Jesus selbst, der herrliche Glanz, sowie die Gemeinde der Gläubigen, die zum Licht aufsteigen. Die Früchte des schlechten Baumes, der in der Materie wurzelt, hingegen sind die den weltlichen Lüsten Verfallenen, die zur Wiedergeburt Verdammten, die das höllische Feuer erwartet. Heil dem, der die beiden Bäume unterscheiden kann! (Böhlig S. 137ff; 157ff).

Derselbe Dualismus zeigt sich in der Gegenüberstellung der Bäume des Lebens und des Todes, des Lichts und der Finsternis, des Paradieses und der Welt (S. 133ff). Der gute Baum wird mit der Erkenntnis, das heißt der *gnōsis*, verbunden, sie ist in allen Himmelsrichtungen zu finden außer im Süden, dem Ort des Verderbens. Vielleicht weist das auf Manis Herkunft aus Babylonien: im Süden ist die Wüste. Die Bildersprache Manis ist teilweise von einer bizarren Phantastik, sein Grundgedanke jedoch einfach: es geht um die Befreiung der Lichtseele aus der Verhaftung in der Materie. Insofern sich Mani als Vollender von Jesus, Zarathustra und Buddha begriff, befinden wir uns mit ihm schon im Orient.

3. Der Orient

	a.	*Perser*: Platane des Xerxes
Philemon und Baucis	b.	
	c.	Goldener Thronbaum
Zarathustras Zypressen	d.	
	e.	Avesta
Persepolis und Pasargadae	f.	
	g.	Paradeisos
Sassaniden	h.	
	i.	Gilgamesch
Ägypten	j.	
	k.	Persea-Baum
Islam: Mohammed	l.	
	m.	Palme und Platane
Literatur	n.	
	o.	Kunst
Inder: Upanishaden	p.	
	q.	Himmelsbaum
Bhagavad – Gita	r.	
	s.	Buddha
Stupa	t.	
	u.	Ibn Batuta
Chinesen: Weltenbaum	v.	
	w.	Konfuzius
Gingko	x.	
	y.	*Japan*: Bonsai
Shinto	z.	

Brauche Zedern und Zypressen nicht im Garten mir zu hegen,
unser Buchsbaum wächst im Hause und ist allen überlegen!

Hafis

3. Der Orient

a. Am 15. April 1738 wurde im King's Theatre am Londoner Haymarket Händels *Dramma per musica* »Serse« uraufgeführt. Berühmt ist das »Largo« daraus. Das Libretto erzählt eine verwickelte Liebesgeschichte um den Perserkönig, die gänzlich erfunden ist, aber mit historischen Reminiszenzen arbeitet. Das Oratorium beginnt mit einer Arie des unglücklich verliebten Xerxes, der in einem prächtigen Garten anstelle der abwesenden Dame seines Herzens eine stolze Platane ansingt und ihren friedenstiftenden Schatten preist. Die Regieanweisung danach: „Er verharrt in andächtiger Bewunderung der Platane". Bäume auf Bühnen werden uns wieder begegnen.

Händels Librettist Minato verarbeitete eine antike Überlieferung: Als der Großkönig Xerxes gegen Griechenland zog, wo er dann im Jahre 480 v. Chr. die Seeschlacht bei Salamis verlor, sah er bei Kallatebos, östlich von Sardes in Lydien eine Platane, die er um ihres prachtvollen Wuchses willen bewunderte, mit Goldschmuck behängte und der er für alle Zeiten, so schreibt Herodot (VII 31), einen Pfleger bestellte. Auf demselben Feldzug soll sich in Syrien eine Platane in einen Ölbaum verwandelt haben, wie Plinius (XVII 242) ungläubig überliefert. Das muß ein Omen gewesen sein: War die Platane der Baum der Perser, so war der Ölbaum der Baum der Athener (s. 4g), die unter Themistokles den Großkönig dann besiegt haben. Mirakel dieser Art wurden ursprünglich wohl meist auf tatsächliche Ereignisse bezogen. Theophrast (II 3, 1) erwähnt mehrere wunderbare Fälle von botanischem Artenwechsel, die jeweils von den Priestern als Vorzeichen gedeutet wurden. Als ein Ölbaum des Thessalos, des Sohnes von Peisistratos, die Blätter verlor, aber gleichwohl Früchte trug (II 3, 3), verknüpfte man dies anscheinend damit, daß die Tyrannensöhne Athen zwar 510 v. Chr. verlassen mußten, aber am Leben blieben.

Aelian, ein Autor der Zeit um 200 n. Chr., schmückt in seinen »Bunten Geschichten« (II 14) die Erzählung von der Xerxes-Platane aus, indem er anfügt, der Großkönig habe den Baum begrüßt wie ein Sklave seinen Herrn, habe einen ganzen Tag dort gelagert und ihn wie eine Geliebte mit Kleidern, Ketten und Armbändern behängt. Aelian kritisiert das als barbarische Prunksucht. Der Baum hätte davon gar nichts, Menschenschmuck erhöhe seine natürliche Schönheit in keiner Weise, die allein auf seinem

Wachstum, auf Stamm, Geäst und Laubwerk beruhe sowie auf dem Schatten, den er spende, und der Festigkeit, die er Wind und Wetter entgegensetze. Hat Aelian nicht Recht? An die Xerxes-Platane ist zu denken, wenn Philostrat, ein Zeitgenosse Aelians, in seiner Lebensbeschreibung des Apollonios von Tyana (VI 37) berichtet, die Leute in Sardes meinten, die Bäume seien älter als die Erde. Das aber schien dem Wanderphilosophen unmöglich – auch die Sterne könnten nicht älter sein als der Himmel.

b. Die Platane beeindruckte Xerxes durch ihre Schönheit. Jeder Hinweis auf ein religiöses Motiv fehlt. Dennoch deutet die Episode auf einen Baumkult, den es in Kleinasien auch sonst gab. Aus Phrygien überliefert Ovid in seinen »Metamorphosen« (VIII 6, 11) die Sage des frommen alten Ehepaares Philemon und Baucis, bei denen Zeus und Hermes einkehrten. Als Dank für genossene Gastfreundschaft verwandelten die Götter die beiden, als die Zeit zu sterben kam, in eine Eiche und eine Linde, die später in einem heiligen Bezirk standen.

Goethe, seit Kindestagen mit Ovids »Verwandlungen« vertraut, hat die Geschichte in seinen Faust II eingearbeitet. Zu Beginn des fünften Aktes führt uns der Dichter in eine „offene Gegend“. Ein Wanderer tritt auf. „Ja! sie sinds, die dunklen Linden,/Dort in ihres Alters Kraft./Und ich soll sie wiederfinden/Nach so langer Wanderschaft!“ – so der Fremde, der bei den Alten abermals gastlich aufgenommen wird. Ihr Anwesen liegt neben einer Kapelle, auf einem Hügel – Goethe hat das Milieu christianisiert -, und dieses Grundstück grenzt an Faustens Palast. Der will den beiden ihr Gütchen abtauschen. „Die Alten droben sollten weichen,/Die Linden wünscht ich mir zum Sitz,/Die wenigen Bäume, nicht mein eigen,/Verderben mir den Weltbesitz“. Faust will sich ein Baumhaus ins Geäst bauen, um einen Auslug auf sein menschenbeglückendes Kolonisierungswerk zu haben. Die Alten aber mögen nicht tauschen – da weiß Mephisto als Herr des Feuers Rat, ist doch das, was man Zerstörung nennt, „sein eigentliches Element“. Zunächst verschärft er Faustens Unmut, indem er über das Geläute lästert. „Und das verfluchte Bim-Baum-Bimmel,/Umnebelnd heitern Abendhimmel, /Mischt sich in jegliches Begebnis/Vom ersten Bad bis zum Begräbnis,/Als wäre zwischen Bim und Baum/Das Leben ein verschollner Traum.“ Sodann schreitet der Böse zur Tat.

Lynkeus der Türmer, soeben noch entzückt über den Ausblick von der Schloßwarte: „Ihr glücklichen Augen, was je ihr gesehn,/Es sei wie es wolle,/Es war doch so schön!“ dieser Lynkeus sieht entsetzt, was Mephisto angerichtet hat: „Funkenblicke seh ich sprühen/Durch der Linden Doppelnacht;/Immer stärker wühlt ein Glühen,/Von der Zugluft angefacht /... Züngelnd lichte Blitze steigen/Zwischen Blättern, zwischen Zweigen;/Äste dürr, die flackernd brennen,/Glühen schnell und stürzen ein./Sollt ihr Augen dies erkennen!/Muß ich so weitsichtig sein!“ Lynkeus ist erschüttert, und Faust vernimmt's, aber er tröstet sich: „Doch sei der Lindenwuchs vernichtet/Zu halb verkohlter Stämme Graun,/Ein Luginsland ist bald errichtet,/Um ins Unendliche zu schaun". Da erfährt Faust, daß nicht nur Hütte und Hain, sondern auch Philemon und Baucis samt ihrem Gast verbrannt sind. Faust flucht Mephisto – und damit auch sich selbst. Ovids idyllischer Ausklang ist einem tragischen Ende gewichen. Goethe hat die Verwandlung der beiden Alten in Eiche und Linde nicht übernommen, mochte aber auf die Bäume nicht verzichten. Sie sind mehr als Staffage, mehr als Requisiten – sie verkörpern die heile Welt, die der Vergangenheit angehört. Die Bäume, in denen die Alten fortleben sollten, sind mit ihnen verendet – Opfer des unersättlichen Fortschritts.

c. Im Zusammenhang mit der Platane des Xerxes berichtet Herodot (VII 27), wie eine Platane und ein an ihm emporrankender Weinstock aus Gold zuvor dem Vater des Xerxes, dem Großkönig Darius von einem reichen Lyder zum Geschenk gemacht worden waren. Möglicherweise handelt es sich dabei um Prunk, der bloß durch seinen Materialwert und seine kunstfertige Gestaltung Bewunderung erregte. Die Gabe könnte indes auch symbolische Bedeutung besessen haben, denn ein Baum mit Zweigen aus Metall erscheint in der altpersischen Endzeitlehre (s. 3d). Über jenen goldenen Weinstock kursierten in der griechischen Welt exaltierte Gerüchte. Xenophon (Hellenika VII 1, 38) erzählt nach dem Bericht von Gesandten, die im Jahre 367 v. Chr. am persischen Hofe weilten, das mit der goldenen Platane wäre bloße Prahlerei. Sie sei so klein, daß nicht einmal eine Zikade unter ihr Schatten fände. Das wiederum war wohl pure Polemik. Denn Athenaios (514 F; 539 D), ein Zeitgenosse Aelians, zitiert zwei Alexanderhistoriker, Amyntas und Phylarchos, die übereinstimmend berichten, die Trauben an dem Weinstock seien indische Edelsteine gewesen. Nicht recht paßt hingegen die Nachricht des Amyntas, der Goldbaum habe im Schlafzimmer des Königs über dessen Liege gestanden, mit der Meldung des Phylarchos zusammen, unter der Platane habe der Großkönig Audienz gehalten. In jedem Falle bot das Kunstwerk mehreren Zikaden Schatten. Im Jahre 316 v. Chr. nahm der Diadoche Antigonos Monophthalmos den Schatz von Susa in Besitz, dabei wird der goldene „baumklimmende" Weinstock von Diodor (XIX 48, 7) eigens erwähnt. Vermutlich ließ der König ihn einschmelzen.

Von einem ähnlichen, aber vergleichsweise aufwendigen Geschenk berichtet Josephus (Antiquitates XIV 3, 1). Als Pompeius 63 v. Chr. an der Spitze seiner Legionen in Damaskus erschien und die Fürsten des Orients ihn mit Gaben überhäuften, übersandte ihm Aristobul, einer der beiden Kandidaten für den jüdischen Königsthron, einen goldenen Weinstock im Wert von 500 Talenten. Strabon sah ihn noch auf dem Capitol zu Rom, wo Beutekunst gesammelt wurde. Er trug den Namen *terpōlē* Ergötzung und wurde seinerseits wieder zur Beute, spätestens als Alarichs Goten 410 n. Chr. die Ewige Stadt plünderten.

Die Idee vom goldenen Thronbaum lebte indessen fort – oder wieder auf, und zwar in der Sage wie in der Wirklichkeit. Rhetorische Legende ist es, wenn der spätrömische Redner Themistios (XIII 166b) erklärt, Xerxes habe auf seinen Feldzügen eine goldene Platane und einen goldenen Thronhimmel mit sich geführt. Für den Redner war dies orientalische Prunksucht, ebenso für den zeitgleichen Rhetor Himerios (XXXI 11), der die Goldrebe mit König Artaxerxes verband und als Kunstwerk des Theodoros von Samos ausgab. Dieser hatte nach Herodot (III 41) den Siegelstein für den Ring des Polykrates geschnitten. Historisch aber ist, was Liudprand, Bischof von Cremona, berichtet. Er besuchte 968 als Brautwerber Kaiser Ottos des Großen für dessen Sohn Otto II Konstantinopel und berichtet in seiner »Antapodosis« (VI 5) von einer Audienz beim byzantinischen Basileus Nikephoros Phokas. Unter den Wunderdingen dort vermerkt Liudprand einen beim Thron stehenden Baum aus vergoldeter Bronze. Auf dessen Ästen saßen verschiedene Vögel, die – aufgrund einer eingebauten Mechanik – ihre Stimmen hören ließen, angeblich naturgetreu. Wir kennen das Wunderwerk aus älterer Überlieferung. Constantinus Porphyrogenitus spricht in seinem Zeremonienbuch (CSHB. 6, 1 S. 569) von mehreren Goldbäumen, die den „Thron Salomos" im Palast zu Konstantinopel umstanden. Das Wunderwerk soll Kaiser Theophilos um 820 geschaffen haben.

Aus der Zeit um 1230 stammt das Heldenlied von »Wolfdietrich«, dem Herrn von Konstantinopel (s. 7s). Dieser besuchte im heidnischen Morgenland einen Marmorpalast mit einer künstlichen Linde, *dy was guldin gar*, mit zweiundsiebzig Vögeln, *dy waren guldin gar*. Wenn sie der Wind durchwehte, erklangen ihre Stimmen (567f). Einen ganz ähnlichen Baum fand der Held später im Zwergenland und beschreibt die Technik: Blasebälge führten Luft über Röhren am Stamm in die Kehlen der Sänger – mithin haben wir es mit einer Art Orgel zu tun, wie sie für das byzantinische Hofzeremoniell bezeugt ist. Ob der Dichter das Wunderwerk selbst gesehen hat (Zingerle S. 102f) oder eine uns unbekannte Quelle ausschöpft, ist unklar. Das Motiv des musikalischen Baumes war so beliebt, daß Albrecht von Scharffenberg in seinem »Titurel« (372ff) damit seinen Gralstempel geschmückt hat und auch im »Großen Rosengarten« davon die Rede ist (193ff) – hier ist es wieder eine Linde.

Mechanische Herrschaftszeichen waren ebenso im Orient üblich. Abulfeda bezeugt im Kalifenpalast zu Bagdad für 917 n. Chr. einen aus Gold und Silber gefertigten Baum mit 18 Zweigen, die sich bewegten, wenn die Kunstvögel sangen – so lesen wir in Gibbons »Decline and Fall« (Kap. 52). Eine Nachbildung ist für Heinrich (VII) 1265 in Nordhausen überliefert – Blätter des Baumes wurden als Siegesprämien beim Turnier vergeben (CSHB. 6, 2 S. 642ff). Die Idee des Metallbaumes findet sich ebenfalls bei den Griechen (s. 4g) und Kelten (s. 6f), im Barock (s. 8t) und in der modernen Kunst (s. 10u).

d. Zurück zu den Persern! Es gibt eine zu spätsassanidischer Zeit im »Bahman Yasht« aufgezeichnete, aber sehr viel früher entstandene Vision Zarathustras. Der Prophet erbat sich vom Himmelsgott Unsterblichkeit, darauf offenbarte ihm dieser im Traum das Bild eines Baumes mit vier Ästen, einer aus Gold, einer aus Silber, einer aus Stahl und einer aus verunreinigtem Eisen – denn das muß wohl gemeint sein, wenn es heißt „aus Eisen gemischt". Gott deutete Zarathustra die Erscheinung der vier Äste als die vier Zeitalter, die kommen werden. Das erste Zeitalter sei das von König Vishtasp, der die reine Lehre annehme und die Dämonen bekämpfe. Das zweite bedeute die Herrschaft von Ardaschir, dem Gründer der Sassaniden-Dynastie, das dritte verweise auf die hohe Zeit von Chosrau Anuschirwan und das letzte auf das Mißregiment der „Dämonen mit zerteiltem Haar" (Widengren 1961, S. 181ff). Eine andere Vision zeigt am Baum der Geschichte sieben Äste. Der Zusammenhang dieser Allegorie mit dem Koloß auf tönernen Füßen aus dem Buch Daniel ist unübersehbar – offenkundig sind hier altorientalische Vorstellungen aus Persien in das jüdische und damit christliche Denken übernommen worden.

Legendär ist die Überlieferung von der Zypresse Zarathustras. Der Dichter Firdusi erzählt in seinem um 1000 n. Chr. verfaßten »Königsbuch«, dem persischen Nationalepos, der Prophet habe zum Zeichen seines Sieges vor seinem Feuerheiligtum zu Keshmar in Chorasan eine Zypresse gepflanzt, die in den folgenden Jahrhunderten zu einem gewaltigen Baum emporgewachsen sei. Mit diesem Baum habe Alexander sich unterhalten (Livre des Rois V 229). Das stammt aus der Sonnenbaum-Episode des Alexander-Romans (s. 4v), der daneben noch einen Mondbaum kennt. Die Zwillingszypressen sollen aus Schößlingen erwachsen sein, die Zarathustra aus dem Paradies mitgebracht hatte. Marco Polo sah 1272 in jener Gegend von Chorasan eine bemerkenswerte Zypresse, die Firdusi erwähnt. Sie war übriggeblieben, nachdem der Kalif Mutawakkil 846 n. Chr. den Zwillingsbaum hatte fällen lassen (Yule I S. 131). Den 1.450 Jahre alten Stamm, so heißt es, ließ er unter enormen Kosten auf Rollen nach Bagdad bringen; 1.300 Kamele schleppten die Äste. Als die Karawane die Residenz erreichte, wurde der Herrscher in selbiger Nacht von seinen Knechten umgebracht.

e. Das Avesta und die jüngeren heiligen Schriften der Parsen zeigen, daß Bäume in der mythischen Geographie der altiranischen Religion eine bedeutsame Rolle gespielt haben. Oft ist von ihnen die Rede, doch lassen sich die einzelnen Aussagen kaum zu einem Gesamtbild vereinigen. Unklar ist, ob es sich bei Bäumen mit ähnlichen Namen oder gleichartigen Eigenschaften um jeweils denselben Baum handelt. Der Baum des Falken steht in einem Meer, wird *Gutheil*, *Hochheil* und *Allheil* genannt, er trägt die Samen aller Gewächse und heißt daher auch *Allsamen*. Wenn sich der Falke erhebt, wachsen tausend Äste aus dem Stamm. Sobald er sich niedersetzt, brechen tausend ab und verstreuen den Samen, den der Regen dann in alle Welt trägt, für die Pflanzen als Nahrung der Menschen und Rinder. Nahe bei ihm steht der Baum, der allen heilbringenden Bäumen das Leben geschenkt hat. Dieser *Gaokerena* oder *Gokart* ist der *Weiße Haoma*. Er wird als der „Meister der Bäume" bezeichnet und wächst an einer Quelle, dem Wasser des Lebens, das Unsterblichkeit verleiht. Die Umgebung wird als paradiesisch geschildert, hier lebte der Urkönig Yima in seiner glücklichen Zeit. Die Beziehungen zur Schöpfungsgeschichte der Genesis hat Windischmann (1863 S. 165) herausgearbeitet.

Strabon (XV 3, 14) bezeugt, daß die Perser Lorbeer- und Myrtenzweige im Kult verwendeten. Bei den Lydern in Kleinasien, unter denen zur römischen Kaiserzeit Anhänger der persischen Religion lebten, wurde für das durch Zaubersprüche entzündete Opferfeuer ein Holz gebraucht, das, wie Pausanias (V 27, 6) meldet, Asche von ungewöhnlicher Farbe hinterließ.

f. Neben den literarischen Quellen unterrichten uns archäologische Zeugnisse über Bäume im alten Persien. So wie Babylonier und Assyrer zuvor haben die Perser großen Wert auf Bäume in ihrer Lebenswelt gelegt. Ihre Paläste lagen nicht so kahl in toter Landschaft wie heute. Auf den Treppenreliefs des Palastes von Persepolis aus der Zeit um 500 v. Chr. stehen zypressenähnlich gewachsene Blätterbäume in einer Reihe, so daß an eine Allee (*khiyaban*) zu denken ist, die auf das Tor zuführte. Auf dieser Feststraße fand vermutlich die Prozession statt, in der die Tribut-Gesandten aus den Regionen des Reiches dem Großkönig ihre Neujahrsgaben brachten – wie auf den Treppenwangen dargestellt. Baumgesäumte Prozessionsstraßen gab es bereits in Babylon (RAC. II S. 7). Die Allee ist eine Erfindung des Alten Orients.

Literarische Quellen bezeugen, daß auch die Königsgräber der Achämeniden umbaumt waren: Arrian (VI 29, 4) erzählt, wie Alexander das Turmgrab des Dynastiegründers Kyros in dessen Hauptstadt Pasargadae besucht habe. Es stand im königlichen Garten, in einem Hain von Bäumen aller Art, durchzogen von Wassergräben, umgeben von hochstehendem Gras. Die von David Stronach (1989) in Pasargadae entdeckten Spuren des Königsgartens zeigen einen rechteckigen Grundriß mit einer gekreuzten Mittelachse, welche die Fläche in vier Felder teilt. Diese Gartenform des Tschahar Bagh nimmt den Plan des römischen Kastells vorweg, könnte wie dieses auf ein Kosmosschema zurückgehen und lebt in der bevorzugten Gartengestalt islamischer Fürsten fort.

g. Die Perser stehen in der kulturellen Tradition des Alten Orients. Aus fragmentarischen Keilschrifttexten unterschiedlicher Zeitstufen hat Geo Widengren (1951) den heiligen Garten von Eridu rekonstruiert, der sowohl im Mythos als auch in der Realität erscheint und den „Baum des Lebens" enthält, der freilich in den Quellen nie so genannt wird, sondern seinen Namen der verwandten biblischen Vorstellung verdankt. Die Texte sprechen mitunter von einer „Pflanze des Lebens". Gepflegt wird der Baum von einem königlichen, priesterlichen oder göttlichen Gärtner, den wir auch von bildlichen Darstellungen kennen. Ein assyrisches Relief aus Nimrud zeigt den König in doppelter Gestalt beiderseits eines stilisierten Baumes, darüber die Flügelsonne, ein Göttersymbol wie später bei den Persern. Der König versorgt den Baum mit dem „Wasser des Lebens" und hält bisweilen einen Zweig in der Hand.

Nach der Eroberung Mesopotamiens übernahmen die Perser die Gartenkultur der von ihnen 539 v. Chr. unterworfenen Babylonier und Assyrer. Die Assyrerkönige sammelten Bäume: sie bürgerten Zedern, Zypressen, Palmen und andere Gewächse ein und legten in ihren Palastgärten Wert auf botanische Vielfalt. Das spiegelte die Weite ihres Herrschaftsbereiches. In Babylon ist schon um 1200 v. Chr. ein Baumgarten bezeugt. König Nebukadnezar (605 bis 562) soll die auch Semiramis zugeschriebenen Hängenden Gärten angelegt haben, die von und seit Strabon (XVI 1, 5) wegen ihrer Konstruktion und ihres bewundernswerten Baumbestandes zu den Sieben Weltwundern gerechnet wurden. Strabon und Diodor (II 10) beschreiben sie als eine Terassenkonstruktion auf Gewölben aus Ziegelpfeilern, von Robert Koldewey 1899 irrig mit dem ersten entdeckten Hochgarten am Ischtar-Tor identifiziert. Nach Strabon lagen die Gärten am Euphrat; und auch dort, westlich des Palastes gibt es einen Lokalisierungsvorschlag.

Diodor nennt den Garten der Semiramis *paradeisos*. Das Wort bezeichnet ursprünglich die baumbestandenen Tiergärten der jagdliebenden Perser. Das zugrunde liegende *pairi daēza* wurde zu hebräisch *pardēs*, griechisch *paradeisos*, deutsch „Paradies" (s. 2b). Die griechischen Schriftsteller erwähnen diese Gärten mehrfach, so Xenophon in seinem Roman über die Erziehung des älteren Kyros (I 4, 5) und in seiner Griechischen Geschichte (IV 1, 15), wo von Paradiesen der Satrapen in Kleinasien die Rede ist. Xenophon, der diese Anlagen im Jahre 401 v. Chr. durch seine Teilnahme am »Zug der Zehntausend« nach Mesopotamien kennengelernt hatte, ist der früheste Gewährsmann für das Wort *paradeisos* im Griechischen (Anabasis I 4, 10; II 4, 14). Nach seiner Rückkehr legte er sich selbst auf seinem Landgut Skillous bei Olympia einen solchen Tierpark an (V 3, 7ff). Noch zur Zeit des Pausanias (V 6, 6), im 2. Jahrhundert n. Chr., bestand er. Es ist die älteste bezeugte Parkanlage Europas.

Die Perserkönige vermieden banausische Tätigkeiten, unter die Xenophon (Oikonomikos 4, 2f) die sitzende Lebensweise im Hausinneren rechnet, die keine Zeit für Umgang mit Freunden läßt, und lebten in diesen Gärten, wo sie auch selbst zur körperlichen Ertüchtigung Hand anlegten. Ihr Stolz waren die Bäume (4, 13f). Als der Spartaner Lysandros 407 v. Chr. den jüngeren Kyros in Sardes besuchte, bewunderte er dort dessen „Paradies", wo die Bäume in Reihen, rechtwinklig angeordnet, standen – der Prinz versicherte seinem Gast, daß er hier selbst gepflanzt habe (4, 21f). Dieser Bericht vom königlichen Gärtner faszinierte noch Cicero. In seiner Schrift über das Alter (Cato maior 59) beschreibt er diese Lebensweise als musterhaft.

Wir hören des weiteren von einem herrlichen Jagdpark des Persers Tissaphernes in Kleinasien, den dieser nach seinem Gastfreund „Alkibiades" benannte (Plutarch 24). Eigentümlich berührt uns sodann jener Paradiesgarten in Lydien, wo Mädchen und Frauen unter Weidenbäumen umarmt wurden (Athenaios 515F), vermutlich eine Form von Sakralprostitution, da die Weide ein heiliger Baum war, bei den Griechen der Hera auf Samos geweiht (s. 5h). Einen mit „Königspalmen" bepflanzten Garten in Babylon weist Theophrast (II 6, 7) dem unter Artaxerxes III allmächtigen Hofkämmerer Bagoas zu. Der Name der Bäume, die nur in jenem Garten gediehen, bezeichnet sie als königliches Monopol. Plinius (XIII 41) bezieht das Privileg auf den Genuß der Datteln. Königliche Palmengärten gab es im Orient auch anderen Ortes. Josephus (Antiquitates XVIII 3, 2) erwähnt solche im Reich des Judenkönigs Herodes.

h. Die Vorliebe für Baumgärten setzte sich dann in spätpersischer Zeit fort. Auf Silberschalen und -kannen der Sassaniden finden sich Bäume, deren Beizeichen – See, Fische, Vögel – an den Urbaum erinnern. Die doppelt mannshohen Bäume auf den Reliefs von Taq-i-Bustan, jenem ländlichen Palast bei Kermanshah aus der Zeit um 600 n. Chr., verkörpern vielleicht nur Lebenslust. Sie spricht jedenfalls aus den erhaltenen Lied-Überschriften jener Zeit: »Der Garten Schirins«, »Garten des Königs«, »Der Zypressengarten« und aus den wenigen überlieferten Zeilen mittelpersischer Poesie:

„Die leuchtende Sonne, der strahlende Vollmond
strahlen über dem Stamm jenes Baumes,
die Vögel schmettern und brüsten sich voller Lust,
es brüsten sich die Tauben und die bunten Pfauen".
(Christensen S. 484ff)

i. Aus frühpersischer Zeit, aus dem 6. Jahrhundert v. Chr. stammen die jüngsten Textfunde des nur fragmentarisch erhaltenen Gilgamesch-Epos.

Sie kamen bei den Ausgrabungen im südbabylonischen Uruk zutage. Die ältesten Keilschrift-Tafeln des Gedichtes reichen ins 3. Jahrtausend zurück; Fassungen auf Sumerisch, Akkadisch, Hethitisch und Hurritisch sind bezeugt. Nach den von Karl Hecker 1994 zusammengestellten und übersetzten Bruchstücken ist folgender Handlungsablauf erkennbar: Gilgamesch beansprucht als König von Uruk das *ius primae noctis*. Das empört die Bürger wie die Götter. Diese schicken den wilden Enkidu gegen ihn, doch wird der durch die Reize einer Hierodule, die er sieben Tage lang beschläft, so geschwächt, daß er Gilgamesch nicht bezwingen kann und mit ihm Frieden schließt. Letzterer erklärt nun, ewigen Ruhm erwerben zu wollen durch einen Sieg über den Unhold Chumbaba alias Huwawa. Dieser ist eine Landplage, „sein Gebrüll ist eine Sintflut, sein Mund Feuer, sein Atem Tod". Der Götterkönig Enlil hat ihn bestellt zum Schrecken der Menschen und zum Schutze der Zedern auf dem Libanon, „süß ist ihr Schatten, voll sind sie an Freuden". Der heilige Wald, wo die Götter wohnen, ist durch einen Graben geschützt. Gilgamesch und Enkidu, mit Äxten bewaffnet, gelangen über sieben Berge am dritten Tage dorthin und fällen die Zeder, „deren Stirn den Himmel durchbohrt". Es kommt zum Kampf mit dem niemals schlafenden Wächter des Waldes. Unterstützt vom Sonnengott Schamasch und dreizehn Winden bezwingt Gilgamesch den Riesen. Der ergibt sich, muß nun selber Bäume fällen, sogar den Myrtenbaum, wird aber dann doch von den Freunden tückisch getötet. Nun haut Gilgamesch aus dem Zedernstamm eine Tür für den Tempel von Enlil in Uruk, doch zieht dieser ihn für die Tötung Chumbabas zur Rechenschaft.

Manche Formulierungen erwecken den Eindruck, wie wenn das Fällen der Zeder und die Tötung des Monsters dasselbe bedeuteten, indem eine magische Identität zwischen dem Baum und dem Riesen bestünde. Unklar ist ebenso, ob das Interesse Gilgameschs an dem Bauholz nicht das primäre Motiv der Expedition gewesen ist, war doch die Holzarmut Mesopotamiens ein gravierendes ökonomisches Problem. Gilgameschs Wunsch nach Ruhm ist dennoch unverdächtig, ihn kennen wir aus der Geschichte vom Turmbau zu Babel in der Genesis (1. Mose 11). Die Menschen wollten sich „einen Namen machen". Dabei gerieten sie in Konflikt mit dem Willen Gottes, wie Gilgamesch, aber erreichten wie dieser ihr Ziel. Bis heute sind sie unvergessen.

Die Spannung im Gilgamesch-Epos liegt darin, daß Gut und Böse nicht klar geschieden sind. Der Böse ist nicht ganz böse: Chumbaba erfüllt einen göttlichen Auftrag. Der Gute ist nicht ganz gut: Gilgamesch tötet den Gegner, nachdem er sich ergeben hat. Auf beiden Seiten stehen Götter: der Himmelsgott steht hinter Chumbaba, der Sonnengott hinter Gilgamesch. Es ist ein Konflikt zwischen Potenzen: zwischen Stadt und Wald, zwischen Technik und Natur, zwischen Fortschritt und Tradition. Der Vertreter des

Neuen siegt über den Bewahrer des Alten, aber wird dabei schuldig – so wie Adam, so wie Prometheus. Dieselbe ethische Problematik fand Forsyth (1981, S. 19ff) wieder in einem hethitischen Text. Der König braucht Bauholz, weiß aber, daß das Fällen der Bäume ein Frevel ist. Er redet sie an und besänftigt sie mit der Versicherung, daß ihre Stämme einem frommen Zweck, einem Tempel für ihren Herrn, zugute kommen werden.

Das Fällen eines Baumes als Sinnbild des Sieges des Neuen über das Alte, des Guten über das Böse ist uns im Kampf der jüdischen Propheten gegen den Aschera-Kult begegnet und findet sich wieder in islamischer Zeit. In Persien kam es zu ähnlichen Aktionen gegen heilige Bäume (s. 3d), wie wir sie dann auch im christlichen Abendland kennen (s. 6n; 7b). Durchschlagenden Erfolg hatte das aber im Orient ebensowenig wie in Europa. Yule (I S. 132ff) bringt Beispiele von jüngerer Baumverehrung aus den verschiedensten Teilen Arabiens und Asiens. In Persien hat sie sich über die Islamisierung bis in unsere Zeit erhalten. Ich selbst habe am 18. Dezember 1964 bei Schiras den Quellgarten Bagh-i-badreh besucht, wo ein sassanidischer Zinnenaltar als Grab einer moslemischen Heiligen verehrt wurde. Kerzen schmückten den Stein, bunte Tücher die Bäume rundum.

*

j. Wie in Persien, so sind auch in Ägypten Bäume sowohl in profanem als auch in religiösem Zusammenhang geschätzt worden (Moftah 1959). In dem heißen, baumarmen Niltal waren Schattenspender willkommen. Die Grünanlagen der Königspaläste, der Beamtenvillen und der Tempel zeigen in der Mitte ein rechteckiges Wasserbecken, umstanden von Sträuchern und umgrenzt von Bäumen, so daß „Raumschalen" entstehen, deren Wände nach außen höher und dichter werden. Die Darstellungen auf Grabwänden machen so einen kastenartigen Eindruck (Hennebo S. 15). In hellenistisch-römischer Zeit verzeichnen die Listen der Kult-Topographie heilige Bäume in fast allen Gauen: Persea, Akazie, Sykomore, Tamariske, Weide und andere. Palmen fehlen, sie waren reine Nutzbäume.

Weniger in der Hochreligion als im Volksglauben galten Bäume als Sitz von Göttern: die Himmelsgöttin Nut, Hathor oder Isis in der Sykomore, Horus in der Akazie, Sopdu im Kesbet-Baum. Äste in Gestalt menschlicher Arme reichen dem Betenden Gaben. Eine Wandmalerei im Grab des Sennedjem zu Theben aus der 19. Dynastie (um 1290 v. Chr.) zeigt die Epiphanie der Nut im Baum (Schmidt S. 13). Auf der Weide von Heliopolis suchte man das Nest des Phönix; ihre Blätter zeigten die Hieroglyphe des Pharao Ramses. Auf den Bäumen über Gräbern sitzen die Seelen der Toten, die des Osiris wohnt auf seinem Grabbaum zu Philae (RAC. II S. 11). Totentexte sprechen von Bäumen in der mythischen Geographie: Der Sonnenlauf beginnt zwischen zwei Sykomoren aus Türkis am östlichen Horizont.

In dem ägyptischen Märchen von den zwei Brüdern legt der jüngere sein Herz in die Krone einer hohen Pinie. Als sie auf Wunsch seiner bösen Schwägerin gefällt wird, stirbt der Bruder. Dieser wird aber wieder lebendig, in einen Stier verwandelt und abermals auf die Forderung der Frau hin getötet. Aus seinem Blut erwachsen zwei Persea-Bäume, die auf Verlangen der Frau abgeholzt werden, doch auch der dritte Anschlag mißlingt. Sie selbst verschluckt einen Splitter, der sie schwängert und den Toten abermals das Licht erblicken läßt.

k. In altägyptischen Texten begegnet der mythische Isched-Baum, der in Heliopolis verehrt wurde. Auf seinen goldenen Blättern verzeichneten göttliche Schreiber die Namen und Jahre der Könige. Er gilt als Welten- oder Lebensbaum. Der Isched ist botanisch nicht eindeutig zu bestimmen. Er wird versuchsweise mit dem aus griechischen Quellen bekannten Persea-Baum identifiziert. Die Persea ist ein Kuriosum unter den heiligen Bäumen. Zuerst erwähnt von Theophrast (IV 2, 1) als geschätzt wegen ihrer schattenspendenden Krone und ihren süßen Früchten, gilt sie als typisch für das Nil-Tal. Später werden ihre Standorte genauer bestimmt: Strabon (XVII 2, 4) nennt Äthiopien und Ägypten generell, Plinius (XIII 63) Theben, das heutige Luxor in Oberägypten; Aelian weiß sie in Tentyra, dem heutigen Dendera in Mittelägypten (Historia animalium X 21) und Alexandria in Unterägypten (XI 40). Bei Memphis soll der Sagenheld Perseus die erste Persea angepflanzt haben, wie Plinius (XV 45f) etymologisierend folgert. Alexander der Große, der 332 das Niltal besuchte, habe zu Ehren des Perseus, des Urgroßvaters seines Ahnherrn Herakles bestimmt, daß Sieger mit Persea-Laub bekränzt werden sollten. Tatsächlich haben die Ägypter lange vor Alexander solche Kränze geflochten, namentlich für Tote. Bei der *Pompa Ptolemaia*, dem größten Festzug aller Zeiten 271 v. Chr. in Alexandria, trug die Personifikation des Jahrfünfts, die *Pentetēris*, eine Kranz aus Persea und Palme (Athenaios 198 B). In Edelstein nachgebildete Früchte der Persea enthält schon das Halsband der Berliner Nofretete aus dem 14. Jahrhundert v. Chr.

Noch unter den Römern im 2. Jahrhundert n. Chr. galt die Persea als heiliger Baum. Aus seinem Holz wurden laut Plinius (XIII 61) Götterbilder geschnitzt. Nach Plutarch (Moralia 378 C) war die Persea der Göttin Isis geweiht, weil ihre Früchte dem Herzen, ihre Blätter der Zunge glichen und damit zum Ausdruck brächten, daß die Zunge formuliert, was das Herz bewegt: *ouden theioteron logou* – Nichts ist göttlicher als die im Wort sich ausdrückende Vernunft. In christlicher Zeit wurde die Persea säkularisiert, aber gegen die drohende Abholzung geschützt. Ein Erlaß der Kaiser Arcadius und Honorius aus der Zeit um 400 n. Chr. (Codex Justinianus XI 78, 1) verbot das Fällen von Persea-Bäumen, doch waren sie in dem holzarmen

Land nicht zu bewahren. Sie wurden immer weniger, die letzte Nachricht über sie stammt von einem Erfurter Ägyptologen aus dem Jahre 1670. Er nennt einen Standort, der keiner mehr ist. Eine botanische Bestimmung der Persea gelang erst 1882 dem Afrika-Forscher Georg Schweinfurth über den arabisch-jemenitischen *lebbach*-Baum als *Mimusops Schimperi*.

Isis ist zudem mit der Sykomore verbunden, die aus der Leiche des Osiris entsprossen war. Die Göttin besuchte allwöchentlich den Totenbaum, auf dessen Ästen die Seele ihres Gatten ruhte, und brachte ihm Trankspenden. Die Anhänger des Osiris beteten zu ihm. Der Brauch hat in veränderter Form die Islamisierung überstanden. 1925 berichtet Winifred Blackman aus eigener Anschauung von heiligen, mit bunten Tüchern geschmückten Bäumen, unter denen ägyptische Scheichs begraben sind. Ihre Blätter, die nur nach einem Opfer gebrochen werden durften, galten als heilkräftig, da die Seele des Toten in ihnen gedacht war. Baumfrevel rief schicksalhafte Vergeltung hervor.

l. Spuren animistischer Baumdeutung finden sich im frühen Islam bei Ibn Hischam, dem ältesten Biographen Mohammeds, dessen Werk erhalten ist, aus der Zeit um 800 n. Chr. Bei ihm lesen wir, daß der Prophet zuerst als solcher von Steinen und Bäumen begrüßt worden sei – noch bevor er selbst seine Berufung erfahren hatte, geschweige daß andere Menschen darum wußten. Ibn Hischam (S. 31f) schreibt: „Als Gott Mohammed ehren und ihn zum Propheten weihen wollte, ging dieser eines Tages wegen eines Geschäftes aus und blieb so lange, daß man ihn allenthalben vermißte. Er war bis in die tiefsten Täler Mekkas gekommen, und so oft er an einem Baum oder an einem Stein vorüberging, riefen sie: Heil dir, Gesandter Gottes! Mohammed drehte sich nach allen Seiten um und sah nichts als Steine und Bäume." Erst danach erschien ihm Gabriel. Die Verbindung von Steinen und Bäumen erinnert an eine altgriechische Redensart, die sich schon bei Jeremia (2, 27), Homer und Hesiod findet (s. 4b) und dort als Kürzel für das gilt, was vor den Menschen auf der Welt war.

Mehrfach ist im Koran die Rede von Bäumen. Die bedeutsamsten sind der Himmels- und der Höllenbaum. Die 53. Sure »Der Stern«, offenbart zu Mekka, nennt einen Lotosbaum in einem Garten, über den kein Weg hinausführt (Vers 14f). Die islamischen Theologen verbinden die Vision mit der nächtlichen Himmelsreise des Propheten (Sure 17) und lokalisieren den Baum im Siebenten Himmel neben dem Thron Allahs, an dem niemand vorbeikommt. Vermutlich dachte aber Mohammed an den Sidrabaum von Al-Muntaha bei Mekka, wo er die Vision hatte (Rudolph S. 478). Falls mit dem Lotosbaum botanisch *Zizyphus spina Christi* gemeint wäre (a. O. 388), läge darin eine Ironie: Allah thront unter einem Christusdorn! Da der Koran anderenorts indes den Paradieslotos als „dornenlos" beschreibt (Sure 56, 27), handelt es sich wohl um *Zizyphus lotos*, dessen rote Beeren von den Beduinen geschätzt werden (Rudolph S. 489). Das Sitzen unter einem Baum war für den Moslem ebenso paradiesisch wie für den Juden, denken wir an die Verheißung des Propheten Micha (4, 4) oder den Ruhestand des Propheten Jonas (4, 6ff). Die islamische Legende, so im Kommentar des Tabari, hat die Koranstellen ausgestaltet: Im Paradies Mohammeds steht der Tuba-Baum, er hat siebzigtausend Äste aus Chrysolith, Blätter aus Seide, einen Stamm aus Rubin und Wurzeln aus Perlen. Er ist so groß, daß ein Reiter in hundert Jahren den Rand seines Schattens nicht erreichen kann (Bernheim/Stavrides S. 225).

Das Gegenstück zum Himmelsbaum ist der verfluchte Höllenbaum mit dem ungedeuteten Namen *Sakkum* (Sure 37, 60ff). Er wächst aus der Tiefe der Hölle heraus, seine Früchte gleichen Satansköpfen. Diese dienen den Verdammten zur Speise, zu der sie kochendes Wasser trinken müssen (44, 43ff), während die Erlösten sich im himmlischen Garten an „allerlei Früchten" und „schwarzäugigen Huris" ergötzen (44, 54f). Im Koran ist weiterhin von einem „gesegneten Ölbaum" die Rede; er erhellt das Lämpchen, mit dessen Licht Allah verglichen wird (24, 35). Das erinnert an den Siebenarmigen Leuchter Jahwes, zu dessen Seiten je ein Ölbaum steht – so der Prophet Sacharja (4, 2). Es könnte sein, daß die Gestalt der Menora sich aus der Baumform entwickelt hat (Widengren 1951, S. 65ff).

m. Besondere Hochachtung genießt in der arabischen Welt die Dattelpalme. Beim Auszug aus Ägyptenland wird der Hain Elim („Bäume") mit seinen 70 Palmen erwähnt (2. Mose 15, 27). Er ist möglicherweise identisch mit dem von Diodor (III 42f) und Strabon (XVI 4, 18) erwähnten heiligen Palmenhain auf der Sinai-Halbinsel. Er besitze einen Steinaltar mit uralter Inschrift in unbekannten Lettern, unterstehe der Obhut eines lebenslang amtierenden Priesterpaares und vereine in jedem fünften Jahre die Umwohner zu einem großen, mit der Opferung zahlreicher Kamele verbundenen Fest. Theobald Fischer (1881, S. 8) denkt hier an den Palmenhain des Baal neben dem späteren Katharinen-Kloster. Er nennt von den heidnischen Arabern verehrte Palmbäume, die mit Tüchern behängt wurden und aus denen Dämonen sprachen, in Nachlah, Nedschran und Oman.

Nach der arabischen Legende hatte Allah nach der Erschaffung Adams noch etwas Lehm übrig. Daraus formte er die Dattel, sie war neben dem Kamel das wertvollste Geschenk an den Menschen. Als erster soll Seth, Adams Sohn, die Dattelpalme gezüchtet haben: Ehret sie als eure Base! befahl Allah. Maria schenkte Jesus unter einer Palme das Leben, sie bedankte sich mit Früchten (Sure 19, 23ff). Als Mohammed befahl, die Palmen der Juden von Cheibar abzuholzen, empörten sich seine Anhänger, und er lenkte ein. Der Kalif Abu Bekr nahm unter seine zehn Gebote auf: Zerstört keine Dattelpalmen! Sie lieferten die Säulen für die früheste Moschee in Medina. Die ältesten Gotteskämpfer wurden dort unter Palmen bestattet.

Die Araber verbreiteten die Palme bis Indien, Sizilien und Spanien, wo sie der erste omayyadische Kalif persönlich angepflanzt habe (Fischer S. 13; 17). Der 1133 von sarazenischen Textilkünstlern angefertigte Krönungsmantel für Roger II von Sizilien, der mit den übrigen Reichskleinodien der römisch-deutschen Kaiser seit 1946 wieder in der Wiener Hofburg aufbewahrt wird, zeigt in der Mitte, über den gesamten Rücken gezogen, eine stilisierte Dattelpalme mit sieben Palmwedeln und zwei Fruchtständen (s. Abb. VI). Der Baum trennt die je ein Kamel schlagenden Löwen rechts und links und verkörpert neben diesen Natursymbolen der Kriegsgewalt die Fruchtbarkeit des Friedens.

Neben der Palme zählen Zypresse und Platane zu den in der islamischen Welt gepflegten Bäumen. Erstere bevölkert die Friedhöfe, besonders eindrucksvoll auf dem Büyük Mezaristan von Üsküdar – Skutari, dem antiken Chrysopolis auf der asiatischen Seite des Bosporus, Istanbul gegenüber. Auf dem europäischen Ufer imponieren die drei uralten, eingegitterten Platanen vor der Großen Moschee für Eyüp/Hiob, den Fahnenträger Mohammeds, der im Jahre 670 bei der Belagerung von Konstantinopel gefallen ist und dessen Grab unter Mehmed dem Eroberer auf wunderbare Weise entdeckt wurde. Zu den ältesten Bäumen gehören die mit dem Führer des Ersten Kreuzzuges Gottfried von Bouillon verbundenen Platanen von Büyükdere nördlich von Istanbul. Daß die Kreuzfahrer im Großen Tal, griechisch Megas Agros, kampiert haben, ist bezeugt; noch heute laden die Bäume dort zum Picknick.

n. Der Baum als poetisches Motiv findet sich in der persischen Literatur der islamischen Zeit sowohl bei Firdusi um 1000 n. Chr. als auch bei Nizami um 1200. In Firdusis »Königsbuch« erliegt der Prinz Sijawusch, der sagenhafte Vater des Sassaniden Kai Chosru, einer Intrige am Hof von Turan, wird ermordet, und aus dem Blut, das auf den Boden tropft, sprießt die Pflanze, die das „Blut des Sijawusch" genannt wird. Wahrscheinlich handelt es sich um die Kletterpalme (*Daemonorops draco*), aus der das Drachenblut gewonnen wird, ein medizinisch genutztes Harz. Sijawuschs Erzieher war Rustem, der Held des Epos. Er wird nach einem Kampf mit seinem Erzfeind Isfendiar von der Simurg, dem persischen Phönix, geheilt und schnitzt sich auf deren Rat einen Pfeil aus chinesischer Tamariske, der allein den Gegner verwunden kann. Der Pfeil hat eine doppelte Spitze, sie trifft den Feind in beide Augen tödlich.

Nizami führt in seinem Alexanderbuch den Helden in die verlassene Säulenstadt Iram mit ihren goldenen, juwelenreichen Bäumen (Bürgel S. 505). Ihre Geschichte erzählt Schehrezad in der 277. Nacht: Allah zerstörte die Stadt, weil ihr Herrscher ein irdisches Paradies angelegt hatte (Littmann III, S. 108ff). Die Sage kannte schon Mohammed (Sure 89, 6f). Nizamis Alexander findet eine Zypresse am Ende der Welt, die sechs Seiten und sieben Wipfel besaß, unten weit und oben schmal war und dem Makedonen die Umkehr befahl. Dies ist wieder ein Reflex der Sonnenbaum-Episode des Alexander-Romans (s. 4v). Der sterbende König wird sodann selbst mit einer welkenden Zypresse verglichen, die schließlich stürzte (Bürgel S. 547ff). Nizami hat in sein Alexanderbuch zahlreiche philosophische Abschnitte eingefügt, so auch die Aufforderung: „Sei bis zum Tag deines Todes ein Baum, der sich selber bewirtet, treibe Blätter!" (S. 106). Es geht um die Selbstgenügsamkeit, für die ebenso das Meer als Beispiel herangezogen wird.

Eine andersartige, originelle Allegorie verwendet das Baumrätsel der Prinzessin Turandot. Aus der persischen Märchensammlung »Les mille et un jours« von Pétis de la Croix (1710) stammt die Geschichte vom Prinzen Kalaf. Aus ihr übernahm Schiller den Stoff für sein 1801 verfaßtes Schauspiel »Turandot«. Eine der drei Fragen, die der Freier der chinesischen Prinzessin lösen muß, will er seinen Kopf behalten, lautet:

Der Baum, auf dem die Kinder
der Sterblichen verblühn,
steinalt, nichts desto minder
stets wieder jung und grün;
er kehrt auf einer Seite
die Blätter zu dem Licht,
doch kohlschwarz ist die zweite
und sieht die Sonne nicht ...

Der Prinz errät es: der Baum ist das Jahr, die weißen Blätter sind die Tage, die schwarzen die Nächte. Der Baum ist ein Sinnbild der Zeit: „Er setzet neue Ringe/ so oft er blühet, an/ Das Alter aller Dinge/ zeigt er den Menschen an." Das Motiv der Jahresringe fehlt in der orientalischen Vorlage. Schiller unterstreicht mit ihm den Bezug des Baumes zur Zeit.

Auch in den Märchen von »Tausend und einer Nacht« fehlt der Wunderbaum nicht. In der Geschichte der zwei neidischen Schwestern (Littmann V S. 154ff) wird ein persischer Traumgarten beschrieben, der alles, selbst ein Jagdgehege, ein *paradeisos* (s. 3g) besitzt, dem aber drei Dinge fehlen: die Nachtigall mit tausend Geschichten, das goldene Wasser und der „singende Baum, dessen glatte und glänzende Blätter, wenn der Wind sie bewegt und aneinander reibt, liebliche Klänge entsenden, die gleich den Stimmen süß singender Sänger im Ohr erklingen und die Herzen aller Hörer bezaubern" (S. 170). Nach vergeblichen Versuchen zweier Prinzenbrüder gelingt es ihrer Schwester Perizade, Vogel, Wasser und einen Zweig des Baumes, dessen Klänge denen des Elternbaumes gleichen (S. 195), als Steckling zu gewinnen und damit den Garten in ein irdisches Paradies zu verwandeln.

o. Islamische Meister haben Baum-Motive in allen künstlerischen Gattungen verwendet. Stets ist er stilisiert, in dekorativer Absicht geometrischen Formen angenähert, doch läßt sich eine grobe botanische Zuweisung in der Regel vornehmen und ein zypressenähnlicher Säulenbaum von einem palmenartigen Schirmbaum oder einem belaubten Kugelbaum unterscheiden; zuweilen sind Platanen, Pappeln und Weiden zu erkennen; identifizierbar sind Fruchtbäume. Übergröße von unterschiedlich gestalteten Blättern bezeugt eher den Wunsch nach Abwechslung als den nach botanischer Bestimmbarkeit. Zumeist sind Bäume Staffage zur Füllung des Raumes für Jagd-, Kampf- und Liebesszenen, doch signalisieren sie stets Gärten oder Wälder oder Natur überhaupt, die ihrerseits Glück ausstrahlt. Die üppige Pracht der floralen Mosaiken im Jerusalemer Felsendom steht in der Tradition christlicher Paradieses-Ikonographie und hat offenbar einen Jenseitsbezug, während der Baumdekor auf der im Berliner Pergamon-Museum befindlichen Fassade des Wüstenschlosses Muschatta („Winterlager") aus dem 7. Jahrhundert doch wohl eher auf irdische Freuden anspielt (Flemming 1966).

Mitunter hat der ornamentale Formwille islamischer Künstler bizarre und groteske Baumbilder hervorgebracht, namentlich in mythologischen Kontexten, wenn Fabeltiere dargestellt oder Wundergeschichten illuminiert werden. Als Einzelfigur findet sich der Baum selten, aber schon früh und steht dann gewöhnlich in einem immerhin angedeuteten Sinnbezug. Dazu zählt das auf Stoffen, Fresken, Reliefs usw. verwendete, aus der altorientalischen Kunst bekannte Lebensbaum-Motiv: ein symmetrisch gehaltener Baum in der Mitte und zu beiden Seiten zwei an ihm hochspringende Tiere, oft Ziegen; oder auf einem prunkvollen Buchdeckel ein Baum, dem ein Phönix , die schon genannte Simurg, entsteigt.

Bäume auf persischen Gartenteppichen erinnern an den berühmten Teppich aus dem Thronsaal des Palastes Taq-i-Kisra in Ktesiphon, der den Namen „Frühling des Chosroes" trug, und den die Araber nach der Eroberung der Stadt 637 n. Chr. zerschnitten haben sollen, weil er nicht in ihre Zelte paßte – so erzählte mir der persische, auf seine Herkunft stolze Teppichhändler Kashi im Basar von Baghdad Silvester 1964. Zu denken ist ebenso an den von Babur, dem Gründer der indischen Mogul-Dynastie, zu Beginn des 16. Jahrhunderts in Dholpur bei Kabul angelegten und in seinen Memoiren besungenen Lotosgarten – wie mag das Gelände in dem geschundenen Land heute aussehen? Während ich dies schreibe – 15. Oktober 2001 – regnet es Bomben auf die Stadt. Auch von den schönen Maulbeerbäumen auf dem prunkvollen Anwesen von Usama bin Ladin in Kandahar wird nicht mehr viel übrig sein. Heil ist nur die Welt der Phantasie. In sie führt uns eine persische Miniatur des 16. Jahrhunderts (Gollwitzer S. 49). Sie zeigt den paradiesischen Engelgarten, wo auf einer Plattform in hohem Baum ein Seliger von geflügelten Boten verköstigt wird, während ein weiterer zur Laute singt.

*

p. Suchen wir den Baum im Denken der Inder, so finden wir ihn in den Upanishaden. Diese in Sanskrit, der klassisch indischen Hochsprache, abgefaßten Texte stammen aus der Zeit nach 800 v. Chr. und verkünden als „Geheimlehre" die Grundannahmen des Hinduismus aus der vedischen Periode: die Schöpfung der Welt, das Gesetz von Vergeltung und Wiedergeburt, den Ursprung des Leids aus dem unersättlichen Willen und die Erlösung im Nirwana durch Verzicht. In vielfältiger Weise werden dabei Natur-Allegorien verwendet: Vergleiche mit Wasser, Wind und Feuer, aber auch mit Bäumen. Der Baum gilt als beseelt und wird als Bild für den Menschen gebraucht.

„Gleichwie ein Baum, des Waldes Fürst,/So ist der Mensch, das ist gewiß./Die Haare sind an ihm Blätter,/Die Haut der Außenrinde gleicht./Aus seiner Haut entströmt das Blut,/Wie aus des Baumes Haut der Saft;/Es fließt aus dem Verwundeten,/Wie Saft des Baums, wenn der verletzt./Das Fleisch dem Holz vergleichbar ist,/Dem Bast die Sehne, darum stark./Die Knochen sind das Innenholz,/Das Mark vergleicht dem Marke sich./Es wächst der Baum, wenn man ihn fällt,/Aus seiner Wurzel wieder neu./Aus welcher Wurzel wächst hervor/Der Mensch, wenn ihn der Tod gefällt?/Sagt nicht, daß es der Same sei:/Denn der entspringt dem Lebenden,/Wie aus dem Samenkorn der Baum,/Noch eh' er tot ist, neu erwächst./Reißt man ihn mit der Wurzel aus,/So kann der Baum nicht wachsen mehr;/Aus welcher Wurzel wächst hervor/Der Mensch, wenn ihn der Tod gefällt?/Nicht wird geboren, wer geboren;/Wer sollte neu erzeugen ihn?/Brahman ist Wonne und Erkenntnis,/Des Gabenspenders höchstes Gut/Und des, der absteht und erkennt" (Deussen S. 455f).

Die Metaphorik des Gesprächs erinnert an Hiob (s. 2 j), der gleichfalls im Stockausschlag des gefällten Baumes das Gegenbild zur Sterblichkeit des Menschen findet. Und so wie der jüdische Autor noch nichts von der Auferstehung der Toten sagt, obschon der Glaube daran damals, d. h. um 200 v. Chr. Verbreitung fand, vermissen wir bei dem indischen Weisen hier den Hinweis auf die Wiedergeburt – sie läßt sich in das Lob der Erkenntnis am Ende kaum hineinlesen. Allenfalls macht sie den Tod irrelevant, so wie bei Hiob der Glaube an die Größe Gottes. Die Seelenwanderung ist sonst vorausgesetzt: Wie in Tieren, so kann der Mensch auch in Pflanzen und Bäumen wiedergeboren werden (Deussen S. 282). Geht er schließlich ein ins Nirwana, so löst sich sein Selbst in die große Einheit auf, so wie im Honig die von den Bienen gesammelten Baumsäfte nicht mehr einzeln herauszuschmecken sind (166).

q. Wo immer man den Baum anschneidet, da entquillt ihm derselbe Lebenssaft; unerkennbar bleibt der, solange der Baum unverletzt dasteht. Doch stirbt er, wenn ihm der Saft entwichen ist (167). Der Saft aber dauert, er ist das den Baum belebende Veda, das heilige Wissen, ein „Sonnensüßtrank" (221). Zwei Vögel sitzen auf dem Baum, der eine sucht Beeren, der andere genießt den Ausblick, der jeden Kummer vertreibt (301). Hier verbildlicht der Baum die Gelegenheit zu verschiedenen Lebensformen; wie der Duft seiner Blüten verbreitet sich der Ruhm einer guten Tat (246). Der Lehrer läßt den Schüler eine Feige pflücken und diese immer weiter zerschneiden, er fragt ihn jedesmal: Was siehst du? Und zuletzt sieht er nichts mehr. Aus diesem Nichts, aus dieser unerkennbaren Feinheit ist der große Baum erwachsen – es ist die Substanz der Welt, ist die Seele, ist auch die deine! Der Baum verkörpert die All-Einheit. Es ist wiederum der Feigenbaum: er lebt ewig, wurzelt im Himmel (249) und füllt die Welt mit seinen Ästen, dem Sinnbild der Vielfalt der Phänomene, die doch alle aus Brahman, dem Urprinzip erwachsen (284). „Als Baum im Himmel wurzelnd steht der Eine/Der Purusha, der diese ganze Welt füllt" (298). *Purusha* bedeutet: Mann, Person, Geist im Sinne von Subjekt. Eine Verhaltensregel ist hier an die Allegorie noch nicht geknüpft.

r. Im Unterschied zu den als göttliche Offenbarung verstandenen Upanishaden gilt das Heldenepos Mahabharata als Dichtung von Menschen. In dessen 6. Buch befindet sich die Bhagavad-Gita, der „Gesang des Erhabenen", der für den Hindu Gandhi so kanonisch war wie das Neue Testament für Luther. Der Text der Gita stammt aus den letzten Jahrhunderten vor Christus. Die dort verkündete Lehre, Gott über alles zu lieben, keinen Menschen zu hassen und keine Sache zu vergöttern, soll zur Vereinigung mit der Gottheit führen. Im 15. Kapitel wird der Weg dorthin gewiesen und am umgekehrten Baum verdeutlicht. Es handelt sich wieder um einen Feigenbaum. Dieser, als Lebensbaum gedacht, wurzelt im Himmel, unsichtbar im Licht. Seine nach unten gewendeten Äste tragen Blätter, auf denen die alten Heldensagen verzeichnet sind: sie sind, wie alles Erschienene, Maja, Geheimnis … Wer den Sinn des Baumes erfaßt, erkennt auch den Geist der Vedas und weiß, daß seine Triebe unsere Triebe sind, die nach allen Richtungen auseinander streben. Um von dieser Verstrickung frei zu werden, muß der Baum samt seiner Wurzel mit der Axt des Gleichmuts abgehauen werden, dann erst steht der Weg zum Urgeist offen. Die hier erhobene Forderung nach Umkehr kennen wir aus Platons Höhlengleichnis (Staat 514ff) und aus dem Matthäus-Evangelium (18, 3), ihre Verbildlichung durch das Fällen des Lebensbaumes ist indessen ohne Beispiel. Unbestätigt schreibt Quintus Curtius (VIII 9, 34), die Inder verehrten Bäume als Götter und straften am Leben den, der sie verletze.

s. Im Gegensatz zur altindischen Religion der Brahmanen ist der Buddhismus eine historisch gestiftete Erlösungslehre, keine aus Urzeiten überkommene Naturreligion. Daher ist mit beseelten oder gar göttlichen Bäumen nicht zu rechnen. Dennoch lebte der ältere Baumglaube im Volke lange fort (Viennot 1954). Legenden kennen den kosmischen Zentralbaum, warnen vor bösen, nach Menschenblut dürstenden Baumgeistern und geben zu bedenken, daß aufgrund der Seelenwanderung in Bäumen Bodhisattvas, Anwärter auf die Erleuchtung, verkörpert sein könnten.

Zudem gibt es heilige Bäume – jene, mit denen Siddhartha *alias* Gautama, der später „erweckte“ Buddha in Berührung gekommen sein soll. Alle wesentlichen Lebensstationen des Meisters werden in der Überlieferung irgendwie mit Bäumen verbunden. Schon in seinen früheren Existenzen soll er Bäume durchlebt haben. Als die mit dem späteren Buddha schwangere Maya in dem Dorf Lumbini ihre Eltern besuchte, spazierte sie in einem blühenden Baumgarten. Da überkamen sie die Wehen, und unter dem schönsten der Sala-Bäume schenkte sie ihrem Sohn das Leben. Das Motiv weist auf die Geburt Apollons voraus (s. 4n). Der Prinz sodann erreichte im Schatten eines Rosenapfelbaumes seines Vaters die erste Stufe der Selbstversenkung. Nachdem er dann Weib und Kind, Hof und Harem verlassen und sich in die Einöde zurückgezogen hatte, meisterte er die vier Stufen der Versenkung. Im siebenten Jahr seiner Askese kam ihm angeblich in der Vollmondnacht vom 9. Januar 483 v. Chr. unter einem Feigenbaum die Erweckung (*bodhi*). Sieben Tage saß der nunmehrige Buddha im Schneider- oder „Diamantensitz“ unter dem Baum der Erleuchtung. Er heißt darum wissenschaftlich *Ficus religiosa*, ist der eßbaren Feige aber recht unähnlich. Buddha trotzte wie der heilige Antonius den Verlockungen des Versuchers und genoß die Seligkeit der erlösenden Erkenntnis der vier Wahrheiten und der drei Grundübel. Danach begab er sich zum „Baum des Ziegenhirten“, anschließend zum „Baum des Schlangenfürsten“ und verschwindet dann für vierundvierzig Jahre aus der Überlieferung. Kurz vor seinem Tode tritt er wieder in Erscheinung; er starb zwischen zwei Sala-Bäumen, die außer der Zeit für Buddha erblühten.

Bedeutsam für seine Gemeinde ist der Bodhi-Baum, unter dem die Erweckung stattgefunden haben soll. Da in Buddhas eigenen, später aufgezeichneten Berichten über seine Erleuchtung von einem Baum nirgends die Rede ist, dürfte dieser aus dem auch in Indien verbreiteten Baumkult in die Legende gekommen sein. Sie selbst aber ist im Glauben der Buddhisten verankert. Sie wird zurückgeführt auf den um 250 v. Chr. Buddhist gewordenen Kaiser Ashoka von Pataliputra (Patna). Dieser versuchte, wie zweisprachige Inschriften erweisen, seinen Glauben auch im hellenistischen Ostmediterraneum zu verbreiten und bewahrte Buddhas Baum, bis seine Gemahlin, eifersüchtig auf ihren dendrophilen Mann, den Baum durch einen Stich mit dem Mandu-Dorn tötete. Es könnte ein Kupfernagel gewesen sein. Der umgekehrte Fall, bei dem der Mann das Opfer wurde, wird uns bei Neros Mutter begegnen (s. 5p). Die indische Sage stammt offenbar aus einer Zeit, als man den Baum vermißte und eine Erklärung dafür suchte.

Der Ort der Erleuchtung, in jedem Dezember vom Dalai Lama und Tausenden von Pilgern besucht, liegt in der nordindischen Provinz Bihar, südlich der Stadt Gaya und heißt Bodhgaya. Das zentrale, 55 m hohe Heiligtum, die Mahabodhi-Pagode, steht auf einem Vorgängerbau aus dem 7. Jahrhundert n. Chr. Sie war 1881 verfallen und wurde während der englischen Kolonialzeit erneuert. Westlich an den Tempel angelehnt steht der Bodhi-Baum, wie mir eine Freundin meiner Nichte Daphne erzählt hat, die ihn im Juli 2001 besucht hat. Der jungen Dame verdanke ich das unter Abb. VII wiedergegebene Photo und eine erbsengroßen Samenkapsel; unter der pflegenden Hand der Duchessa von Heiligensee keimen die Kerne munter. Der Baum ist mit einem Goldstoff bekleidet und mit Gebetsfahnen behängt. Er wurde nach 1876 gepflanzt, als ein Sturm seinen 1811 bezeugten Vorgänger aus dem Boden gerissen hatte. Der Samen soll von einem Baum aus Anuradhapura in Ceylon stammen, der angeblich seinerseits auf den ursprünglichen Bodhi-Baum zurückgeht. Ein Podest bezeichnet den Sitzplatz des Erleuchteten, von dem fünf weitere heilige Orte gezeigt werden. Ein anderer Bodhibaum mit derselben Herkunft wurde 1931 bei Sarnath gepflanzt, wo Buddha zuerst gepredigt habe. Eine Kontinuität der Verehrung der originalen Feige über die Jahrhunderte ist historisch unerweislich – aber der echte Glaube bedarf keines Beweises, wie der Jünger Thomas erfuhr (Ev. Joh. 20, 29).

t. Auf den Baum der Erleuchtung wird die architektonische Entwicklung des buddhistischen Tempelturms, des Stupa, zurückgeführt. Bevor Buddha unter hellenistischem Einfluß in der Gandhara-Kunst menschengestaltig dargestellt wurde – die ältesten Skulpturen erinnern an Apollon-Statuen – erscheint ein mit Bändern geschmückter Baum als Gegenstand der Verehrung – so noch auf einem Relief des Nordtores von Sanchi aus dem 1. Jahrhundert v. Chr., das als Abguß hinter dem Dahlemer Völkerkunde-Museum zu sehen ist. Der Baum stand hinter einem Altar, wurde dann samt diesem ummauert, so daß sich ein Gebäude ohne Dach ergab. Dies wurde als Kegel hinzugefügt. Die Baumform der Stupas oder Pagoden in China, Japan und Indien ist noch immer erkennbar, auch krönte ursprünglich ein Bäumchen die Spitze. Eine letzte Erinnerung an den Baumkult bieten die Blätter in der Aureole von Buddha-Statuen (Brandt 1985).

u. Wie in Europa, so ist auch in Indien die Baumverehrung nicht an bestimmte Religionen gebunden, sondern im Volksglauben verwurzelt.

Der muslimische Weltenbummler Ibn Batuta (gest. 1377) berichtet aus Ceylon vom „Wandelnden Baum“ (Mzik S. 366). Der Name wird nicht erklärt. Der Baum sei uralt, nie falle von ihm ein Blatt herab, doch war er umlagert von Yogis, die eben darauf warteten. Denn wer ein Blatt äße, der werde – so fabelte man – wieder jung, doch stünde der Baum an einem völlig unzugänglichen Platz. Alles schwer vorstellbar.

Bei einem Fürsten der Malabar-Küste sah Ibn Batuta den „Baum des Zeugnisses“ von Deh-Fattan (S. 299f). Er glich einer Feige und stand bei einer Moschee. Eine Mauer mit einer Gebetsnische umgab ihn, wo unser Reisender ein Gebet sprach. In jedem Herbst falle ein Blatt herab, dessen Farbe sich von Gelb in Rot verwandele und das von der Feder des Allmächtigen die Aufschrift des Glaubensbekenntnisses trage: „Es gibt keinen Gott außer Gott, und Mohammed ist sein Prophet“. Alljährlich teilten sich die Muslime mit den Ungläubigen das Blatt. Dieses Wunder habe den Ahnen des Fürsten bekehrt. Ein Nachkomme sei aber wieder vom Islam abgefallen und habe den Baum samt seiner Wurzel herausgerissen. Dennoch sproßte er wieder, schöner als je zuvor.

Ein verwandtes Motiv verbindet sich mit einem Wunderbaum im tibetanischen Kloster der Zehntausend Bilder zu Kumbum. Er erwuchs aus den abgeschnittenen und vergrabenen Haaren eines dreijährigen Kindes, des später hochberühmten Heiligen des lamaistischen Buddhismus Tsung Kaba oder Tsongkapa (1355 bis 1417) und zeigt auf seinen Blättern das Gebet *Om mani padme hum* – „O Kleinod im Lotos“. Sven Hedin (1899 II, S. 406) fand ihn – genauer: einen Nachfolger – am 20. November 1896 winterlich entlaubt, die heiligen Blätter sämtlich an Pilger verkauft. Für das Schriftwunder zitiert der Schwede einen Abbé als Zeugen, während er von anderen erfuhr, daß die Lamas selbst die Zeichen daraufschreiben. Wilhelm Filchner identifizierte den Baum als Fliederart und führt die „Schriftzeichen“ auf Raupenfraß zurück (Mzik S. 300).

*

v. In China fehlt der Baum inzwischen in der Landschaft, nicht aber im Denken. Auch dort gelten Bäume als beseelt und bewohnt von Geistern in Menschen- und Tiergestalt. Bäume bluten, singen und schreien; in ihnen wohnen die Seelen der Ahnen, die unter ihnen begraben sind. Die den Kiefern und Zypressen zugesprochene Lebenskraft teilt sich denen mit, die ihr Harz kauen – so die Lehre der Taoisten. Aus Zypressenholz zimmerte man Särge. Erdgottheiten verkörpern sich in Bäumen: der große Erdgott in der Kiefer, die östlichen Erdgötter in der Zypresse, die südlichen in Katalpas (Trompetenbäumen), die westlichen in Kastanien, die nördlichen in Akazien. Ökonomische und sakrale Motive verliehen dem Maulbeerbaum seine Würde: er war für die Seidenproduktion unentbehrlich.

Die chinesische Mythologie kennt den Weltenbaum Kien-mu, der die Erde durchwurzelt und den Himmel trägt, er hat blaue Blätter, dunkle Blüten und gelbe Früchte. In der Mitte der Welt stehend wirft er keinen Schatten, die Himmelsgötter steigen an ihm auf und nieder (Münke 1976). Auf dem Weltberg in der Mitte des Kosmos ist auch der Fu-sang-Baum gedacht, ein Maulbeerbaum, an dem die Sonne emporklettert, ehe sie von einem Raben getragen den Weg über den Himmel nimmt. In grauer Vorzeit soll es einmal zehn Sonnen gegeben haben, die das Land versengten, bis der göttliche Bogenschütze Hou Yi neun Sonnenraben abschoß. Die Szene findet sich mehrfach in der Kunst, so auf Steinreliefs der Han-Zeit. Der mythische Kalenderbaum, dessen Schoten die Monatstage darstellen, entstand nach dem Zeugnis der Bambus-Annalen aus dem 3. Jahrhundert v. Chr. unter dem Urherrscher Yao. Er verkörpert die Tugenden des Kaisers. Neben diesen Legenden scheint ein eigentlicher Baumkult indessen nicht bestanden zu haben.

w. Die chinesische Philosophie spielt mit der Gleichsetzung von Mensch und Baum in eigener Weise. Von Konfuzius (um 500 v. Chr.) stammt das Wort: „Erst wenn es Winter wird, merkt man, daß Fichte und Zypresse immergrün sind". Der wahre Mensch zeigt sich erst, wenn es ernst wird. Dschuang Dsi (um 300 v. Chr.), der Nachfolger des Lao-tse, behandelt im »Wahren Buch vom südlichen Blütenland« acht Mal den „Vorzug der Nutzlosigkeit" im Motiv des alten Baumes, den die Holzfäller als wertlos verschmähen, so daß er sich ungehindert entfalten und vollenden kann – eine Anspielung auf das Leben des Weisen fern vom erniedrigenden Dienst bei den Fürsten. In der ausführlichsten Fassung (IV 4) handelt es sich um eine prachtvolle Eiche am Erdaltar, die als Sehenswürdigkeit der ganzen Gegend galt. Vom Zimmermann als unbrauchbar übergangen, erscheint sie diesem im Traum und rechtfertigt sich als gleichberechtigtes Geschöpf. Mögen sich die Birnen- und Orangenbäume den Wünschen der Menschen anbequemen – es bekommt ihnen schlecht genug – sie, die Eiche findet ihren Wert nicht im Nutzen für andere und steht darum zu Recht am Erdaltar. Von Dschuang Dsi stammt auch der originelle Aphorismus vom »Orgelspiel des Himmels« (II 1). Der Blasebalg des Windes spielt auf Blättern, an Ästen, in Baumlöchern der Bergwälder. Die Bäume werden musikalisch: „Da zischt es, da schwirrt es, da schilt es, da schnauft es, da kracht es. Der Anlaut klingt schrill, ihm folgen keuchende Töne. Wenn der Wind sanft weht, gibt es leise Harmonien; wenn ein Wirbelsturm sich erhebt, so gibt es starke Harmonien ...". Hier zeigt sich, wie man Bäume auch mit den Ohren erleben kann. Der Wind singt in jedem Blattwerk anders. Gut ist der Forstmann, der den Baum an der Borke erfühlt; besser jener, der ihn am Geruch erkennt; am besten der aber, der ihn am Rauschen der Blätter im Wind identifiziert.

Bei dem weisen Wang Chung aus dem 1. Jahrhundert n. Chr. werden wiederum Menschen und Bäume gleichgesetzt. Beide gedeihen besser im Verborgenen – auf den Gipfeln der Berge werden sie zwar weithin gesehen, aber schutzlos von Stürmen geschüttelt. Auch das Bild vom umgekehrten Baum kennt er: Der Himmel ist die Wurzel, der Mensch der Wipfel. Die Äste können den Stamm nicht bewegen; doch wird er gefällt, verdorren die Zweige – ein Meditationsmotiv, so wie die Bäume in der chinesischen Tuschmalerei, deren Meister, Wen Cheng-ming (um 1500) mit magischem Pinsel die bizarren Figurationen von Ast- und Nadelwerk zu höchst ornamentaler Wirkung steigert und im vegetabilen Formenschatz die Phantasie zu unerschöpflichen Assoziationen beflügelt.

x. Ein dendrologisches Unicum ist der sommergrüne Gingko (Beuys), auch Gingo (Goethe), Ginkgo (Kämpfer) oder Ginko (Quaerendus) buchstabiert, die chinesische „Silberpflaume". Dieser schon seit 270 Millionen Jahren existierende Urbaum, der dem ostasiatischen Buddhismus heilig ist, zählt weder zu den Nadel- noch zu den Laubbäumen. Seine erst der dritten Generation reifen Nüsse – daher der Name „Großvater-Enkel-Baum", wurden von den Kaisern Chinas geschätzt. Aus ihren Gärten verbreitete sich der Baum zunächst, lange bevor er Europa erreichte (s. 8r), nach Japan. Dort spielte er einmal die Rolle eines Schicksalsbaumes. Denn am Ende des Letzten Weltkriegs wiederholte sich in Hiroshima das Wunder des Ölbaums auf der Akropolis. Achthundert Meter vom Einschlag der Atombombe wurde ein Gingko zerstört, der im Frühling 1946 wieder ausschlug (Beuchert S. 111), so wie nach dem Perserbrand die Olive der Athena (s. 4g), unter der Herrschaft Neros der ruminalische Feigenbaum (s. 5n) und der tausendjährige Rosenstock zu Hildesheim nach der Zerstörung der Stadt am 22. März 1945. Man hat dieses Phänomen stets als Zeichen der Hoffnung verstanden.

y. Im Gegensatz zu China ist Japan immer noch reich an altem Baumbestand. Er wird gepflegt. Bäume spielen im öffentlichen Bewußtsein der Japaner eine hervorragende Rolle. Das Kirschblütenfest im Frühjahr, wenn ein Perlmutterschnee über dem Land liegt, ist ein nationales Ereignis. Die Pracht erscheint plötzlich und vergeht ebenso rasch, aber die Blütenblätter welken nicht, sondern behalten ihre Schönheit noch, wenn sie fallen: selbst im Tode vollkommen. Der Dichter Noringa Motoori (gest. 1801) schrieb: „Fragt dich wer nach Nippons Wesen, zeig auf den blühenden Kirschbaum im Morgenwind." In der japanischen Lyrik wird das Baumthema vielfältig variiert. Tanka-Gedichte beleuchten Ausschnitte in der Art: „Angelehnt neige ich/meine Wange zum Baum hin./Da pocht kaum spürbar/an die Wange der Pulsschlag/des herbstlichen Waldes" – so Wakayama Bokusui, übersetzt von Eduard Klopfenstein. Der poetische Gehalt entfaltet sich erst durch die Imagination des Lesers. Vielfach hat man den Eindruck, daß es

3 *Hasegawa Tohaku, Pinien (Ausschnitt), Momoyama-Zeit 16. Jh.*

sich eigentlich um Vorlagen für Kalligraphie handelt, die nur der Schriftkundige wirklich zu würdigen weiß. Anders steht es mit der Malerei, sie kann nicht übersetzt, muß nicht gedeutet werden. Man stutzt und staunt. Die ebenso eigenwilligen wie schmuckvollen Lackbilder von Murakami Shorai beschwingen den Betrachter, die mysteriösen Tuschzeichnungen von Yokoyama Taikan oder Hasegawa Tohaku (s. Abb. 3) zeigen Zedern und Pinien in Wind, Schnee und Nebel, sie verzaubern den Beschauer. Der Pinsel tanzt, die Tusche singt ... Doch auch die Photographen Japans stehen nicht zurück – man glaubt ihnen kaum, was sie der Natur zu entlocken verstehen. Tachikawa Akihiko ist der einzige nicht.

Eine nationale Eigenart ist die Züchtung von Bonsai-Bäumen, eine alte, mit Stolz geübte Kunst. Der Zwergbaum zeigt, wie man aus der für Japan typischen Raumnot eine Tugend macht. Für den Ursprung der Zwergbaumzüchtung gilt das freilich nicht. Sie stammt, wie so vieles in der japanischen Kultur, aus China und wird dort bis in die Han-Zeit, (202 v. Chr. bis 220 n. Chr.) zurückgeführt. Sie zählte zu den Beschäftigungen des chinesischen Adels, der die Miniatur-Landschaften auch bedichtete. Im 11. Jh. brachten buddhistische Mönche die Kunst nach Japan, doch florierte sie dort erst im 17. Jh. Sie entwickelte sich zu einer nationalen Kultur, mit der die Japaner auf der Weltausstellung von Paris 1878 Eindruck machten.

Die japanische Gartengestaltung, zumal um die Klöster, übertrifft an Sorgfalt, Schönheit und Gedankentiefe alles Vergleichbare, steht freilich in schwer erklärbarem Widerspruch zur asketischen Lehre Buddhas vom Roten Staub, der von ihm vertretenen Eitelkeit alles Irdischen und der Forderung nach Verzicht. Auf Honshu verbanden die Shogune ihren Begräbnisort Nikko mit der drei Tagesreisen entfernten Residenz Edo, dem heutigen Tokyo, durch eine Zedernallee. Von den im frühen 17. Jahrhundert gepflanzten Bäumen sollen auf einer Strecke von 37 km noch 13.000 stehen – ich fand die schweigenden Baumriesen bei meinem Besuch am 24. September 2000 eindrucksvoller als die überladene Pracht der kunterbunten Schreine von Tokugawa Ieyasu und seinen Nachfolgern. Daß Japan auch Gedenkbäume kennt, erfährt der Besucher von Kamakura. Neben dem Aufgang zum Schrein des Kriegsgottes Hachiman steht ein monumentaler Gingko-Baum, unter dem 1219 der dritte Kamakura-Shogun Sanetomo von seinem Neffen ermordet wurde.

z. Die Baumverehrung in Japan reicht in mythische, naturgläubige Zeit zurück. Im Jahre 604 n. Chr. hatte unter koreanischem Einfluß der Buddhismus in Japan Fuß gefaßt – die Siebzehn Artikel, Japans erstes Staatsgesetz, schrieben die Verehrung Buddhas vor – doch hat sich daneben der Shintoismus behaupten können. Diese mit dem altai-sibirischen Schamanentum verwandte Naturreligion zeigt in ihrer Dendrolatrie zahlreiche Anklänge an alte westliche Vorstellungen. Der mythische Kosmos bildet kein geschlossenes System, sondern besteht aus teilweise unverbundenen Elementen, die, ähnlich der Edda, aus den beiden kanonischen Texten, dem japanisch geschriebenen Kojiki von 712 und dem chinesisch abgefaßten Nihongi von 720 zusammengefügt werden müssen, um beschreibbar zu werden.

Die Japaner haben – wir kennen das aus den frühen eurasischen Religionen – auffälligen Naturerscheinungen wie Bergen, Quellen, Flüssen und eben auch Bäumen bestimmte Gottheiten zugewiesen (*kukunochi*), die als deren Wohnstatt oder Sinnbild gelten oder gar mit ihnen identisch sind. Sie haben ihren festen Platz wie im Volksglauben so im Staatskult. In der Mythologie ist der immergrüne Sakaki (*Eurya japonica*) der Weltenbaum. Er hat einen festen Sitz in Brauch und Mythos. Auf dem Tamamushi-Altar zu Nara ist er dargestellt. Alljährlich vom 12. bis 15. April werden die shintoistischen Götter (*kami*) mit dem Hie-Sanno Fest gefeiert. In Sakamoto bei Kyoto gibt es ein Wettrudern und eine Prozession, wobei der entwurzelte Baum von Dendrophoren herumgetragen wird. Der Sakaki, den inzwischen auch deutsche Raritätengärtnereien anbieten, erreicht eine Höhe von knapp 5 m, ist also eher ein Strauch. Botanisch zählt er zu den *Theaceae*, den Teegewächsen. Das führt in die Nähe des Teezeremoniells, das seit dem 15. Jh. zu den traditionellen Riten des Zen-Buddhismus gehört. Kakuzo Okakura hat es 1906 liebevoll für westliche Leser beschrieben.

Gemäß dem Mythos wurzelt der Weltenbaum Sakaki auf dem Weltenberg Kagu in der Weltmitte, an seinem Fuß entspringt der Yasu-Fluß, dessen Arme in die acht Weltgegenden fließen. Der Weltenbaum hat fünfhundert Äste, an ihnen hängen die drei Thron-Insignien des Kaisertums: Spiegel, Schwert und „Krummjuwelen", das heißt in Kümmel- oder Mandelform geschliffene Jade-Amulette. Der Spiegel gilt als Beizeichen der Sonnengöttin Amaterasu. Bedeuten Schwert und Juwelen den Mond und die Sterne, so symbolisiert die Krone des Urbaums den Himmel (Naumann S. 84f). Eine Parallele zum Weltenbaum mit Sonne und Mond, der aus Sibirien bekannt ist (Holmberg 1922), führt hinüber zum Alexander-Roman (s. 4v); vielleicht ist es kein Zufall, daß die arabischen Quellen diese Episode des Iskander-Name mit den Wakwak-Inseln, das heißt mit Japan verbunden haben. Damit wären wir schon bei den Griechen.

4. Die Griechen

a. Nymphen in Bäumen
b. Dendrogonie der Menschen
c. Metamorphose
d. Metempsychose
e. Dendrogonie der Götter
f. Eiche des Zeus
g. Ölbaum Athenas
h. Lorbeer Apolls
i. Daphne und andere Haine
j. Lorbeerkranz
k. Bäume Aphrodites
l. Feige Dionysos'
m. Platane Platons
n. Palme
o. Regionalsymbol Karthagos
p. Siegeszeichen
q. Trauerbäume
r. Pappel
s. Zypressen in Daphne und Myra
t. Pergamon
u. Pinie
v. Sonnenbaum Alexanders
w. Philosophie
x. Fabel
y. Traumdeutung
z. Namengebung

Eros erschüttert mein Herz
wie der Sturm im Gebirge
auf Eichen sich stürzt.
Sappho

4. Die Griechen

a. Im Jahre 29 v. Chr. genoß Octavian, der spätere Augustus, die Sommerfrische im campanischen Städtchen Atella. Antonius und Kleopatra waren besiegt, der Janus-Tempel am 11. Januar geschlossen worden, der Friede endlich erreicht. Ihn feierte Vergil in seinem Gedicht über den Ackerbau, das er damals dem Kaiser vortrug. Der Dichter verwirft darin jeglichen politischen Ehrgeiz und preist ein arkadisches Lebensideal: die Verbindung von Philosophie und Landarbeit. *Felix qui potuit rerum cognoscere causas...*: Glücklich wer es vermochte, die Gründe der Dinge zu sehen und dadurch die Furcht vor Schicksal und Tod zu bezwingen. *Fortunatus et ille, deos qui novit agrestes, Panaque Silvanumque senem nymphasque sorores*: Glücklich ebenso der, dem die ländlichen Götter vertraut sind, Pan und Silvanus, der Greis, und dann die Schwestern, die Nymphen (Georgica II 490 ff).

Der Dichter unterscheidet nicht zwischen griechischen und italischen Gestalten. Der bocksbeinige Pan, Silene und Satyrn, der Waldgeist Silvanus und die bräutlichen Nymphen gehören zu jenen Naturgottheiten, die im Alten Testament als Feld- und Buschgespenster dämonisiert worden sind, bei der göttergläubigen Landbevölkerung im ganzen Mittelmeerraum hingegen bis weit in die christliche Zeit Verehrung genossen. Griechen und Römer, Kelten und Germanen bevölkerten die Natur mit Geistern: Quellen und Flüsse, Sterne und Felsen, Berge und Bäume wurden als beseelt empfunden. Der Homer zugeschriebene Hymnus auf Aphrodite (Vers 258 ff) erzählt von „vollbusigen Nymphen“, die auf den Bergen wohnen, nicht zu den Göttern, nicht zu den Menschen gehören. Sie sind zugleich mit den Tannen und Eichen entstanden, die den Göttern heilig sind und von keinem Eisen berührt werden dürfen, und sterben erst mit den Bäumen eines natürlichen Todes. Die Baumnymphen scherzen und tanzen mit Pan, den Satyrn und Faunen. Zwei Arten werden in der Mythologie unterschieden: die Dryaden, die in den Bäumen wohnen, ursprünglich in den Eichen, wie der Name anzeigt, und den Hamadryaden, die als Seelen einzelner Bäume gedacht waren (Mannhardt II S. 1ff).

Dieser Glaube hatte Folgen für den Umgang mit der Natur. Wer einen Baum schädigte, der verletzte die in ihm hausende Nymphe und mußte mit deren Rache rechnen. In Ovids »Metamorphosen«, die überwiegend griechische, dem Werk des Nikandros aus Kolophon entnommene Verwandlungssagen behandeln, will Erysichthon eine der Göttin Ceres geweihte, mit Bändern, Gedächtnistafeln und Kränzen geschmückte uralte Eiche fällen. Diese stöhnt, ja blutet unter seinen Schlägen (VIII 738ff.) – da verkündet die Dryade dem Frevler den Tod als Strafe. Für die bei Ovid genannten *memores tabellae* gibt es archäologische Belege: zweiseitig mit Handwerkerszenen bemalte Tontafeln aus dem 6. Jahrhundert v. Chr., die als Votivgaben an heiligen, von der Landbevölkerung verehrten Bäumen bei Penteskuphia, westlich von Korinth, gehangen haben. Etwas andere, reliefierte Tontafeln stammen aus seinem Baumheiligtum der Persephone beim epizephyrischen Lokroi in Unteritalien aus der Zeit um 480 v. Chr. Sie wurden – nach dem archäologischen Befund – alljährlich heruntergeschlagen, um neuen Weihegaben Platz zu machen.

b. Ein alter griechischer Mythos ist die Dendrogonie der Menschen, ihre Entstehung aus Bäumen, und zwar aus Eichen. Aus dem frühen 1. Jahrhundert v. Chr. stammt das Epigramm auf die Speise-Eiche von Diodoros Zonas aus Sardes, überliefert in der »Anthologia Graeca« (IX 312):

> „Hüte dich sorgsam, o Mann, die Mutter der Eicheln zu fällen!
> Hüte dich! Schlage den Stamm älterer Pinien dafür,
> schlage die Kiefer, den Christdorn mit seinem vielen Geranke,
> trockenen Erdbeerbaum oder die Ilex dafür.
> Nur von der Eiche halt ferne das Beil! Denn es stellen die Eichen,
> wie man seit alters erzählt, unsere Urmütter dar."

Dieselbe Vorstellung findet sich schon bei Homer, in der Frage der Penelope an den heimgekehrten, noch nicht wiedererkannten Odysseus: „ Woher kommst du? Du entstammst doch nicht einer fabelhaften Eiche oder einem Felsen?" (Odyssee XIX 163), eine gebräuchliche Redewendung, die nicht nur bei Hesiod (s. 4j) vorkommt, sondern ebenfalls beim Propheten Jeremia (2, 27). Er tadelt jene, die da sprechen zum Holze: „Du bist mein Vater!" und zum Stein: „Du hast mich gezeugt". Bei den Griechen verweist der Spruch stets auf uraltes Zeug, auf „Adam und Eva". Nach Hesiod (Werke und Tage 145) schuf Zeus das dritte, das eherne Menschengeschlecht aus Eschen. So auch das Lexikon des Hesych (M 693) aus dem 6. Jahrhundert n. Chr.: *melias karpos, to tōn anthrōpōn genos* – „Der Esche Frucht, das Menschengeschlecht". Bei den Römern haben wir das Zeugnis in Vergils Aeneis (VIII 314ff): Euander erklärt dem Helden in Latium: „Diese Haine bewohnten ursprünglich Faune und Nymphen und ein Männergeschlecht, aus dem Stamm harter Eichen entstanden". Das bestätigt Juvenal (VI 11f). Als baumentsprossen bezeichnete sein

Geschlecht noch der spätantike Redner Himerios (oratio 69,8) im 4. Jahrhundert n. Chr; er führte es zurück auf „goldene Schößlinge“ am Fuße des Argaios, des höchsten Berges Kleinasiens. Der Glaube, daß die ersten Menschen aus Bäumen entstanden seien, wird uns bei den Germanen, in der Edda wieder begegnen (s. 60). Nach gängiger griechischer Überlieferung hingegen knetete Prometheus die ersten Menschen aus einem Lehmklumpen, den er in Böotien fand. Noch in der Kaiserzeit zeigte man die Kaute, aus der er stammte – der Lehm dort roch nach Mensch, wie Pausanias (X 4, 4) berichtet.

c. So wie man sich Menschen aus Bäumen entstanden dachte, so glaubte man auch an das Umgekehrte, daß Bäume einmal Menschen waren. Athenaios (78 B) zitiert einen Epiker, der den „Holzmann“ Oxylos, Sohn des „Bergmannes“ Oreios, zum Brudergatten der Hamadryas macht und aus dieser Ehe die Nymphen mehrerer Bäume hervorgehen läßt: des Feigenbaumes, des Nußbaumes, des Eichelbaumes, der Kornelkirsche, des Maulbeerbaumes, der Pappel, der Ulme und des Weinstocks. So stammen diese Bäume über ihre Geister von Menschen ab. Neben der Abstammung gibt es den Weg der Verwandlung. Ovid erzählt in seinen Metamorphosen davon, wie Daphne zum Lorbeerbaum wurde, Dryope zum Lotus, Philemon und Baucis zu Eiche und Linde, Cupressus, der Liebling Apolls, zur Zypresse, Myrrha, Mutter und Großmutter des Adonis, zum Myrrhenbaum usw. Als Aeneas, so berichtet Vergil (III 19 ff), zur Bekränzung eines Altars für seine Mutter Venus Myrtenzweige schnitt, entquollen dem Strauch Blutstropfen und eine Stimme ertönte: „Ich bin Polydorus und wurde hier bestattet, schone mich!“

d. Ein Wechselverhältnis, in dem sich Menschen in Bäume und dann wieder diese in jene verwandeln, ergibt sich aus der Lehre von der Seelenwanderung. Dieser vermutlich aus Indien stammende Glaube wurde im späten 6. Jahrhundert v. Chr. auch von Pythagoras verkündet. Die Wiedergeburt (*palingenesia*) kann in einem anderen Menschen, einem Tier oder auch in einer Pflanze erfolgen. Letzteres bezeugen Diogenes Laertios (VIII 4) und die spätantike »Passio Artemii« (29). Als Schüler des Pythagoras wurde Empedokles aus Agrigent betrachtet. Er behauptete, wie Diogenes Laertios (VIII 77) überliefert, in einem früheren Leben einmal ein Busch gewesen zu sein. Der von ihm verwendete Begriff *thamnos* kann auch einen Baum bezeichnen. In seiner Kosmogonie (VS. 31 A 70) sind Bäume die ersten und ältesten Lebewesen – älter als die Sonne, als Tag und Nacht. Das gemahnt an die Genesis, nach welcher Gott die Bäume am Dienstag der Schöpfungswoche, die Gestirne aber erst am Mittwoch erschuf. Ein Grund für die Annahme des Empedokles war die Beobachtung, daß auf den meisten Bäumen die beiden Geschlechter noch nicht getrennt sind – ein auch bei Platon (Symposion 189 E) angenommenes Merkmal der Urzeit.

e. Neben der Dendrogonie der Menschen gibt es auch eine Dendrogonie der Götter. Ähnlich wie in einer totemistischen Frühstufe der Religionsgeschichte Tiere einmal als Götter verehrt wurden und später herabgestuft als deren Begleiter erscheinen, so entwickelte sich aus dem dämonischen Charakter von Bäumen deren Zuordnung zu einzelnen Gottheiten. Das Verhältnis zu diesen bestimmte ebenso das zu den ihnen geheiligten Bäumen. Daß die Götter, bevor sie um 600 v. Chr. Tempel erhielten, in „abgegrenzten" Hainen – das Wort Hain verweist auch im Deutschen auf die Um-Hegung – und auf Bergen verehrt wurden, daß man ihnen Vögel und Bäume zuordnete, das wußte noch Lukian in der Zeit Marc Aurels, wie seine Schrift über das Opfer (§ 10) zeigt. Baumgeborene Götter waren der persisch-römische Mithras (s. 4n) und Adonis, so Ovid (Metamorphosen X 503ff). Ihn setzten die Kirchenväter mit dem babylonischen Tammuz gleich, der unter einer Zeder im Tempel von Uruk zur Welt gekommen sein soll (RAC. II S. 7).

Kultische Bäume nennt bereits Homer, so in der Odyssee (III 273f), wo es heißt, Aigisthos habe den Göttern auf ihren Altären viele Brandopfer dargebracht und kostbare Weihgeschenke „aufgehängt", Geschmeide aus Gold und feine Gewänder (s. 4a). Spuren dieses urtümlichen Baumkultes haben sich in der griechischen Welt an vielen Orten bis weit in die römische Zeit hinein erhalten (Mannhardt 1905). Pausanias bringt zahlreiche Beispiele, so den Hinweis auf ein Holzbild der Artemis, das zu Orchomenos in Arkadien auf einer riesigen Zeder verehrt wurde, nach der die Göttin den Beinamen *Kedreatis* (VIII 13, 2) erhielt. Hölzern war das Artemisbild, das Iphigenie aus Tauris nach Sparta mitnahm, und die Athenastatue, die Aeneas aus Troja nach Italien brachte, das Palladium.

Die uns fast nur aus der literarischen Überlieferung bekannten, ursprünglich aber außerordentlich zahlreichen Götterstatuen aus Holz, griechisch *xoanon*, waren offenbar aus bewußt gewählten Holzarten geschnitzt – es wird mit erstaunlicher Regelmäßigkeit angegeben, aus welchem Material sie bestanden (Meiggs S. 300ff). Man wußte das offenbar und hielt es für bemerkenswert, obschon die farbliche Fassung oder Vergoldung es nicht erkennen ließ. Das Interesse an der Gestaltung trat demgegenüber zurück. Pausanias steht hier in alter Tradition: Schon dem Pythagoras im 6. Jahrhundert v. Chr. wurde der Ausspruch zugeschrieben *non ex omni ligno debet Mercurius exsculpi* (Apuleius, Apologie 43) – nicht aus jeder Holzart darf man einen Merkur alias Hermes schnitzen.

Die ältesten Bilder waren laut Pausanias (VIII 17, 2) aus besonders dauerhaften Hölzern, aus Ebenholz, Zypresse, Zeder, Eiche, Taxus oder Lotus – ausnahmsweise aus Wacholder gefertigt. Bei den Römern konnte nur das Holz eines *arbor felix* (s. 5m) genommen werden, wie um 400 n. Chr. der Grammatiker Servius (zu Aeneis II 225) bemerkt, und für die Griechen galt offenbar Entsprechendes. Er überliefert auch, daß der Ahorn zu den Unglücksbäumen zähle; er unterstehe dem Dämon des Schreckens, lateinisch *Stupor*, griechisch *Phobos*. Das trojanische Pferd sei aus Ahornholz gezimmert gewesen; als das bemerkt wurde, habe das Entsetzen ausgelöst (zu Aeneis II 16). Hölzern waren ursprünglich auch die Tempel. Die Säulen bestanden aus Eichenstämmen. Beim Heraion von Olympia wurden sie nach und nach durch Steinsäulen ersetzt, wie Pausanias (V 16, 1) bezeugt. Das griechische Wort für Tempel *naos* ist verwandt mit *naus* – Schiff und bedeutet ursprünglich den Baumstamm, aus dem einerseits das Boot gebeilt wurde, an den andererseits das Götterbild sich anlehnte.

Eine seltsame Geschichte, wie aus Bäumen Götter werden, überliefert Pausanias (IX 3, 4) aus Böotien in Mittelgriechenland: Alle sechs Jahre feiern die Leute von Plataiai die *Daidala*, das nach dem Kulturheros Daidalos, dem ältesten Bildschnitzer, genannte Fest. Sie ziehen in einen bestimmten Eichenhain, der die größten Bäume im weiten Umkreis enthält, legen gekochtes Opferfleisch aus und warten, bis eine Krähe – andere Vögel werden ignoriert – sich davon ein Stück holt. Den Baum, auf den sie sich dann setzt, fällen sie und machen daraus ein Hera-Bild, genannt *daidalon*. Vierzehn von diesen bekam Pausanias zu sehen.

f. Der Eichengott schlechthin war Zeus, Heras Gatte. Dem „Vater der Götter und der Sterblichen" war die Eiche geweiht – so schreibt Homer (Ilias VI 237; VII 60) über den Baum am Skäischen Tor von Troja. Ihrer tiefreichenden Wurzeln wegen wird sie öfter als andere Bäume von Blitzen getroffen (Wagler S. 2), und diese schleudert der Himmelsgott – freilich ein seltsames Zeichen der Zuneigung. Zu den ältesten griechischen Zeusheiligtümern gehörten Olympia und Dodona. Der mit Platanen bestandene Kultbezirk von Olympia (Pausanias V 27, 11) hieß Altis, ein Wort, das Pausanias (V 10, 1) von *alsos* – „Hain" ableitete. Einen *alsos* der Dioskuren sah er in Achaia (VII 22, 5). Nicht wenige der altheiligen Haine, zumal in abgelegenen Gebieten, hatten sich in historische Zeit erhalten. Zuweilen erinnerte auch nur noch der Name, wie Strabon (IX 2, 33) anmerkt, an einen inzwischen baumlosen heiligen Hain. Platon fordert in seinen »Gesetzen« (731 C) von den Bewohnern seiner Musterstadt auf Kreta die Pflege der in der Nähe befindlichen Götterhaine.

Urtümlicher Eichenkult blieb mit dem Zeus von Dodona in Nordwestgriechenland verbunden. Dort befand sich das neben Delphi bekannteste griechische Orakel. Es soll schon Herakles seinen Tod prophezeit haben, so Sophokles in den »Trachinierinnen (Vers 170ff). Die Priester des Zeus Naios und der Dione Naia, die sich die Füße nicht wuschen, wie Homer (Ilias XVI 235) bemerkt, verkündeten die Zukunft aus dem Gurren der Tauben oder dem Rauschen der Blätter der heiligen Eiche (Strabon VII 7, 10). Von redenden Bäumen sprach schon die Bibel (s. 2d, e, f), berichtet noch Plinius (XVII 243). Aus dem Holz einer Eiche aus Dodona wurde, so schreibt Apollodor (I 109f), eine Planke der Argo geschnitzt – dies verlieh dem Schiff die Gabe des Sprechens, ja der Weissagung.

Der Hain von Dodona hatte schon zu Caesars Zeit keine nennenswerte Bedeutung mehr, wie Strabon (VII 7, 9) angibt. Er zehrte von seinem alten Ruhm. Der Dichter Silius Italicus, Konsul im Todesjahr Neros 68 n. Chr., beschreibt die dortigen Eichen, deren „Wipfel die Sterne berühren". Seit alters erwecke der Baum heilige Scheu, er besitze einen göttlichen Geist (*numen habet*) und werde durch dampfende Altäre verehrt (III 680). Offenbar gab es eine Baumgruppe, die ein Riese überragte. In der Zeit um 200 n. Chr. entstand die Bildbeschreibung eines heute verlorenen Gemäldes aus der Feder des Philostrat (II 33). Es zeigt den Alltag in Dodona. In der Eiche sitzt eine goldene Taube, die im Namen des Zeus die Orakel verkündet. Der Baum ist mit Bändern geschmückt; unter ihm liegt die Axt, die der mythische Baumfäller Hellos wegwarf – er gilt als der vorgriechische Gott der Doppelaxt, der dem Zeus weichen mußte. Priester, Priesterinnen und Ratsuchende bevölkern den Platz, an dem, wie Philostrat bemerkt, „noch immer" geopfert werde.

Wie die meisten Orakel verkümmerte Dodona in der späteren Kaiserzeit. Die Eichen von Dodona erwähnt noch der heidnische Senator Symmachus als römischer Stadtpräfekt im Jahre 384 in seinem dritten Amtsbericht an Kaiser Valentinian II in Mailand (relatio III 16f): Während einer Hungersnot hätten die Umwohner von den Eicheln des Baumes gelebt (s. 5j). Bischof Ambrosius erklärte in seiner Antwort (epistula 18, 18): Einzig um dieser Nahrungsquelle willen seien die Eichen verehrt worden – ein durchaus profanes Motiv. Nach einer Notiz bei Servius zu Vergils Aeneis (III 466) wurde die Eiche gefällt und die – nur hier erwähnte – wahrsagende Quelle verstopft, angeblich von dem illyrischen Räuber Arces; doch spricht alles dafür, daß die Christen wieder einmal am Werk waren (s. 7b). Seit 431 ist ein Bischof von Dodona bezeugt. Der archäologische Befund hat eine planmäßige Zerstörung des Heiligtums erwiesen. Daher liegt die Vermutung nahe, daß auch die Zeus-Eiche damals hinwegmissioniert wurde. Ihre Wurzelgrube glaubt man gefunden zu haben, und heute grünt wieder ein stattlicher Baum am einstigen Ort.

Die Eiche von Dodona war nicht der einzige Götterbaum dieser Art. Als Jason und die Argonauten das Goldene Vließ in Kolchis suchten, fanden sie es, bewacht von einem Drachen, aufgehängt in einem heiligen Hain an einer Eiche, die diesmal nicht dem Zeus, sondern dem Kriegsgott Ares geweiht war. Eine Eiche des Pan wiederum kennt Pausanias (VIII 54, 4f) bei Tegea auf der Peloponnes, einen Eichenhain der Demeter nördlich davon. Die Zuordnungen schließen einander nicht aus. Namengebend wurde die Eiche für einen Paß auf dem Wege nach Delphi: *Dryoskephalai*

– Eichenkopf. Unter diesem Baum hielt der barbarische Phlegyerkönig Phorbas Gericht, so meldet Philostrat in seinen »Bildbeschreibungen« (II 19). Die Schädel der Geköpften hingen an den Ästen. Bei Kelten und Germanen wird ein ähnlicher Brauch überliefet (s. 6c, d, m). Apollon, der Herr von Delphi, aber überwand den thessalischen Unhold, während ein Blitz in die Eiche schlug. Nun konnte man das Heiligtum wieder gefahrlos besuchen.

Die Eiche galt den Griechen als der älteste und vornehmste aller Bäume. Theophrast (III 7, 4ff; 8, 2ff) betont, kein anderer Baum besäße so viele Varianten, bringe so viele Dinge hervor wie die Eiche, rechnete man doch auch die Bienen und den Honig zu ihren Erzeugnissen. Kränze aus goldenen Eichenblättern wurden verdienten Bürgern verliehen und Toten beigegeben. Die Eiche ist der Baum schlechthin, ihr griechischer Name *drys*, abgeleitet aus indogermanisch *deru*, meinte ursprünglich jeden Baum. Die Wortwurzel bezeichnet die Eigenschaft des Festen; sie steckt auch in dem klassischen Wort für Baum *dendron*, das mit altindisch *dru*, altpersisch *dauru*, gotisch *triu*, keltisch *derva*, irisch *dair* und englisch *tree* verwandt ist. Im Deutschen lebt sie fort in den Endungen der Baumnamen Rüs-ter und Flie-der; Heis-ter und Gaman-der, Holun-der und Wachol-der. Auf dieselbe Wurzel werden lateinisch *durus* – „hart“ und deutsch „derb“ und „treu“ zurückgeführt, das demgemäß als „kernhart“ oder „verholzt“ verstanden werden kann. Der Wortstamm findet sich in zahlreichen Ortsnamen zwischen *Dry*-nemeton in Kleinasien und Kil-*dare* in Irland. Die Eiche von Dodona heißt mitunter auch *phāgos*, verwandt mit lateinisch *fagus* und deutsch *Buche*, eines von mehreren Beispielen dafür, daß Baumbezeichnungen springen können.

g. Der heilige Baum der Athena war der Ölbaum, griechisch *elaia*, lateinisch *oliva*. Im Wettstreit mit Poseidon gewann Athena die nach ihr benannte Stadt, weil er nur das Pferd, sie aber die Olive gebracht hatte (Hygin 164). Auf der Akropolis, westlich des Erechtheion, stand das ihr geweihte Exemplar. Es wird zuerst erwähnt von Plutarch (Solon 12) im Zusammenhang mit dem kretischen Wundermann Epimenides. Dieser erbat sich als Dank für die Entsühnung Athens nach dem kylonischen Frevel 632 v. Chr. einzig und allein einen Zweig vom heiligen Ölbaum. Als Xerxes die Burg von Athen 480 v. Chr. niederbrannte, verkohlte auch der Baum, doch schlug er, wie Herodot (VIII 55) berichtet, schon am folgenden Tag wieder aus – und das verlieh den Athenern Hoffnung. Der Baum verkörperte die Stadt, sein Geschick spiegelte in sympathetischem Analogiezauber das der Athener. Wie dem Reiseführer des Pausanias (I 27, 2) zu entnehmen ist, wurde die Geschichte vom Überleben des Ölbaums nach dem Perserbrand jedem Fremden erzählt. Sie diente bis in die Spätantike als Zeichen der Zuversicht auch für andere Städte. Noch der Rhetor Liba-

Abb. 4

a) Zu 4f Dodona, um 300 v. Chr.

b) Zu 4g Athen 5 Jh. v. Chr.

c) Zu 4m Smyrna, um 245 n. Chr.

d) Zu 4m Kreta, um 340 v. Chr.

e) Zu 4o Karthago, um 410 v. Chr.

f) Zu 2h Rom, um 71 n. Chr.

g) Zu 4s Myra, um 240 n. Chr.

h) Zu 4o Mende, um 430 v. Chr.

nios (oratio XI 228) exemplifizierte daran im Jahre 356 n. Chr. das Wiederaufblühen seiner Vaterstadt Antiochia am Orontes nach den Katastrophen der Vergangenheit. Daß damals auf der Akropolis ein der Athena geweihter Ölbaum noch stand, bezeugt der Redner Himerios (59, 3), der zeitgleich mit Libanios in Athen Rhetorik lehrte.

Auf den Münzen von Athen (Abb. 4b) erscheint seit der Peisistratidenzeit im 6. Jahrhundert v. Chr. neben der Eule ein Olivenzweig mit zwei Blättern und einer Frucht. Ein Olivenkranz über der Haustür zeigte an, daß dem Besitzer ein Sohn geboren war – so Hesych. Wahrscheinlich war Athena mit ihrem Beinamen Aglauros ursprünglich die Nymphe des Ölbaums, aus dessen Holz ihre ältesten Bilder gefertigt worden waren, so das Kultbild der Athena Polias. Der Baum auf der Akropolis hat die byzantinische Zeit und die *Turkokratia* nicht überlebt. In der Ablehnung heiliger Bäume waren sich orthodoxe Christen und strenge Moslems einig. In patriotischem Geist ist der Baum nachgepflanzt worden – so 1917 –, ähnlich vielen anderen Gedenkbäumen von der Zeuseiche in Dodona bis zum Birnbaum des Herrn von Ribbeck auf Ribbeck im Havelland (s. 9n).

Einen wilden Oleaster als Schicksalsbaum besaß ebenfalls die Stadt Megara am Saronischen Golf. Er stand dort auf dem Marktplatz, doch war den Bürgern die Bedeutung des Baumes nicht bekannt. Sie wurden ihrer erst gewahr, als sie ihn fällten und sich dabei überraschenderweise ein Orakel erfüllte, das der Stadt den Untergang angekündigt hatte, sobald ein Baum Waffen hervorbringe. Theophrast (V 2,4) und Plinius (XVI 199) erzählen, an diesem Ölbaum hätten die Heroen Beinschienen und Helme aufgehängt, die im Lauf der Zeit in das Holz verwachsen seien und nun zum Vorschein kamen. Nach Theophrast erfolgte kurz darauf die Eroberung der Stadt durch Demetrios Poliorketes im Jahre 307 v. Chr.

Athena besaß außer ihrem Baum auf der Akropolis noch eine große Anzahl von heiligen Ölbäumen. Sie standen nicht geschlossen in Hainen, sondern waren über Ländereien von einzelnen Bürgern in ganz Attika verteilt. Wie sie in den Besitz der Göttin gekommen sind, ist nicht überliefert. Möglicherweise genügte es, daß einmal eine Eule auf dem betreffenden Baum beobachtet wurde. Sie alle galten als Abkömmlinge des Akropolisbaumes und hießen *moriai*, was möglicherweise mit *moira* – Schicksal zusammenhängt. Das aus ihren Früchten gewonnene Öl wurde in den panathenäischen Amphoren an die Sieger in den Vierjahresspielen zum Ruhme der Göttin verteilt. Die *moriai* standen unter staatlichem Schutz: wer sie umschlug oder auch nur den Stumpf eines toten Baumes beseitigte, wurde in früherer Zeit mit dem Tode, später mit Exil und Enteignung bestraft. Es gab städtische Baumschutzbeauftragte: Mitglieder des Areopags, der uralten Ratskörperschaft Athens, überwachten die Bäume. Vor diesem Gerichtshof fand zu Beginn des 4. Jahrhunderts v. Chr. ein Verfahren statt. Ein Athener wurde beschuldigt, einen heiligen Baumstumpf auf seinem Gelände beseitigt zu haben. Die Verteidigungsrede des Redners Lysias (oratio 7) ist erhalten – sie unterrichtet uns über das attische Ölbaumrecht. Sakrale Baumschutzbestimmungen sind in der griechischen Welt nicht selten (Nenninger S. 27f).

Athena war die Schutzgöttin des Odysseus; so dürfte es kein Zufall sein, daß ein Ölbaum dreimal eine Schlüsselrolle im Leben des großen Dulders spielt. Mit einem angespitzten, feuergehärteten Pfahl aus Olivenholz – es war die Keule des Riesen, lang wie ein Mastbaum – stach Odysseus dem Polyphem sein Auge aus (Odyssee IX 319ff). Bei dem „heiligen Ölbaum" an der Nymphengrotte auf Ithaka setzten die freundlichen Phäaken den Heimkehrer an Land (XIII 102; 372). Doch als er nach zehnjährigen Kämpfen um Troja und ebenso langen Irrfahrten endlich den heimischen Hof wieder betrat, da erkannte ihn niemand. Die Göttin hatte ihn verwandelt. In den letzten zwölf Gesängen der Odyssee beschreibt Homer die ergreifende Geschichte, wie der Fürst als zerlumpter Bettler seine Halle von den zechenden Freiern besetzt findet, die dort als ungebetene Gäste sein Gut verpraßten, um die treue Penelope zur Heirat mit einem von ihnen zu zwingen. Wir lesen, wie Odysseus sich seinem Sohn zu erkennen gibt, dann von seinem Hund, seinem Sauhirten, seiner alten Magd erkannt wird, während allein Penelope an ihm zweifelt – auch noch nach dem Sieg über die Freier. Zuletzt stellt sie den Heimkehrer auf die Probe, indem sie erklärt, das Ehebett umgestellt zu haben. Das aber war, wie nur Odysseus wußte, unmöglich – hatte er es doch selber gezimmert und als Bettpfosten den Stumpf eines Ölbaumes benutzt, der fest im Boden verwurzelt war. Nun gehen der Treuen die Augen auf, und sie sinkt ihrem Mann in die Arme (XXIII 190ff).

Auch bei einer zweiten Erkennungsszene spielen Bäume eine Rolle. Der von seiner Frau liebevoll empfangene Odysseus traf seinen Vater Laërtes in dessen wohlgepflegtem Obstgarten unter einem hochgewachsenen Birnbaum, so lesen wir bei Homer (Odyssee XXIV 219ff). Der Alte war damit beschäftigt, Baumscheiben zu graben. Als sich der Sohn zu erkennen gibt, zögert Laërtes, bis Odysseus ihm die Geschichte der Bäume erzählt, die ihm der Vater einst geschenkt hatte: dreizehn Birnbäume, zehn Apfelbäume, vierzig Feigenbäume, fünfzig Weinstöcke. Nun zweifelt Laërtes nicht länger und begrüßt voll Freude den Spätheimkehrer. Die Ölbäume in Attika waren ihrer Heiligkeit halber berühmt. Als die Bürger von Epidauros, wie Herodot (V 82) meldet, dem delphischen Orakel gehorsam, Götterbilder aus edlem Olivenholz aufstellen wollten, baten sie die Athener um solches, weil deren Bäume an Heiligkeit alle anderen überträfen. Die Skulpturen wurden später von den Ägineten geraubt, und so soll die Erbfeindschaft zwischen der Insel und Athen entstanden sein. Thukydides (III 70,

4) berichtet von Geldstrafen für Baumfrevler, die in Kerkyra heiliges Gehölz des Zeus und des Alkinoos geschlagen hatten.

In die noch ältere, mythische Zeit verweist ebenso die Überlieferung in Pindars dritter olympischer Ode, die dem Sieger im Wagenrennen 476 v. Chr.Theron von Akragas gewidmet ist. Der Siegespreis bei den olympischen Spielen, gewissermaßen die Goldmedaille, war ein Kranz aus Olivenblättern vom wilden, *Kallistephanos* genannten Ölbaum, der in der Altis neben dem Altar der „Nymphen mit den schönen Kränzen" wuchs (Pausanias V 15, 3). Aus Gold bestanden die Kränze, mit denen die Athener verdiente Mitbürger ehrten, so 336 v. Chr den Demostenes, der darüber seine berühmte Kranzrede hielt. Die Ölbäume, so Pindar, habe einst Herakles von den Donauquellen mitgebracht, als er aus dem fernsten Nord-Westen von den Hyperboreern zurückkam, von wo der Held den der Artemis heiligen Hirsch mit dem goldenen Geweih holen sollte, und habe Olympia mit ihnen bepflanzt. Ölbäume an den Donauquellen sind allerdings ebenso unwahrscheinlich wie ein Mastbaum aus dem krummen Olivenholz. Daß daraus die Keule des Herakles bestand, glaubt man schon eher. Aber Pausanias (V 7, 7) stimmt Pindar zu. Die Siegerkrönung mit dem Olivenkranz blieb bis in die späte Kaiserzeit Sitte. Die mit Waffen behangenen, Vogelscheuchen ähnlichen römischen Siegesmale (*tropaea*), bestanden aus Olivenholz (Obsequens 43).

In der griechisch-römischen Welt symbolisiert der Ölbaum die Weisheit, da diese die Gabe Athenas ist. Artemidor (V 18) erzählt von jemandem, er habe geträumt, aus seinem Kopf sei ein Ölbaum herausgewachsen. Darauf habe er sich der Philosophie geweiht, die zu festen, dauerhaften Grundsätzen führt, so wie der Ölbaum gut verwurzelt und immer grün ist.

Gemeinantik ist die Bedeutung des Ölzweigs als Friedenssymbol. Die von Noah ausgesandte Taube brachte ein Ölblatt zurück als Zeichen des Friedens mit Gott – so lernen wir aus der Genesis (1. Mose 8, 11). Ovid bezeugt diese Bedeutung in seinem ersten Brief aus der Verbannung am Schwarzen Meer (I 1, 31); Plinius bestätigt sie in seiner Naturgeschichte (XV 134), und noch den christlichen Autoren der Spätantike ist sie geläufig: so Sidonius Apollinaris (carmen XIV 4) und Isidor von Sevilla (XVII 7, 62). Sie sehen im Ölbaum die *arbor pacis* – „ den Baum des Friedens".

h. Plinius nennt neben dem Ölzweig den Lorbeer, lateinisch *laurus*. Auch er galt als friedebringend, doch ist er enger noch mit dem Ruhmesgedanken verbunden. Der Lorbeer war der prächtigste Baum auf dem Musenberg Parnassos und darum dem Musenführer Apollon geweiht (Murr S. 92ff). Aus dem Laub des Baumes verkündete der Gott seine Orakel, wie der homerische Apollon-Hymnos (Vers 395f) erzählt. Ein Orakelbaum stand auch im Adyton des Apollon-Tempels zu Didyma (Günther S. 42). Der älteste Tempel in Delphi war eine Hütte aus Lorbeer-

Ästen, so hörte Pausanias (X 5, 9). Die weissagende Apollonpriesterin Pythia kaute Lorbeerblätter; mit Besen aus Lorbeerzweigen fegte man die Tempel aus. Der Lorbeerbaum, griechisch *daphnē*, soll ursprünglich ein Mädchen gewesen sein, das vor der Liebe des Gottes floh und im letzten Moment von ihrem Vater, dem Flußgott Peneios, in einen Lorbeerbaum verwandelt wurde. Ovid berichtet die Geschichte in seinen »Metamorphosen« (I 452ff), der junge Bernini meißelte sie 1624 in Marmor – die bezaubernde Skulptur (s. Abb. Nr. 7) steht im Casino der Villa Borghese in Rom.

i. Lokalisiert wurde die Verwandlung in dem bis in die Spätantike vielgepriesenen, Apollon geweihten Hain Daphne bei Antiochia in Syrien. Schon Pindar (Strabon IX 2, 33) nannte Apoll den Gründer heiliger Haine. Der Park von Daphne war so berühmt, daß Antiochia bisweilen den Zusatz trägt „bei Daphne". Eine geradezu hymnische Beschreibung des Lustortes mit seinen Quellen und Grotten, Weinbergen und Blumengärten, Bädern und Sportanlagen, Tempeln und Theatern bietet Libanios in seinem »Antiochikos« (oratio XI 236ff). Der Redner berichtet die Gründungslegende aus der Alexanderzeit: Seleukos, der Sohn des Stadtgründers Antiochos, sei einst auf der Jagd zu einem Lorbeerbaum gelangt. Da habe sein Pferd eine goldene Pfeilspitze (*akis*) mit der Inschrift „Des Phoibos" aus dem Boden gescharrt. Somit sei klar gewesen, daß dies der Baum war, in den sich das Mädchen verwandelt hatte. Denn Phoebus Apollo habe vor Kummer seine Pfeile auf den Boden geworfen, und dabei sei diese eine Spitze in ein Mauseloch gerutscht, um nun dem Seleukos den Baum zu verraten. Als zudem noch eine Schlange erschien, habe der König die Heiligkeit des Ortes erkannt, den Tempel gestiftet, Pflanzungen angelegt und die Bäume durch heftige Verwünschungen und Drohungen gegen Frevler geschützt.

In Daphne wurden bis ins 6. Jahrhundert n. Chr. „olympische" Spiele gefeiert. Auch sonst wurde der Ort viel besucht. Philostrat beschreibt ihn um 200 n. Chr. in seiner Vita des Apollonios von Tyana (I 16). Dieser Wundermann und Wandergeist habe den Lorbeerbaum, der einst ein Mädchen war, dort gesehen, er werde wie eh und je verehrt. In unserer Zeit ist Daphne, türkisch *Harbiye*, noch immer reich an Lorbeerbäumen, doch sind sie nur mehr ökonomisch bedeutsam. Aus den Blättern und Beeren wird ein hochwertiges Öl gewonnen, das in der Medizin und der Kosmetik Verwendung findet. Die Seife ist – *crede experto!* – vorzüglich. Die eindrucksvollsten Bäume in Daphne waren allerdings Zypressen (s. 4s). Als Ausflugsziel hat der Ort seine Anziehungskraft bewahrt.

Bei zwei weiteren Hainen Apollons kennen wir die Baumart nicht. Nahe Patara in Karien besaß das Apollon-Orakel einen heiligen Hain, wie Servius (zu Aeneis IX 377) angibt. Auf ihn beziehen sich wohl ebenfalls die Nachrichten von Appian (XII 27) und Obsequens (56). Nach Appian holzte König Mithridates VI von Pontos die Bäume für die Belagerung der Stadt ab, bis ihn ein Traum warnte. Der Hain war nach diesem Zeugnis der Leto geweiht, der Mutter Apolls. Obsequens verbindet den Baumfrevel mit einem Hain der Rachegöttinnen – sie hätten gelacht, als die Bäume fielen, wohl im Gedanken an das Ende des Königs. Als dieser die Erinnyen besänftigen wollte, habe er eine Jungfrau geopfert, die ebenfalls auf dem Altar gelacht und damit die Zeremonie zerstört habe.

Einen heiligen Hain Apollons in der Nähe Athens bezeugt eine Inschrift des 4. Jahrhunderts v. Chr. (IG. II Nr. 841). Der Priester des Apollon Erithaseos – der Beiname bezieht sich wohl auf die Örtlichkeit – warnt Baumfrevler: weder Holz noch Laub dürfe dem Heiligtum entnommen werden. Wer dabei gefaßt werde, den erwarteten empfindliche Strafen: ein Sklave erhielt 50 Peitschenhiebe, ein Freier mußte 50 Drachmen zahlen, beides wurde den Behörden gemeldet. Um welche Baumart es sich handelt, wird auch hier nicht gesagt. Genannt wird diese in einer anderen Baumschutzbestimmung. Aelian (Varia Historia V 17) überliefert, die Athener seien derartig abergläubisch gewesen, daß sie denjenigen hinrichteten, der aus dem Heiligtum um ein Heroengrab eine Eiche herausschlüge.

Eine wundersame, ihm selbst unglaubwürdige Überlieferung bringt Strabon (V 1, 9) zu zwei heiligen Hainen der argivischen Hera und der aitolischen Artemis im Gebiet der Veneter an der oberen Adria. Unter diesen Bäumen werde der Gottesfriede sogar von den Tieren bewahrt. Der Hund verfolge den Hasen nicht, der sich hierher flüchte, die Hinde lagere beim Wolf; alle Raubtiere seien so zahm, daß man sie streicheln könne – ein paradiesisches Motiv, das wir aus Jesaja (11, 6ff) kennen: Wölfe werden bei den Lämmern wohnen … Doch zurück zum Lorbeer!

j. Zwei Lorbeerbäumchen standen seit 27 v. Chr. vor der Haustür des Augustus auf dem Palatin, wie das sonst den Häusern von hohen Priestern vorbehalten war, und betonten die Nähe Apollons zu seinem Schützling (Dio LIII 16, 4). Ihm hatte der Gott 31 v. Chr. den Sieg bei Actium gewährt. Kaiser Tiberius schützte sich mit einem Lorbeerkranz gegen Blitzschlag, wie Plinius (XV 135) vermerkt. Einen Lorbeerkranz trugen die Sieger in sportlichen und musischen Wettkämpfen, ebenso die römischen Triumphatoren, die den Siegeslorbeer (*laurus victrix*) auf das Capitol brachten (Obsequens 61a). Schon Hesiod, der neben Homer älteste Dichter der Griechen, erhielt von den Musen einen Lorbeerzweig als Szepter mit dem Auftrag, sie zu preisen – doch fragt er: Was soll das mit den Eichen und Felsen? So lesen wir in seiner Theogonie (Vers 28ff). Der Reiseführer Pausanias (IX 10, 4) berichtet von einem noch zu seiner Zeit, um 170 n. Chr. im böotischen Theben gefeierten Fest für Apollon Ismenios, dessen Kultbild aus Zedernholz bestand. Das Fest trug nach dem Jahrespriester, einem lorbeerbekränzten Knaben, den Namen *Daphnephoria*; es wurde angeblich schon von Amphitryon, dem Stiefvater des Herakles begangen. Bei dem Fest gab es einen Umzug, in dem Dendrophoren eine Art Maibaum herumtrugen; er war mit Metallkugeln und Tüchern geschmückt.

Die griechische Sitte des Dichterkranzes lebte bei den Römern fort. Am Ende seines dritten Odenbuches verkündet Horaz die Unsterblichkeit seiner Gedichte und fordert von der Muse den delphischen Lorbeerkranz. Ihn erhoffte ebenso der Dichter der »Argonautica« Valerius Flaccus (I 7) in der Zeit Vespasians. Kaiser Domitian sodann verlieh seit 86 n. Chr. dem siegreichen Sänger beim capitolinischen Wettspiel einen Eichenkranz, so Sueton (4; 13). Um 300 n. Chr. befreite Kaiser Diocletian Athleten, die bei den großen Wettkämpfen dreimal bekränzt worden waren, von allen Steuern (Codex Justinianus X 54). Dichterkrönung gab es bis in die Spätantike. Der altgläubige Senator Symmachus (epistulae I 53) scherzt über sie in einem Brief, und sein damals noch heidnischer Schützling Augustinus hat sie erlebt. Er wurde als siegreicher Rhetor in Karthago vom Statthalter persönlich bekränzt, wie er in seinen »Confessiones« (IV 5) berichtet. Nach Libanios (Brief 1063) wurde um 390 der letzte römische Historiker Ammianus Marcellinus in Rom bekränzt. In der Renaissance lebte der Brauch wieder auf (s. 8c, d).

k. Einen Lorbeerkranz trug beim *triumphus* in Rom der auf dem Wagen einziehende Feldherr; bei der *ovatio*, dem „kleinen Triumph“, bei dem er ritt oder schritt, schmückte ihn ein Myrtenkranz, wie wir aus dem Gedicht »Pratum« Suetons wissen. Die Myrte wird oft zusammen mit dem Lorbeer genannt – so schon in Vergils zweitem Hirtengedicht (Vers 54f): „Euch will ich pflücken, Lorbeer und Myrtenzweige, gemeinsam stiftet ihr köstlichen Duft“, und wieder in Mignons Lied auf das „Land, wo die Zitronen blühn“, wo „die Myrte still und hoch der Lorbeer steht“. Der Myrtenbaum stammt aus dem Orient, wie die Göttin Aphrodite, der er geweiht war, so schreibt Plinius in seiner »Naturgeschichte« (XII 3) und Ovid in seiner »Liebeskunst« (III 181). Die Stadt Smyrna verdankt ihren Namen der arabischen Myrte, der Myrrhe, die wir aus der Dreikönigsgeschichte kennen. Die Weisen aus dem Morgenland schenkten dem Jesuskind Gold, Weihrauch und Myrrhe – so steht es bei Matthäus (2, 11). Die Myrte soll aus dem Paradies mitgebracht worden sein. In Athen gab es einen eigenen Myrten-Markt, die Staatsdiener trugen in der Öffentlichkeit Myrtenkränze, die aber ebenso zur Festesfreude beitrugen.

Bei den Griechen stand die Myrte mit der Hochzeit in Verbindung – ein Brauch, der in der Humanistenzeit wieder aufgenommen wurde. Die Tochter des reichen Jakob Fugger von Augsburg soll 1583 als erste wieder einen Brautkranz aus Myrte getragen haben. Die Zuordnung der Myrte ist nicht immer eindeutig. So erscheint in der Gründungssage der Stadt Sida an der Südspitze der Peloponnes nicht Aphrodite, sondern die „Retterin Artemis“

als Herrin der Myrte. Pausanias (III 22, 12) berichtet im späten 2. Jahrhundert n. Chr., ein Myrtenbaum, in dem ein Hase verschwunden sei, hätte die Gründer der Stadt bewogen, just diesen Platz für sie zu erwählen. Und dieser Myrtenbaum würde noch immer verehrt. Einen weiteren sah er in Troizen, wo man die der Pflanze eigentümlichen Löcher in den Blättern auf die sagenhafte Phädra zurückführte. Sie habe aus Liebeskummer die Blätter mit ihrer Haarnadel durchlöchert (I 22, 2).

Der andere Baum Aphrodites war der Granatapfel (Murr S. 50ff). Sein Name stammt von lateinisch *granum* – Kern, Korn und verweist auf die zahlreichen Samen in der Schale, ein Symbol der Fruchtbarkeit. Der Baum stammt aus dem Orient und war dort der Astarte heilig. Die mit ihr identifizierte Aphrodite soll den Baum in Cypern gepflanzt haben (Athenaios 84 C), vermutlich in ihrem Heiligtum zu Paphos. Hera, die Göttin der Ehe, hielt in ihrem Tempel bei Argos einen Granatapfel in der Hand. Pausanias (II 17, 4) verweigert aber die Erklärung, um die Mysterien nicht zu verletzen. Vermutlich ging es um die Ähnlichkeit der geöffneten Frucht mit der Vulva oder um die Entstehung des Baumes aus dem Blut des von Dionysos entmannten Agdistis. Einen Granatapfel in der Hand halten ebenso Statuen von Persephone und Athene, letztere in der nach dem Granatapfel benannten Stadt Side in Pamphylien – so zeigen es die Münzen. Heute denken wir beim Wort „Granate" und dem davon abgeleiteten „Grenadier" nicht mehr an eine Frucht des Lebens, sondern an ein Werkzeug des Todes – so seit dem Dreißigjährigen Krieg.

Zwei weitere Bäume verknüpft in neronischer Zeit der Stoiker Lucius Annaeus Cornutus mit Aphrodite. In seiner »Griechischen Theologie« (Kap. 24) nennt er den Buchsbaum (*pyxos*), den er durch eine etymologische Überlegung mit dem schönen Gesäß (*pygē*) der Göttin verbindet. Ein Sprachspiel bringt auch die Linde mit ihr zusammen. Das griechische Wort *philyra* soll mit *philein* – „lieben" verwandt sein. Cornutus spricht von Kränzen aus Lindenlaub in ihrem Kult. Möglicherweise liegt hier die Wurzel für die Annahme, die Linde sei der Venus geweiht gewesen, die man dann mit der germanischen Göttin Freia oder Frigga gleichgesetzt hat, so daß auch ihr die Linde zugeschrieben wurde, so bei und nach Luther (s. 8i).

l. Aphrodisische Eigenschaften fanden die Griechen in der Feige. Schon im alten Israel mit der Geschlechtlichkeit verquickt (s. 2b), war sie dem Vegetationsgott Dionysos geheiligt, der auch mit dem Granatapfel, dem Wein und dem Efeu verbunden wurde (Pausanias V 19, 6). Dionysos trägt in Attika den Beinamen *philosykos*, der Feigenfreund; in Böotien heißt er *endendros*, weil er im Baume lebt; in Naxos *meilichios* nach der dortigen Bezeichnung für Feige. Darum wurde sein Bild aus Feigenholz geschnitzt. Aus ebendiesem Holz schnitzte man den großen Phallos für die Dionysos-Prozession, über die sich schon Heraklit (VS. 22 B 15) entrüstete. Das Fragment stammt aus dem Protreptikos des Kirchenvaters Clemens Alexandrinus (II 30 P.); er berichtet die Ursprungssage. Dionysos habe seine Mutter Semele aus dem Hades holen wollen, aber den Eingang nicht gefunden. Da zeigte ihm ein Mann namens Prosymnos den Weg gegen das Versprechen, daß der Gott ihm zu Willen wäre. Dieser sagte zu für den Fall seiner Rückkehr. Als Dionysos dann wiedergekommen war, lebte Prosymnos nicht mehr. Um nicht wortbrüchig zu werden, begab sich Dionysos ans Grab, befriedigte zunächst seine eigene Lust und dann die des Prosymnos ersatzweise mit Hilfe eines hölzernen Schamgliedes, das er aus einem Feigenast geschnitzt hatte. Die Phallophorie war mit vielen Dionysosfesten verbunden, noch zur Zeit Plutarchs (Moralia 527 D). Den größten Phallos aller Zeiten, der über 50 Meter lang gewesen sein soll, in bunten Farben bemalt, mit goldenen Bändern geziert und von einem Goldstern gekrönt, zeigte man auf der Prozession des Ptolemaios-Festes in Alexandria 271 v. Chr. (Athenaios 201 E). Für dieses stolze Stück dürfte allenfalls eine Himalaja-Zeder hingereicht haben.

In Sparta gab es einen Kult für den Feigen-Dionysos, weil man glaubte, er habe den Menschen die Frucht gebracht (Athenaios 78 C). Diese Tat wurde geschichtsphilosophisch als Übergang von der barbarischen zur kultivierten Lebensform gewertet, weswegen die Feige auch *hēgētria* – Führerin hieß und beim attischen Plynterienfest in der Prozession an der Spitze mitgeführt wurde. Die Athener zeigten den Ort, an dem zuerst eine Feige gewachsen war, und nannten ihn *Hiera Sykē*, heilige Feige. Sie wurde allerdings der Demeter zugeordnet. Als der Spartanerkönig Kleomenes ihren Hain bei Eleusis abgeholzt hatte, schlug ihn die Göttin mit Wahnsinn, und er zerfleischte sich selbst (Herodot VI 75).

Im Reisehandbuch des Pausanias (I 37, 2) lesen wir, daß man an der Heiligen Straße von Athen nach Eleusis die Grabinschrift des Phytalos sah, der die Göttin Demeter, Spenderin des Getreides, beherbergt und dafür von ihr den „heiligen Feigenbaum“ zum Geschenk erhalten hatte. Auf ihre eigenen Feigen waren die Athener so stolz, daß sie deren Export verboten. Wer einen Händler, der das dennoch tat, anzeigte, war ein Sykophant (Athenaios 74 DE). So nannte man dann Denunzianten überhaupt, ähnlich den Kaffeeriechern, die das von Friedrich dem Großen erlassene Brennmonopol überwachten. Durchzuhalten war das Ausfuhrverbot natürlich nicht. Der Perserkönig Xerxes ließ sich, wie Athenaios (652 C) überliefert, attische Feigen vorsetzen, um den Feldzug gegen die Griechen nicht zu vergessen.

m. Aufmerksamkeit verdient auch ein Baum, der schon bei Homer (Ilias II 307) Bewunderung erregte: die Platane. Herodot (V 119) bezeugt einen Platanen-Hain des Zeus bei Labraunda im südwest-anatolischen Karien. Das Attribut des karischen Zeus war die Doppelaxt, griechisch

5 *Hellenistisches Weihrelief, 200 bis 150 v. Chr.*

labrys, die nach Kreta weist, wo das Labyrinth von Knossos nach ihr benannt ist. Theophrast (I 9,5) und Plinius (XII 11) erwähnen eine wintergrüne Platane bei Gortyn auf Kreta, wo Zeus der Europa beigewohnt habe – sie erscheint auf einer Silbermünze der Stadt aus der Alexanderzeit (s. Abb. 4d). Die immergrüne Variante der Platane ist höchst selten, um 1980 waren 29 Exemplare bekannt (Baumann 1982, S. 46). Daneben kennt Plinius einen weiteren Baum bei Apamea in Phrygien, an der Apollon den Marsyas zum Schinden aufgehängt habe (XVI 240). Apollon wird auch sonst mit der Platane verbunden: In der Nähe von Troizen auf der Peloponnes beschreibt Pausanias (II 34, 6) einen Tempel des Apollon Platanistios, der offenbar an der Stelle eines dem Gott geweihten Baumes stand. Mitunter konnten Platanen ganz ohne Bezug zu einer Gottheit beeindrucken (s. 3a): Zu den Sehenswürdigkeiten Spartas zählt der Reiseführer einen Platanenring auf einer Insel im Flußbett des Eurotas, wo die jungen Männer noch immer ihre Kampfübungen abhielten (III 14, 8).

Unter den archäologischen Denkmälern für den griechischen Baumkult ragt ein Weihrelief hervor, das aus der Zeit um 200 v. Chr. stammt und heute die Münchener Glyptothek bereichert (s. Abb. Nr. 5). Es zeigt eine ländliche Szene: Eine achtköpfige Familie bringt Opfergaben zu einem Heiligtum, in dem mehrere Götterstatuen stehen – dabei, so scheint es, ein Asklepios. Das Ganze spielt sich ab unter dem Laubdach einer dicken Platane, an der ein schattenspendendes Tuch hängt und die selbst mit einer um den Stamm geschlungenen Binde bekleidet ist – ganz so, wie noch heute Buddhas Feigenbaum zu Bodh-Gaya geschmückt wird (s. 3s).

Numinose Kräfte besaß dann jene Platane, die am Anfang der Neugründung der Stadt Smyrna stand. Pausanias (VII 5, 2f) überliefert die Sage von Alexander dem Großen, der nach einer Jagd im Pagos-Gebirge unter einer den Schicksalsgöttinnen geweihten Platane eingeschlafen sei. Im Traum seien ihm die Parzen erschienen und hätten ihm befohlen, an Ort und Stelle die Stadt zu gründen. Der Apoll von Klaros bestätigte dies, und die Bewohner von Alt-Smyrna zogen nach Neu-Smyrna um. Eine kaiserzeitliche Münze zeigt die Szene (s. Abb. 4c). In der Nachbarstadt Magnesia am Mäander gab es ein Platane, in der Dionysos den Bewohnern erschien. Sie richteten daraufhin dem Gott einen Kult ein. Dionysos trug an mehreren Orten den Beinamen „Baumgott“ (*dendreus*, *dendritēs*, *endendros*).

Vielfach wird die Platane als Schattenspenderin gerühmt. Dionysios I, der Tyrann von Syrakus, legte sich nach dem von Xenophon vermittelten persischen Vorbild in Rhegion, heute Reggio di Calabria, einen Jagdgarten (*paradeisos*) an und bepflanzte ihn mit Platanen. Zu Theophrasts (IV 5,6) Zeit befand sich dort ein Gymnasium. Als Platon um 390 v. Chr. Dionys besuchte, können die Bäume noch nicht groß gewesen sein, doch auch der Philosoph schätzte ihren Schatten. So berichtet er in seinem Dialog »Phaidros oder Über das Schöne« (229 A ff), wie Phaidros seinen Lehrer Sokrates zum philosophischen Gespräch unter die große Platane am Ufer des Ilissos einlud. Der Weise staunt und wundert sich: „Nun, bei Hera, ein guter Ort zum Ausruhen! Diese Platane, gewaltig breit und hoch – wunderbar die Krone und der Schatten unter ihr. Wie steht sie in voller Blüte, so daß alles umher herrlich duftet! Und unter dem Baum die sprudelnde Quelle mit frischem Wasser zum Kühlen der Füße. Die Statuen und Bilder hier deuten auf ein Heiligtum für Nymphen und Acheloos, und merkst du den frischen Luftzug an diesem Ort, das herrliche Sommerbild des Zikaden-Chors, den sanft aufsteigenden üppigen Rasen?“ Phaidros wundert sich, war denn Sokrates noch nie hier? Dieser bestätigt das: „Ich möchte immer lernen, doch Felder und Bäume belehren mich nicht, das tun allein die Menschen drinnen in der Stadt.“

Naturnähe und Geselligkeit verband Platon in seiner Schule. Den Hain des Heros Akademos bei Athen, wo man spazierenging, beschatteten schon zur Zeit des Aristophanes (Wolken 1005ff) Ölbäume, darunter zwölf *moriai*, ferner Eiben, Silberpappeln, Ulmen und Platanen. Letztere hatte der Persersieger Kimon, wie sein Biograph Plutarch (13, 8) meldet, dort und auf der Agora angepflanzt. Die in jenem Hain dann entstandene Philosophenschule Platons war die Akademie, die von 386 v. Chr. bis 529 n. Chr. bestand. Heute zeigt man dort den „Ölbaum Platons“, ein in der Tat uraltes, knorriges Gewächs. Der Hain des Akademos ist der älteste griechische „Park“ in unserem Sinne, das heißt ein umzäunter Baumgarten für Spaziergänger. Der Garten des Phäakenkönigs Alkinoos in der Odyssee (VII 112ff) ist kein Gegenbeispiel, da er wirtschaftlichen Zwecken diente. Homer nennt Birnen, Granaten, Äpfel, Feigen, Oliven und Trauben. Platanen gab es nach Theophrast (I 7,1) ebenfalls im Lykeion, dem Hain des Apollon Lykeios, wo Aristoteles lehrte.

Bei der Verbindung zwischen Platon und der Platane spielt vielleicht die Wortgeschichte mit: beide Namen sind von griechisch *platys* – „breit“ abgeleitet: beim Baum wegen seiner breit ausladenden Äste, beim Philosophen wegen seines breiten Brustkastens – als Kind habe er Aristokles geheißen, schreibt Diogenes Laertios (III 4). Während der Belagerung Athens im Jahre 87 v. Chr. ließ der römische Feldherr Sulla trotz seinem zur Schau gestellten Philhellenismus die Bäume der Akademie fällen, um aus ihnen Kriegsmaschinen zu bauen, wie Appian (XII 30) meldet. Platanen können sehr alt werden. Zu Thermos in Ätolien zeigte man mir 1970 einen durch Bohrung datierten Baum von 1219. Mitunter sind Altersangaben übertrieben, so das der Platane im Asklepieion auf der Insel Kos, unter dem, wie man den Touristen vorfabelt, bereits Hippokrates gesessen haben soll.

n. Im Unterschied zu den genannten Laub- und Nadelbäumen ist die Palme ein Fremdling in der griechisch-römischen Welt. Plinius (XIII 27) bemerkt: *iure dicentur externae* (s. 3m). Die Griechen nannten die Palme *phoinix* – den „Baum aus Phönizien“. Der Name ist orientalisch und bezeichnet ursprünglich den Purpur, den wichtigsten Ausfuhrartikel aus der Levante. Der Fabelvogel Phönix heißt altägyptisch *benu* – die Wörter sind verwandt – und wird als Bachstelze oder Reiher dargestellt, so daß die Namensgleichheit mit der Palme sekundär sein dürfte. Die Wörter für Blätter und Früchte der Palme erweisen Nähe zum Menschen: Das deutsche Wort „Palme“ kommt von lateinisch *palma*, ursprünglich „die offene Hand“, weil die Blattstellung der Palme handähnlich gefingert ist. Dies wußte schon Isidor (XVII 7, 1). Die Dattel heißt nach griechisch *daktylos* – „Finger“ im Hinblick auf ihre Form. Eine ältere Bezeichnung lautet „Palmeichel“ oder „Palmnuß“. Die Früchte waren allzeit geschätzt, Kaiser Augustus bezog sie von seinem Freund Nikolaos, Historiker zu Damaskus. Nach ihm trugen die betreffenden Datteln, wie Isidor (l. c.) meldet, den Namen *dactyli Nicolai.*

In Griechenland und Italien, wo Datteln nicht reifen, war die Palme als Zier- und Heilpflanze hoch angesehen. Plinius (XXIII 97) räumt ihr unter medizinischen Gesichtspunkten den dritten Rang nach Weinstock und Ölbaum ein. In der griechischen Literatur begegnet die Palme noch nicht in der Ilias, wohl aber in der wenig jüngeren Odyssee (VI 163). Der nach dem Schiffbruch bei den Phäaken nackt an Land gespülte Held fleht die Königstochter Nausikaa um Hilfe an, indem er ihre Schönheit mit dem „jungen Stamm der Palme" am Altar Apollons auf der Insel Delos vergleicht. Der Baum war berühmt; Leto, von Zeus geschwängert, soll ihn umschlungen haben, als sie die Göttin Artemis und sodann Apollon gebar – so lesen wir in dem homerischen Hymnos auf den Gott (Vers 117). Die Palme wird nicht sehr alt, darum muß der später auf Delos gezeigte, von Plinius (XVI 240) erwähnte Baum nachgepflanzt worden sein – wie so häufig. Einen heiligen Palmenhain besaß Apollon ebenfalls auf der Insel Chios (Strabon XIV 1, 35). Frühe Kontakte zwischen dem Nahen Osten und Delos erklären, wieso die Palme hier zuerst erwähnt wird. Die Geburt unter einem heiligen Baum wird ebenso für Jesus (s. 3m) und Buddha (s. 3s), sowie für den persischen Gott Mithras berichtet (Cumont S. 119), Reliefs zeigen ihn aus einem Baum herauswachsend.

o. Als Staatssymbol wurde die Palme von den Karthagern verwendet. Sie erscheint dort seit dem 5. Jahrhundert v. Chr. auf den Münzen – ähnlich anderen botanischen Münzemblemen: dem Ölzweig von Athen, dem Hibiskus von Rhodos, dem Sellerieblatt von Selinunt, der Ähre von Metapont, dem Granatapfel von Melos, dem Weinstock von Mende (Abb. 4h) und dem Silphion von Kyrene (Baumann 2000). Als Grund für die Symbolwahl ist zunächst die wirtschaftliche Bedeutung der Dattelpalme zu vermuten, doch dürfte ein anderes Motiv bedeutsamer gewesen sein. Die Karthager stammten aus Phönizien, daher nannten die Griechen sie *Phoinikes*. Noch die Römer sprachen von „Punischen" Kriegen. Befremdlich scheint, daß der Name für die Karthager und der für die Palme nur im Griechischen gleich ist – auf Hebräisch heißt die Palme *tamar*, das karthagische Wort muß ähnlich geklungen haben -, doch ist zu bedenken, daß die kulturellen Verbindungen zwischen den Karthagern und den Griechen, zumal auf Sizilien eng waren. Hannibal ließ seine Taten auf Griechisch veröffentlichen. Die Karthager haben das Münzwesen von den Griechen übernommen und die ersten Silberserien wahrscheinlich von griechischen Stempelschneidern gravieren lassen. Wurden sie für griechische Söldner geprägt, wie die Beischrift *machanat* – „Lager" andeutet, so erscheint die Palme auf den karthagischen Münzen sinnvoll (s. Abb 4e).

Im Jahre 439 eroberte der Vandalenkönig Geiserich das römische Karthago. Als erster Germanenfürst auf Reichsboden prägte er eigene Münzen und griff dafür auf die Emblematik der seit dreihundert Jahren außer Kurs gesetzten Karthagermünzen zurück. Es muß mithin damals in der Africa Proconsularis Antiquare gegeben haben, die alte Münzen besaßen, ihre

Bedeutung kannten und den germanischen Eroberern klar gemacht haben, daß sie die Nachfolger Hannibals seien. Neben dem auf den Münzen Karthagos üblichen Pferd erscheinen hinfort wieder Palmen: Zweige des Baumes, zum Kranz geflochten, umringen auf der Rückseite die Wertangabe „fünfzig Denare" oder ein Kreuz. Die Palme findet sich auf antiken Geprägen mehrerer Städte Griechenlands und des Nahen Ostens, so in Korinth, Delos und Ephesos, in Antiochia, Tripolis und Palmyra; ebenso auf den Rückseiten von römischen Münzen der Kaiserzeit, die über Ereignisse im Vorderen Orient berichten (s. 2h).

p. Die wichtigste Symbolfunktion der Palme war ihre Verwendung als Sieges- und Friedenszeichen. Plutarch (Moralia 723) erklärt, kein anderes Gewächs sei so eng mit dem Sieg verbunden, sei es im militärischen, sportlichen oder musischen Agon. Er führt das zurück auf die Heimkehr des Theseus aus Kreta, der dort den Minotauros besiegt hatte und das auf Delos zu Ehren von Apoll durch Wettspiele feierte. Damals habe er die Sieger dort mit Zweigen von der heiligen Palme ausgezeichnet. Dies ist eine aitiologische Legende, doch fehlt es nicht an Zeugnissen für die Siegersymbolik der Palme seit klassischer Zeit. So erhielt der Sieger im Wagenrennen bei den panathenäischen Spielen u. a. einen Palmzweig. In seiner Nikias-Vita (Kapitel 13) erwähnt Plutarch einen Palmbaum aus Bronze mit einem Bild der Athena, gestiftet von ihrer Stadt aus der Perserbeute. Pausanias (X 15, 4) bestätigt das. Livius (X 47) berichtet, daß zum ersten Male im Jahre 293 v. Chr. siegreiche Legionäre für den errungenen Frieden „nach der von Griechenland übernommenen Sitte" mit Palmzweigen belohnt worden seien: *palmae tum primum „translato e Graecia more" victoribus datae*. Die Römer kämpften damals noch nicht gegen die Griechen, sondern gegen die Samniten. Während des Krieges gegen den Makedonenkönig Perseus 168 v. Chr. wuchs eine Palme auf dem Altar des Juppiter Capitolinus und kündete den Römern den Sieg an (Plinius XVII 244). Ein ähnliches Zeichen wiederholte sich vor Caesars Sieg über Pompeius bei Pharsalos 48 v. Chr. Neben dem Standbild des Dictators im Tempel der Nike-Victoria zu Tralleis in Kleinasien durchbrach ein Palmenkeim den Steinfußboden und schoß zu einem Baum empor (Obsequens 65a).

Stets trug der triumphierende Imperator eine mit Palmblättern bestickte Toga, eine von den Etruskern übernommene Sitte. Noch der *Empereur* Napoleon verwendete das Motiv in seinem Krönungszeremoniell; Palmzweige zieren seinen Prunkmantel, wie das Bild von Gérard in Stockholm zeigt. Die geflügelte Siegesgöttin Nike-Victoria hält einen Palmzweig in der Linken, einen Lorbeerkranz in der Rechten, ähnlich das Standardbild des siegreichen Wagenlenkers in der Spätantike – rechts hält er die Palme, links schwingt er den Geldbeutel. Weist dies nicht voraus auf die säkulare Symbolik der Palme in unseren Tagen, auf Freizeitvergnügen, auf Südsee-

Romantik mit Sonne, Strand und Sand – unter Palmen? Indessen diente auch im Pazifik die Palme als Friedenszeichen. Als Reinhold und Georg Forster 1773 mit Captain Cook die Insel O-Tahiti, so die alte Namensform, besuchten, fuhren die Insulaner in Kanus der *Resolution* entgegen, Pisangpalmenzweige schwingend, die von den Europäern sofort verstanden wurden. Ein Zweig ist keine Waffe.

q. Bäume waren bei den Griechen nicht nur Symbole des Lebens, sondern standen ebenso für Tod und Trauer. Bei Homer bepflanzen die Nymphen das Grab eines Helden der Ilias (VI 419ff) mit Ulmen. Bäume wuchsen über den Gräbern von mehreren Troja-Helden (s. 5g). Wenn wir dem Aeneiskommentar des Servius (zu III 302; V 760; VI 673) glauben, dann genossen die Seelen (*manes*) der Toten, soweit sie es verdient hatten, Schönheit und Schatten der Bäume über den Gräbern.

So wie die Bibel (s. 7h) berichtet auch die griechische Literatur von Selbstmördern, die sich an Bäumen erhängten. Das hat zum Zynismus gereizt. Als der Weiberfeind Diogenes eine lebensmüde Frau an einem Ölbaum hängen sah, bemerkte er: Wenn doch jeder Baum solche Frucht trüge! (Diogenes Laertios VI 52). In Sizilien erhängte sich eine lebensmüde Frau an einem Feigenbaum, darauf bat der Nachbar ihren Mann um Stecklinge (Cicero, De oratore II 278). Der Menschenfeind Timon von Athen bestieg eines Tages die Rednerbühne und verkündete der Volksversammlung, er besitze einen Feigenbaum, an dem sich schon viele Bürger erhängt hätten. Leider müsse er den Baum demnächst fällen. Wer also sein Leben an ihm beenden wolle, möge sich sputen (Plutarch, Antonius 70).

r. Den Göttern der Unterwelt waren Pappel (lateinisch *populus*) und Zypresse (griechisch *kyparissos*) heilig. Die Schwarzpappel (*aigeiros*) erwähnt Homer, sie stand am Eingang zum Hause des Hades, wohin die Zauberin Kirke dem Odysseus den Weg wies (Odyssee X 510). Pausanias (V 14, 3) bemerkt, die Schwarzpappel gedeihe besonders „bei den Kelten am Eridanos“ – jenem mythischen Fluß, der nach Vergil (Aeneis VI 659) in der Unterwelt entspringt. Das Ustrinum auf dem Marsfeld zu Rom, wo die Scheiterhaufen für die Kaiser errichtet wurden, war nicht zufällig laut Strabon (V 3, 8) von Schwarzpappeln umsäumt.

Die Silberpappel (griechisch *leukē*) sei, so Pausanias (l. c.), zuerst am Acheron, dem Totenfluß in Epirus entstanden. Homer (Ilias XIII 389) nennt den Baum *acherōis*, man leitet den Namen wie den des Flusses von *achos* – Schmerz ab. Herakles soll die Silberpappel vom Acheron mitgebracht haben, nachdem er in der Unterwelt sein letztes und gefährlichstes Abenteuer bestanden hatte: den Höllenhund Kerberos zu bezwingen. Pausanias (V 14, 2) schreibt, Herakles habe in Olympia Feuerholz der Silberpappel zum Dankopfer an Zeus verwendet, der in Elis mit diesem Baum verbunden wurde. Auch Plinius (XII 3) vermerkt, die Pappel sei dem Herakles heilig. Er trug einen Kranz aus Pappelzweigen, ebenso die Athleten, die stark sein wollten wie Herakles.

Die Zuweisung der Bäume an Götter variiert mehrfach. Helios, der Sonnengott, heißt einmal „Herr der Pappel". Ein in der Anthologia Graeca (IX 706) überliefertes Gedicht des Antipatros von Thessalonike aus der Zeit des Augustus warnt den Wanderer, die jungfräuliche Rinde der heiligen Pappel zu beschädigen. „Wenn du mich hier am Wege zerkratzt", so redet der Baum, „dann wirst du bald selber weinen, da sich Helios um mich sorgt". Nach Ovids Metamorphosen (II 340ff) entstanden die Pappeln aus den Töchtern des Sonnengottes, den Heliaden, die über den Sturz ihres Bruders Phaëton vom Himmelsgewölbe trauerten, nachdem dieser sich als unfähig erwiesen hatte, den Sonnenwagen zu lenken. Aus ihren Tränen entstand der Bernstein. Sprechende Bäume kennt jene Gedichtsammlung auch sonst, so die Warnung der Pinie an den Zimmermann, der aus ihr ein Schiff baut: „Der Boreas, der mich als Baum bedroht, wird mir auch auf dem Meere gefährlich" (IX 376). Oder der Dank der wilden Birne für ein edles Pfropfreis (4). Oder der Nußbaum, der Früchte trägt und nun mit Steinen beworfen wird (3). Oder die Rebe, die benagt von der Ziege sich tröstet, den Wein zu spenden, wenn jene als Opfer verzehrt wird (75). Oder die dürre Platane, nun von Weinlaub begrünt (231) … .

Die Bedeutung von Bäumen muß nicht nur im Reich der Poesie gesucht werden, sie erfüllten zugleich ganz praktische Funktionen – so auf dem Staatsmarkt von Athen. Mehrfach wird eine Schwarzpappel genannt, die neben der dortigen Orchestra, dem alten Tanzplatz wuchs. Sie wurde von Zuschauern erklettert. Hier boten auch die Buchhändler ihre Rollen feil, und die Sykophanten denunzierten die Feigenschmuggler (s. 41), indem sie deren Namen an den Baum hefteten. An einer stadtbekannten Weißpappel pflegten die Steuerpächter sich zu versammeln, und an einer weithin sichtbaren Platane las man die Strafzettel des „Weibervogts" (Judeich S. 357). Dieser Gynaikonomos überwachte ursprünglich das Verhalten der Frauen, kontrollierte später aber vornehmlich die Gelage, da die Gastgeber die Aufwandsgesetze zu übertreten pflegten, wie Athenaios (245 B) bezeugt.

s. Die Zypresse war in der Alten Welt ein Baum des Lichtes (Murr S. 122ff), aber noch öfter ein Baum der Trauer. Er war gemäß Plinius (XVI 139) dem Dis, das heißt Pluton als Gott der Unterwelt geweiht. Servius (zu Georgica I 20) verbindet die Zypresse mit Silvanus als Grabgott (*deus funebris*), weil der Baum schwache Wurzeln habe. Bei Vergil (VI 216) umstellt Aeneas den Scheiterhaufen seines Freundes Misenus mit Zypressen. Isidor (XVII 7, 34) erklärt das praktisch-prosaisch: der süße Duft des Zypressenholzes sollte den Gestank des Leichenbrandes mildern. Strabon (V 3, 8) berichtet, das Mausoleum des Augustus auf dem Marsfeld zu Rom sei mit immergrünen Bäumen bepflanzt gewesen. Die Rekonstruktionen zeigen Zypressen, wie sie seit Mussolini, der das Grab angeblich für sich selbst herrichten ließ, wieder den Bau umstehen. In der Antike war die Zypresse ein Totenbaum, weil sie, wie alle Nadelbäume, einmal abgesägt, nicht wieder ausschlägt (Festus 45/64). Wir nennen sie „Lebensbaum" und stellen sie nicht als Sinnbild der Trauer, sondern als Zeichen des Lebens auf die Friedhöfe, weil sie immer grünen.

Die Beziehung der Zypresse zur Unterwelt ist archäologisch bestätigt worden durch die sogenannten orphischen Goldbleche (Pugliese Carratelli). Es handelt sich um etwa postkartengroße Plättchen, die in Gräbern des 4. und 3. Jahrhunderts v. Chr. vor allem in Unter-Italien, in der Magna Graecia gefunden wurden. Auf ihnen sind griechische Hexameter eingeritzt, die der Seele den Weg durch das Schattenreich in die ewige Seligkeit beschreiben, vielleicht auch als Pässe den Eingeweihten den Durchlaß ermöglichen sollten. Mit Orpheus wurden sie in Verbindung gebracht, weil dieser seiner verstorbenen Gemahlin Eurydike gefolgt ist und, wenn auch ohne sie, den Weg aus dem Hades zurückgefunden hat, also darüber berichten konnte. Der immer ähnliche, aber meist entstellt und verstümmelt überlieferte Text der Bleche lautet, frei übersetzt:

„Der Göttin der Erinnerung Mnemosyne ist dies geweiht, wenn der Tod bevorsteht: Du kommst in das wohlgebaute Haus des Hades, dort ist zur Rechten ein Brunnen (Frauen finden ihn links!), daneben steht eine weiße Zypresse. Dort unten suchen die Seelen der Toten Erquickung. Du aber trinke nicht daraus! Wenig weiter fließt das Wasser aus dem See der Mnemosyne, davor stehen Wächter, die dir den Weg durch den finsteren Hades verwehren. Dann sprich: Ich bin ein Sohn der Erde und des gestirnten Himmels, das wißt ihr doch selber! Ich komme um vor Durst – gebt rasch mir zu trinken aus dem Born Mnemosynes. Die Wächter sind dann gnädig auf Weisung des Herrn der Unterwelt, reichen dir den Trunk, und du vollendest den heiligen Weg wie die andern Mysten und Bakchen zuvor."

So wie der Lorbeerbaum soll auch die Zypresse ursprünglich ein Mensch gewesen sein. Ovid erzählt die Metamorphose (X 106ff) des schönen Knaben Cyparissus, den Apollon liebte. Aus Versehen tötete Cyparissus einen den Nymphen geweihten Hirsch und wollte in tiefem Kummer darüber ebenfalls sterben. Apoll tröstete ihn und milderte seinen Wunsch dahingehend, ewig trauern zu dürfen: *hoc petit a superis, ut tempore lugeat omni.* Darauf verwandelte der Gott den Knaben in den nach ihm benannten Trauerbaum. Philostrat berichtet in seiner bereits zitierten Apollonios-Vita (I 16), daß der heidnische Heilige im Lorbeer-Hain Daphne bei Antiochia (s. 4i) Zypressen von unbeschreiblicher Höhe angetroffen habe, darunter auch jenes Exemplar, das aus dem „assyrischen" Jüngling hervorgegangen sei – die Schönheit des Baumes beweise es. Der Gottesdienst sei freilich in unwürdiger Form von ungebildeten Halbbarbaren versehen worden; daher habe Apollonios seinen göttlichen Namenspatron gebeten, die „Sprachlosen" in Bäume zu verwandeln, damit sie wie Zypressen säuseln.

Als der christliche Statthalter Syriens unter dem frommen Kaiser Theodosius die dreihundert Zypressen fällen wollte, trat ihm Libanios (oratio I 255) entgegen. Dessen Warnung vor der Rache Apolls wird den Beamten weniger beeindruckt haben als die Drohung mit einer Strafanzeige beim Kaiser (262). Denn schon wenige Monate nach seinem Regierungsantritt hatte Theodosius am 17. Juni 379 das alte Baumschutzgesetz für Daphne erneuert. Der im Codex Theodosianus (X 1, 12) erhaltene Text besagt, daß den überlieferten Bestimmungen entsprechend der Polizeipräfekt (*alytarcha*) von Antiochia neue Zypressen pflanzen solle und allein das Recht habe, eine, aber auch nur eine Zypresse zu fällen. Aus dem Codex Justinianus (XI 78, 1f) wissen wir, daß nach dem Willen der Söhne des Kaisers mit je fünf Pfund Gold bestraft würde, wer einen Baum aus dem Hain von Daphne oder dem *Lucus Perseius* in Ägypten kaufe oder verkaufe. Der Erlaß ist an einen Domänenminister namens Silvanus (!) gerichtet.

Der *Lucus Perseius* bestand aus den in der Thebaïs vorkommenden Persea-Bäumen, es war angeblich der Ort, wo Perseus die Andromeda befreit haben soll. Die Enkel des Kaisers sodann verfügten wenig später, daß nur der kaiserliche Schatzmeister (*magister sacrarum largitionum*) zu bestimmen habe, ob ein Baum in Daphne gefällt oder entfernt werden dürfe. Dem Polizeipräfekten sei für das ihm entzogene Privileg ein Pfund Gold aus der Staatskasse zu zahlen – Übertreter der Bestimmung sollten mit deren fünf bestraft werden. Zu Beginn des 6. Jahrhunderts warf der Sturm einige der himmelhohen Bäume um. Prokop (II 14, 5) wertete dies als böses Vorzeichen, da das Gesetz ein Fällen der Bäume aufs strengste untersage. Noch in christlicher Zeit befand sich in Daphne eine Kaiservilla: nun war es ihr Schmuckwert, der die Bäume schützte.

Unter dem gleichnamigen Enkel des Theodosius wurde im Jahre 446 eine altheilige Zypresse zu Smyrna Anlaß für eine Kirchengründung. In heidnischer Zeit, heißt es, habe ein Christ heimlich ein Marienbild in dem Baum verborgen. Dies habe dem Baum eine wundersame Leuchtkraft verliehen – wie eine brennende Fackel habe er des Nachts gestrahlt. Als man des Grundes gewahr wurde, habe der Stadtpräfekt von Konstantinopel Cyrus der Gottesmutter dort eine Kirche errichtet und sei später Bischof von Smyrna geworden. So berichtet Wichmans (1632, S. 218) über Baronius aus Nikephoros.

Nicht alle Zypressen überlebten die Christianisierung. Die Vita Lycio-Alexandrina (Viten XIII 8) des heiligen Nikolaus, verschmolzen mit dem

Archimandriten des Zionsklosters von Myra im südwestlichen Kleinasien unter Justinian, berichtet von einem besonders hohen und heiligen Baum, den die Holzfäller fanden, als sie Balken für den Bau einer Kirche benötigten. Der Baum zeigte Spuren von drei Axthieben; diese führten die Umwohner auf Baumfrevler zurück, die von dem Geist des Baumes bestraft worden seien. Einer sei in seinen Wurzeln begraben. Hier ist an einen Münztyp Myras aus der Zeit von Kaiser Gordian III zu denken, der um 240 n. Chr., also dreihundert Jahre zuvor, einen Baum zeigt, in dem eine Göttin erscheint – sie heißt Eleuthera, die Freie, und ist mit Artemis verwandt. Rechts und links des Stammes werden zwei Doppeläxte schwingende Holzräuber durch Schlangen vertrieben (s. Abb. 4g). Die Attacke war offenbar Gegenstand einer volkstümlichen Lokalsage (Robert S. 197ff). Nikolaus erkannte in der Baumgöttin einen „unsauberen Geist" und wollte die Zypresse fällen. Als niemand ihm half, rief er die Dreieinigkeit an und versetzte selbst dem Stamm ungestraft drei Axthiebe. Nun schlugen die Männer den Baum um. Als dieser nach Osten zu kippen drohte, wo die Zuschauer standen, riefen diese den Heiligen an. Der schlug ein Kreuz und der Stamm stürzte nach Westen. Der unsaubere Geist aber verließ schreiend den Baum. Die Vita (I 19) berichtet von den Schwierigkeiten, den Baum in Bauholz zu verwandeln.

t. Fundamentalistische Dendrophobie war im frühen Christentum weit verbreitet, aber nicht allgemein üblich (s. 7b). Die Schönheit alter Bäume ließ sich schwer leugnen. Die ästhetische Wertschätzung der Bäume bei den christlichen Griechen zeigt sich noch im hochmittelalterlichen Byzanz. Die Liste der Sieben Weltwunder, die seit dem frühen Hellenismus in zahlreichen Fassungen überliefert ist, enthält außer einem Kanon von drei oder vier Kunstwerken, die fast immer genannt werden, eine Anzahl von wechselnden Objekten – *theamata* (Schaustücke) oder *thaumata* (Wunderwerke) griechisch, *miracula* lateinisch – die bisweilen die Siebenzahl überschreiten. In dem um 1200 entstandenen Geschichtswerk des Georgios Kedrenos (I S. 299 B) erscheint als achtes Schaustück der Hain des Rufinus bei Pergamon. Dieses *alsos*, was auch als „Weihestätte" übersetzt werden kann, erwähnt bereits ein Epigramm der Anthologia Graeca (IX 656) auf das Bronzetor, genannt Chalke, zu Konstantinopel, das Anastasios um 510 erneuern ließ. Zum Ruhm dieses Werks zitiert der ungenannte Dichter die anderen Weltwunder (*thaumata*), darunter den Rufinushain, um die „Palasthallen", mit denen das ehemalige Asklepiosheiligtum gemeint ist, das unter den Weltwundern auftaucht (Hepding S. 90). Eine Platane bei der heiligen Quelle rühmt Aelius Aristides (18, 6), ein Zeitgenosse des Rufinus. Sicher ist der Name des Stifters auf den Konsul des Jahres 142 n. Chr. zu beziehen, der den häufigen Namen Rufinus trug und inschriftlich als *ktistēs tēs patridos*, „Gründer seiner Vaterstadt" bezeichnet wird. Einen wunderbaren Hain bei Pergamon nennt schon Strabon (XIII 4, 2), den König Eumenes um 180 v. Chr. angelegt hat. Vermutlich ist es derselbe. In jedem Falle ersehen wir, welchen Rang man einem Baumstück zusprechen konnte.

Dabei handelt es sich nicht um einen Einzelfall: auch andere byzantinische Parkanlagen genossen literarischen Ruhm: so die von Justinian beim Heraion von Chalkedon auf der asiatischen Seite des Bosporus bepflanzten Gärten, gepriesen ebenfalls in der Anthologia Graeca (IX 663f), und der Eros-Park bei Amasia am Iris, nahe der Küste des Schwarzen Meeres (IX 666; 668f).

u. Die Nadelbäume werden überwiegend mit Tod und Trauer verbunden, so die Pinie. Nach einer altorientalischen Sage, die Ovid in seinen »Fasten« (IV 223ff) erzählt, war sie dem Attis geweiht, dem Geliebten der in Phrygien zuerst verehrten Göttermutter Kybele. Attis versprach ihr Keuschheit, bewahrte diese nicht; darauf versetzte sie ihn in Raserei, und er entmannte sich. Dabei starb er unter dem Baum der Nymphe, mit der er sich vergangen hatte. Es war eine Pinie, denn in diese wurde er verwandelt, wie Ovid in seinen »Metamorphosen« (X 103 ff) berichtet. Wenn der monumentale Pinienzapfen aus ehemals vergoldeter Bronze, der heute im Cortile della Pigna des Vatikan steht, tatsächlich, wie die Überlieferung seit dem 16. Jahrhundert will, einst das Mausoleum Hadrians gekrönt hat, dann hatte er dieselbe symbolische Bedeutung wie die Zypressen auf dem Grabmal des Augustus. Schon bei Herodot (VI 37) ist die Pinie ein Symbol des unwiderruflichen Todes: Der Lyderkönig Kroisos drohte der Stadt Lampsakos, er werde sie vertilgen wie eine Pinie, denn dieser Baum, so Herodot, treibe als einziger keinen Sproß mehr, wenn er gefällt wurde. Der alte Name von Lampsakos lautete Pityusa – die Pinienstadt. Im Sprichwort blieb diese Eigenschaft des Baumes lebendig bis in die byzantinische Zeit.

Das hier verwendete griechische Wort *pitys* ist oft mit „Fichte" übersetzt worden, doch wächst diese südlich des Pindos-Gebirges nicht und dürfte daher in der griechischen Literatur nicht gemeint sein. Ursprünglich bezeichnet *pitys* einfach den Harz spendenden Nadelbaum, wie bereits Murr (S. 111) herausgestellt hat. Dementsprechend war Sinis Pityokamptes aus der Theseusmythe – trotz Gustav Schwab – kein „Fichtenbeuger" und „Poseidons Fichtenhain", von Schiller besungen, kein solcher. Wenn der Festplatz der Isthmischen Spiele zur Zeit des Ibykus im 6. Jahrhundert v. Chr. schon so aussah wie in den Tagen des Pausanias (II 1, 7) – ihn benutzte Schiller – dann gab es dort eine Reihe von Pinien (griechisch *pitys*), darunter sehr hohe, die den Siegerstatuen gegenüber als eine Art Halballee angepflanzt waren.

Die Kiefer meint Plinius (XVI 40), wenn er die *picea* (den Pechbaum) als *feralis arbor* bezeichnet und hinzufügt, man stelle sie bei einem Todesfall vor die Türe und auf den Scheiterhaufen. Wie bei der Zypresse geht es auch hier nicht um das Immergrün als Zeichen der Hoffnung, sondern um den Ausdruck der Trauer. Mit „Fichte“ wird in unseren Wörterbüchern zudem das griechische *peukē* wiedergegeben. Vermutlich handelt es sich dabei jedoch um die Kiefer. Eine ganze Region von Mysien in Nordwestanatolien hieß: „Bei der schönen Kiefer“. Den hier namengebenden Baumriesen beschrieb und verherrlichte um 200 v. Chr. kein geringerer als König Attalos I von Pergamon (Strabon XIII 1, 44).

v. In die Wunderwelt lockt uns sodann der Sonnenbaum, den Alexander der Große im fernen Osten besucht haben soll. Der reisende Ritter John Mandeville aus England, der um 1350 den Orient besuchte, erzählt (S. 97), es sei ein Balsambaum gewesen, und Alexander habe mit ihm geredet, doch sei er, Mandeville, selbst nicht dort gewesen, weil es gefährlich sei, dorthin zu gelangen. Später kommt er auf das Motiv noch einmal zurück (S. 259), spricht von zwei redenden Bäumen, dem der Sonne und dem des Mondes und läßt die Priester dort fünfhundert Jahre alt werden. Die Geschichte kannte der Ritter oder sein Gewährsmann aus dem Alexander-Roman des Pseudo-Kallisthenes (Handschrift L III 17), der in zahlreichen Fassungen umlief und zu den beliebtesten Büchern des Mittelalters zählte. Zu den dort geschilderten phantastischen Abenteuern und Wundern gehört Alexanders Besuch im heiligen Hain der Sonne und des Mondes. Jedem Gestirn war ein himmelhoher zypressenartiger Baum zu eigen: der Sonne ein männlicher namens Mithra, dem Mond ein weiblicher namens Mao. Die Bäume waren mit Fellen von allerlei Tieren behängt. Alexander küßte die Bäume und befragte sie nach der Zukunft. Er erfuhr bei Sonnenaufgang vom Sonnenbaum auf Indisch, beim Mondaufgang vom Mondbaum auf Griechisch, daß er Herr der Welt werde, daß ihm aber von seinen eigenen Leuten – so wie das der Roman dann berichtet – in Babylon der Tod drohe und er seine Mutter nicht wiedersehen werde. Dies soll Alexander seinem Lehrer Aristoteles berichtet haben.

Die Episode vom redenden Baum wurde im islamischen Alexander-Roman ausgestaltet. Der Franziskaner Odorico da Pordenone alias Ulrich von Portenau in Friaul hörte auf seiner China-Reise um 1330 von einer Insel mit wunderbaren Bäumen. Manche brächten Honig, andere Wein und Wolle, ja es gebe sogar solche, auf welchen Männlein und Weiblein wie Früchte wüchsen – so im Kapitel 27 der Florentiner Handschrift. Eine persisch-indische Miniatur des 17. Jahrhunderts in der Berliner Staatsbibliothek zeigt den Baum, der über und über mit Köpfen von Tieren und kleinen Menschen behangen ist, dessen Stamm und Äste aus Schlangenleibern geflochten sind, während Kräuter unter dem Baum ebenfalls statt der Blüten Tierköpfchen zeigen (s. Abb. VIII). Alexander soll diesem Baum auf seinem Weg nach der goldreichen Märcheninsel Wakwak begegnet sein, die

6 *Alexander beim Orakel der Bäume von Sonne und Mond. Spärtmittelalterliche Handschrift*

von manchen Autoren hinter dem „Meere der Finsternis“ östlich von China gesucht, also wohl mit Japan gleichgesetzt wurde. Dort soll eine Frau regieren, die unbekleidet auf einem Thron sitzt und von viertausend nackten Sklavinnen bedient wird.

Die islamische Alexandertradition hat auch Marco Polo erreicht. Als er 1272 auf dem Wege nach China war, hörte er von dem „Sonnenbaum“ im Lande Timochain oder Tonochain an der Nordgrenze Persiens (s. 3d). Nach achttägiger Reise gelange man in die Tonocainische Ebene, wo der Einsame Baum wachse, von den Christen der Trockene Baum, *arbor secco*, genannt. Er sei groß und weit ausladend, die Blätter auf der einen Seite grün, auf der anderen Seite weiß. Die Früchte sähen aus wie Kastanien, doch seien die Schalen leer. Das Holz sei hart und gelb wie Buchsbaumholz. In der Entfernung von hundert Meilen stünde kein anderer Baum, außer in einer Himmelsrichtung, da seien es nur zehn Meilen. Yule (I S. 128ff) denkt an eine Platane und verknüpft über die Klangverwandtschaft den Sonnenbaum (L'Arbre Sol) mit dem Einsamen Baum (L'Arbre Seul). Wenn Marco Polo zudem den Dürren Baum ins Spiel bringt, so verbindet er eine christliche Endzeitlegende (s. 7l) mit der Alexandertradition. Der Makedone war eine apokalyptische Figur; dies bestätigt die Tabula Peutingeriana (XII 5), die am Weltende im Osten auf den Sonnenbaum anspielt: *hic Alexander responsum accepit*. Mittelalterliche Gelehrsamkeit entdeckte die Alexanderbäume in der Bibel. Vincenz von Beauvais (gest.

1264) erkannte sie im Segen Mosis (Deuteronomium 33, 14): „Da sind Früchte von Sonne und Mond".

Marco Polo berichtet, die Bewohner von Timochain erzählten, am Dürren Baum habe eine Schlacht zwischen Alexander und Darius stattgefunden (Kap. 40/I 22). Das ist deswegen merkwürdig, weil die Alexander-Schlacht auf dem Mosaik aus der Casa del Fauno in Pompeji, seit 1832 im Archäologischen Museum zu Neapel, ebenfalls unter einem dürren Baum stattfindet. Daß dieser in der Höhe der Speerspitzen abgesägt erscheint, ergibt sich wohl nur daraus, daß die griechische Vorlage nicht die erforderlichen Maße für den Fußboden des Speisesaales besaß und der Mosaizist keine eigenmächtige Erweiterung des Bildes nach oben wagte. Eine Zufälligkeit der Koinzidenz ist ebenso schwer vorstellbar wie die mögliche Art des Zusammenhangs zwischen der Legende in Timochain und dem Gemälde des Philoxenos von Eretria, wenn dieser die Vorlage für das Alexander-Mosaik geliefert haben sollte. Gab es hier eine literarische Brücke?

w. Bäume erscheinen bei den Griechen nicht nur in der Religion und der Legende, sondern auch in anderen Bereichen des Geisteslebens, so in der Philosophie und der Poesie. Als Denkbild benutzt schon Homer den Baum. Er verwendet ihn in der Ilias (VI 145ff) als Gleichnis für den Wechsel der Zeiten. Der Achäer Diomedes trifft vor den Mauern Ilions bei der Eiche am Skäischen Tore auf den Trojaner Glaukos und fragt, welchem Geschlecht er angehöre. Doch Glaukos wehrt ab, das sei unwesentlich: „Wie der Blätter Geschlecht so ist auch jenes der Männer. Das Laub weht der Wind zu Boden, aber der Wald bringt neues hervor im kommenden Frühling. So ist der Männer Geschlecht, es wächst und verschwindet." Dann aber offenbart Glaukos doch seine Herkunft, und Diomedes entdeckt, daß er einen alten Gastfreund vor sich hat. Sie reichen einander die Hand und tauschen die Waffen, ehe sie auseinandergehen und versprechen, sich im Kampf zu meiden.

Zweimal wird bei den Vorsokratikern der Baum als Bild für die Erde gebraucht. Anaximander von Milet verglich um 550 v. Chr. die Erde mit einem Stamm, wie dieser mit Rinde umhüllt, umgeben von der Atmosphäre aus Licht und Feuer (VS. 12, A 10). Pherekydes von Syros gab seinen Lesern etwa zur gleichen Zeit das Rätsel von der gefiederten oder beflügelten Eiche (*hypopteros drys*) auf, an der ein buntes Gewebe hängt (VS. 7, B 2), und man kann kaum erkennen, daß es gelöst wäre. Hermann Diels dachte an den Weltenbaum in der Gottheit lebendigem Kleid – aber kann der fliegen?

In anderem Sinne benutzt Platon den Baum als Modell. In seinem Dialog »Timaios« (90 A) gliedert er die Seele in drei Teile, deren obersten und edelsten er als Geschenk Gottes anspricht und im Kopf ansiedelt. Er lenkt den Menschen von der Erde zum Himmel hin. Somit sei der Mensch kein irdisches, sondern ein himmlisches Gewächs, das seine Wurzeln im Himmel habe. Das Bild vom umgekehrten Baum kennen wir aus den Upanishaden (s. 3q), Jonathan Swift hat es persifliert. In seiner »Betrachtung über einen Besenstiel« von 1703 verglich er den Reiserbesen mit einem Baum, der auf dem Kopf steht, und sah darin ein Gleichnis für die Verkehrtheit des Menschen. Dessen Sinn richte sich nach unten, nach den irdischen Dingen; er stochere im Schmutz herum und wirbele Staub auf, bis er abgestumpft ist und selbst zum Kehrricht kommt. Platon war optimistischer. Er glaubte an das höhere Streben. In demselben Dialog (77 AB) führt er aus, daß die Götter alle Lebewesen aus der gleichen Substanz geschaffen hätten, daß Menschen und Bäume daher verwandt seien, wie sich das in der Möglichkeit, sie zu veredeln und nutzbar zu machen, bestätige.

Der spätantike Rhetor Calcidius zitiert in seinem Timaios-Kommentar (SVF. 879) den Stoiker Chrysipp, der das Herz als Sitz der Seele ansah und ausführte, daß mit ihm die Sinne zusammenhingen wie die Äste mit dem Stamm eines Baumes. Diese sende das Herz gewissermaßen als Boten aus und richte darüber, was sie melden. Platon gedenkt auch realer Bäume. An eine bestehende Sitte knüpft seine Forderung, die Gräber der leitenden Beamten seiner Musterstadt auf Kreta mit einem Kreis von Bäumen zu bepflanzen (Gesetze 947 E), dies diene ihrem ehrenden Gedächtnis.

x. Bäumen begegnen wir in der griechischen Literatur nirgends häufiger als in den Fabeln Äsops. Ob es diesen Dichter gegeben hat, weiß niemand. Sehr wahrscheinlich ist er nur/ eine schöne Kunstfigur. Unter seinem Namen aber wurden die Fabeln der Antike gesammelt, die – wie die genannten Philosophengleichnisse – stets eine Lehre enthalten. Neben den Tieren ist den Bäumen in der Fabelwelt Sprache und Verstand verliehen. Einige Beispiele: Eiche und Schilf streiten um den Vorrang, da wirft der Sturm den Baum um, während das Rohr sich beugt und überlebt. – Gegenüber dem Feigenbaum rühmt sich der Ölbaum seiner immergrünen Blätter. Diese aber können den Schnee nicht tragen, und die Äste brechen. Der Feigenbaum überwintert blattlos, ohne Schaden zu nehmen. – Ein Mörder erklärt, seine blutbefleckten Hände stammten von einem Maulbeerbaum. An ihm wird er gehenkt. Recht so, meinte der Baum, weil du mich zu Unrecht beschuldigt hast. – Wanderer ruhen unter einer Platane und mokieren sich über die Ungenießbarkeit ihrer Früchte. „Undankbares Volk", bemerkt sie: „meine Früchte schmähen sie, aber meinen Schatten haben sie gern." – Ein Nußbaum am Weg wird mit Steinen beworfen. „Ich unglücklicher!" sagt er, „ich liefere ihnen Nüsse und sie danken es mir mit Steinen." – Die Eichen beschweren sich bei Zeus, dem „Schöpfer und Vater aller Pflanzen" darüber, daß die Menschen sie umhauen. „Wozu hast du uns überhaupt geschaffen?" Da lacht Zeus und antwortet: „Es gäbe keine Äxte, wenn ihr die Stiele nicht liefertet."

Eine prominente Rolle spielt in der Fabel der Dornbusch: Ein Fuchs klettert aus einem Loch, in das er gestürzt ist, indem er sich an einem Dornstrauch festhält und sich an ihm verletzt. Der Fuchs beschimpft den Strauch, der nicht helfen könne, ohne zu schaden, doch der erwidert: „Wer Hilfe beansprucht, akzeptiere die Natur des Helfenden!" – Tanne und Dornstrauch zanken um den Vorrang. Die Tanne brüstet sich mit ihren Qualitäten, der Dornstrauch aber bemerkt: „Derentwegen haut man dich um!" In der Jotham-Fabel wurde der Dornbusch König der Bäume (s. 2l). Der Fabeldichter sympathisiert mit dem Dornbusch, das entspricht seiner Zynik. Nur ausnahmsweise unterliegt er: Granatapfel und Apfel streiten um den Vorrang ihrer Früchte. Der Dornstrauch rät ungefragt zum Frieden. Darauf die beiden: „Schweig, du mit deinen Hagebutten!"

y. Schließlich fehlt es nicht an Stoff zum Thema Bäume und Träume. Aus orientalischer oder griechischer Quelle überliefert Herodot (I 108) das nächtliche Gesicht der medischen Prinzessin Mandane. Sie sah aus ihrem Schoß einen Weinstock wachsen, der größer und größer wurde, bis er ganz Asien überschattete. Die Traumdeuter – wir kennen den Beruf auch aus dem biblischen Babylon Nebukadnezars (Daniel 2, 2) – erklärten, der Sohn Mandanes werde Herrscher über Asien. Dies versuchte Mandanes Vater zu verhindern, vergeblich! Denn der Sproß war Kyros, den die Griechen „den Großen" nannten, der Begründer des achämenidischen Reiches vom Indus bis zur Ägäis. Den König als Baum kennen wir bereits aus der Bibel, ihn beschreibt Hesekiel (s. 2k). Der Assyrerkönig war die „Palme des Landes".

Traumdeutung wurde schon in der Antike als Wissenschaft betrachtet. In der griechischen Welt gab es zahlreiche Lehrbücher über die Bedeutung von Träumen. Erhalten blieb das umfangreiche Werk des oben (s. 4g) zitierten Artemidoros von Daldis aus der Zeit Marc Aurels um 170 n. Chr. Der Autor, der sein Leben lang aus schriftlicher und mündlicher Überlieferung Aberhunderte von Träumen gesammelt, sortiert und mit den Folge-Ereignissen abgeglichen hat, widmet auch den Bäumen einen Abschnitt (II 25):

„Der Ölbaum bedeutet eine Frau, einen Wettkampf, ein Amt und die Freiheit; deshalb ist es gut, sie in vollem Wachstum, fest verwurzelt und im Schmuck ausgereifter Früchte zu schauen. Das Ernten von Oliven bringt allen Menschen Glück, nur Sklaven prophezeit es Prügel, weil man die Früchte mit Prügeln herunterschlägt. Liest man Oliven von der Erde auf oder preßt man sie aus, bedeutet es Mühen und Anstrengungen. Die Eiche bezeichnet wegen ihres Nährwertes einen reichen, wegen ihres bisweilen hohen Alters einen betagten Mann oder aus demselben Grunde die Zeit.

Der Lorbeer bedeutet wegen seines immergrünen Wuchses eine wohlhabende und wegen seiner Anmut eine schöne Frau, ferner eine Reise, eine Verbannung und enttäuschte Erwartungen wegen der Geschichte, die von dem Baum erzählt wird (s. 4h). Ärzte und Orakelpriester müssen sie im Hinblick auf Apollon, ihren Berufspatron, zu ihrer Kunst in Beziehung setzen. Die Zypresse ist wegen ihres schlanken Wuchses ein Sinnbild von Langmut und Verzögerung.

Pinie und andere Nadelhölzer müssen von Reedern und allen, die zur See fahren, als Hinweis auf Schiffe verstanden werden, da diese Bäume das Holz für den Schiffsbau liefern, ferner das Pech und das Harz. Allen anderen Menschen bedeuten sie Unannehmlichkeiten und Verbannung, weil sie den Wind lieben. Granatapfelbäume, Apfel-, veredelte und wilde Birnbäume und alle ähnlichen Arten haben dieselbe Bedeutung wie ihre Früchte; darüber habe ich", schreibt Artemidor, „im Abschnitt über die Nahrungsmittel gesprochen.

Platanen, Schwarzpappeln, Ulmen, Buchen, Eschen und ihre Unterarten sind nur für Männer, die ins Feld ziehen, und für Zimmerleute von Nutzen. Für die einen, weil aus ihrem Holz Waffen gefertigt werden, für die anderen, weil sie damit ihren Unterhalt verdienen. Allen anderen Menschen künden sie Armut und bittere Not, weil sie keine Früchte tragen. Einzig die Silberpappel ist wegen des Herakles für Athleten glückbringend.

Buchsbaum, Myrte und Oleander bedeuten Hetären und Frauen, die schamlos sind. Sie verheißen unternehmungslustigen Leuten Enttäuschungen, Kranken jedoch Genesung und Gesundheit. Allen anderen Menschen sind sie Sinnbilder vergeblicher Anstrengungen.

Was die übrigen Bäume betrifft, so muß man sich an die vorgenannten Regeln halten und die Auslegung selbst vornehmen, indem man jeweils die ähnlichen Momente in den Erfüllungen übernimmt. Denn die Traumdeutung ist im Grunde nichts anderes als ein Übertragen von Ähnlichem. Man bedenke noch folgendes: Diejenigen Bäume, die etwas Gutes bedeuten, bringen Glück, wenn sie blühen und Frucht tragen. Verdorren sie aber, werden sie samt den Wurzeln ausgerissen, vom Blitz getroffen oder sonstwie vom Feuer vernichtet, zeigen sie das Gegenteil an. Umgekehrt bringen diejenigen Bäume, die einen unheilvollen Ausgang verheißen, Nutzen, wenn sie verdorren oder abgehauen werden."

Artemidor äußert sich hier über die Methode der Traumdeutung: Seine Vergleiche stellen Wirklichkeit und Traumwelt nebeneinander und ermitteln aus der Bedeutung eines Motivs in der Religion, der Arbeit, der Ästhetik dessen nächtliche Aussage über die Zukunft. Daß Träume etwas über den Träumenden verraten, über dessen Ängste und Wünsche, wußte schon Homer (Odyssee XIX 535ff), doch interessierte man sich stärker für den ihnen zugeschriebenen prophetischen Gehalt. Dazu mußte man auf die Symbolbedeutung des Traumgegenstandes eingehen, und das bereichert unser Wissen vom Denken der Alten über Bäume.

z. Bleibenden Ausdruck fand die Wertschätzung der Bäume durch die Griechen in der vielfältigen Verwendung von Bäumen für Personen- und Ortsnamen. Frauen heißen nach dem Lorbeer (Daphne), der Weide (Helike), der Myrte (Myrtale, Myrrha, Smyrna) oder der Linde (Philyra), Männer nach der Tanne (Elatos), dem Rebstock (Ampelion), der Ulme (Pteleon) oder dem Apfelbaum (Melion). Die Zypresse erscheint in Männer- wie in Frauennamen (Kyparissos, Kyparissa), ebenso die Eiche: männlich Dryades, Dryalos, Drymas u. a.; weiblich Drymo, Drypetina und Dryo, die Mutter Herodots. Dryas ist Männer- wie Frauenname, nur unterschiedlich betont. Die Philyres an der Nordküste Kleinasiens lassen sich als „Linden-Leute" deuten. Zwei Völker hießen nach der Eiche: die Dryitai in Mauretanien und die Dryopes in Messenien. Die nach Bäumen benannten Kyklopen, Kentauren und Lapithen (Murr S. 120f) verweisen vielleicht auf deren sagenhaften Ursprung.

Daneben stehen Baumnamen für die Benennung von Orten (Meiggs S. 35f). War bei den Juden die Palme als Namengeberin führend, ist es nun bei den Griechen die Eiche. Der Atlas zeigt Dryaina (Eichsfeld) in Kilikien, Drymos (Eichholz) in Phokis, Dryoskephalai (Eichenkopf) auf dem Kithairon, Drys (Eichen) in Thrakien usw. 403 wurde Johannes Chrysostomos auf der „Eichensynode" seines Bistums Konstantinopel enthoben. Die Versammlung fand statt auf dem Landgut „Zur Eiche". Samos hieß früher Dryussa, die „Eicheninsel". Andere Baumnamen treten hinzu. Die Pappel ist die Patin für Aigeira am Korinthischen Golf; die Kastanie für Kastanaia in Thessalien, die Zypresse für Kyparissia in Messene, wo die „parakyparissischen" Achäer wohnen; der Kreuzdorn für Rhamnous, die Weide für Itea, beides in Attika; der wilde Feigenbaum für Olynthos auf der Chalkidike. Der Granatapfel lieferte den Namen für Side, die veredelte Feige den für Sykea in Kilikien und für Sykai bei Byzanz, der Ölbaum den für Elea in Süditalien. Ephesos hieß ursprünglich Ptelea, die „Ulmenstadt", Milet wurde als „Eibenstadt" gedeutet. Nach der „Nußbaumstadt" Karyai in Lakonien heißen die Karyatiden, Säulen in Menschengestalt, wie uns Vitruv (I 1, 5) mitteilt. Der Lorbeer stand Pate für den Lustort Daphne bei Antiochia; der Myrtenbaum für Smyrna; die Platane für Platanistos auf Kythera; die Palme für Phoinike in Epirus. Abgesehen von der „Weinstadt" Oinoe, heißen drei Städte am Schwarzen Meer nach Bäumen: Philyris nach der Linde, Pityous nach der Pinie und Kerasous nach der Kirsche, die Lucullus dort vorfand. Doch damit sind wir schon bei den Römern.

Abb. 7 G. L. Bernini, *Apollo und Daphne (1622–1623), gestochen von A. Tofanelli*

5. Die Römer

a. Horazens Eichenklotz
b. Plinius und Claudian
c. Heilige Haine
d. Ackerbrüder
e. Pomona, die Obstgöttin
f. Schicksalsbäume
g. Mythische Touristen-Attraktionen
h. Troja-Bäume
i. baumlose Länder
j. Vergils Eichenlob
k. Bürgerkranz
l. Gedenkbäume
m. Priapus aus Feigenholz
n. Ficus Ruminalis
o. Kirsche Luculls
p. Lustbäume: Platane, Buche
q. Baumschutz
r. Libanon, Smyrna
s. Dendrophoren
t. christliche Spätantike
u. Philosophie: Cicero
v. Seneca
w. Marc Aurel
x. Plotin
y. Dichtung: Orpheus
z. Überlieferung Ovids

Summum munus homini datum
arbores silvaeque.

Plinius

5. Die Römer

a. Am 26. Mai 45 v. Chr. schrieb Cicero aus seiner Villa bei Tusculum an seinen Freund Atticus in Rom, er habe Probleme mit der geplanten Denkschrift an Caesar. Dieser stand damals auf dem Höhepunkt seiner Macht und war daher durch den offenen Brief eines grollenden Senators kaum zu beeinflussen. Cicero drückte seine Schwierigkeit sachgerechter Formulierung durch ein Gleichnis aus der Bildhauerei aus: *Nescio quid e quercu exsculpseram, quod videretur simile simulacri.* „Ich weiß nicht, ob das, was ich aus dem harten Eichenklotz herausgeschnitzt habe, einem Bilde ähnlich sieht“ (XIII 4). Ein ähnliches Ergebnis muß fürchten, wer die sehr unterschiedlichen Zeugnisse der Römer über ihr Verhältnis zu Bäumen abgerundet darstellen will. Denn der Umgang der Römer mit der Natur zeigt widersprüchliche Züge und sperrt sich gegen eine in sich stimmige Darstellung.

b. Auf der einen Seite finden sich stets Zeugnisse für eine numinose, ja animistische Deutung, die urtümlich wirkt. Aus dem späteren zweiten Jahrhundert stammt das Zeugnis von Apuleius (Florida 1) vom frommen Wanderer, der heilige Haine, mit Hörnern behangene Eichen und mit Fellen gezierte Buchen antrifft und bei ihnen ein Gelübde ablegt oder eine Frucht opfert. Derartiges fand sich gewiß nicht allein in der afrikanischen Heimat des Autors. Daneben gibt es Belege für eine hochsensible Naturästhetik in Poesie und Kunst, die aber technisch gesteigert und artifiziell bis ins Manirierte umgestaltet wird. Eigentümlich römisch wiederum, auch im Umgang mit dem Baum, ist ein ausgeprägtes Verwertungsinteresse. Es zeigt sich in den Nachrichten über Bäume in den landwirtschaftlichen Lehrbüchern von Cato, Varro und Columella, in den »Georgica« Vergils und insbesondere in der umfassenden Naturgeschichte des älteren Plinius. Er befaßt sich ausführlich mit Garten- und Waldbäumen, doch interessiert ihn neben den botanischen Eigenarten die Bedeutung der Gehölze im weitesten Sinne. In ihnen erblickt er das höchste Geschenk der Natur an den Menschen (XII 1). Er begründet dies mit dem Nutzen für Nahrung und Gesundheit, für Kleidung und Behausung, für Fahr- und Werkzeuge. Zugleich betont er, daß die Götter, ehe sie Tempel erhielten, aus Holz geschnitzt in Hainen verehrt wurden – werde doch noch immer auf dem Lande ein besonders schöner Baum der Gottheit geweiht. Darum behandelt er die Bäume mit Vorrang: *arbores ante alia* (XII 2f).

Die Zuweisung an Götter entspricht der griechischen Sitte. Dem Juppiter gehörte die Eiche, dem Apoll der Lorbeer, der Minerva der Ölbaum, der Venus die Myrte, dem Hercules die Pappel (XII 3ff). Während Silene und Satyrn die Natur Griechenlands belebten, finden sich bei den Römern der Flöte blasende, gehörnte und bocksfüßige Pan, der wölfische Faunus und Silvanus, der Waldgott, dessen prophetische Stimme mitunter aus dem Wald ertönte (Livius II 7, 2). Aus der Kaiserzeit sind in den westlichen Provinzen weit über tausend Weihinschriften für Silvanus gefunden worden, nur Juppiter hat mehr. Wenn Vergil (Aeneis VIII 597ff) recht hat, dann gab es heilige Haine für Silvanus in Etrurien schon in vorrömischer Zeit. Dryaden und Nymphen nennt Plinius *dearum genera* – Gattungen von Göttinnen.

Wie Bäume und Menschen verbunden sind, skizziert der spätantike Dichter Claudian, der Poet am Hof in Ravenna. In seinem Epos über den Raub der Proserpina (II 107ff) beschreibt er einen wundervollen Hain mit der Tanne, die zum Schiffsbau dient (*apta fretis abies*); der Kornelkirsche, tauglich für Lanzenschäfte (*bellis accommoda cornus*); mit der Eiche, der Freundin Juppiters (*quercus amica Iovi*); der Zypresse, die Gräber beschattet (*tumulos tectura cupressus*); mit dem Ilex, geschätzt von den Bienen (*ilex plena favis*); dem Lorbeer Apolls, der die Zukunft vorherweiß (*venturi praescia laurus*), und dem Weinstock, der die Ulme bekleidet (*pampinus induit ulmos*). Einen weiteren Hain lokalisiert er am Flüßchen Acis unter dem Ätna (III 330ff). An dessen Bäumen haben die Götter nach ihrem Sieg über die Giganten ihre Beute, ihre Waffen und Trophäen aufgehängt: die Schädel mit offenem Maul, die abgezogenen Häute und die bleichen Knochen. Der Dichter nennt Tanne, Eiche, Pinie, Erle, Zeder und Ulme. Ein schreckenerregender Anblick, diese uralten Bäume, die niemand zu berühren wagt, das wäre Frevel – *nefas*. Kein Zyklop treibt seine Herde hinein, selbst Polyphem flieht den geheiligten Schatten. Auf der Suche nach der Tochter kommt Ceres hierher an den Eingang zur Unterwelt, fällt zwei riesige Zypressen, die ihr als Fackeln dienen und gelangt mit ihnen zu Prosperina. Das Ambiente ist völlig traditionell. Noch in der christlichen Umwelt bleibt das alte, aus der heidnischen Frühzeit stammende Bildungsgut lebendig.

c. Noch ehe die Römer um 500 v. Chr. von den Etruskern den griechischen Tempel als Typ für den Ort der Gottesverehrung übernahmen, fand diese in heiligen Hainen statt. Wie zäh sich dies erhalten hat, zeigt sich darin, daß das Wort *lucus* – „Hain", ursprünglich „Lichtung" – bei Vergil stets in sakralem Kontext erscheint. Sein spätrömischer Kommentator Servius (zu Aeneis I 310) definiert im Unterschied zu *silva* (Wald) und *nemus*

(Park) das Wort *lucus* als „Baumgruppe mit religiöser Bedeutung" (*arborum multitudo cum religione*). Isidor (XIV 8, 30) erklärt das Wort aus der Sitte der Heiden, in den dunklen Götterhainen zahlreiche Lichter (*lumina*) anzuzünden. Das sinnverwandte Wort *nemus* leitet er (XVII 5, 6) von *numen* – Gottheit ab, weil die Heiden dort ihre Götzen verehrten.

Die frühen Römer zeigten eine religiöse Scheu vor der Natur überhaupt. Cato behandelt in seinem Buch über die Landwirtschaft (Kap. 138ff) die Fragen, welche arbeitsfreien Feiertage Haustieren zustehen, wie man die Erde durch Opfer versöhnt, bevor man den Spaten hineinsticht, und was zu tun sei, bevor man einen Hain auslichtet. Er notiert das Sühngebet *Romano more*: „Ob du ein Gott oder eine Göttin bist, du hast ein Recht auf ein Schweine-Opfer, ehe ich den dir geweihten Hain antaste. Mag ich es selbst oder jemand in meinem Auftrag tun, es soll rechtens geschehen. Darum opfere ich dieses Schwein und bitte dich inständig, sei mir, meinem Hause, meinem Gesinde und meiner Familie gnädig!" Der Anruf *Si deus, Si dea es* erweckt den Eindruck, daß es Haine gab, die als heilig galten, ohne daß man wußte, welcher Gottheit sie geweiht waren. Bei Bäumen wird uns das wieder begegnen.

Die sakrale Aura von Bäumen war als Kultidee im frühen Eurasien allgemein verbreitet (Mannhardt 1905). Wie bei den Juden Erzvater Abraham seinen Gott in der Eiche zu Mamre anbetete (s. 2e), bei den Griechen der Eichenhain des Zeus von Dodona Orakel spendete (s. 4f), so meldet die römische Überlieferung, daß Numa, als Nachfolger des Romulus zweiter König der Stadt, den Camenen, den römischen Musen einen Hain geweiht habe. Das müßte vor 700 v. Chr. gewesen sein. Livius (I 21, 3) spricht von einer nie versiegenden Quelle in düsterer Höhle, die Numa oft alleine besucht habe, um dort nächtlich die Nymphe Egeria zu treffen, die auch als seine Geliebte oder seine Frau bezeichnet wird. Von ihr habe er die religiösen Satzungen empfangen, die das kultische Leben der Römer regelten. Man lokalisierte den Hain vor der Porta Capena im Süden Roms, da wo die Via Appia aus der Servianischen Mauer heraustritt, in der heute noch grünen Villa Celimontana. Zu Juvenals Zeit um 100 n. Chr. war der Hain an die Juden Roms vermietet, so daß die Bäume dem Fiskus Einnahmen brachten, doch seien die Musen, so der Dichter (Satiren III 10ff), vor dem dort sich sammelnden Bettelvolk entflohen.

Egeria galt auch als Quellnymphe des Baches, der durch den Hain der Diana von Aricia auf den Albanerbergen floß – so vermerkt Ovid in den Fasten (III 261ff). Als Göttin der Jagd, entsprechend der griechischen Artemis, hatte Diana ein besonders enges Verhältnis zu Bäumen. Im Hain (*nemus*) der Diana Nemorensis am „Nemi"-See südlich von Rom stand ein 1884 wiedergefundener Tempel, dessen Priester den Titel *rex nemorensis* – Hainkönig trug. Er war stets mit einem Schwert bewaffnet, denn so wie er selbst als entlaufener Sklave seinen Vorgänger umgebracht hatte, erwartete ihn das Schicksal durch einen ebensolchen. Dieses barbarische Ritual des Amtswechsels wird von Strabon (V 3, 12) beschrieben. Servius (zu Aeneis VI 136) verdanken wir die Nachricht, daß der neue Anwärter auf die Stelle zuvor von einem heiligen Baum, den niemand verletzen durfte, einen Zweig brechen mußte. Gelang ihm dieses, so konnte er durch einen Sieg im Zweikampf (*monomachia*) über den Priester selbst dessen Nachfolger werden. Der Tod des einen von beiden galt als Sühneopfer für die Verletzung des Baumes. Menschenopfer forderte auch Artemis. Caligula sandte dem damals „allzulange schon amtierenden" Priesterkönig einen stärkeren Nachfolger auf den Berg (Sueton 35); Kaiser Vitellius verbummelte dort seine Zeit unter den Bäumen, während sein Sturz schon vorbereitet wurde (Tacitus, Historien III 36). Der grausame Brauch überdauerte die humanisierende Gesetzgebung der Adoptivkaiser, er wird noch von Pausanias (II 27, 4) für seine eigene Zeit unter Marc Aurel bezeugt. Servius bringt den Ritus in Verbindung mit einer Episode der Aeneis (VI 409): Nach dem Tode des Misenus (s. 4s) diente ein Schicksalszweig, eine *virga fatalis* dem Helden als Paß über den Styx in die Unterwelt. Der goldene Ast, *ramus aureus* (VI 187) – er inspirierte Frazer zu seinem Titel »The Golden Bough« – stammt von einer prophetischen Eiche, die als *discolor* – zweifarbig beschrieben wird, als grün und golden zugleich (VI 204ff) – kommt nicht daher Mephistos Wort: „grün des Lebens goldener Baum"?

d. Archaische Züge zeigt ebenfalls der bis ins 3. Jahrhundert n. Chr. lebendige Kult der Ackerbrüder, der zwölf *fratres Arvales*. Diese altehrwürdige Priesterschaft der *Dea Dia* tagte in einem heiligen Hain (*lucus*) auf einem Hügel am rechten Tiberufer beim fünften Meilenstein unterhalb Roms. 1868 wurde das Heiligtum ausgegraben und lieferte aussagereiche Inschriften. Welche Bäume dort standen, ist nicht bekannt, nur von einem wildwuchernden Feigenbaum ist einmal die Rede. Zu den urtümlichen Eigenarten des Ritus gehörte, daß die hier verwendeten Kultgefäße nicht auf der Töpferscheibe gedreht waren und daß kein Eisen in den heiligen Bezirk gebracht werden durfte. Mußte ein Baum gefällt, beschnitten oder weggeräumt werden, durfte dies nur am Jahresfest im Mai geschehen, das Holz mußte zum Opferfeuer verwendet und die Göttin mit einem Sühnopfer besänftigt werden. Eine ähnliche Sitte ist aus republikanischer Zeit für einen heiligen Hain bei Spoleto inschriftlich bezeugt (Dessau 4911). Jede Holzentnahme dort stand unter Strafe, Baumarbeiten waren nur am Jahrestag der Gottheit zulässig. Geldbußen für das Fällen fremder Bäume verhängte bereits das Zwölftafelgesetz 450 v. Chr. (Plinius XVII 7).

e. Einen heiligen Hain besaß bei Rom die schon früh verehrte Schutzgöttin der Obstbäume Pomona, deren Namen von *pomum* – „Baumfrucht" abgeleitet ist. Das Wort engte sich in Gallien später auf *pomme* – „Apfel" ein. Dort war der Apfel die Frucht schlechthin, wie aus der Entstehung des Paradiesapfels zu ersehen war (s. 2c). Im kontinentalen Europa entspricht der Apfel unter den Früchten in etwa der Eiche unter den Bäumen, dem Adler unter den Vögeln, dem Löwen unter den Tieren. Nicht so im Süden: Plinius nennt unter den Früchten an erster Stelle die Weintraube, danach die Olive, gefolgt von der Pinien-Nuß, der Quitte, dem Granatapfel, dem Pfirsich und der Pflaume – erst dann kommt als Nummer Acht der Apfel an die Reihe. In Ovids »Metamorphosen« (XIV 622ff) ist Pomona eine Baumnymphe, die sich der Obstzucht widmet, aber die Männer flieht. Vertumnus, der vielgestaltige etruskische Götterjüngling, liebt sie, er naht ihr in der Gestalt einer alten Frau und sucht sie zur Liebe zu überreden, indem er ihr an einer vom Wein umrankten Ulme allegorisierend klar macht, wie sinnvoll für beide eine Vereinigung sein kann: Der Baum trägt die Ranke, und diese ziert den Baum. Vertumnus erzählt und gewinnt Pomona. So ist es: Männer werden durch die Augen, Frauen durch die Ohren verführt.

Wie so viele Gestalten der antiken Mythologie hatte auch Pomona ihr Nachleben. Auf dem Pfingstberg bei Potsdam steht unterhalb des Belvedere ein kleiner Teepavillon, der Pomona-Tempel, ein viersäuliger jonischer Prostylos mit Dachterrasse. Er wurde 1800/01 an Stelle eines älteren, verfallenen Tempelchens für die Baumgöttin von dem damals 19jährigen Schinkel errichtet, es ist der erste eigene Bau des großen Architekten. Zu Pfingsten 1804 besuchten Friedrich Wilhelm III und Königin Luise den Tempel, und in Erinnerung daran taufte der König 1817 den Hügel „Pfingstberg". Der Pavillon wurde 1993 vorzüglich restauriert.

Heilige Haine waren in und um Rom nicht selten: Plinius nennt einen Buchenhain auf dem Esquilin, zwei Lorbeerhaine auf dem Aventin, einen Eichenhain auf dem Caelius und einen weiteren auf dem Janiculus. Sie hatten nicht nur religiöse, sondern mitunter auch politische Bedeutung. Die *Lex Hortensia*, die im Jahre 287 v. Chr. den Plebisziten, das heißt den Beschlüssen der Plebs, auch für die Patrizier bindende Gesetzeskraft verlieh und damit die Ständekämpfe abschloß, wurde in dem Eichenhain (Aesculetum) auf dem Aventin erlassen, wie Plinius (XVI 37) berichtet. Staatsakte unter Bäumen kamen auch später noch vor (s. 7p).

f. Der von den Griechen her bekannte Glaube an Schicksalsbäume findet sich wieder in Rom. Während des Dritten Punischen Krieges im Jahre 148 v. Chr. brannte es. Das Forum wurde verwüstet, selbst die Regia, das Amtslokal des Pontifex Maximus, fiel den Flammen zum Raub. Einer der beiden Lorbeerbäume vor dem Portal aber überlebte mitten im Feuer. Das deutete Livius als gutes Vorzeichen (Obsequens 19). Plinius (XVI 132) bezeugt aus derselben Quelle (Obsequens 43) ein Wunder aus dem Jahre 104 v. Chr. Als die germanischen Kimbern Italien in Schrecken versetzten, habe sich im heiligen Hain der Juno in Nuceria in Campanien eine im

Sturm gestürzte Ulme von selbst wieder aufgerichtet und eine Schicksalswende zugunsten der Römer angekündigt. Es handelt sich mithin um einen sympathetischen Baum wie bei der Olive auf der Akropolis (s. 4g).

Sympathetischer Baumzauber ist im römischen Prodigienwesen gängig. Vor dem uralten, 293 v. Chr. geweihten Tempel für Romulus Quirinus auf dem Quirinal standen zwei der Venus heilige Myrtenbäume, deren einer den Patriziern, deren anderer den Plebejern gehörte. Plinius (XV 121) überliefert, daß im Laufe der Ständekämpfe, als sich der Einfluß der Patrizier zugunsten der Plebejer verschob, die einst üppige Patriziermyrte kümmerte, während die Plebejermyrte florierte – wie denn die Bedeutung des Senates in der Zeit des Marius und des Bundesgenossenkrieges (91 bis 89 v. Chr.) dahinschwand. Myrten wuchsen nach Plinius (XV120) da, wo später Rom entstand, denn sie spielten beim Raub der Sabinerinnen eine Rolle.

Häufig ist die Verknüpfung von Bäumen mit dem Geschick einzelner Familien und Personen. Im Anschluß an den Tod Neros berichtet Sueton (Galba 1), über die geheimnisvolle Verbindung zwischen der julisch-claudischen Dynastie und dem Lorbeer. Dessen Bedeutung für die Nähe zu Apoll und dessen Symbolik für Sieg und Ruhm haben wir schon kennengelernt (s. 4h, j). Sueton schreibt, daß Livia nach der Heirat mit Augustus einmal ihre Villa Ad Gallinas – „Zu den Hühnern" bei Prima Porta nördlich von Rom besuchte – heute bekannt wegen der 1863 dort gefundenen Marmorstatue des Kaisers, die im Vatikan steht – wo ihr ein Adler einen Lorbeerzweig in den Schloß warf. Diesen habe sie eingepflanzt, und davon hätten später die triumphierenden Kaiser ihren Lorbeer gebrochen. Zugleich hätten sie jeweils einen Steckling gesetzt, so daß ein ganzer Hain entstand. Aber jedesmal um die Todeszeit eines Kaisers sei der von ihm gepflanzte Baum verdorrt. Gleichwohl muß sich der Baumbestand erhalten haben, denn laut Sueton vertrocknete vor dem Tode Neros nicht nur dessen eigener Lorbeer, sondern das ganze Lauretum – ein Zeichen dafür, daß mit ihm die Dynastie erlöschen sollte.

Für Vespasianus, der die folgende, die flavische Dynastie begründete, werden von Sueton (Vespasian 5) zwei Schicksalsbäume überliefert: eine dem Mars geweihte Eiche in der Villa der Eltern, deren drei Triebe das Geschick des späteren Kaisers und seiner Geschwister erkennen ließ, und eine Zypresse auf dem großväterlichen Landgut, die bei Windstille stürzte und am Tage darauf grüner und fester sich wieder erhob. Vor dem gewaltsamen Tode Domitians, des dritten und letzten Flaviers, ging sie endgültig zu Boden, wie Sueton (Kap. 15) anmerkt. Damit kam das Ende der Dynastie. Ein entsprechendes Vorzeichen kündigte 235 n. Chr. den Tod von Kaiser Severus Alexander an. Drei Feigenbäume vor seinem Zelt brachen zusammen, kurz darauf wurde er ermordet (Historia Augusta 60).

Eine zeitlich entfernte, aber thematisch enge Parallele bietet eine Episode aus der Nähe von Hannover, wo eine dürre Eiche, die 1849 zum letzten Male grün war, im Jahre 1866 ohne erkennbare Ursache auf die Chaussee stürzte. Die bäuerliche Bevölkerung erblickte darin ein übles Omen für die von den Preußen und deren Sympathisanten bedrohte Zukunft der Welfenherrschaft, daher suchte König Georg V den Stamm wieder aufzurichten, vermochte aber weder den Baum noch seine Dynastie zu retten (Wagler S. 85). Am 20. Juli 1866 zogen die Preußen mit klingendem Spiel in die Stadt. Die Idee vom Schicksalsbaum scheint „natürlich" zu sein.

Wie im dynastischen Bereich, so gab es auch in der privaten Sphäre Schicksalsbäume. Von ihnen hören wir nur in Ausnahmefällen, doch bezeugen diese ein altes und verbreitetes Brauchtum. So berichtet der heidnische Rhetor Himerios (8, 16) aus dem späten 4. Jahrhundert n. Chr., er habe zur Geburt seiner Söhne je einen Baum gepflanzt – über Art und Ort hören wir nichts. Von diesen Geburtsbäumen sollte, wie es der Sitte entsprach, bei der Hochzeit das Grün für die Kränze und das Holz für die Fackeln genommen werden. So dürfte es sich um harzreiche Nadelbäume gehandelt haben.

g. Zahlreiche Nachrichten aus der römischen Kaiserzeit über Bäume erinnern an mythische Ereignisse und bezeugen ein öffentliches Interesse. Bäume waren damals Renommierobjekte und Touristen-Attraktionen, zumal im griechischen Osten des Imperiums. Plinius (XVI 239f) kannte zwei Eichen, von Hercules in Herakleia Pontica gepflanzt, und die riesige Platane bei Aulokrene („Flötenquelle") in Kleinasien, wo Apollon den im Wettmusizieren unterlegenen Satyr Marsyas aufgehängt habe, um ihn lebend zu schinden, eine in der antiken Kunst oft dargestellte Szene. Vermutlich entsprang der nach dem Flötenspieler Marsyas benannte Fluß unter jenem Baum. In Böotien sah Pausanias (IX 25, 1) den Granatapfelbaum des thebanischen Heros Menoikeus.

Der verbreiteten Überlieferung von der Niederkunft Letos an der Palme auf Delos (s. 4n) zum Trotz behauptete man im kaiserzeitlichen Ephesos, Artemis und Apollon seien an einem Ölbaum geboren, den Strabon (XIV 1, 20) in einem wunderbaren, hauptsächlich aus Zypressen bestehenden Hain nahe der Stadt sah. Als unter Tiberius der Asylmißbrauch durch flüchtige Sklaven und Verbrecher in Kleinasien überhand nahm und die Aufhebung des Tempelschutzes gefordert wurde, da begründeten die Ephesier vor dem Senat ihren Anspruch auf das Asylrecht ihres Tempels – das war nicht zuletzt eine Einnahmequelle – damit, daß jener Ölbaum bei ihnen noch stehe – so berichtet Tacitus (Annalen III 61).

Zur Zeit des Pausanias (II 2, 7) erzählte man die Sage von der Pinie des Pentheus auf dem Kithairon-Gebirge in Böotien. Der Frevler hatte den Baum erstiegen, um die Dionysos-Riten der Frauen zu belauern, wurde von ihnen entdeckt und in Stücke gerissen, worauf die Pythia befohlen habe, zur Entsühnung den Baum gemeinsam mit dem Gott zu verehren. Von dieser Geschichte handeln die »Bakchen« des Euripides, der Baum verbürgte dem Zeitgenossen die Historizität der Mythe.

Die römischen Baum-Sagen verblassen zwar neben den griechischen, fehlen aber nicht ganz. So zeigte man noch unter Caligula am Fuße des Palatin eine Kornelkirsche, die – so Ovid in den Metamorphosen (XV 560ff) – aus dem Speer des Romulus ergrünt war. Romulus habe, um seine Kraft zu erproben, so erzählt Plutarch (Kap. 20), seinen Speer vom Aventin herübergeschleudert, und der sei hier so fest in den Boden gefahren, daß niemand ihn herausziehen konnte. Er habe Wurzeln geschlagen und Blätter getrieben.

h. Das Interesse an Gedenkbäumen ist vielfach belegt. Insbesondere waren Erinnerungen an den Trojanischen Krieg mit Bäumen und anderen Reliquien verknüpft. Das beginnt bereits in hellenistischer Zeit. Theophrast (IV 5, 6) erwähnt die Platane im Heiligtum des Diomedes auf einer Insel in der Adria; von Plinius (VIII 6) erfahren wir, daß sie auf dem Grab des Helden stand. Zwei weitere Troja-Bäume waren nach Theophrast (IV 13, 2) die Eiche auf dem Ilos-Grab in Ilion und die von Agamemnon in Delphi gepflanzte Platane. Weiterhin erwähnt Theophrast (V 8, 3) eine Myrte auf dem Grab von Elpenor, dem Gefährten des Odysseus, am Monte Circeo, und nach Plinius (XV 119) ist dies die älteste Myrte im westlichen Europa. Einen weiteren Troja-Baum erwähnt um 250 v. Chr. Theokrit. Er beschrieb in seinem 18. Idyll, das die Hochzeit von Menelaos und Helena feiert, eine Platane, die der schönsten aller Frauen gewidmet war. Im Gedenken an sie würden Kränze an den Baum gehängt, aus silberner Flasche Balsamtropfen auf seine Wurzeln geträufelt und Worte in seine Rinde geschnitten – in denen der Vorübergehende ermahnt wird, dem Baume der Helena „nach dorischer Art“ die Ehre zu geben. Wie, wird verschwiegen. Eine Schauergeschichte von Helenas Tode erzählt sodann Pausanias (III 19, 10): Die Königin von Rhodos habe sie aus Rache von Mägden, als Furien verkleidet, erhängen lassen, und dieser Galgenbaum sei nun das Heiligtum der Helena Dendritis, nicht der „baumelnden“, aber doch der „Helena vom Baume“. Offenbar hat man die Geschichte zu einem älteren Baumkult hinzuerfunden.

Die Gedenkbäume des Trojanischen Krieges verteilen sich über die ganze griechische Welt. Plinius (XVI 238) nennt Bäume auf dem Grab des Protesilaos am Hellespont, gegenüber der Stadt Ilion, die verdorren, sobald sie hoch genug sind, um die Stadt zu sehen, worauf sie dann aber wiederum nachtreiben. Nach Antiphilos von Byzanz aus der Zeit um Augustus, waren es Ulmen (Anthologia Graeca VII 141). Das Interesse an Troja-Bäumen hielt auch im folgenden Jahrhundert an. In Böotien sah Pausanias

(IX 19, 7) die in einem Tempel verwahrten Reste jener Platane, unter der, Homer zufolge (Ilias II 307ff), Agamemnon geopfert habe, als die erzürnte Göttin Artemis durch widrige Winde die Ausfahrt der Griechen nach Troja verhinderte. In Arkadien führte man den Periegeten vor die Menelaïs genannte Platane, durch Größe, Schönheit und eine Quelle ausgezeichnet, wo Menelaos, der betrogene Gatte der entführten Helena, seine Mannen zum Kampf gegen Troja versammelt habe.

Bei dieser Gelegenheit äußert sich Pausanias (VIII 23, 4f) über alte Bäume allgemein. Das höchste Alter bescheinigt er dem Lygos-Baum, vermutlich einer Weide, im Hera-Heiligtum zu Samos, unter der die Göttin zur Welt gekommen sein soll. Botanisch ist das hohe Alter der Weide unwahrscheinlich. Das Kultbild der Göttin stand einmal, wie Athenaios (672 D) überliefert, an den Stamm der Lygos-Weide gelehnt und war mit deren längsten Zweigen an sie geschnürt. Man erzählte den Besuchern, die Göttin sei einmal entlaufen, doch hätte in Wahrheit ein Raub vorgelegen. Wir dürfen annehmen, daß Hera ursprünglich als Weide verehrt wurde und die Bindung an den Baum lediglich die kultische Identität zum Ausdruck bringen sollte. Das von Pausanias erwähnte Alter und der von Athenaios genannte Stamm (*thōrakion*) machen es unwahrscheinlich, daß hier mit der *Lygos*, wie stets behauptet, das Keuschlamm oder der Mönchspfeffer (*Vitex agnus castus*) gemeint sei, denn dies ist bloß ein Strauch von 2 bis 3 Meter Höhe. Die deutschen Ausgräber haben die *Lygos* gesucht und glaubten sie 1963 glücklich gefunden zu haben. Sie hatten den Stumpf eines Baumes entdeckt, der nach einer C14-Untersuchung um 500 v. Chr. gefällt worden sein muß. Spricht schon dies gegen die Annahme, daß es sich um den Heiligen Baum handelt, so kommt hinzu, daß er nur achtzig Jahre erreicht hat und – eine Konifere, eine Zypresse war (Kienast 1991)! Wider besseres Wissen wurde der Stumpf von hochrangigen Archäologen den Touristen noch 1981 als die Hera-Weide angeboten (Kyrieleis S. 87f). Die Leichtgläubigkeit des Spurensuchers ist keine bloß antike oder mittelalterliche Erscheinung. An zweiter Stelle unter den ältesten Bäumen folgen bei Pausanias die Eiche von Dodona, der Ölbaum der Athena auf der Akropolis und der auf Delos, und drittens nennt er den Lorbeer dieses Gottes in Syrien, also wohl in Daphne (s. 4i). Alle diese Bäume waren damals noch zu sehen.

i. Bäume waren im Bewußtsein der Antike mit dem Bild einer schönen Landschaft untrennbar verbunden. Das lehren die Naturbeschreibungen der Dichter, das zeigen die Wandgemälde der Villen. Plinius beginnt sein Buch über die Waldbäume (XVI) mit einer Bemerkung über jene Nordvölker, die in baumlosen Ländern ihr Dasein fristen müssen. Er bedauert sie. Namentlich nennt er die germanischen Chauken im Bereich der Gezeiten auf den Nordsee-Inseln, ein elendes Volk (*misera gens*), das seine Hütten auf künstlichen Erhebungen baut, um nicht überflutet zu werden. Plinius kannte die dortigen Verhältnisse aus den Berichten über die unglückliche Küstenexpedition des Drusus 12 v. Chr. und aus den Kämpfen gegen die Chauken unter Claudius 47 n. Chr., an denen er selber teilgenommen hatte. Andererseits gedachte er der finsteren Wälder des mittleren Germanien mit Schrecken, bewunderte indes die dortigen Eichen (s. 61).

j. Die Eiche nimmt wie bei den Griechen so auch bei den Römern den höchsten Rang ein, ist sie doch bei ihnen dem Götterkönig Juppiter heilig, wie bei den Hellenen dem Zeus. Wie so vieles übernahmen die Römer von den Griechen die Verbindung der Eiche mit dem Himmelsgott, darum trug sein Vogel, der Adler, als Feldzeichen der Legion manchmal eine Eichel im Schnabel. In der Zuordnung der Bäume zu Göttern folgen die Römer den Griechen auch sonst: Apoll behält den Lorbeer, Minerva-Athena den Ölbaum, Venus-Aphrodite die Myrte, Hercules-Herakles die Pappel, Cybeba-Kybele die Pinie (Plinius XII 3; Phaedrus III 17). Die Quellen unterscheiden nicht verläßlich nach Eichenarten, wenn denn die Namen für den Baum *quercus, aesculus, cerrus* und *robur* überhaupt immer botanisch eindeutig sein sollten. Plinius (XVI 17) selbst beklagt das, noch viel weniger als bei ihm dürfen wir bei den Historikern und den Dichtern Eindeutigkeit erwarten.

Nach Macrobius (Saturnalia III 20, 2) stehen gemäß dem – vermutlich etruskischen – Pontifikalrecht an der Spitze der glückbringenden Bäume, der *arbores felices*, die vier Eichenarten: *quercus* (Sommereiche), *aesculus* (Wintereiche), *ilex* (Steineiche) und *suberies* (Korkeiche) – so die übliche Zuordnung. Plinius (XVI 5ff) behandelt die Eiche als ersten unter den Waldbäumen, begründet ihren Vorrang freilich nicht religiös, sondern gewissermaßen geschichtsphilosophisch. Er meint, ursprünglich hätten Eicheln den Menschen ihren Lebensunterhalt gewährt und sie aus dem tierischen Zustand auf die erste Kulturstufe gehoben. Wo es an Getreide mangele, da backe man Brot aus Eichelmehl, das schmackhafter werde, wenn man es zuvor röste. In Spanien kam das noch zur Zeit von Plinius vor. Die unter Eichen, von Eicheln lebenden Urmenschen schilderte um 60 v. Chr. bereits Lukrez in seinem Naturepos (V 939).

Eine heilige Eiche, *sacrata quercus*, nennt Livius (III 25, 7f) im Zusammenhang mit den Kämpfen zwischen den Römern und den Aequern in Mittelitalien. Im Jahre 458 v. Chr. hatten diese das Bündnis mit Rom gebrochen und waren bis Tusculum vorgestoßen. Als die römischen Gesandten sich beschwerten, erklärte der Aequerfürst, sie mögen das „der Eiche" erzählen. Diese, ein ungeheurer Baum, warf seinen Schatten über das Feldherrenzelt. Darauf erklärte der Römer: „Diese heilige Eiche und was an Göttern sonst hier noch ist, vernehme, daß ihr den Frieden verletzt habt. Sie mögen uns in unserem gerechten Kampf gegen euch beistehen!" Die

Eiche hört mit den Ohren Juppiters, so wie sie zu Dodona (s. 4f) mit dessen Munde spricht.

An Eichen in Italien dachte Vergil, als er in sein Lehrgedicht über den Landbau, die »Georgica« (II 290ff) das Lob dieses Baumes einflocht: „Tiefer ins Innere der Erde als der Weinstock wurzeln Bäume, insbesondere die Wintereiche, die ihre Wurzeln ebensotief in den Orkus hinabtreibt wie sie ihren Wipfel in den Äther emporhebt. So bricht sie kein Winter, kein Sturm und kein Regen. Unbewegt dauert sie, viele Enkel und Menschenalter übersteht sie. Nach allen Seiten breitet sie ihre knorrigen Äste aus, der mächtige Stamm in der Mitte trägt das schattige Dach". Eine prophetische Eiche am Eingang zum Orkus beschreibt Vergil in der Aeneis (s. 5c). In der Unterwelt findet er dann die Ulme, auf der die Trugträume wachsen (VI 282ff).

Vergil ist noch mit zwei anderen Bäumen verbunden. Seine von Sueton verfaßte, im 4. Jahrhundert von Donatus erweiterte Vita erzählt, die Mutter des Dichters habe geträumt, einem Lorbeerbaum das Leben zu schenken. Dieser habe sogleich Wurzeln geschlagen und sofort Blüten und Früchte gezeitigt. Nach der Geburt habe der Vater, gemäß der Sitte, dem Sohn einen Kinderbaum gepflanzt, das Reis (*virga*) einer Pappel. Diese sei ungemein rasch emporgeschossen und habe andere, ältere Bäume übertroffen. Sie sei als *arbor Vergilii* bekannt gewesen, von werdenden Müttern im weiten Umkreis verehrt. Vermutlich wird hier mit *virga* auf die schon spätantik bezeugte Namensform *Virgilius* angespielt (Dessau 2949). Weitere Bäume preist Vergil in seinem siebenten Hirtengedicht: Herkules liebt die Pappel, Bakchos den Rebstock, Venus die Myrte, Apollo den Lorbeer und Phyllis, die Nymphe, den Hasel. „Herrlich prangt die Eiche im Wald, die Pinie im Garten, Pappel am Fluß, im Bergland hoch oben die Tanne ...".

k. Das hohe Ansehen der Eiche in Rom erweist Plinius (XVI 7ff) an der Tatsache, daß aus ihrem Laub die *corona civica*, der Bürgerkranz geflochten werde. Nachdem ursprünglich allein Götterbilder bekränzt wurden, hat man später Kränze einzelnen Männern als Auszeichnung verliehen, deren angesehenster aus den Blättern der Eiche geflochten wurde. Die Begründung fand der Vergilkommentator Servius (zu Aeneis VI 772) wiederum darin, daß die Eiche den ersten Menschen den Lebensunterhalt geboten habe. Vergil (Georgica I 147f) sagt es selbst: von Eicheln lebten die Menschen, bevor ihnen *Ceres* die Zerealien brachte. Den Eichenkranz verdiente, wer einem Mitbürger das Leben gerettet hatte, die Formel hieß: *ob cives servatos*. Augustus erhielt ihn am 13. Januar 27 v. Chr. von der „Menschheit", wie Plinius (XVI 8) bemerkt, in Wahrheit vom Senat. Der Prinzeps hängte ihn über seine Haustüre, so Ovid (Metamorphosen I 563), und trug ihn in der Öffentlichkeit, zu sehen auf dem Marmorkopf in der Münchener Glyptothek.

Der mit dem Eichenkranz Geehrte durfte ihn immer tragen und genoß, gemeinsam mit Vater und Großvater, Steuerfreiheit. Selbst Senatoren mußten sich ehrerbietig von ihren Sitzen erheben, wenn der Träger bei den Schauspielen erschien. Plinius erachtete es als ein Zeichen altrömischer Sittenstrenge, daß früher der Symbolwert eines Eichenkranzes mehr galt als zu seiner Zeit einer aus Gold. Seit Claudius (41 bis 54 n. Chr.) blieb der Eichenkranz auf regierende Häupter beschränkt, auf Juppiter im Himmel und auf die Kaiser auf Erden. Sie wachten über ihre zeremoniellen Privilegien.

l. Die Pappel Vergils war ein Gedenkbaum, doch waren dafür Eichen geeigneter. Bekanntlich erreichen Eichbäume eine erstaunliche Größe – Plinius (XVI 242) bescheinigt einer den Stammumfang von 34 Fuß – und ein hohes Alter. So hat man in Rom einzelne Exemplare mit Überlieferungen aus der Vorzeit in Verbindung gebracht. Auf dem vatikanischen Hügel sah Plinius (XVI 237) eine Steineiche, die eine Bronzetafel mit etruskischer Inschrift trug. Sie besage, daß dieser Baum religiös zu verehren sei, mithin teilten die Etrusker die allgemeine Hochschätzung der Eiche. Plinius wußte nicht, welchem Gott der Baum geweiht war, aber meinte, er sei älter als die Stadt Rom selbst, der man damals etwa 800 Jahre gab. Insofern kann Plinius Recht haben. Unglaubhaft ist jedoch seine Mitteilung über drei Steineichen bei Tibur, dem heutigen Tivoli. Dort habe der Stadtgründer Tiburnus ein Menschenalter vor dem Trojanischen Krieg den Vogelflug beobachtet und das *augurium* eingeholt, gewissermaßen die himmlische Baugenehmigung.

Auf dem Caelius-Hügel nennt die spätrömische Stadtbeschreibung, die *Notitia Urbis*, eine *Arbor Sancta*, einen heiligen Baum, der noch in der christlichen Zeit zu den Merkwürdigkeiten der Stadt zählte. Möglicherweise gehörte er einst zu dem dortigen Eichenhain *Querquetulana*, den Tacitus (Annalen IV 65) nennt. Ein Stadttor hieß nach ihm (Plinius XVI 37). Varro notiert in seiner Schrift über die Lateinische Sprache (V 152) zudem auf dem Aventin das *Lauretum*, benannt nach einem Lorbeerbaum und das oben erwähnte *Aesculetum* (s. 5c), weiterhin die *Corneta* nördlich der *Sacra Via* nach einer Cornelkirsche und das *Fagutal* nach einer Buche (*fagus*), die dem Heiligtum des Juppiter *Fagutalis* auf dem Esquilin den Namen gab. Der *Collis Viminalis* erinnert an ein bemerkenswertes Weidengebüsch (*vimen*).

In die vorrömische Zeit verweist ebenfalls die Überlieferung bei Livius (I 10, 5), daß Romulus, der auf dem palatinischen Hügel die Roma Quadrata bereits gegründet hatte, nach seinem Sieg über die Sabiner aus der Stadt Caenina, die auf dem Weg nach Tibur lag, die im Zweikampf mit dem feindlichen König erbeuteten Waffen, die *spolia opima*, im Triumph auf den capitolinischen Hügel getragen habe. Dieser ursprünglich nach Saturn, dem Gott des Goldenen Zeitalters, benannte Hügel – so schreibt Varro (De lingua Latina V 42) – war noch unbewohnt, doch stand dort eine von den Hirten verehrte heilige Eiche des Juppiter. An ihr hängte Romulus die Beutewaffen auf und weihte den Berg als heiligen Bezirk dem Göttervater, Juppiter Feretrius zubenannt. Später wurde hier als kultischer Mittelpunkt Roms der Tempel der capitolinischen Trias Juppiter, Juno und Minerva errichtet.

Romulus selbst soll den Lotosbaum gepflanzt haben, den Plinius (XVI 236) auf dem Vulcanusplatz nördlich des Forum Romanum sah, wo sich die Vertreter der mit Rom verbündeten Städte versammelten. Romulus habe den Lotos aus dem Zehnten der Siegesbeute genommen – vermutlich: erstanden. Zu den Staatsbäumen Roms zählen weiterhin der Lotos im Tempelbezirk der Göttin Lucina, wohl nicht, wie Plinius (XVI 235) meint, nach ihrem Hain (*lucus*) am Esquilin benannt, sondern nach ihrer Funktion als Geburtsgöttin, da sie die Kinder „ans Licht“ bringt. Unspezifiziert, aber ebenfalls uralt war der „Haarbaum“ (*arbor capillata*), wo die römischen „Nonnen“, die Vestalinnen ihre Locken opferten.

Zu den historischen Gedenkbäumen Roms gehören außerdem die vom älteren Scipio Africanus bei seinem Verbannungsort Liternum in Campanien eigenhändig gepflanzten Ölbäume, von denen Plinius (XVI 234) spricht, und die Eiche des Marius, die *quercus Mariana*, die Cicero am Anfang seiner Schrift über die Gesetze erwähnt. Sie stand in Arpinum, wo Marius und Cicero geboren wurden. Ob es noch derselbe Baum sei, schien dem Autor ebenso zweifelhaft wie bei der Olive in Athen oder der Palme auf Delos. Man pflanze Gedenkbäume nach, denn dauerhafter als ein Gewächs der Natur sei die menschliche Erinnerung, zumal in den Versen der Dichter. Cicero läßt offen, ob es sich nicht überhaupt um eine poetische Phantasie-Eiche handelt. Denn der Grund der Zuweisung ist eindeutig fiktiv: ein von Cicero in seinem Jugendgedicht »Marius« besungenes Vogelzeichen. Marius habe einen Adler aus der Eiche nach Osten entfliegen sehen, nachdem der eine Schlange bezwungen habe (De divinatione I 106). Diese steht offenbar für seinen Gegner Sulla.

Unter Domitian (81 bis 96 n. Chr.) besang der aus Spanien gebürtige Martial (IX 61) eine Platane, die Caesar nach seinem Sieg über die Pompeianer bei Munda am 6. April 46 in Corduba gepflanzt haben soll. Sie stand im Hof eines Bauwerks, vermutlich des Prätoriums, und pries in üppigstem Grün den Ruhm des göttlichen Julius: Zu den Sternen strebt ihr Geäst, und trunkene Faune spielen die Flöte des Nachts den Dryaden zur Lust. *O dilecta Deis, o magni Caesaris arbor! Ne metuas ferrum sacrilegosque focos* – „Gottgeliebter Baum des großen Caesar, nicht fürchte Eisen, das dich versehrt, Feuer, das dich verzehrt! Ewige Ehren für deine Blätter darfst du erhoffen, hat dich doch nicht die Hand eines Pompeius gepflanzt!“

m. Während die Wertschätzung der Eiche und der Platane überall ähnlich ist, zeigt die Bedeutung des Feigenbaums römische Besonderheiten. Die mit ihm verbundenen Vorstellungen wirken sehr altertümlich. Der im 5. Jahrhundert n. Chr. schreibende Heide Macrobius (Saturnalien III 20, 2) rechnet gemäß der Priesterlehre die weiße Feige zu den glückbringenden Bäumen (*arbor felix*), die schwarze zu den Unglück bringenden (*arbor infelix*). Bei dieser Gelegenheit zitiert Macrobius die Liste der glücklichen Bäume. Auf die vier Eichenarten (s. 5j) folgen: Buche (*fagus*), Hasel (*corylus*), Speierling (*sorbus*), Feige (*ficus alba*), Birne (*pirus*), Apfel (*malus*), Rebstock (*vitis*), Zwetsche (*prunus*), Kornelkirsche beziehungsweise Hartriegel (*cornus*) und Kreuzdorn (*lotus*).

Aus dem Holz des Feigenbaums, der bei den Griechen dem Dionysos heilig war (s. 4l), schnitzte man den Gartengott und Weinwächter Priapus. Er gehört zu den Feld-, Wald- und Wiesengöttern, so wie Pan, Faunus und Silvanus. Die Feige hat seit der Vertreibung aus dem Paradies (s. 2b) einen Bezug zur Geschlechtlichkeit. *Ficus* leitet Isidor (XVII 7, 17) von *fecundus* – fruchtbar ab. Eine Hetäre treibt es wie ein Feigenbaum, sie bedient alle (Athenaios 594 D). Als im Jahre 154 v. Chr. auf dem Capitol an der Stelle der gestürzten Siegespalme ein Feigenbaum sproß, während die für die Sittenaufsicht bestellten Censoren ein Sühneopfer darbrachten, verstand der Annalist dies als ein übles Vorzeichen: *a quo tempore pudicitia subversa* – von jener Zeit an war es mit dem Schamgefühl vorbei (Plinius XVII 244). Augustinus (PL. 38, S. 442) spricht es aus: *ficus foliis significatur pruritus libidinis* – „Feigenblätter bedeuten das Jucken der Sinnlichkeit". Wer als Fremder in einer italienischen Osteria zum Nachtisch Feigen wünscht und irrtümlich *fiche* statt *fichi* bestellt, erhält vom Kellner einen diskreten Verweis.

Die Aufgabe, Fruchtbarkeit zu gewähren, demonstriert Priapus in der Kunst durch den aufgerichteten Phallos und durch Obst in der Schürze. „Ein Stamm vom Feigenbaum war ich einmal, nutzloses Holz; der Zimmermann schwankte, ob er daraus einen Schemel oder einen Priap machen sollte, entschied sich dann für den Gott" – so beginnt Horaz seine achte Satire im ersten Buch – der dann geschaffene Gott dankt dem *faber*, daß er ihn dem Schemel vorgezogen hat. Nun aber bewacht er den Lustgarten, den sich Maecenas, der kunstsinnige Freund des Augustus, auf dem Esquilin hat anlegen lassen, auf dem Gelände, wo zuvor – so der Dichter – die Massengräber der Sklaven lagen, ein von bleichenden Knochen übersätes Feld. 1874 hat sich das beim Bau von Mietshäusern archäologisch bestätigt.

Dem die Feigen schützenden Gartengott ist eine ganze Gattung der Dichtkunst eigen: die *Carmina Priapea* (Kytzler/Fischer 1978). In ihnen verbindet sich lyrische Naturliebe mit kultisch verbrämter Erotik. Hellenistische Beispiele bietet die »Anthologia Graeca«; in Rom besangen unter anderen Catull und Vergil, Horaz und Ovid den geilen Holzgott; der christliche Dichter Prudentius hat ihn geschmäht. – Humanisten griffen die Thematik wiederum auf, selbst Lessing und Goethe haben sich in ihr versucht, letzterer in den Nachträgen zu den Römischen Elegien – so unbefangen wie nur ein antiker Autor. Seine Kommentare zu den antiken Priapea an Herzog August hat Goethe vorsichtshalber lateinisch verfaßt.

n. In die römische Frühzeit führt ebenfalls der ruminalische Feigenbaum, die *Ficus Ruminalis*. Er wurde noch unter Augustus am westlichen Fuße des Palatins gezeigt (Livius I 4, 5). Man hielt den Baum heilig, verehrte ihn und zäunte ihn ein. Es soll jener Ort gewesen sein, wo die winterlichen Fluten des Tiber die in einer Wanne ausgesetzten Zwillinge Romulus und Remus ans Land gespült hatten (Plutarch 4). Dort soll sie dann die Wölfin gefunden und gesäugt haben. Ihrem Bronzestandbild am Feigenbaum fügten 296 v. Chr. zwei Ädilen Figuren der Säuglinge bei, wie Livius (X 23, 12) berichtet. Münzen bestätigen dies. Neben der Wölfin am Tiber gab es auch die auf dem Capitol, die Michelangelo wieder dort hingestellt hat, nachdem ihr – wahrscheinlich von Pollaiuolo (gest. 1498) – ebenfalls Zwillinge beigegeben worden waren. Die palatinische Höhle der Wölfin, das Lupercal, hat Augustus wiederhergestellt, so sagt er in seinem Tatenbericht (4, 2). Sie hat sich bisher archäologisch nicht nachweisen lassen.

Nach antiker Etymologie trägt die *Ficus Ruminalis* ihren Namen nach einem Wort *ruma* für Mutterbrust, das Ovid (Fasti II 411f), der noch einen Stumpf des Baumes gesehen hatte, mit dem Namen des Romulus und so mit der Stadt Rom verband. Dies widerspricht dem zeitgleichen Zeugnis des Livius, doch hat man damals offenbar zwei ortsverschiedene Feigenbäume mit den Gründerzwillingen verbunden. Denn auf dem Comitium auf dem Forum Romanum gab es ein *sacellum* der Diva Rumina mit einem Feigenbaum, von welchem dieselbe Geschichte erzählt wurde, wie uns Varro (De re rustica II 11, 5) überliefert. Die Lösung deutet Plinius (XV 77) an, nach dem unter der Herrschaft des Tarquinius Priscus der Augur Attus Navius den Baum vom Lupercal auf das Comitium herübergezaubert habe – offenbar ohne alle Wurzeln mitzunehmen. Dieser zweite ruminalische Baum verkörperte das Schicksal Roms, so wie der Ölbaum auf der Akropolis das von Athen, darum wurde er von den Priestern neu gepflanzt, wenn er abgestorben war. Augustus hat ihn offenbar erneuert, er stand dort in der Zeit Neros. Abermals begann er zu vertrocknen, doch schlug er im Jahre 58 wieder aus. Dieses Zeichen der Hoffnung vermerkte Tacitus in seinen Annalen (XIII 58).

Ein stadtbekannter wilder Feigenbaum stand auf dem Marsfeld. An ihn knüpft sich eine seltsame Episode aus der Zeit Marc Aurels (Historia Augusta 13, 6). Ein geistig gestörter Abenteurer, der mit seinen Kumpanen auf Raub aus war, habe auf diesem *caprificus* gesessen und Volksreden gehalten: Es werde in Kürze Feuer vom Himmel fallen, denn das Ende der Welt stünde bevor, sobald er vom Baum springe und sich in einen Storch verwandele. Er kam herab und entließ einen solchen Vogel aus seinem Mantel. Vor den Kaiser gebracht, gestand er und wurde als harmlos entlassen.

Wenn wir Plinius (XV 74f) glauben dürfen, hat eine Feige in der römischen Geschichte einmal eine hochpolitische Rolle gespielt. Als nach der Niederlage Hannibals Karthago einen raschen – neuerdings auch archäologisch bestätigten – Aufstieg erlebte, wuchs in Rom die Furcht vor der alten Rivalin. An der Spitze der Kriegspartei stand der ältere Cato mit seinem – wörtlich allerdings nirgends bezeugten – *Ceterum censeo Karthaginem esse delendam*. Um den Senatoren klar zu machen, wie bedrohlich kurz der Weg übers Meer sei, zog der betagte Zensor eine taufrische Frühfeige (*ficus praecox*) aus dem Bausch seiner Toga und erklärte, vorgestern sei sie in Africa gepflückt worden. Da reife Feigen schnell Druckstellen bekommen, klang das plausibel. Nach Plinius waren die versammelten Väter so beeindruckt, daß sie auf der Stelle den Dritten Punischen Krieg beschlossen und drei Jahre später, 146 v. Chr. Karthago zerstörten, *unius pomi argumento* – durch die Beweiskraft einer einzigen Frucht. In dieser, auch von Plutarch (Cato maior 27) erzählten Geschichte vermutet Victor Hehn (S. 97) einen Betrug: Cato habe eine grün gepflückte, nachgereifte Feige verwendet.

o. Der praktische Sinn der Römer äußert sich in ihrem Interesse an Nutzbäumen. Als Pompeius nach dem siegreichen Orientfeldzug 61 v. Chr. in Rom seinen Triumph feierte, da führte er, wie Plinius (XII 111) vermerkt, dem römischen Volk unter der Beute auch Balsambäume vor Augen, die als höchste Kostbarkeit zuvor nur in den Königsgärten Judäas gehegt worden seien. Nachdem diese Anlagen unter Augustus in den Besitz der Kaiser übergegangen waren, wurden sie im Jüdischen Krieg von den Rebellen verwüstet. Die Römer aber hätten, so Plinius, die Bäume gegen die Zeloten verteidigt, und weitere Exemplare seien von den siegreichen Kaisern Vespasian und Titus nach Rom mitgebracht worden, wo man sie seither auf Staatskosten erfolgreich kultiviere.

Bekannt ist die Geschichte der Kirsche. Der Prokonsul Lucullus, berühmt als Virtuose der feineren Lebensart, soll sie nach seinem Sieg über den König Mithridates VI von Pontos 74 v. Chr. nach Italien mitgebracht haben. Dies behauptet Plinius (XV 102); und bei Athenaios (51 A) heißt es, Lucullus habe der Kirsche ihren Namen *cerasus* nach der Stadt *Kerasous* am Schwarzen Meer verliehen. Die von Griechen bewohnte Stadt lag 50 km westlich von Trapezunt. Noch der heutige türkische Name *Giresun* erinnert an sie. Die Überlieferung vom Kirschenbringer reizte den Kirchenvater Tertullian (Apologeticum 11, 8) um 200 n. Chr. zu dem spöttischen Vorschlag, dann hätte man doch so wie Dionysos als Spender des Weines den Lucullus als Bringer der Kirsche unter die Götter versetzen sollen. In seinem »Verhör des Lukullus« vor dem Totenrichter läßt Brecht den Koch des Feldherrn die Einführung der Kirsche als Argument zu Gunsten des Angeklagten vorbringen – freilich erfolglos. Und das historisch zu Recht. Denn die Kirsche heißt nicht nach Kerasous, sondern umgekehrt die Stadt nach der Frucht.

Das Wort für Kirsche *kerasos* war im Griechischen seit alters üblich, es ist bei Xenophanes im 6. Jahrhundert bezeugt, doch könnte es sich hier um die Vogelkirsche handeln, die in Europa seit Urzeiten heimisch ist. Dies wußte man bereits in der Spätantike. In seinem Kommentar zu den »Georgica« Vergils (II 18) schreibt Servius: Schon vor Lucullus kannte man Kirschen in Italien, doch waren sie hart, man nannte sie *cornus*, später dann *cornucerasium*. Mithin hat Lucullus eine Edelkirsche mitgebracht. Sie war zur Zeit von Plinius, vier Generationen später bis nach Britannien vorgedrungen, wie die Römer ja auch viele andere Fruchtbäume in Mitteleuropa akklimatisiert haben. Daran erinnern die Namen Kirsche (*cerasus*), Birne (*pirus*), Quitte (*cydonia*), Aprikose (*apricus*), Pflaume (*prunus*), Eßkastanie (*castanea*), Pfirsich (*persica*), Zwetsche (*damascena*), Walnuß (*nux*), Wein (*vinum*) usw. Der Apfel ist die einzige Obstart, deren Name germanisch ist. Und doch traf den Holzapfel (*pomum agreste*) die begründete Verachtung des Tacitus (Germania 23).

p. Römische Lebenskunst verstand es, wie Frucht- so auch Waldbäume zum Freizeitvergnügen zu nutzen. Man holte sie in den Wohnbereich hinein. Die erste Grünanlage Roms befand sich im Säulenhof des Theaters, das Pompeius als Konsul 55 v. Chr. nach dem Vorbild von Mytilene auf Lesbos errichtet hatte: Platanen-Reihen mit Buchsbaum-Hecken dazwischen. Privatleute standen nicht zurück. In der Zeit von Lucullus und Pompeius, in den letzten Jahrzehnten der römischen Republik, begannen die reichen Römer, sich prachtvolle Villen anzulegen. Die Villa von Ciceros Freund Atticus (Nepos 13, 2) auf dem Quirinal war berühmt für ihren Park. Sie war nicht die einzige ihrer Art. Eine der drei schönsten Stadtvillen Roms verdankte ihren Ruhm sechs schattenspendenden „Lotosbäumen“, die den ganzen, exorbitanten Wert des Anwesens ausmachten. Plinius (XVII 4f) hatte sie in seiner Jugend noch bewundert, ehe sie dem Brand Roms unter Nero im Jahre 64 zum Opfer fielen. Bei diesen Bäumen handelt es sich um eine Unterart der Berg-Ulme, um Zürgelbäume, die in Italien *spaccasassi* – „Felssprenger“ oder *arcidiavolo* „Erzteufel“ heißen. Lucrez (II 29ff) setzte dem dekadenten Villenluxus den unverdorbenen Naturgenuß entgegen, der unter einem schattigen Baum zu finden sei.

In der frühen Kaiserzeit zeigten Wandmalereien reicher Villen – so die der Kaiserin Livia bei Prima Porta und auf dem Palatin – Baumgärten, die den Eindruck vortäuschten, man befinde sich im Grünen. Zugleich entstanden weitere Parks und Gärten bei und in der Stadt selbst, *rus in urbe* (Andreae 1996), zunächst als Privatbesitz reicher Senatoren, nach dem Vorbild Caesars dann aber auch zunehmend der Öffentlichkeit freigegeben. Der Begriff *villa* umfaßt, wie noch heute im Italienischen, in der Regel außer dem Bauwerk eine ansehnliche Grünanlage mit Teichen, Gehegen, Statuen und natürlich Bäumen. Hier zeigte sich das bei den Römern vielfach nachzuweisende Bedürfnis, die Herrschaft über die Natur vorzuführen. Es fand Ausdruck im Umgang mit Pflanzen. Die Ziergärtner (*topiarii*) schnitten, wie Plinius (XVI 140) berichtet, aus immergrünen Gewächsen allerlei Figuren heraus – von Tieren, Schiffen und anderen Bildern ist die Rede. Die künstlich verunstaltete Natur war allerdings nicht nach dem Geschmack des Autors. Ebenso mißbilligt er den erzwungenen Zwergwuchs von Platanen in der Art von Bonsai-Bäumchen (XII 13). Mißgeburten nennt er sie. Der gleichnamige Neffe des großen Naturforschers, Plinius minor (Briefe V 6), beschreibt seinen Villengarten mit dem phantasievoll beschnittenen Buchsbaum, der jedes barocke Gärtnerherz entzückt hätte. Ein andermal erkundigt er sich nach dem Zustand eines schattenreichen Platanenhains (*platanon opacissimus*) seines Freundes (I 3, 1). Plutarch (Moralia 640 BC) berichtet in seinen Tischgesprächen von einem reichen Athener seiner Zeit, der seine Gäste mit den Zwitterbäumen seines Gartens verblüffte. Auf einen Mastixbaum hatte er Olivenzweige gepfropft, Eichen trugen leckere Birnen, Platanen Äpfel, Feigenbäume Maulbeeren usw. Dies schien Plutarch wunderbarer als Mischwesen in der Art von Sphingen und Chimären.

Ein bevorzugter Lustort war die Platane. Plinius (VIII 6) berichtet, sie sei allein um des Schattens willen aus dem Osten eingeführt worden, man habe sie in Italien so geschätzt, daß manche sie mit Wein begossen hätten. Macrobius (Saturnalia III 13, 3) nennt einen Namen: Es war der einst berühmteste Redner Roms, Hortensius, der sich diesen Luxus leistete. Er habe einmal den Prätor Cicero gebeten, eine Gerichtsverhandlung von Rom nach Tusculum auf den Albanerbergen zu verlegen, weil er dringend seine Platane dort gießen müsse – diese Zeremonie überließ er keinem Sklaven. Auch Cicero (De oratore I 28) selbst hegte in seiner ebendort gelegenen Parkvilla Platanen, und zwar in bewußter Anlehnung an die Bäume in der Akademie Platons (s. 4m).

Hortensius, Cicero und Plinius minor waren nicht die einzigen Platanenfreunde Roms. Die Liebhaber kamen aus den höchsten Kreisen. Zu ihnen zählte der wohlbeleibte Kaiser Caligula (37 bis 41 n. Chr.). Dieser Wüstling und Lüstling feierte seine Feste nicht nur auf dem Lande und auf dem Wasser – vorzugsweise auf seinen Prachtschiffen im Nemi-See – sondern mitunter hoch in der Luft. Bei Velletri in den Albanerbergen ließ er in eine riesige Platane ein „Nest“, das heißt eine Plattform bauen, auf der er mit fünfzehn Gästen und dem erforderlichen Personal pokulierte – so berichtet Plinius (XII 10). Höhenlust in Wipfeln gab es ebenso im islamischen Bereich (s. 3o) und bei den Chinesen (Gollwitzer S. 172). Inzwischen hat man derartiges wieder. Betuchte Touristen erzählen von Baum-Hotels in Indien, wo man hochgezogen wird.

Unter Claudius (41 bis 54 n. Chr.) besang Thallos aus Milet, nach seiner Patronin, der Mutter des Kaisers, Antonius zubenannt, eine Platane, die mit ihrem heiligen Blattwerk eine Liebeslaube bildete, zudem von ihren Ästen süße Trauben herabhängen ließ: „So wachse weiter, Platane! Mit deinen grünen Blättern gewähre den Verehrern der Liebesgöttin Schutz!“ (Anthologia Graeca IX 220). Aus derselben Zeit stammt ein Gedicht des Philippos von Thessalonike (l. c. 242) auf eine im Sturm gestürzte Platane, die sich wieder erhob, als man sie mit Wein begoß. Bevor sich der Besitzer der Lucullus-Gärten Valerius Asiaticus auf Befehl von Kaiser Claudius die Pulsadern aufschnitt, verfügte er, sein Scheiterhaufen solle so gestellt werden, daß der Rauch die schattenspendenden Bäume nicht beschädige. So berichtet Tacitus (Annalen XI 3) zum Jahre 47 n. Chr.

Nicht nur in Italien genoß man den Platanenschatten. Plinius (XII 9) berichtet von Licinius Mucianus, Konsul im Jahre 70, der im Bericht über seine Statthalterschaft im kleinasiatischen Lykien den „Lesern der Nachwelt“ nicht meinte vorenthalten zu sollen, daß und wie er in der natürlichen Laube einer ungeheuren Platane mit achtzehn Genossen getafelt habe und sich an Laub und Ästen mehr erfreut hätte als am Marmor und Gold ausgemalter und getäfelter Speisesäle in Rom. Nur das Rauschen des Regens im Blätterdach hätte er sich noch dazugewünscht. Rousseaus *Retour á la nature!* und den Hang zum *Hameau* wie bei der fürstlichen Schäferin Marie-Antoinette im Park von Versailles gab es schon im Alten Rom.

Aus der Zeit von Domitian (81 bis 96 n. Chr.) stammt ein Gedicht des Statius (Silvae II 3), das er seinem Freund Atedius Melior zum Geburtstag dedizierte. Es feiert eine schiefe Platane an einem See bei der Villa des Freundes. Einst habe Pan, der gehörnte, bockfüßige Waldgeist, eine Nymphe verfolgt. Am Ufer des Sees holte er sie ein, doch ein Pfeil der Diana schützt die Nymphe, sie stürzt sich in den Teich, wohin der zottige Unhold ihr nicht zu folgen wagt. Statt dessen pflanzt er eine Platane ans Ufer, die das Wasser streicheln und beschatten möge. Die Eiche Juppiters und der Lorbeer Apolls, Pappel und Pinie sollen dich bewundern! So hofft nun der Baum auf eine liebevolle Berührung, krümmt sich zu den Wellen herab, doch die wollen nichts von ihm wissen. Darauf richtet er sich zum Himmel empor, der Stamm aber taucht sich spiegelnd ins Wasser und in dieser keuschen Verbindung haßt die Nymphe den Pan nicht länger. Aus dem späteren 2. Jahrhundert n. Chr. stammt die Nachricht des Pausanias (VIII 22, 1) über einen Platanenhain östlich von Patras auf der Peloponnes. Die uralten Bäume seien großenteils hohl und so geräumig, daß man in ihnen feierte, ja übernachtete.

Die Gunst, derer sich die Platane erfreute, schaffte ihr Neider. So klagt der Nußbaum in der Ovid zugeschriebenen Elegie »Nux«: In den guten alten Zeiten habe man Bäume nach ihren Früchten und nicht nach ihrem Schatten geschätzt. Nun aber sei die sterile Platane zu Ehren gekommen, welche sie nicht verdient. Ihn, den Nußbaum jedoch, ihn traktiere man übel mit Steinen, die ihm die Krone, Nüsse und Blätter zugleich ruinieren. Er wünscht sich die List des pontischen Bibers, der, um dem Jäger zu entgehen, sich selbst seine Hoden abbeißt. Derenthalben pflegte man ihn nämlich zu jagen. Hebammen schätzten das Öl, das man aus ihnen gewann. Möge man ihn, den Nußbaum doch fällen, wenn er es verdiene, anderenfalls, so wünscht er, verschone man ihn!

Die Baumbegeisterung der kaiserzeitlichen Nobiles beschränkte sich nicht auf Platanen und steigerte sich bisweilen zur Erotik. Aus seiner eigenen Zeit berichtet Plinius (XVI 242) die kuriose Anekdote, daß in dem heiligen Buchenhain der Diana bei Tusculum der Stiefvater Neros und zweimalige Consul Passienus Crispus sich in eine ungewöhnlich schöne Buche regelrecht verliebt habe. Er pflegte den Baum zu küssen und zu umarmen, unter ihm zu lagern und ihn mit Wein zu begießen. Das mißfiel seiner Frau, Neros Mutter. Sie hat ihren dendrophilen Mann im Jahre 44 n. Chr. ermorden lassen, nicht allerdings aus Eifersucht, sondern um ihn zu beerben.

Der Baumliebe in Rom entspricht es, wenn die ideale Landschaft der Dichter ohne Bäume undenkbar ist. Ernst Robert Curtius (1948/93, S. 203) hat für diesen Topos den Begriff *locus amoenus* aus Isidor (XIV 8, 33) übernommen, den dieser wiederum Varro verdankt. Das sei ein „lieblicher Ort", der Liebe gewähre und zur Liebe verlocke. Als Mindestausstattung betrachtet Curtius einen Baum, eine Wiese und ein Gewässer. Dieses Bild ist oft ausgeschmückt und abgewandelt worden; es liegt ebenso der heilen Welt Arkadiens zugrunde wie den verschiedenen Paradieses-Visionen. Curtius zitiert als Muster die Beschreibung eines Hains von Platanen, Lorbeerbäumchen, Pinien und Zypressen bei Petron (131, 8), ein Plätzchen, so recht zur Liebe gemacht, *dignus amore locus*. Daß es zu dieser dann aber nicht kommt, erfährt nur, wer Petron selbst nachschlägt. Denn die Hexe gibt dem gestraften Helden Enkolp zwar seine Männlichkeit wieder, die aber versagt ihm den süßen Dienst an Goldchen. So wird aus dem Lustort ein Frustort, ein *locus inauspicatus*.

q. Wo Bäume in Rechtsquellen genannt werden, geht es – so schon im Zwölftafelgesetz (s. 5d) – zumeist um Nutzbäume. Die Römer untersagten 168 v. Chr. den besiegten Makedonen, Schiffsholz zu schlagen (Livius XLV

29). Der römische Jurist Alfenus, der 39 v. Chr. Suffektkonsul war, begrenzte den Nießbrauch an Wäldern, aus denen der berechtigte Nutznießer Unterholz und Äste entnehmen durfte: *si grandes arbores essent, non posse eas caedere* – „Wenn die Bäume groß sind, dann darf er sie nicht fällen" (Digesten VII 1, 11). Sie wurden zur Substanz gezählt, die durch *usus fructus* nicht geschmälert werden durfte. Ulpian überliefert eine Strafdrohung gegen das Abholzen von Maulbeerfeigen, mit denen die Nildeiche befestigt waren (Digesten XLII 11, 10). Die Kontrolle der Wälder oblag den inschriftlich oft erwähnten *saltuarii*. Daß nicht nur abgeholzt, sondern auch aufgeforstet wurde, ist belegt (Nenninger S. 62f). Der aus griechischer Zeit überlieferte Baumschutz für heilige Haine blieb unter den Römern in Kraft oder wurde bis in die Spätantike erneuert. Wir sahen es am Beispiel von Daphne in Syrien (s. 4s). Schon Augustus ließ einen General des Antonius, der auf Kos für den Schiffsbau heilige Bäume des Asklepios hatte fällen lassen, an Ort und Stelle hinrichten (Dio LI 8, 2f).

Besondere Schutzbestimmungen galten für kaiserliche Forsten. Schon im Hellenismus gab es königliche Wälder, die Diadochen folgten hier vermutlich persischem Vorbild. Livius (XXXVII 56, 2) bezeugt *silvae regiae* im kleinasiatischen Mysien für König Eumenes von Pergamon im Jahre 189 v. Chr. Salome, die Schwester des Königs Herodes, hinterließ der Kaiserin Livia, wie Josephus (Antiquitates XVIII 2, 2) erzählt, einen fruchtreichen Palmenhain bei der Stadt Archelaïs in Samaria. Aus Pannonien stammt die Inschrift eines kaiserlichen Waldaufsehers, *praepositus silvarum dominicarum* (CIL. III 4219), der zuvor Soldat war. Das Amt eines kaiserlichen oder privaten Waldhüters (*saltuarius*) ist in den Rechtsquellen (Digesten XXXII 60, 3; XXXIII 7, 12, 4), in der Literatur (Petron 53) und auf Inschriften (CIL. V 2383; IX 706) mehrfach bezeugt.

r. Aus Felsinschriften wissen wir, daß Kaiser Hadrian 138 n. Chr. den Wald auf dem Libanon als Staatsgut ausgrenzte (Dessau Nr. 9384ff). Fast zweihundert in den Fels gemeißelte Verbote entlang der gesamten ehemaligen Waldgrenze in heute nahezu baumlosen Gegenden warnten: *Imperator Hadrianus Augustus – definitio silvarum arborum genera quattuor, cetera privata* – „Kaiser Hadrian Augustus – Grenze der Wälder – vier Arten von Bäumen (gehören dem Kaiser), die übrigen sind privat" (Breton 1980). Schon die Zeitgenossen müssen hier Probleme gehabt haben, denn zumeist erscheinen auf den Steinen nur Abkürzungen der Anordnung wie IMP HAD AVG DFS AG IV CP, die mußte der Holzfäller – wie oben geschehen – auflösen und in seine griechische oder syrische Muttersprache übersetzen, konnte er das? – Und welche vier Baumarten reserviert blieben, wußte er das? Möglicherweise handelt es sich um die bei dem spätrömischen Militärschriftsteller Vegetius (IV 34, 2) genannten vier Holzarten für den Schiffsbau: Zypresse (*cupressus*), Pinie (*pinus domestica et silvestris*), Tanne (*abies*) und Lärche (*larix*). Letztere gedeiht aber auf dem Libanon nicht (Meiggs S. 86), so daß statt ihrer an die Zeder zu denken ist. Sachliche Gründe sprechen an Stelle der Pinie für die Eiche.

Geschützte Zedern gab es in Smyrna. Philostrat berichtet in seinen »Vitae Sophistarum« (614), daß um 200 n. Chr. der steinreiche Rhetor Herakleides, ein im übrigen unbekannter Mann, erhebliche Teile seines Vermögens verlor, weil er heilige Zedern hatte fällen lassen. Die Zufälligkeit dieser Nachricht gestattet die Vermutung, daß es sich nicht um einen Sonderfall handelt. Heilige Bäume, die nicht geschlagen werden durften, gab es an vielen Orten. Zeugnisse bieten die in Kleinasien gefundenen Steine mit sogenannten Beichtinschriften. Sünder nennen sich mit vollem Namen und Datum und bekennen ihre Schuld. Sie akzeptieren ihre Strafe, hoffen auf göttliche Gnade und warnen: „Groß ist der Zeus der Zwillingseichen! Stratonikos, Sohn des Euangelos fällte unwissend einen Baum des Gottes und wurde mit schwerer Krankheit heimgesucht. Er genas, weihte und mahnt: Schont die Eichen!“ So lautet eine Inschrift von 194/195 n. Chr. aus der Gegend von Pergamon. Ein Text des Jahres 235/236 n. Chr. gesteht einen Baumfrevel im Hain des Zeus Sabazios und der Artemis Anaïtis am Hang des Vulkans Sandalion (Sandal Divlit) in Pisidien, dessen Kiefern noch den Türken heilig waren und Sündern mit Krankheit drohten (Petzl S. 18; 99). „Sandal“ verweist auf den Sandelbaum. Er ist nach dem lydischen Gott Sandas oder Sandon benannt, dessen Priesterinnen „Sandalen“ trugen (Kretschmer S. 270). Baumschutzbestimmungen christlicher Kaiser kennen wir für die Zypressen von Daphne, die Bäume von Pergamon und den oberägyptischen Persea-Hain (s. 3k). Sie waren säkular motiviert.

s. Aus spätrömischer Zeit, die durch eine wieder gesteigerte Religiosität gekennzeichnet ist, besitzen wir zahlreiche Zeugnisse für die Kollegien der Dendrophoren. Das aus dem Griechischen stammende, dann ins Latein übernommene Wort bedeutet „Baumträger“ und begegnet auf Inschriften zumal in den westlichen und nördlichen Provinzen des Imperiums. Die Dendrophoren waren Kultgenossenschaften der Großen Mutter Kybele und ihres Geliebten Attis, dessen Auferstehung alljährlich bei der Frühlingstagundnachtgleiche am 22. März gefeiert wurde. Lydos (Menses IV 59) vermerkt *Arbor intrat* – „der Baum tritt herein“. Kaiser Claudius übernahm den Festzug mit der *pitys* aufs Capitol und zum Tempel der Magna Mater auf dem Palatin in den Staatskult. Bei dem Baum handelt es sich, entsprechend dem Ursprung des Kultes in Kleinasien, um die Pinie, *pinus in tutela est matris deum* – „die Pinie steht im Schutz der Göttermutter“ heißt es bei Servius (zu Aeneis II 16), doch dürfte man nördlich der Alpen dafür die mit ihr verwandte Fichte benutzt haben. Griechisch *pitys* und lateinisch *pinus* bezeichnen sowohl die Pinie als auch die Fichte. Ovid deutet in seinen »Metamorphosen« (X 104f) den Baum als den verwandelten Attis. Die

Kollegien der Dendrophoren waren vielfach zugleich Zünfte der Feuerwehr, der Kaufleute und der Zimmermänner und darum in fast allen Städten vertreten.

Unter den Söhnen Constantins schrieb der zum Christentum übergetretene Firmicus Maternus, ein Senator aus Syrakus, seine Kampfschrift gegen die Irrtümer der Heiden und berührt dabei den kleinasiatischen Baumkult (Kap. 27). Jedes Jahr werde der Göttermutter, der phrygischen Kybele, eine Pinie gefällt, an die man das Bild eines Jünglings binde – gemeint ist Attis. Ähnliche Riten verzeichnet er für Isis und für Proserpina, deren Holzbild feierlich in die Städte getragen werde – *Arbor intrat!* – doch erscheinen ihm das teuflische Nachäffungen der Heil bringenden Hölzer der Bibel – Brennholz für das Höllenfeuer.

Prozessionen, bei denen Bäume getragen wurden, werden uns bei den Kelten wieder begegnen und kamen ebenfalls bei den Griechen vor, so in Alexandria (s. 6f). Die Daphnephoria für Apoll in Böotien haben wir kennengelernt (s. 4j). In Athen hieß der ausgezierte Kultbaum bei den Festumzügen *eiresiōne*, in Sparta *korythalē*. Mit Vorliebe trug man Lorbeer- und Ölbaumäste. Die Verwendung von belaubten Zweigen im Kult war stets bei den Juden üblich (s. 2h), zumal bei den Frühlingsfesten, wo schon die Idee des Maibaumes aufscheint (Mannhardt I S. 161ff; II S. 212ff).

t. Wie im Westen, so hielt sich auch im Osten des Reiches der Baumkult bis in die christliche Spätantike. Abrahams Eiche bei Mamre (s. 2e) ist nicht das einzige Zeugnis. Der Kirchenvater Hieronymus berichtet um 400 n. Chr. in einem Brief (58, 3), daß Bethlehem, der heiligste Ort der Welt, nun den Christen gehörend, zuvor von den Anhängern des Tammuz, das heißt des Adonis besetzt gewesen sei, die dort die in einem heiligen Hain gelegene Geburtsgrotte des Heilands entweiht hätten, wo der Geliebte der Venus beklagt worden sei. Hieronymus schreibt im Praeteritum – zu seiner Zeit gab es den Kult und den Hain des Adonis nicht mehr. Daß dessen Anhänger eine christliche Kultstätte umgewidmet hätten, ist ebenso unwahrscheinlich, wie die Annahme plausibel ist, daß die Christen dies mit einem älteren sakralen Ort getan haben.

Höhlen und Haine waren hier wie sonst Orte sakraler Kontinuität. Dies zeigt sich ebenso in dem einsam in einem Hain auf dem Libanon gelegenen Astarte- oder Aphrodite-Tempel von Aphaka. Constantin ließ ihn zerstören, wie Euseb in seiner Constantin-Vita (III 55) meldet. Nichts spricht dafür, daß er die heiligen Bäume der verhaßten Göttin verschont hat. Im Winter stürzen die Wassermassen aus der Grotte, die Anlaß für die Anlage des Heiligtums gegeben hat. Das vom Regen im Frühjahr braunrot gefärbte Wasser galt im Altertum als Blut des von einem Keiler auf der Jagd getöteten Adonis, um den dann Aphrodite trauerte. In nachantiker Zeit wurde hier von maronitischen Christen wie von schiitischen Moslems die heilige Sarah verehrt. Ihr zu Ehren brannte bei meinem Besuch am 30. Januar 1965 ein Öllämpchen vor der Statuette der Heiligen, und bunte Votivlappen flatterten in den Ästen des Feigenbaums davor. Schon der allerchristlichste Kaiser Theodosius hatte Bänder (*vittae*) an Bäumen als heidnischen Aberglauben verboten (Codex Theodosianus XVI 10, 12) – offenbar ohne Erfolg, die Tradition war nicht völlig auszurotten. Den letzten Versuch dazu hat Justinian 542 unternommen, als Johannes, der Bischof von Ephesos, gegen die alten Kulte vorging, Tempel zerstörte, Schriften verbrannte und heilige Bäume umhauen ließ (RAC. XIII S. 1170f).

u. Die Römer waren keine großen Philosophen und überließen dies als brotlose Begriffsspielerei gerne den Griechen. Leuchtende Ausnahme ist hier Cicero, der zwar auch die Politik über die Philosophie stellte, aber dies in philosophischer Form tat, indem er griechisches Gedankengut aufgriff und weiterentwickelte. In zweien seiner philosophischen Dialoge verwendet er ein Baum-Exemplum, und zwar beide Male dasselbe Zitat von dem wenig bekannten römischen Komödiendichter Caecilius Statius, der 168 v. Chr. starb. Aus einem von diesem umgearbeiteten griechischen Lustspiel zitiert Cicero den Satz über den braven Landmann: *Serit arbores, quae alteri saeculo prosint* – „Er pflanzt Bäume, die dem folgenden Zeitalter zugute kommen sollen".

In seinen »Tusculanae disputationes« aus dem Jahr 45 v. Chr. sucht Cicero die Unsterblichkeit der Seele zu beweisen und bringt unter anderem eine Fülle von Beispielen, wie sehr sich die Menschen um die Zeit nach ihrem Tode kümmern: sie geben Gesetze und gründen Staaten, um sich einen Namen zu machen; sie zeugen und adoptieren Kinder, um ihre Familie zu erhalten; sie errichten Grabmäler, die bei Späteren Eindruck machen sollen; ja sie opfern ihr Leben im Kriege für die Größe ihres Vaterlandes. All das steht unter dem Motto jenes Statius-Zitats. Diese Sorge um die ferne Zukunft wäre unverständlich, meint Cicero, wenn die Menschen als unsterbliche Seelen die Früchte ihrer Mühen nicht aus dem Jenseits wahrzunehmen glaubten – und dieser *consensus universorum* ist in seinen Augen beweiskräftig für ein Leben nach dem Tode.

Überzeugender argumentiert Cicero mit jenem Bauernspruch in dem wenig später entstandenen Dialog »Cato maior oder Über das Alter« (22ff). Hier will er zeigen, daß auch in fortgeschrittenen Jahren und mit abnehmenden Kräften Sinnvolles geleistet werden kann und soll – gerade auf geistigem Gebiet: *Manent ingenia senibus, modo permaneat studium et industria* – „Der Geist bleibt den Alten, wenn sie es nur nicht an Mühe und Fleiß fehlen lassen". Wenn Cicero hier ein Beispiel aus der Landwirtschaft wählt, ist das eine Verbeugung vor dem älteren Cato, der ja ein überzeugter Landwirt war. Die Sorge um die Nachwelt vergilt die Schuld an die Vorwelt –

dies, so heißt es, sei eine Pflicht gegen die unsterblichen Götter, die das so eingerichtet haben.

Daß Cicero auch ein emotionales Verhältnis zu Bäumen besaß, bezeugt er in einem Brief an Atticus (XII 14). Nach dem Tode der Tochter suchte er Trost in der Waldeinsamkeit. Das Motiv hat nicht erst Ludwig Tieck erfunden: Die belebende Wirkung des Waldes auf Geist und Seele bestätigen Horaz (Briefe I 4, 4f), Tacitus (Dialogus 9, 6) und Plinius minor (Briefe I 6, 2): *silvae et solitudines cogitationis incitamenta*: Wald und Einsamkeit regen das Denken an.

v. Der bei Cicero nahtlose Übergang von der Philosophie in die Religion findet sich ähnlich bei Seneca, dem Stoiker aus der Zeit Neros. Im 41. seiner Lehrbriefe an Lucilius spielt Seneca gegen die traditionelle, konventionelle Götterverehrung vor Bildern in Tempeln das religiös gedeutete Naturerleben aus. Seine Beschreibung des Eindrucks, den ein Hain mit alten Bäumen erweckt, gehört zu den bemerkenswerten Zeugnissen für die ästhetische Begründung der Religion aus dem Naturerleben. „Wenn du einen Hain mit alten Bäumen betrittst, die durch Zahl und Größe andere überragen, und deren Geäst, sich gegenseitig schützend den Blick in den Himmel versperrt, dann wecken die schlanken Waldgewächse mit ihrem wunderbar geheimnisvollen Schatten doch den Glauben an eine Gottheit" (41, 3). Bäume faszinieren: Bei Vergil in der »Aeneis« (VIII 347ff) sind es die finsteren Gehölze auf dem Capitol Roms, die Angst vor einem unbekannten Gott – *quis deus, incertum est* – einjagen; bei Seneca ist es die Bewunderung der Bäume, ihre Größe (*altitudo*), ihre Schönheit (*proceritas*), ihr Reichtum an Schatten, der die Macht der Sonne zu brechen vermag. Dies erwecke das Gefühl einer nahen Gottheit: *fides numinis* und *suspicio religionis*. Seneca kommt hier der Idee seines Zeitgenossen Plinius (XXXVII 205) nahe, daß die Natur die wahre Göttin sei. Er beschließt sein Werk: *Salve, parens rerum omnium Natura, teque nobis Quiritium solis celebratam esse numeris omnibus tuis fave!* Sei gegrüßt Natur, Mutter aller Dinge, bleibe uns gnädig, die wir allein unter den Bürgern dich in allen Stücken gefeiert haben.

w. Dieser Gedanke einer vergötterten Natur war auch den späteren Stoikern vertraut, die ein „naturgemäßes" Leben forderten – freilich ein der menschlichen Natur entsprechendes. Das Verhältnis der Menschen zueinander illustriert das Baumgleichnis des Rhetors Fronto an seinen Schüler Marc Aurel. In einem Brief des Jahres 143 n. Chr. (I 3, 5f) verglich er zwei Arten von Liebe mit verschiedenen Bäumen. Die Liebe aus Überlegung und Berechnung gleiche Obstbäumen, die künstlich bewässert und gepflegt, dennoch ein karges Bild abgeben, im Gegensatz zu einer spontanen, natürlichen Liebe, stark wie Eiche und Tanne im Gebirge, wie Erle, Zeder und Kiefer, die von selber gedeihen, von Wind und Regen großgezogen werden. Die Liebe Marc Aurels wachse ohne Zutun mit den Zedern und Eichen – wäre sie bloße Pflichtübung, so käme sie über Myrte und Lorbeer nicht hinaus, zwar reich an Duft, doch arm an Kraft.

Als Kaiser verwendete Marc Aurel das Baumgleichnis ähnlich dem biblischen Weinstock, es findet sich in den »Selbstgesprächen« des Philosophen auf dem Kaiserthron. Als Stoiker vertritt er die Einheit und Gleichheit aller Menschen auf der Erde. Er vergleicht die Gesellschaft der Menschen (*politeuma*) mit einem Baum, dessen Zweige die Menschen darstellen. Ärgert sich einer über einen anderen, so trennt sich ein Zweig vom Ast und damit vom Baum als ganzem. Zwar möge sich der Einzelne mit seinem Nächsten wieder versöhnen, so wie ein Ast wieder aufgepfropft werden könne, doch bleibe eine Narbe, und beliebig wiederholbar sei das nicht (XI 8). An anderer Stelle verglich der Kaiser die Menschen, wie schon Homer (s. 4w), mit Blättern im Herbst, verweht vom Wind – so die Kinder, die Tadler, die Lobredner. Die einen werden heruntergeschüttelt – andere wachsen nach (X 34).

x. In wieder anderem Sinne erscheint der Baum in der neuplatonischen Denkwelt Plotins im 3. Jahrhundert n. Chr. Er stellt sich die Gesamtheit des Seienden als einen riesenhaften Baum vor, „dessen Lebenskraft (*zoē*) den ganzen Baum durchläuft, sein Urgrund (*archē*) aber verharrt in sich und zerstreut sich nicht über das Ganze, da er gleichsam in der Wurzel seinen festen Sitz hat. So verleiht dieser Urgrund dem Baum sein ganzes Leben in all seiner vielfältigen Fülle, bleibt jedoch selbst an seiner Stelle, denn er ist nicht selber Vielheit, sondern Urgrund dieses vielfältigen Lebens" (Harder III S. 28f). Mit der Einbeziehung des Erdreichs als Wurzelgrund geht Plotin über die sonstige Baummetaphorik hinaus: im Verhältnis des Bodens zum Baum versinnlicht er das zwischen Einheit und Vielheit, Träger und Getragenem, Ruhe und Veränderung: Die *archē* ist bei Plotin der göttliche Geist, der die Welt möglich macht. So spiegelt der Baum bei Homer das Verhältnis des Menschen zur Zeit, bei Platon das zu Gott und bei Marc Aurel das zu seinesgleichen, während Plotin das Bild ausweitet auf das Verhältnis zwischen Welt und Gott.

y. Wie im Finale einer Oper die Bühne sich füllt, so stehe am Ende dieses Kapitels die Versammlung der Bäume aus Ovids »Metamorphosen« (X 86ff). Der thrakische Sänger Orpheus, ein Sohn Apolls, der in der griechischen Sage mit seinem Kithara-Spiel die wilden Tiere anlockt und friedlich stimmt, machte auch die Bäume beweglich. Die griechische Sage aus Diodor (XXXVII 30, 2) wird ausgestaltet: Drei Jahre lang nach dem Tode seiner geliebten Eurydike hatte der göttliche Sänger auf Frauenliebe verzichtet und sich mit zarten Knaben begnügt, da saß er auf einem grasbewachsenen Hügel und schlug klagend seine Harfe: Nichts schütze sein Haupt vor Helios' Strahlen. Da kamen zu ihm, um Schatten zu spenden, die Bäume herzugewandelt: Die Sommereiche aus Dodona; die Pappel, Tochter der Sonne; die laubreiche Wintereiche; die sanfte Linde; die Buche und der jungfräuliche Lorbeerbaum; der schwankende Hasel; die Esche, zu Speerschäften geeignet; die grade gewachsene Tanne; die früchtereiche Stechpalme; die edle Platane; der vielfarbene Ahorn; die Weide vom Fluß und der wasserliebende Lotos; der immergrüne Buchsbaum; die zarte Tamariske; die zweifarbige Myrte; der von Blüten himmelhelle Schneeball; aber auch schmiegfüßiger Efeu und mit ihm der rebenreiche Weinstock und die von ihm liebevoll umflochtene Ulme; die Manna-Esche und die Kiefer; der mit roten Früchten beladene Erdbeerbaum und die biegsame Palme, der Preis des Siegers; die Pinie mit kahlem Stamm und struppiger Krone, heilig der Mutter der Götter. Zuletzt nennt Ovid die einer Wendesäule (*meta*) ähnliche Zypresse, deren Verwandlungsgeschichte er ausführt (s. 4s), bevor er dem Sänger das Lied von der Liebe des Götterkönigs zu Ganymed in den Mund legt.

z. Nach der Verbannung Ovids ließ Augustus die Schriften des Dichters aus den öffentlichen Bibliotheken Roms entfernen, so klagt er selber (Tristien III 1, 60ff). Dennoch zirkulierten sie in privaten Kreisen weiter. Insbesondere die Metamorphosen waren ein literarischer Erfolg. Unter allen lateinischen Gedichten in Hexametern wurden sie, wie Zitate aus den beiden folgenden Jahrhunderten beweisen, an Beliebtheit und Verbreitung nur durch Vergils Aeneis übertroffen. In der Völkerwanderungszeit allerdings und den folgenden dunklen Jahrhunderten gingen alle Handschriften bis auf eine einzige verloren, von der die unter und nach Karl dem Großen genommenen Abschriften abstammen. Sie verbreiteten sich rasch wieder, wie die Äste eines Baumes; Philologen nennen das Zeitbild der Manuskripte ein *stemma*, im Sinne von Stammbaum. Fast vierhundert mittelalterliche Manuskripte des Gedichtes sind erhalten. Die Baumliebe Ovids hat gewiß dazu beigetragen, denn sie wurde jenseits der Alpen geteilt. Damit kommen wir zu den Nordvölkern Europas.

6. Kelten, Germanen und Slawen

a. Hegels Kultur-Uhr
Kelten: Eiche b.
c. Taranis, der Donnergott
Heilige Haine d.
e. Druiden
Das Kultbäumchen von Manching f.
g. Martin: Baumsturz in Gallien
Heilige Bäume Irlands h.
i. Merlin und Artus
Die Schlacht der Bäume j.
k. *Germanen*: Caesar
Plinius l.
m. Tacitus
Bonifatius: Donar-Eiche n.
o. Ask und Embla
Yggdrasil p.
q. Irminsul und Stabkirche
Baumgleichnis r.
s. Holzgötter
Buch und Buchstabe t.
u. Blatt
Balten v.
w. *Slawen*
Birke x.
y. Eiche
Lehnin, Prag z.

Ich weiß, daß ich hing
am windigen Baum
neun Nächte lang …
Edda

6. Kelten, Germanen und Slawen

a. Im Winter 1830/1831 hielt Hegel zum letzten Mal seine Vorlesung über die Philosophie der Geschichte. Darin erklärte er seinen Berliner Studenten, wie der Weltgeist von Osten nach Westen und dann von Süden nach Norden gewandert sei und dabei, entsprechend dem Uhrzeigersinn, die Völker nacheinander aufgeweckt habe. Tatsächlich gibt es so etwas wie eine Kulturströmung, die vom Nahen Osten ausgeht, erst die Griechen, dann die Römer erfaßt, von diesen zu den Kelten, den Germanen und zuletzt zu den Slawen gelangt. Entwicklungen, wie sie im Süden Jahrhunderte zuvor stattgefunden haben, wiederholen sich zeitverschoben im Norden, bestimmt und beschleunigt durch den kulturellen Einfluß der höher zivilisierten Griechen und Römer. Wie bei diesen in ihrer Frühzeit finden wir in der keltisch-germanisch-slawischen Welt ein zunächst schriftloses Leben in Dörfern, eine Organisation in Sippen, Gefolgschaften und Stämmen, eine Beschränkung auf Holz als Baustoff, einen naturnahen Vielgötterglauben mit Menschenopfern und einen hohen Respekt vor Bäumen.

b. Die Zeiger auf Hegels Kultur-Uhr haben sich mitunter in entgegengesetzter Richtung bewegt, nämlich dann, wenn nicht die Kultur zu den Völkern ging, sondern diese zur Kultur drängten. Im Falle der Kelten spielten dabei Bäume eine Rolle, und zwar solche, die für eine feinere Lebensart nötig waren. In der Zeit um 400 v. Chr. kamen keltische Stämme über die Alpen nach Oberitalien, in die *Gallia Cisalpina*, wie man fortan sagte, von wo aus sie 386 v. Chr. Rom eroberten. Die Einwanderung von Gallien nach Italien erklärt Plinius (XII 5) mit der Anekdote, daß ein aus Rom heimgekehrter Kelte seinen Landsleuten drei Dinge mitbrachte: Feigen, Oliven und Wein – das habe sie zum Einmarsch bewogen. Verstehen wir dieses Motiv *pars pro toto* für die feinere Lebensart, so dürfte die Überlieferung nicht ganz abwegig sein.

In ihrem religiösen Verhältnis zu Bäumen standen die Kelten den Römern wie den Griechen nahe. Denn der heilige Baum der Kelten war die Eiche. Der im 2. Jahrhundert n. Chr. lebende Redner Maximos aus Tyros (Philosophumena II 8) beschreibt in seiner Rede über die Frage, ob man Götter in Menschengestalt abbilden solle, die verschiedenen Formen, in denen die Völker ihre Götter darstellen. Dabei erwähnt er das heilige Feuer der Lykier zu Olympos, den Aphrodite-Stein der Cyprioten zu Paphos, den Würfel, das heißt die Kaaba der Araber zu Mekka und auch die Eiche der Kelten. „Die Kelten (*Keltoi*) verehren den Zeus, und das Bild (*agalma*) des Zeus ist eine hochgewachsene Eiche“. An welches Land Maximos denkt, ist unklar. Aus der Zusammenstellung der von Maximos genannten Völker ist aber zu vermuten, daß er nicht die Kelten im fernen Gallien meint, die ja damals schon unter römischem Einfluß menschengestaltige Götterbilder verehrten, sondern die Kelten in seiner Nähe, in Galatien, in Zentralkleinasien, deren Glauben an die Planetengötter (*stoicheia*) Paulus in seinem Galaterbrief (4, 9) bekämpft. Hat die Eiche etwas mit dem Planeten Jupiter zu tun?

Wie sich die Eiche zu dem Gott verhält, der sich in ihr verkörpert, wissen wir nicht. Das war bei den Kelten vermutlich ebenso vieldeutig wie bei den Griechen das Verhältnis zwischen dem Zeus auf dem geographischen Olymp und dem Zeus des Phidias in Olympia oder wie für den orthodox Gläubigen das Verhältnis zwischen Maria Theotokos im Himmel und der Ikone, die sie darstellt. Naive Frömmigkeit identifiziert Bild und Dargestelltes, reflektierter Glaube hält beides mehr oder weniger auseinander, respektiert aber im Gegenstand dessen Würde in den Augen anderer. So auch hier. In einer wie auch immer zu denkenden Weise war für die Kelten die Eiche mit dem Donnergott verknüpft, war jedenfalls göttlicher Natur.

c. Der Name des keltischen Eichengottes lautete Taranis, lautmalend abgeleitet von keltisch *taran* – donnern. In den Scholien zu Lucans »Pharsalia« (I 446) wird er *Ditis pater* genannt und als Lenker der Schlachten und höchster der Himmelsgötter bestimmt. Früher seien ihm Menschen geopfert, in hohlen Baumstämmen verbrannt worden – derartiges ist vielfältig historisch und archäologisch bezeugt – heute aber, das heißt in der Kaiserzeit, begnüge man sich mit Rinderopfern. Eine Inschrift für den Gott aus Glanum bei Marseille (CIL. XII p. 820) bezeugt seine Verehrung schon in früher Zeit: sie verwendet griechische Buchstaben. Taranis entspricht in seiner Eigenschaft als Blitz- und Eichengott dem germanischen Thor oder Donar, nicht jedoch in seinem Rang als Göttervater. Darin ist Taranis mit Juppiter und Zeus gleichzusetzen, denen in diesem Betracht germanisch Odin oder Wotan zuzuordnen ist. Bildliche Darstellungen aus Gallien zeigen Juppiter-Taranis mit Eiche, Blitz und Adler, aber auch mit einem Rad, das an den Streitwagen gemahnt, mit dem der Gott über den Himmel rollt.

Der mit dem römischen Kriegsgott Mars gleichgesetzte Esus (s. Abb. 8) wird als Holzfäller abgebildet. So zeigt ihn ein Steinaltar aus dem 1. Jahrhundert n. Chr. aus Paris (CIL. XIII 3026). Man wird ihn darum nicht als einen Baumfeind ansprechen dürfen, eher als jemanden, der Zweige für den Kult abhaut, so wie der Druide Misteln schnitt (s. 6e). Die Menschenopfer, mit denen man Esus besänftigen wollte, wurden an den ihm geweihten Bäu-

8 Mars-Esus. Römischer Steinaltar, 1. Jh. n. Chr.

men aufgehängt, bis sie sich ausgeblutet hatten – so heißt es in einer Scholie zu Lucan (I 444ff): *Hesus Mars sic placatur: homo in arbore sic suspenditur, usque donec per cruorem membra digesserit.* Einen göttlichen (?) Holzfäller kennen wir auch von einem Relief aus Trier, das dem Merkur gewidmet ist; aus dem Baum schauen Köpfe von Tieren, darunter ein Rind (RE. 11, S. 695). Ein Monument in Paris zeigt einen Baum, an dessen Ästen Menschenköpfe, *têtes coupées* hängen (Duval S. 59). Die Sitte wird für die thessalischen Phlegyer (s. 4f) und die germanischen Cherusker erwähnt (s. 6m).

Allein aus Inschriften der Kaiserzeit kennen wir den in Aquitanien verehrten Gott der sechs Bäume *Sexsarbor Deus*, den Eichengott *deus Robur* und den Buchengott *deus Fagus* (Dessau 4531f). Den Nymphen der Eiche *Fatae Dervones* opferte man bei Brixen (Dessau 3762); die in den Dolomiten spukende *Drusilla* könnte eine „Eichenfee“ gewesen sein; der Name *Drusina* auf spanischen Inschriften der Kaiserzeit darf mit „Eichengöttin“ wiedergegeben werden (Année Epigraphique 1995 Nr. 868f). Der in Spanien verehrte *Deus Aernus* (CIL. 2606f) könnte mit *ornus* – Bergesche zusammenhängen; diesen Baum nennt Lucan (III 440) im heiligen Hain bei Massilia (s. 6d).

d. Die Kelten in Gallien, Britannien und Zentralanatolien verehrten ihre Götter ähnlich wie die Griechen und Römer in ihrer Frühzeit in heiligen Hainen (Lucan I 453f), wo sie neben ihren hölzernen Götterbildern ihre Feldzeichen und Beutestücke verwahrten (Caesar VII 2, 2). Das keltische Wort für den heiligen Hain lautet *nemeton*, verwandt mit lateinisch *nemus* in derselben Bedeutung (s. 5c). Es findet sich in Ortsnamen von Galatien (*Drynemeton* – Eichenhain) über Kärnten (*Tasinemetum* – Eibenhain), Obergermanien (*Nemetes*), Gallien (*Nemetocenna, Nemetacum*) und Spanien (*Nemetobriga*) bis Britannien (*Vernemeton, Nemetostatio, Medionemeton*) und Irland, wo die Form *neimed* lautet (Lucas S. 27).

Zu Schutzgottheiten personifizierte Gehölze erscheinen auf römerzeitlichen Inschriften, so *Nemetona* in der Einzahl (Dessau 1010; 4586), die *Matres Nemetiales* (CIL. XII 2221), vermutlich zu dritt, und *Mars Rigonemetis*, Mars der „Hainkönig“. In diesen Zusammenhang gehört ein Hinweis bei Alexander von Humboldt (1861, S. 105) auf eine Eiche, die 1809 in der Nähe von Abbéville, bei Yseux im Département Somme gefunden wurde. Der in einer Torfgrube erhaltene Stamm zeigte einen Durchmesser von 14 Fuß, daneben lagen „gallische Helme“. Das deutet auf einen keltischen Opferplatz.

Die ausführlichste Schilderung eines keltischen Götterhains stammt von Lucan, der um 60 n. Chr. unter Nero dichtete. Er beschreibt, wie Caesar 49 v. Chr. für die Belagerung von Marseille Bäume fällen ließ und dafür auch einen heiligen Hain der Gallier abholzen wollte. Der Dichter schildert das schauerliche Dunkel, wo kein Pan, kein Silvanus, keine Nymphen wohnten, sondern die Bäume mit dem Blut von Menschenopfern besudelt waren. So schreckenerregend war der von Erdbeben und Waldbränden heimgesuchte, von Schlangen wimmelnde Moderort, daß kein Tier und kein Vogel, kein Wind, ja nicht mal ein Blitz sich hineinwagte. Die Legionäre zitterten, als sie das Beil an die heiligen Stämme legen sollten, an die Eiben, Eschen und Zypressen – bis Caesar selbst zur Axt griff und eine himmelhohe Eiche umlegte (III 399ff). Die Rache der Götter blieb aus, sie waren machtlos gegen Caesar und sein Glück. Die modernen Lokalisierungsvorschläge Aygalades, Saint-Pons und Sainte-Beaume sind bloße Vermutungen. Es ist nicht einmal sicher, daß der Dichter einen bestimmten Hain meint.

Die Episode inspirierte Conrad Ferdinand Meyer zu dem Gedicht »Das Heiligtum«

Waldnacht. Urmächt'ge Eichen, unter die
Des Blitzes greller Strahl geleuchtet nie!
Dämmernde Wölbung, Ast in Ast verwebt
Von keines Vogels Lustgeschrei belebt!
Ein brütend Schweigen, nie vom Sturm gestört,
Ein heilig Dunkel, das dem Gott gehört.
Darin, umblinkt von Schädel und Gebein
Sich ungewiß erhebt ein Opferstein ...
Es rauscht. Es raschelt. Schritte durch den Wald!
Das kurze römische Kommando schallt.
Geleucht von Helmen! Eine Kriegerschar!
Vorauf ein Gallier und ein Legionar:
„Die Stämme können dienen. Beil in Schwung!
Cäsar braucht Widder zur Belagerung!"
Erbleichend spricht der Gallier ein Gebet,
Den Römer selbst ergreift die Majestät
Des Orts, doch hebt gehorchend er die Axt -
Der Gallier flüstert: „Weißt du, was du wagst?
Die Stämme – diese Riesen – sind gefeit,
Hier wohnt ein mächt'ger Gott seit alter Zeit,
In dessen Nähe nur der Priester tritt,
Ein totenblasses Opfer schleppt er mit.
Versehrtest nur ein Blatt du freventlich,

Stracks kehrte sich die Waffe wider dich!" ...
Die heil'gen Eichen drohen Baum an Baum,
Die Römer lauschen bang und atmen kaum,
Schwer, schwerer wird der Hand des Beiles Wucht,
Und ihr entsinkt's. Sie stürzen auf die Flucht.
„Steht!" und sie stehn. Denn es ist Cäsars Ruf,
Der ihre Seelen sich zu Willen schuf!
Er ist bei seiner Schar. Er deutet hin
Auf eine Eiche. Sie umschlingen ihn,
Sie decken ihn wie im Gedräng der Schlacht,
Sie flehn. Er ringt. Er hat sich losgemacht,
Er schreitet vor. Sie folgen. Er ergreift
Ein Beil, hebt's, führt den Schlag, der saust und pfeift ...
Sank er verwundet von dem frevlen Beil?
Er lächelt: „Schauet Kinder, ich bin heil."
Erstaunen! Jubel! Hohngelächter! Spott!
Soldatenwitz: „Verendet hat der Gott!"
Die Rinde fliegt! Des Stammes Stärke kracht!
Vom Laub zu dunklerm Laube flieht die Nacht.
Die Beile tun ihr Werk. Die Wölbung bricht,
Und Riesentrümmer überstömt das Licht.

Lucans, von Meyer übernommene Schilderung ist poetisch ausgestaltet, doch wirkten andere Haine ähnlich auf die Römer, so der auf der Insel Mona (Anglesey) zwischen England und Irland, ebenfalls ein Kultplatz für Menschenopfer, wie Tacitus (Annalen XIV 30) zum Jahre 61 n. Chr. bezeugt, und der von Cassius Dio (LXII 7, 3) beschriebene Opferhain der Siegesgöttin Andate, gleichfalls in Britannien. Gemäß Tacitus beseitigten die Legionäre die Haine als Orte üblen Aberglaubens. Diese Beschreibungen sind bisweilen als Barbarentopik abgetan worden, doch sprechen archäologische Befunde eine deutliche Sprache. In Ribemont-sur-Ancre (Departement Somme) fand man einen *bois sacré*, in dem 40.000 Männerknochen aufgestapelt waren. Nach den zu Tausenden zählenden Waffenfunden handelt es sich um die Opfer einer Schlacht, die im frühen 3. Jahrhundert v. Chr. dort den Göttern geweiht wurden. Da die Schädel fehlen, dürften diese als Trophäen von den Siegern mitgenommen worden sein, die man daheim über die Haustür hängte oder in Schatztruhen verwahrte, wie Poseidonios berichtet (Diodor V 29, 4).

Die Galater in Kleinasien feierten ihr Kultfest im „Eichenhain" Drynemeton, wo zugleich die dreihundert Gesandten der Stämme zu Gericht und Beratung zusammentraten, wie Strabon (XII 5, 1) meldet. Das Zentralheiligtum der Gallier, da sich die Druiden – Caesar berichtet das in seinem »Bellum Gallicum« (VI 13, 10) – alljährlich versammelten, lag im Carnuten-Wald um Chartres. Hier wurde die Erhebung des Vercingetorix beschlossen (VII 1f). Wie in vielen heidnischen Kultstätten wurde in dem heiligen Hain während der Spätantike eine Kirche errichtet, die Vorläuferin der heutigen Kathedrale. Wichmans (1632 S. 12) fabuliert, die Druiden dort hätten Maria unbewußt schon vor ihrer Geburt verehrt, und belegt das mit einem gefälschten Caesar-Zitat, wonach der Hain einer Jungfrau gewidmet sei, die einst gebären werde (*locus Virgini quondam Pariturae consecratus*). Die Kontinuität ist kein Einzelfall: zahlreiche heidnische Kultstätten wurden christlich übergründet (Mâle S. 58).

Wichmans (S. 210ff) erwähnt Widerstand gegen die Christianisierung heidnischer Rituale, besonders gegen das Verbot der Verwendung von grünen Zweigen und Lichtern bei religiösen Festen. Er selbst aber lobt die Verwandlung und feiert in ihr den Triumph des Christentums über die Dämonen. Insbesondere der bei den Heiden gepflegte Baumkult sei so überwunden. Als allerheiligster Baum habe die Eiche gegolten, *quercus divinissima*. Nun habe Maria von den heiligen Bäumen der Belgen Besitz ergriffen – die *Marianae Arbores* bestätigten sich durch mannigfache Wunder (s. 7c).

e. Der Name der Druiden wird auf *dru-vid* zurückgeführt. Der erste Wortbestandteil verweist auf die Eiche, griechisch *drys* (s.4f), der zweite ist verwandt mit griechisch *videre*, deutsch *weise*. Druiden sind mithin „eichenkundige“ Priester. Sie glaubten, alles was mit der Eiche zu tun habe, stehe dem Himmel und den Göttern nahe. Am sechsten Tage nach Neumond, der bei ihnen als Monatsanfang gewertet werde, opferten sie, so heißt es, zwei weiße Stiere zum Festmahl unter dem Baum. In Weiß gekleidet, steige der Priester ins Geäst, schneide die Mistel mit goldener Hippe (*falx*) – wohl ein Bronzegerät gemäß einem Eisentabu (s. 5d) – und lasse sie auf ein weißes Tuch fallen. Nichts sei den Galliern heiliger, schreibt Plinius (XVI 249ff) als die Mistel, die auf Eichen wächst. Die misteltragende Eiche sei weder durch Wasser noch durch Feuer zu vernichten (XIII 119). Auch das Eichenlaub werde beim Opfer verwendet. Als Motiv für die Verehrung der Mistel nennt Plinius deren Seltenheit, doch gilt dies nur für jene Art, die auf Eichen gedeiht, botanisch *Loranthus europaeus*, nicht für die überall gedeihende gemeine Mistel *Viscum album*. Schon Theophrast (III 16,1) unterscheidet die Eichenmistel, griechisch *ixia*, von der Weißen Mistel *hyphear*.

Aus der Mistel brauten die Druiden gemäß Plinius einen Heiltrank – findet doch die Mistel noch in der modernen Medizin Verwendung! Die Heilwirkung ist freilich nicht über jeden Zweifel erhaben. Der Mistel als einer außergewöhnlichen Pflanze traut man auch außergewöhnliche Kräfte zu, und wenn nach der Mistelkur die Gesundheit wiederhergestellt ist, dann wird aus dem *post hoc* ein *propter hoc* – durch reiche Erfahrung

9 Kessel von Gundestrup, 1. Jh. v. Chr. (?), Kopenhagen

bestätigt. Magische Kräfte besitzt die misteltragende Eiche auch bei Vergil (VI 201ff). Aeneas bricht einen goldenen Zweig von ihr, damit sie ihm auf dem Weg in die Unterwelt des Avernus voranleuchte (s. 5c).

f. Ein singuläres Dokument keltischer Baumverehrung ist das Kultbäumchen von Manching (Maier 1990). Es wurde am 30. Oktober 1984 während der Ausgrabung des Oppidums bei Ingolstadt entdeckt. In einer offenbar eigens ausgehobenen Grube fand sich, sorgsam in ein Kästchen eingebettet, ein schlanker, 70 cm hoher Holzpfahl, mit Goldblech ummantelt, von dem ein Ast abzweigt. An dem Stamm hängen neun herzförmige Blätter aus vergoldetem Bronzeblech, dazu Knospen und Früchte. Das Ganze war mit einem Dorn auf einer geometrisch gemusterten, goldbelegten Holzplatte – vermutlich abnehmbar – befestigt. Das in die Mitte des 3. Jahrhunderts v. Chr. datierte Bäumchen war entweder eine Votivgabe oder Requisit für eine Prozession. Für beide Verwendungen gibt es Parallelen aus dem griechischen Raum. Pausanias erwähnt metallene Bäume als Weihgaben in Olympia (VI 19, 8) und Delphi (X 15, 4). Athenaios (201 B; 202 C) nennt Prozessionsbäume aus dem hellenistischen Alexandria. Näher liegt eine Szene auf dem Kessel von Gundestrup, wo sechs Krieger einen stangenförmigen Baum mit Wurzeln und Blättern oder Blüten auf den Spitzen ihrer Speere tragen (s. Abb. 9). Das Werk stammt vermutlich aus dem 1. Jahrhundert v. Chr.

g. Von vielen Orten der Alten Welt erfahren wir Näheres erst anläßlich ihrer Zerstörung: so von Troja, von Karthago, von Jerusalem. Dies gilt ebenso für die keltischen Heiligtümer, sowohl für jene, die bei der römischen Eroberung ihr Ende fanden, als auch für jene, die in der Spätantike dem christlichen Missionseifer zum Opfer fielen. Der Kirchenvater Sulpicius Severus schreibt in seiner Biographie des heiligen Martin von Tours (Kapitel 13), wie der Glaubensstreiter, begleitet von „bewaffneten Engeln“,

10 *Der heiligen Martin läßt einen heidnischen Kultbaum fällen. Kapitell, 1130, Vézelay*

unter den ersten christlichen Kaisern um 380 die heidnischen Kultstätten in Gallien in christliche umwandelte, nachdem er die Götzen zerschlagen, die heiligen Quellen verunreinigt, die Götterbäume umgehauen hatte. Über den weitverbreiteten Widerstand der Landbevölkerung unterrichtet uns namentlich folgende Begebenheit. In einem Dorf hatte der Heilige einen uralten Tempel niedergerissen und wollte nun auch den daneben stehenden Baum fällen. Der Autor spricht von einer *arbor pinus*, einer Föhre oder einer Fichte, die bei den Griechen der Kybele (s. 5s), bei den Römern der Diana geweiht war und vermutlich auch bei den Kelten einer Göttin gehörte. Die anwesenden Heiden widersetzten sich dem Vorhaben, selbst der örtliche Bischof riet ab. Martinus aber blieb hart: nichts Göttliches sei in dem Stamm, er müsse verschwinden, denn er sei den Dämonen geweiht. Darauf erklärte ein Gallier: „Bist du wirklich ein Gottesmann, dann fängst du den Baum mit der Hand auf, wenn wir ihn fällen". Dies versprach Martin. Man band ihn an der Stelle fest, wo der Baum seiner Neigung entsprechend hinfallen mußte. Dann hieben sie ihn um. Der Baum kippte, Martin erhob die Hand zum Segen, – da fiel der Baum – o Wunder! – in die Gegenrichtung und hätte fast einige Bauern erschlagen. Nun bekehrten sich die

Heiden, und Martin errichtete an Ort und Stelle – wie auch anderwärts – eine Kirche (s. Abb. 10). Eine sehr ähnliche Erzählung bieten die Legenden des heiligen Nikolaus von Myra (s. 4s).

Der Baumsturz des heiligen Martin war keine isolierte Aktion. Zu Beginn des 5. Jahrhunderts monierte Bischof Amator von Auxerre den Brauch der Jäger, die Köpfe des erlegten Wildes an einem heiligen Birnbaum aufzuhängen. Der Brauch wird durch das Merkur-Esus-Relief (s. 6c) aus Trier bestätigt. Auch spätrömische Quellen kennen ihn, so der Dichter Claudian (s. 5b). Da der Protest des Bischofs gegen den Opferbrauch verpuffte, ließ der Kirchenfürst den gotteslästerlichen Baum samt der Wurzel ausreuten (Acta Sanctorum, Mai I, S. 57).

Um 450 hat der heilige Maurilius von Angers Bäume beseitigt. Seine Vita (PL. 88, S. 572) berichtet von einem felsigen Berg im *pagus Commonia*, benannt *rupes vel lucus Martis*, wo sich Heiden unter Bäumen zu ihrem Jahresfest für Mars-Lenus versammelten. Sieben Tage lang habe man dort gezecht, getanzt und geschwärmt. Dabei sei es zu Schlägereien, ja zu Todesfällen gekommen. Maurilius mit einigen Brüdern erschien am Ort, verweilte eine Nacht mit Beten und Fasten, bis beim Hahnenschrei ein unerträglicher Gestank entstand. Darauf hätten die Heiden, durch Gottes Macht erschreckt, sich dem Bischof nicht widersetzt und mit ihm gemeinsam die Bäume gefällt und verbrannt. Auf dem so gereinigten Hügel habe Maurilius eine Marien-Basilika errichtet und den Ort in *Castrum Petrae* umbenannt.

Wie im Mittelmeer-Raum (s. 2e; 4s; 5t) so hat auch bei den übrigen Kelten die Kirche den vorchristlichen Baumkult wiederholt zu vernichten gesucht. Die zweite Synode von Arles bestimmte im Jahre 452: „Wenn in einer Diözese Ungläubige Fackeln anzünden, Bäume, Quellen oder Felsen verehren und der zuständige Bischof diese Heiligtümer zu zerstören unterläßt, begeht er ein Sakrileg. Der Grundherr oder Verwalter soll eine entsprechende Ermahnung erhalten; folgt er ihr nicht, wird er exkommuniziert" (Kanon 23). Daß diese Verordnungen wie so viele Gesetze nur begrenzte Wirkung hatten, ergibt sich aus späteren Wiederholungen in der Merowinger-Zeit. So befahl die Synode von Tours 567 den Bischöfen, die Verehrung von Felsen, Bäumen und Quellen zu unterbinden (Kanon 23); und die im Jahre 578 zu Auxerre versammelten Bischöfe wiederholten das (Kanon 3). Noch Karl der Große hat in seinem Capitulare vom 23. März 789 dagegen gewettert, daß von törichten Menschen bei Bäumen, Felsen und Quellen Lichter angezündet und abergläubische Handlungen vollzogen würden. Dieser üble, gottverhaßte Brauch solle überall, wo er gefunden werde, gründlich beseitigt werden. *Item de arboribus vel petris vel fontibus, ubi aliqui stulti luminaria vel alias observationes faciunt, omnino mandamus, ut iste pessimus usus et Deo execrabilis, ubicumque inveniatur, tollatur et distruatur* (MGH. Capitularia I S. 59). In England verbot Bischof

Wulfstan von York ums Jahr 1000 heidnische Kulte, darunter die Verehrung von Bäumen, eigens genannt wird der Holunder. Ende des 13. Jahrhunderts folgte eine ganze Welle von Erlassen gegen den Baumkult in Südengland (Hutton S. 299f). Wie weit als heidnisch verstandene Baumsitten im französischen Mittelalter üblich waren, ergibt sich aus dem Prozeß gegen die Jungfrau von Orléans (s. 7a).

h. Trotz der im ganzen erfolgreichen Bekämpfung des Heidentums haben einzelne heilige Bäume ihren vorchristlichen Charakter lange bewahrt. Das zeigt sich im mittelalterlichen Europa (s. 7c, d), insbesondere in Irland. Die Insel ist reich an heiligen Bäumen, das Wort für solche lautet im Irischen *bile*. Fünf von ihnen ragen heraus, sie stehen für die einzelnen Landesteile. Schon im 8. Jahrhundert wird Bile Tortan in der Grafschaft Meath erwähnt. Jüngere Quellen bezeichnen den Baum als Esche, geben ihm gigantische Maße und berichten, daß sich dort die Leute von Tortu versammelt hätten. Um sie zu demütigen, ließ der König von Tara den Baum 982 fällen (Hutton S. 293). Möglicherweise handelt es sich um einen Totembaum (Lucas S. 25). Der Schwesterbaum Eo Mugna bei Kildare soll Eicheln, Äpfel und Haselnüsse zugleich getragen haben. Eo Rossa war eine hochgepriesene Eibe, die der heilige Laserian durch seine Gebete zu Fall gebracht haben soll, um seine Kirche einzuwölben. Die beiden übrigen Bäume waren wiederum Eschen. Laserians Tat war für Irland ungewöhnlich – zumeist wurde die Baumverehrung dort in christlicher Zeit fortgesetzt (s. 7h).

i. Bäume spielen ebenso in der profanen Literatur der nachantiken Kelten eine bemerkenswerte Rolle, so in der Erzählung vom immergrünen Jenseitsbaum auf den Inseln der Seligen im Westmeer, auf dessen goldenen Zweigen die Vögel von Rhiannon alias Viviane singen – wer sie hört, ist der Zeit entrückt. Drei Gewächse sind mit der Gestalt des sagenhaften Barden und Zauberers Merlin verbunden. Einige walisische Gesänge aus dem Schwarzen Buch von Carmarthen, das im 9. Jahrhundert entstanden sein dürfte (Jarman 1981, S. 107ff), zeigen uns den in Wäldern Schottlands umherirrenden *Outlaw* des späten 6. Jahrhunderts n. Chr. namens Myrddin. Ein Lied trägt den Titel »Afallennau« – Apfelbäume. Jede Strophe beginnt mit einem Anruf: „Süßer Apfelbaum, der du auf der Lichtung wächst!" Der Baum hat die Fähigkeit, sich selbst und Myrddin oder Merlin vor dessen Feinden zu verbergen, kann aber dem Verfolgten den Schutz durch seinen gefallenen Fürsten und die Gunst seiner fernen Geliebten nicht ersetzen. Aus dieser und anderer Überlieferung komponierte der im 12. Jahrhundert in Oxford lebende Magister Galfred alias Geoffrey aus Monmouth in Süd-Wales seine lateinische »Vita Merlini« und die legendäre, für die Artus-Tradition wichtige »Historia regum Britanniae«. Hier fabuliert Galfred (XI 2), König Artus sei nach seiner Verwundung auf die Insel Avalon entrückt worden, die im Atlantik liegt. Der Ort gemahnt an

11 Merlin im Weißdorn von Alan Lee, 1988

die Insel der Seligen, der Name ist von keltisch *avall* – Apfel abgeleitet und verweist auf die Äpfel der Hesperiden (s. 2c).

In der durch Robert de Boron um 1200 gestalteten und von einem anonymen Dichter fortgesetzten altfranzösischen Merlin-Sage spielt sodann der Weißdorn eine Rolle. Der Zauberer hat sich in die Fee Viviane verliebt, diese aber verbannt ihn im Wald Brocéliande unter den Strauch, wo er ihre Liebe genossen hat (s. Abb. 11), um ihn immer für sich zu haben (Sandkühler S. 160). Heute zeigt man das Grab Merlins bei Drumelzier in Schottland am Zusammenfluß von Tweed und Powsail. Es wird markiert durch einen Weißdorn, der 1928 weggeschwemmt wurde, aber seit dem 1. April 1996 den Keltenfreund wieder erfreut. Dies verrät das Internet.

Ein aus dem Wanderstab Josephs von Arimathia ergrünter Weißdorn zierte das Kloster Glastonbury, wo das Grab von König Artus gezeigt wurde. Die Mönche überreichten jeweils zur Weihnacht dem englischen König einen Weißdornzweig, bis der Baum von Cromwells Puritanern 1649 gefällt wurde. Der Weißdornstrauch erscheint in der irischen Folklore vielfach, namentlich seit der Entwaldung Irlands im 16./17. Jahrhundert. Ein alter Dornbusch bei Loughanstown in der County Westmeath gilt als der „Nabel Irlands“ (Lucas S. 46f). Auf altheidnische Bräuche in Gallien ist zu schließen, wenn auf der Synode von Tours 567 untersagt ward, Gelübde an Bäumen, Quellen und Dornsträuchern (*buisson*) einzulösen (s. 6g).

Schließlich überlebte auch die Eiche bei den Kelten des Mittelalters (s. 7c). *Magic Oak Trees* finden sich namentlich in Wales und sind auf diese oder jene Weise mit der Artus-Legende verbunden: so die Eiche von New Castle, Gwent, von Owain alias Iwein persönlich gepflanzt, und die *Demon Oak* im Nannau-Park bei Dolgelly, in deren Höhlung Owain die Leiche des von ihm ermordeten Vetters versteckt haben soll. Die Stadt Carmarthen im westlichen Wales verband ihr Schicksal mit dem Stumpf ihrer „Merlin-Eiche“, so wie die Stadt Athen einst das ihre mit dem heiligen Ölbaum auf der Akropolis (s. 4g). Dem Glauben an ihren Ursprung durch Merlin persönlich stand die Überlieferung entgegen, daß sie am 19. Mai 1659 von einem Schulmeister gepflanzt worden sei. Im 19. Jahrhundert soll sie ein Puritaner zerstört haben, der Anstoß daran nahm, daß sich die Einwohner Tag und Nacht unter ihren Zweigen versammelten. Er muß wohl zudem religiöse Gründe gehabt haben. Jarman (1960, S. 28) beschreibt sie als einen fast nur noch aus dem Korsett von Eisen und Zement bestehende Eichenstamm, wohlbehütet von den einheimischen Autoritäten angesichts der Prophezeiung: *When Merlin's Tree shall tumble down/Then shall fall Carmarthen Town.* Gleichwohl hat die Stadt den Baum überlebt. 1978 fiel er der Verkehrsplanung zum Opfer – ohne daß die Stadt zugleich abstarb.

j. Moderne Esoterik beherrscht die Baumbezüge im nachantiken Keltentum. Zu dieser okkulten Literatur zählen das dubiose „Baum-Orakel“ und das ominöse „Baum-Horoskop“, inspiriert durch das allerdings authentische „Baum-Alphabet der Kelten“. Dabei handelt es sich um die im 5. Jahrhundert n. Chr. erfundene Ogam-Schrift, die von den Westkelten vor der Übernahme des ABC benutzt wurde und durch Grab- und Grenzsteine bekannt ist. Mittelalterliche Quellen sprechen von Aufzeichnungen auf Brettern und nennen die Buchstaben *fid* -, wiederum verwandt mit *videre* und *weise*; das Wort bedeutet einerseits Weisheit oder Kenntnis, andererseits Holz oder Baum. Die Zeichen tragen Pflanzennamen, entsprechend dem Anfangsbuchstaben. Daher heißt das Alphabet auch nach den ersten drei Symbolen *beithe – luis – nin*, „Birke – Orne – Esche“. Ob bei der Auswahl der Namen über deren mnemotechnische Funktion hinaus irgendein symbolischer Hintersinn mitgesprochen hat, ist unerwiesen, bietet indes der Spekulation vielfältige Handhaben.

Diese Möglichkeiten werden nahezu erschöpfend genutzt im Kultbuch der jüngsten Keltenrenaissance, bei Robert Graves, *The White Goddess*. Das Buch erschien 1948; die 6. deutsche Auflage von 1999 heißt: Robert von Ranke-Graves, Die Weiße Göttin. Der vielgelesene Romancier, Dichter und Literaturprofessor distanziert sich mit seiner „Baumlehre" von der akademischen Welt, der sein deutscher Ur-Großvater angehörte, Leopold von Ranke, der Altmeister der historisch-kritischen Methode. Gelehrte, so Graves, seien bloße Steinklopfer, die ihm als Baumeister das Material böten. Wichtigster Lieferant ist James Frazer (s. Vw.).

Graves verfügt über eine stupende Quellenkenntnis, seine Zitate sind im allgemeinen seriös, belegen im einzelnen jedoch gerade das nicht, was er aus ihnen herausliest. Das aus ihnen zusammengesetzte religionsgeschichtliche Weltgebäude ist eine exzentrische Phantasmagorie, verfaßt in inspiriertem Zustand „universeller Erleuchtung", wie er betont, unterstützt durch den Genuß von Pilzgift (*psilocybe*). Er gehorcht seinem „analeptischen Ich", das ihm Lust bereitet, und gesteht ein grundsätzliches Unvermögen, in Prosa klar zu denken. Seine gleichwohl prosaische Darstellung ist durch ihre allegorisierende Mytho-Logik von beträchtlicher Suggestivkraft. Man gewinnt den Eindruck, daß er selbst an sein Konstrukt geglaubt hat. Ein keltischer Grundtext wird zum Kristallisationsfaden für Materialien aus der antiken und der biblischen Welt, aus der mesopotamischen und der ägyptischen Zeit, aus den Kulturen Zentralafrikas, Altmittelamerikas und der paläolithischen Höhenmalerei – es fehlt nur Fernost.

Ausgangspunkt ist ein kymrisches Gedicht, das dem walisischen Hofbarden Taliesin aus dem 6. Jh. n. Chr. zugeschrieben wird. Es trägt den Titel »Die Schlacht der Bäume« (Cad Goddau) und ist in einer Handschrift des 14. Jahrhunderts überliefert; eine englische Übersetzung bietet Patrick Ford (S. 183f). Der Dichter beschreibt einleitend seine magischen Gestaltwandlungen und erzählt sodann von Bäumen, die wie Krieger kämpfen. „Die Erlen in der vordersten Reihe/Sie führten den ersten Sturm.../ Weide und Eberesche erschienen verspätet beim Heer/Die stachlige Pflaume war gierig nach Gemetzel/Die Birke, obzwar sehr edelmütig/Trat zu spät in die Reihen.../Die Esche vollbrachte Heldentaten vor den Fürsten/Rasch und mächtig die Eiche ließ Himmel und Erde erzittern" usw. Es wird nicht gesagt, für wen oder was, gegen wen oder was es geht. Es ist nicht einmal klar, ob die Bäume gegen ihresgleichen oder gegen einen gemeinsamen Feind kämpfen. Zwei Hinweise auf das Jüngste Gericht lassen an apokalyptische Vorstellungen denken, an ein ins Irische transponiertes Harmagedon, doch ist auch an eine Schlacht des König Artus gedacht worden (Haycock S. 309). Es handelt sich um eine Travestie in der Art des pseudohomerischen »Frosch-Mäuse-Krieges« aus dem 5. Jahrhundert v. Chr. oder Theodulfs »Krieg der Vögel«, eine epische Parodie aus dem 8. Jahrhundert n. Chr.

Der überlieferte, allerdings krude Text des „Druiden“ wird von Graves durch Streichung und Umstellung in „Form“ gebracht und mit Hilfe des uralt „pelasgischen“ Ogam-Alphabets entschlüsselt als geheimer Bericht über das „wichtigste religiöse Ereignis im vorchristlichen Britannien“: den Sieg der um 400 v. Chr. eingedrungenen eisenzeitlichen Kelten aus Belgien über die bronzezeitlichen Vorbewohner, die Hyperboreer, die ihrerseits aus der östlichen Mittelmeerwelt eingewanderte Danaer seien. Diesen wird ihre nationale Totenstadt Stonehenge entrissen, errichtet nach dem Gesetz des Ogam-Alphabets. Entscheidend für den Sieg war die Lüftung eines Geheimisses: der tabuisierte Name des transzendenten Gottes *Dis*. Die Ankömmlinge setzen der mutterrechtlichen Totemgesellschaft und ihrem orgiastischen Kult der „Weißen Göttin“ die patrilineare und kannibalistische Religionsgemeinschaft der Gwydion-Wotan-Anhänger entgegen, dem die Esche heilig ist. Der neue Licht- und Vatergott ist Apollon, eine Frühform Jahwes.

In seiner magisch-mythischen Harmonielehre setzt Graves Bäume nicht nur zu Buchstaben in Beziehung, sondern auch zu Wochentagen und deren Planeten, zu Zahlen und Fingern, zu Dolmen und den Sieben Säulen der Weisheit Salomonis. Durch geschickt angelegte Korrespondenzen entsteht ein regelrechter Baum-Kalender. Ein geschulter Alchymist fände gewiß auch noch Äquivalente zu den Farben, den Edelsteinen und Tierkreiszeichen – doch nein, letztere hat Graves nicht vergessen. Auch der Zodiakus bekommt Baumbezug. Alles entspricht sich. Die Schlacht der Bäume gewinnt im Verlauf des Buches an Bedeutung. Sie bezeichnet eine geradezu weltgeschichtliche Wende: den Übergang von einer poetisch wohltemperierten Gefühlskultur in den kalten, asketischen Rationalismus jüdisch-christlicher Prägung, den, wie Graves konstatiert, schon Frazer und Hitler bemerkt und bedauert hätten. Sein Quidproquo ist Zivilisationskritik: Es gibt, wie er meint, keinen Ausweg, bis die Industrie zusammenbricht und die Natur mit Gras und Bäumen sich über den Ruinen wieder behauptet: Im Letzten Weltkrieg stand das bevor – doch hat die göttlich-weiße „Herrin der wilden Dinge“ ihre Chance offenbar verpaßt. Wir müssen weiter auf ihre Rückkehr warten.

*

k. Die gegenwärtige Keltenmode ist eine Form der Nostalgie. Ihr ist eine Germanomanie vorausgegangen, die ähnliche fortschrittsfeindliche Züge zeigte und sich dabei auf Bäume berief. Auch hier gibt es geschichtlichen

Grund. Die Verschiedenheit von Kelten und Germanen war den Griechen nie bewußt, den Römern hat Caesar sie klar gemacht. Er kannte beide Völker aus eigener Anschauung, stellt in seinem Bellum Gallicum (VI 11–28) ihre Wesenszüge aber wohl allzu scharf gegeneinander. Denn in vielen Punkten stimmen Lebens- und Denkformen der beiden Völker überein – so auch in ihrem Verhältnis zu den Bäumen.

Für die Römer war Germanien das Waldland schlechthin. Mehrere Wälder werden namentlich erwähnt. Die durch Caesar (Bellum Gallicum VI 10, 5) bezeugte *silva Bacenis*, war der Grenzwald zwischen Sweben und Cheruskern, vielleicht im Bereich von Habichtswald und Kaufunger Wald. Der Name läßt sich als „Buchenwald“ verstehen; im 4. Jahrhundert n. Chr. heißen die Alamannen gegenüber Mainz *Bucinobantes* – Buchengaubewohner (Ammian XXIX 4, 7). Die Landschaftsbezeichnung *Buchonia* für die Gegend um Fulda ist erst mittelalterlich. Auf die Buche verweist ebenso der von Ptolemaeus (II 11, 7) erwähnte *Mēlibokon*- Berg, gewöhnlich mit dem Harz gleichgesetzt. Südlich davon lokalisiert Ptolemaeus (II 11,5) die *Sēmana hylē*, vielleicht der Thüringer Wald. *Asciburgium* bei Neuß, von Tacitus (Germania 3) genannt, bedeutet „Eschenburg“; *Louna hylē* bei Ptolemaeus (II 11, 3) in den Westkarpaten „Ahornwald“. Weiterhin gibt es bei Strabon (IV 194) die *silva Arduenna*, den Ardennerwald, er heißt bei Gregor von Tours (Historia Francorum II 9) *silva Carbonaria* – Kohlenwald; sodann die *Gabrēta hylē* (Strabon VII 292), den Böhmerwald, und die *Soudēta orē*, wieder bei Ptolemaeus (II 11,5), das Erzgebirge, die Sudeten. Die zuerst bei Caesar (Bellum Gallicum I 4,10) vorkommende *silva Vosegus*, bezeichnet den Wasgenwald, die Vogesen; die Tacitus (Annalen I 50) bekannte *silva Caesia* lag irgendwo im Westfälischen; die *silva Marciana* Ammians (XXI 8, 2) wird gewöhnlich mit dem unter anderem bei Plinius (IV 79) auch *Abnoba* genannten Schwarzwald gleichgesetzt.

Das bekannteste Waldgebirge Germaniens ist der schon bei Aristoteles (Meteora 350 B 5) erwähnte Hercynische Wald (Nenninger S. 88ff). Der Name *Hercynia (silva)* gilt als keltisch und wird etymologisch mit lateinisch *quercus* – Eiche verknüpft. Diesen „Eichenwald“ beschreibt Caesar in seinem »Bellum Gallicum« (VI 25): Neun Tage brauche man, ihn ohne Gepäck zu durchqueren. In seinem anschließenden Exkurs über den germanischen Wald beschreibt Caesar die darin hausenden gehörnten Ungeheuer: das Einhorn von der Größe eines Rindes oder eines Hirschen, dessen Horn auf der Stirn sich wie eine Palme verästele; den Auerochsen, *urus*, kaum kleiner als ein Elefant, der alles aufspießt, was ihm entgegenkommt, weswegen die Hörner bei den Germanen beliebte Trophäen seien; und den Elch (*alcis*), eine Art Riesenziege. Wie dieser gejagt wurde, das hat dem Diktator wohl ein kriegsgefangener Germane aufgeschwatzt. Die Elche hätten, schreibt Caesar (VI 27), keine Kniegelenke, könnten sich daher nicht hinlegen und wieder aufstehen und schliefen angelehnt an Bäumen. Der germanische Jäger suche nun diese Schlafbäume auf und säge sie heimlich an. Begebe sich der Elch nun zur Ruhe, so kippe er mit dem Baum um und werde so zur leichten Beute des Waidmanns. Wir denken an die angesägte Brücke des Schneiders Böck und fassen das erste Bespiel für „Jägerlatein".

Als Caesar nach seinem zweiten Brückenschlag über den Rhein bei Andernach im Jahre 53 v. Chr. die Sweben angreifen wollte, zogen diese sich in ihre Wälder zurück, wohin ihnen Caesar (VI 29) nicht zu folgen wagte. Ihn hätte sich Quinctilius Varus zum Vorbild nehmen sollen, als Arminius ihn im Jahre 9 n. Chr. in den Teutoburger Wald lockte (Dio LVI 19f). Der nur von Tacitus (Annalen I 60) erwähnte, wohl nach einer „Volksburg" benannte *Teutoburgiensis saltus* wurde auf einer 1627 erschienen Karte mit dem Lippischen Osning gleichgesetzt, doch haben seit 1987 Kleinfunde von Münzen, Waffen und militärischem Gerät auf großer Fläche die These Mommsens von 1885 bestätigt, daß der Kampf tatsächlich nördlich von Osnabrück, bei Kalkriese stattgefunden hat. Den Schutz durch Bäume haben die Germanen oft erfahren – der Wald bot immer wieder Zuflucht, so den Chatten gegen Domitian 83 n. Chr. (Frontin, Strategemata I 3, 10) und den Alamannen gegen Constantius II 355 n. Chr. (Ammian XV 4, 3ff).

l. Den Teutoburger Wald erwähnt Tacitus anläßlich der Feldzüge des Germanicus nach dem Tode des Augustus im Jahre 14 n. Chr. Dabei kommt er mehrfach auf die Schrecknisse der Wälder Germaniens zu sprechen. So wie er in seiner »Germania« (5) das Land *silvis horrida aut paludibus foeda* – „schrecklich durch Wälder, widerlich durch Sümpfe" nennt, war schon für seinen Gewährsmann Plinius der germanische Wald unheimlich. Das germanische Festland sei bis zur Küste mit Eichenwäldern bedeckt (XVI 5), die in dem ohnehin kalten Land keinen Sonnenstrahl durchließen. Die germanischen Eichen im Hercynischen Wald jedoch haben ihn beeindruckt. Seit Jahrhunderten unberührt, so schreibt er (XVI 6), zugleich mit der Welt entstanden (*congenita mundo*), überträfen sie durch ihre ungeheure Größe, ihre eigenwillige Gestalt und ihre schicksalhafte Unsterblichkeit alle anderen Wunder der Natur. Fanden die Germanen hinter ihren Bäumen vor den Römern Schutz, so suchten diese die Germanen mit ihren eigenen Bäumen zu bändigen. Das lehrt die Anlage des Limes. Der Pfahlzaun quer durchs Land bestand aus Eichenpalisaden, verstärkt durch Holztürme, die erst später durch Steinbauten ersetzt wurden. Eichenpfähle dienten den Römern ebenso beim Bau der Brücken über Mosel und Rhein (Nenninger S. 183). Unter dem von den Römern in Germanien gebrauchten Nutzholz steht die Eiche voran (Herz S. 115). In der bildenden Kunst der Römer wurde der Eichenwald zur Kürzel für die Landschaft

Germaniens, ja für das mitteleuropäische Barbaricum überhaupt. Das von Michelangelo im Treppenhaus des Konservatorenpalastes auf dem römischen Kapitol angebrachte Relief mit Marc Aurel hoch zu Roß vor schutzflehenden Quaden und Marcomannen zeigt den Kaiser unter Eichen.

m. So wie die Kelten besaßen auch die Germanen heilige Haine. Tacitus bezeugt es in seiner »Germania« (9, 3): *lucos ac nemora consecrant* – „sie heiligen Lichtungen und Wäldchen“, *deorumque nominibus appellant secretum illud,* – „und benennen mit den Namen ihrer Götter jene geheimnisvollen Orte“, *quod sola reverentia vident*, – „die sie mit einzigartiger Ehrfurcht betrachten“. Mehrfach kommt er auf diese Haine zu sprechen. Er berichtet in seinen Annalen (I 51), Germanicus habe im Jahre 14 n. Chr. das Zentralheiligtum der germanischen Marser zwischen Lippe und der oberen Ruhr dem Erdboden gleichgemacht. Der Name des *templum* „Tanfana“ dürfte mit dem slawischen Wort für Eiche *dombho* verwandt sein – dann wäre der Sakralbezirk als Eichenhain zu verstehen. Möglicherweise ist der Ort in der „Teufelsküche“ westlich Unna zu suchen. Wenig später nennt Tacitus (II 12) einen dem Hercules, das heißt dem Donar geweihten Wald, wo Arminius 16 n. Chr. seine Mannen sammelte, weiterhin beim Aufstand der Friesen 28 n. Chr. einen Hain der sonst unbekannten Göttin Baduhenna (IV 73) und bei der Verschwörung des Batavers Civilis 69 n. Chr. in den Historien (IV 14) ein geheimes Treffen in einem Wäldchen. In diesen Hainen verwahrten die Germanen ihre Feldzeichen (Germania 7, 3) und wohl auch ihre Beutestücke. Als Germanicus 15 n. Chr. das Schlachtfeld im Teutoburger Wald besuchte (Annalen I 61), fand er Schädel der Legionäre an den Bäumen aufgehängt und sah in den benachbarten Hainen die Altäre, an denen die Cherusker ihren Göttern römische Offiziere als Menschenopfer dargebracht hatten.

Die Semnonen, die vornehmsten der Sweben, suchten in einem solchen Wald ihren Ursprung und den Sitz des höchsten Gottes (Germania 39). Der Name des Gottes wird nicht genannt, in Frage käme Ziu, dessen Name etymologisch dem des griechischen Zeus entspricht, oder Wotan, der sonst als Götterkönig erscheint. Zum Fest des Gottes versammelten sich hier, wie Tacitus bemerkt, Vertreter aller Teilstämme des Swebenbundes, so daß wir es mit einem Zentralheiligtum zu tun haben, ähnlich dem Druidenhain bei den Carnuten (s. 6d) oder dem „Grenzwald“ Marklo, wo sich bis zur Eroberung des Landes durch Karl den Großen die heidnischen Sachsen zum Thing versammelten. Die freiheitliche Verfassung, die Tacitus bei den Germanen beschreibt, weckte stets Bewunderung. Montesquieu bemerkte in seinem »Esprit des Loix« von 1748, bei den Engländern hätte sich am meisten von dem alten Geist der Freiheit erhalten. Seinen Ursprung sucht er in den germanischen Wäldern der Angelsachsen: *ce beau systême a été trouvé dans les bois* (XI 6).

12 *Bonifatius fällt die Donareiche, um 1500*

n. Trotz der zahlreichen Verweise auf heilige Haine hören wir von einzelnen Bäumen nur selten. Im Jahre 400 rühmt der Dichter Claudian die Germanensiege Stilichos: „Nun kann man in den riesigen, schweigenden Hercynischen Wäldern furchtlos jagen; die altheiligen Haine und die Eiche, als barbarische Gottheit verehrt, treffen straflos unsere Beile“ (XXI 228ff). Mehrfach ist von Eichen des Donnergottes die Rede (Wagler S. 44f). Berühmt ist die Donar-Eiche bei Geismar westlich von Fritzlar in Niederhessen. Während seines zweiten Aufenthaltes zur Missionierung der Chatten wählte der „Apostel der Deutschen“ Bonifatius die fränkische Festung auf dem Büraberg als Standort, von dort aus zerstörte er im Herbst 723 das Baumheiligtum nördlich der Eder. Die Vita des Bonifatius von Wilibald schildert anschaulich, wie der Missionar mit seinem Gefolge zu der riesenhaften „Juppiter-Eiche“ (*robur Jovis*) trat, wo sich eine große Zahl von Heiden versammelt hatte, die hofften, der Baum werde im Sturz den Verächter ihrer Götter zerschmettern. Die Geschichte erinnert an die des heiligen Martin und der Fichte (s. 6g). Die Eiche aber zerbrach beim Fall nach Gottes Willen in vier Teile, aus denen Bonifatius eine dem Petrus geweihte Kapelle errichten ließ. Petrus ist auch sonst der christianisierte Donar. Die Kapelle wurde der Ursprung des Fritzlarer Petersdoms (s. Abb. 12). Die Christianisierung der Chatten war damit gesichert.

Germanischer Baumkult blieb in heidnischer Umwelt lange lebendig. Um 670 bekämpfte der Heilige Barbatus eine Sitte der Langobarden, die unter einem geweihten Baum bei Benevent ihre Reiterspiele abhielten (MGH. SS. rer. Lang. S. 557). Etwa gleichzeitig wandte der Heilige Amandus in Flandern sich gegen die Verehrung von Bäumen, die als Götter betrachtet wurden (MGH. SS. rer. Mer. V S. 435). Entsprechendes bezeugen Rudolf von Fulda (Krusch S. 426) und Adam von Bremen (II 46). Bischof Unwan von Hamburg (gest. 1029) ließ aus dem Holz der den Marschbewohnern heiligen Haine Kirchen bauen. Des weiteren berichtet Adam (IV 27) um 1080 nach einer Reise zum Dänenkönig über ein altes Heiligtum in Upsala: Dort stand bei einem *templum* ein riesiger Baum, der seine Äste mit angeblich sommers wie winters grünen Blättern weit ausbreitete. Nahebei sprudele auch eine Quelle, an der man Menschen opfere. Wir hörten Ähnliches bei den Kelten. Das Wort „Eiche" gehört zu den am frühesten bezeugten Baumnamen der deutschen Sprachgeschichte. Es findet sich bereits in Texten aus dem 8. Jahrhundert, ebenso der Name der Buche. Die Linde folgt im 9. Jahrhundert.

o. Bäume beleben die Mythologie der Nordgermanen. Das Eingangslied der Alten Edda, die um 1000 n. Chr. aufgezeichnete »Völuspa«, beschreibt die Erschaffung des ersten Menschenpaares: Drei Asen fanden am Strand Ask und Embla, Esche und Ulme. „Nicht hatten sie Seele, nicht hatten sie Sinn,/nicht Lebenswärme noch lichte Farbe;/Seele gab Odin, Sinn gab Hönir,/Leben gab Lodur und lichte Farbe" (Genzmer S. 34). Der Gedanke, daß die Menschen aus Bäumen entstanden sind, ist uns bereits bei den Griechen begegnet (s. 4b). Im deutschen Volksglauben bezeugt ihn die Mär vom Frau Holle-Baum, die schon im 16. Jahrhundert aus Süddeutschland überliefert ist (Beitl S. 43 f), und eine der Grimm'schen Sagen (Nr. 413), wonach die Sachsen im grünen Wald des Harzes entstanden seien, gemäß dem Reime, daß die „Mägdelein der Sachsen auf den Bäumen wachsen". Der baierische Hofhistoricus Aventinus († 1534) leitete den Namen der Germanen von *germinare* – keimen ab, weil die alten Deutschen den Bäumen entsprossen seien.

p. Das erwähnte Edda-Lied »Der Seherin Gesicht« beschreibt sodann die immergrüne, nebelumhüllte Weltesche Yggdrasil. Ihr Name, schwer verständlich, bedeutet „des Schrecklichen, das heißt Odins, Pferd". Das erinnert daran, daß der Göttervater neun Tage an ihm gehangen habe (s. 6t). Der Gehenkte „reitet in der Luft". Der Welten-Baum, der mit Geäst und Wurzelwerk Himmel und Erde verbindet, erscheint als Denkbild des Kosmos in vielen, zumal asiatischen Mythologien. Yggdrasil steht über drei Quellen, die den nordischen Schicksalsgöttinnen, den Nornen, zugeordnet sind: Urd, der Herrin des Vergangenen; Werdandi, die das Werdende der Gegenwart regiert; und Skuld, der die Zukunft gehört. Der Baum verbindet Midgard, das Reich der Menschen in der Welten-Mitte, Asgard, die Sphäre der Götter, und Niflheim, die kalte, dunkle Tiefe der Toten. Unter dem Baume halten Thor und die Götter Gericht. Gemäß dem Grimnir-Lied (Genzmer S. 81f) hat der Baum drei Wurzeln: die erste stellt das Reich der Toten, die zweite das der Riesen, die dritte das der Menschen dar. Mythische Tiere bewohnen und bedrohen den Baum: vier Hirsche und die Ziege Heidrun, die das frische Laub fressen; der Drache Nidhöggr, der im Gewurzel haust, und das Eichhörnchen Rattenzahn, das Gerüchte verbreitet und Zwist sät – doch bleibt der Baum bestehen bis zum dermaleinstigen Weltenbrand, dem Muspilli, und dem Weltuntergang, Ragnarök. Der Name bedeutet „Götterschicksal". Durch die unrichtige Lesart „Ragnarökkr" wurde bei Richard Wagner und Nietzsche daraus die „Götterdämmerung".

Richard Wagner hat von der Yggdrasil mit dichterischer Freiheit Gebrauch gemacht. Während des Vorspiels zur »Götterdämmerung« singt die erste Norne: „An der Welt-Esche/wob ich einst,/da groß und stark/dem Stamm entgrünte/weihlicher Aeste Wald;/im kühlen Schatten/rauscht' ein Quell,/Weisheit raunend/rann sein Gewell':/da sang ich heil'gen Sinn." Es folgt die Geschichte, wie Wotan für den Weisheitstrunk vom „Gedächtnis"-Riesen Mimir ein Auge opfert – das ist noch authentisch (Genzmer S. 36) – sich dann aber einen Speer von dem Baum schneidet, so daß der verdorrt – unbezeugt, mythologisch gesehen, und ungewöhnlich, botanisch betrachtet. Überraschender noch ist, daß Wagners Göttervater den Baum daraufhin von den zum Holzfällen abkommandierten Helden Walhallas zu Brennholz verarbeiten und dann als „gehau'ner Scheite hohe Schicht" um seine Himmelsburg stapeln läßt, um am Ende höchstselbst seinen Teutonenolymp abzufackeln. „Der ewigen Götter Ende/dämmert ewig da auf". Weil nun aber die Norne ihr goldenes Seil nicht mehr an der Welt-Esche spinnen kann, hat Wagner ihr weihnachtlichen Angedenkens eine „breitästige Tanne" auf die Bühne gestellt.

q. Mit der Weltesche hat man die Irminsul in Verbindung gebracht. Die fränkischen Reichsannalen melden zu 772, Karl der Große habe mit Feuer und Schwert das Sachsenland heimgesucht, die Eresburg erobert und das Idol, das die Sachsen *Irminsul* nannten, zerstört. Archäologische Befunde lassen vermuten, daß die Eresburg mit Obermarsberg im Sauerlandkreis gleichzusetzen ist. Die hölzerne „Säule des Irmin", deren Name mit dem Stammesgott der „Herminonen" zusammenhängen dürfte, deutete Rudolf von Fulda (Krusch S. 426) als *universalis columna quasi sustinens omnia*, als

„Weltensäule", so daß ein dem „Weltenbaum" verwandter Gedanke zugrunde liegen könnte. Schon bei der Aschera in Kanaan waren Baum und Pfahl austauschbar (s.2i). Beim Freiheits- und Maibaum (s. 9h) wiederholt sich das.

Zu erwägen ist, ob nicht die norwegische Stabkirche vom Mittelmast-Typus auf einen Pfahl- oder Baumkult zurückgeht. Ein solches Bauwerk hat sich zu Urdal in Numedal erhalten, die von Nes in Hallingdal wurde 1864 abgebrochen. Ein angelsächsischer, weil ebenfalls germanischer Ursprung stünde dem nicht entgegen. Für eine Gemeindehalle, was eine Ekklesia ja sein soll, ist der Baugedanke denkbar unpraktisch, so daß er mit der Reformation aufgegeben wurde. Die ostasiatische Pagode hat sich jedenfalls aus einem ummauerten Baum entwickelt (s. 3t), so daß der Übergang vom Kultbaum zum Kultbau auch hier denkbar wäre.

r. Der Baum steht für die Welt, steht ebenso für den Einzelnen. So wie in den Südländern fehlt auch im Norden der Vergleich zwischen dem Menschen und einem Baum nicht. In der Spruchdichtung der Edda (Genzmer S. 108) wird dem Manne empfohlen, Achtung bei seinesgleichen zu suchen, um im Notfall Schutz zu finden, entsprechend der Kiefer, die alleinstehend gefährdet ist, aber im Verbund des Waldes sicher sein kann:

Die Föhre dort, steht sie frei auf dem Berg,
nicht schützt sie Borke noch Blatt;
so ist's mit dem Mann, den alle meiden,
was lebt er länger noch?

s. Wie in der Gedankenwelt der Germanen, so spielte auch in ihrer Sachkultur das Holz eine große Rolle. Im Unterschied zu den Mittelmeer-Völkern, die früh den Stein als Material entdeckt haben, bauten die Germanen, ähnlich den Kelten zuvor und den Slawen hernach, ihre Häuser lange aus Holz, so daß die Archäologen nur noch anhand von Erdverfärbung Pfostenlöcher feststellen können. Auch die wenigen aus Moorfunden bekannten, als Götterbilder gedeuteten Menschenfiguren bestanden aus Holz. Das erinnert an die frühgriechischen Holzgötter, *xoana* (s. 4e), und den hölzernen Priap der Römer (s. 5m). Wohl am bekanntesten ist das germanische Pfahlgötterpaar aus dem Aukamper Moor, heute im Landesmuseum Schleswig. Hier ist wiederum an die Edda (Genzmer S. 111) zu denken:

Zwei Holzmännern auf der Heide draußen
gab ich weg mein Gewand;
lebend schienen sie, als sie Lumpen hatten:
der Nackte gilt nichts.

Holzgötter hatten die Germanen, solange sie Heiden waren. Der Kirchenhistoriker Sozomenos (VI 37, 13) überliefert, daß der christenfeindliche Westgotenkönig Athanarich noch um 380 n. Chr. mit einem hölzernen

Götterbild (*xoanon*) auf einem Wagen umhergefahren sei. Das erinnert an den heiligen Wagen mit dem Bilde der Göttin Nerthus bei den Langobarden, von dem Tacitus (Germania 40) berichtet. Gewiß waren auch die ersten Christusfiguren in Mitteleuropa aus Holz. Unbekannt ist, ob bei der Herstellung von Götterbildern auf die Holzart geachtet wurde, wie dies bei den Griechen üblich war (s. 4e). Denkbar wäre es, denn Tacitus (Germania 27) erklärt, daß die Scheiterhaufen der Vornehmen aus bestimmten Hölzern (*certis lignis*) aufgeschichtet würden. Unter den in niederrheinischen Brandgräbern nachgewiesenen Holzarten nennt Anderson (1938, S. 137) an erster Stelle Eiche.

t. Sprachgeschichtlich folgenreich wurde das germanische Orakelwesen, das mit Brettchen aus Buchenholz arbeitete. Caesar (Bellum Gallicum I 50, 4) meldet, daß bei den Germanen die Frauen, die *matres familiae*, die Losorakel würfen; ein Gastfreund, der von Ariovist gefangen worden war, entging dem Opfertod, weil die dreimal geworfenen Lose ihn für eine spätere Gelegenheit aufzubewahren befohlen hatten (I 53, 7). Tacitus (Germania 10) bestätigt den Brauch und beschreibt das Verfahren: „Äste fruchtbringender Bäume (d. h. Eichen, Buchen, Apfelbäume usw.) schneiden sie zu Brettchen, versehen sie mit gewissen Zeichen (*nota*), werfen sie auf ein weißes Tuch, und nach dem Zufallsprinzip nimmt der Stammespriester, wenn es um eine öffentliche Angelegenheit geht, oder der Familienvater, wenn eine Privatsache zur Diskussion steht, nach einem Gebet zu den Göttern und einem Blick zum Himmel drei Stäbchen auf und deutet die darauf befindlichen Zeichen". Diese Orakelpraxis gab es ebenfalls im lateinischen Praeneste, dort bestanden die Lose (*sortes Praenestinae*) aus Eichenbrettchen und wurden in einem Tempel verwahrt, wie Cicero (De divinatione II 85f) schreibt.

Prophetisches Holz kannten schon die Kanaanäer (Hosea 4, 12) und die Skythen. Nach dem Bericht Herodots (IV 67) weissagten sie mit Weidenstäben – ebenso nach Ammian (XXXI 2, 24) die spätantiken Alanen -, ihre Nachbarn benutzten Lindenbast. Ein Staborakel bezeugt Marco Polo (I 46/Kap. 67) für Tschingis-Khan. Bei den Germanen war die Sitte bis weit in die christliche Zeit gebräuchlich. So berichtet der Dichter Venantius Fortunatus (VII 18, 19), der im Jahre 600 als Bischof von Poitiers starb: *barbara fraxineis pingatur rhuna tabellis* – „die barbarische Rune wird auf Eschentäfelchen gemalt". Die Franken hielten mithin in der ersten Zeit der Christianisierung an diesem Brauch fest.

In der Edda (Genzmer S. 122) ist von „Buchenrunen" die Rede. Um ihre Weisheit zu ergründen, hing der Göttervater Odin neun Nächte an windigem Baum, „mit dem Ger verwundet, geweiht dem Odin,/ich mir selbst, an jenem Baum, da jedem fremd,/aus welcher Wurzel er wächst" – so in »Odins Runenkunde« (Genzmer S. 118). Im 8. Jahrhundert oder früher kam es zur Bildung des Wortes „Buch-Stabe“ für lateinisch *littera*, und „Buch“ für *codex* – Stamm, was ursprünglich das in Holz eingebundene Blockbuch bezeichnet, im Unterschied zur älteren Buchrolle (*volumen*). Die „Lose“, das heißt die Orakelstäbchen wurden „aufgelesen“ (*tollere*), wie Tacitus (Germania 10) meldet, und gedeutet, eben „gelesen“.

Das lateinische Wort für „Los“ – *sors* bezeichnet primär auf Täfelchen oder Blätter geschriebene Orakelsprüche und sekundär das, was jemandem zufällt und zukommt, zum Beispiel ein „Landlos“. Auf ein Holzorakel spielt Plautus an. In seiner Komödie »Casina« (Vers 384) werden ein Pappel-Los (*sors populna*) und ein Tannen-Los (*sors abiegna*) ins Wasser geworfen – letzteres schwimmt oben.

u. Das „Blatt“, auf das man schreibt, gemahnt in der dünnflächigen Form an das Blatt eines Baumes; mitunter wurde auf Baumblätter bei Griechen und Römern auch wirklich geschrieben. In Syrakus gab es im 5. Jahrhundert v. Chr. den *Petalismos*, ein dem attischen Scherbengericht (Ostrakismos) verwandtes Gerichtsverfahren, bei dem der Name des zu Verbannenden auf ein Olivenblatt gesetzt wurde (Diodor XI 87), und in Kyme – Cumae notierte die Sibylle ihre Orakelsprüche auf „Blättern“. Vergil (Aeneis III 444) benutzt hier das Wort *folium*, wovon unsere Wörter „Folie“ und „Foliant“ kommen, doch meint er nicht Papyrusblätter, sondern, wie Servius zur Stelle erklärt, Palmblätter. Der übliche Schreibstoff war bei den Römern das „zusammengeklebte“ Papyrusblatt, die *pagina*, von *pango* – zusammenheften. Daran erinnert englisch *page*. Auch andere organische Beschreibstoffe kamen vor: Plinius (XVI 35) berichtet, Kundschafter verzeichneten im Kriege geheime Botschaften auf Rinde, wo die Buchstaben erst sichtbar werden, wenn der Saft getrocknet ist. Ursprünglich schrieben die Römer auf Bast, lateinisch *liber*, und danach heißt das Buch ebenso.

*

v. Eine sehr ähnliche Baumverehrung wie bei Kelten und Germanen läßt sich für die heidnischen Balten und Slawen nachweisen. Auch bei ihnen ist die Schriftlosigkeit Ursache dafür, daß der lebendige Kult nur im Augenblick der Zerstörung durch kulturell überlegene Nachbarn für uns faßbar wird. Es sind die orthodoxen Griechen im Süden und die lateinischen Katholiken im Westen, denen wir die wichtigsten Nachrichten verdanken.

In der bäuerlichen Religion der Altpreußen spielte neben der Verehrung von Gewässern und Steinen auch die von Bäumen eine Rolle. Bei Schippenbeil südlich von Königsberg lag das Heiligtum Romove, berühmt durch die dort verehrte, angeblich immergrüne Eiche (Wagler S. 46ff). Sie war die berühmteste unter den heiligen Eichen des Preußenlandes. In dem durch

Tücher abgeschirmten Kultbezirk brachten die umwohnenden Völker ihre Siegesopfer dar, angeblich auch Menschen, gefangene Christen. In dem Heiligtum wurden drei Götter verehrt, unter ihnen der Blitzgott Perkunas. Der im 6. Jahrhundert schreibende Prokop (Bella VII 14, 23) nennt den Blitzschleuderer als höchsten Gott der Anten und Sklavenier. Blätter des Götterbaumes von Romove wurden, so heißt es, als Amulett getragen, beim Eid berührte man die Rinde. Um 1370 ließ der Hochmeister Winrich von Kniprode den Baum fällen, nachdem sich der Bischof von Ermeland über die anhaltende Verehrung des Baumes beschwert hatte. Da es fortan am Orte spukte, errichtete man dort das Kloster zur Heiligen Dreifaltigkeit. Dasselbe Schicksal erlitt die Eiche des Erntegottes Gorcho oder Kurcho bei Heiligenbeil. 1258 wollte Bischof Anselm die verehrte Eiche fällen lassen, die Axt aber tötete den Holzfäller, und auch der Bischof selbst vermochte dem Baum mit Eisen nichts anzuhaben. Darauf ließ er Feuer legen. Nach dem Beil des Bischofs erhielt der Ort seinen Namen und sein Wappen. Sagen über heilige Eichen werden weiterhin zu Thorn, Wehlau und Labiau berichtet (Krollmann S. 3ff). Eine Eiche des Perkunas fällten die Jesuiten in Litauen 1583.

w. Die Missionsberichte sind ebenso für die Götterhaine der Slawen unsere Hauptquelle. Thietmar von Merseburg berichtet in seiner Chronik (VI 37), daß sein Vorgänger Wigbert ums Jahr 1000 den seit Urzeiten unangetasteten heiligen Hain Schkeitbar östlich Lützen einebnen ließ und eine Kirche für den heiligen Romanus errichtete. Zu 1005 ist von dem Kulthain (*silva intacta et venerabilis*) des Gottes Riedegost zu Rethra in Mecklenburg-Strelitz die Rede, dem Zentralheiligtum der Lutizen (VI 23). Im Zusammenhang mit den Kämpfen Kaiser Lothars nach 1125 gegen die Wagrier nennt der Geschichtsschreiber Helmold von Bosau (I 21; 52) heilige Haine (*lucus*), die im Zuge der Mission in Holstein abgeholzt wurden. Dabei tat sich der heilige Vizelin, Bischof von Oldenburg in Holstein (gest. 1154) hervor, wie Helmold betont (Kap. 47). Nach der Bekehrung des Obotritenfürsten Pribislav beteiligte sich Helmold am 8. Januar 1156 persönlich an der Zerstörung des heiligen Hains des Gottes Prove bei Oldenburg (Kap. 84). Der Ort war bemerkenswert durch die uralten heiligen Eichen (*vetustissimae sacrae quercus*) in einer Umzäunung, wo Gottesdienst und Gericht gehalten wurden. Den Slawen wurde untersagt, bei Bäumen, Quellen und Felsen zu schwören.

Neben heiligen Hainen gab es auch Einzelbäume, die verehrt wurden, so bei den Südslawen. Aus dem von Slowenen besiedelten Isonzotal berichtet ein Franziskaner von Cividale zum Jahre 1331: „Bei dem Ort Cavoreto (Caporetto) zwischen den Bergen verehrten die zahllosen Slawen (Sclavi) einen Baum und die aus seinen Wurzeln entspringende Quelle wie einen Gott. Mit Hilfe der frommen Predigermönche haben wir den

Baum mit der Wurzel ausgerottet und den Quell mit Steinen verstopft" (Leicht S. 249).

Der slawische Baumkult ist indessen, ähnlich wie im westlichen Europa, nach der Christianisierung in das ländliche Brauchtum übergegangen und hat sich hier reich entfaltet. Bäume sind Sitz von Geistern und Toten, sind Sinnbilder der Gesundheit und der Fruchtbarkeit, die man auf Mensch und Tier herüberzaubern will; manche Bäume wehren böse Mächte ab: Dämonen, Hexen und Vampire. Der Schicksalsbaum steht mit dem Leben einzelner Menschen und Gruppen in Verbindung; Baumorakel verkünden die Zukunft. Am zähesten gehalten haben sich Baumfeste. Der Semik-Tag der Ostslawen war ein beliebtes Frühjahrsfest. 1636 verfaßten neun Geistliche aus Nischni-Nowgorod ein Gesuch an den Moskauer Patriarchen, um eine heidnische Volksbelustigung abzustellen. Sie wird beschrieben: „Am siebenten Donnerstage nach Ostern versammeln sich Frauen und Mädchen unter den Bäumen, unter den Birken, und bringen als Opfer Pirogen, Grütze und Rührei, und, indem sie sich vor den Birken verneigen, fangen sie an, hin und her gehend, satanische Lieder zu singen und in die Hände zu klatschen und auf verschiedene Art zu toben. Danach setzen sie sich nieder, essen die mitgebrachten Speisen auf und, nachdem sie von dem Essen aufgestanden sind, nehmen sie sich paarweise an der Hand, und an der Birke angelangt, flechten sie die Zweige dieser Birke ringförmig zusammen und küssen sich durch die so gebildeten Ringe. Nach diesem ungesetzlichen Küssen nennen sie sich Gevatterinnen und gehen auseinander. Aber zum Pfingstfeste versammeln sie sich wieder nach derselben Sitte, sie singen gleichfalls satanische Lieder mit Händeklatschen und, nachdem sie das Mitgebrachte verzehrt haben, küssen sie sich wieder durch dieselben Ringe und brechen die Zweige jener Birke, durch die sie sich geküßt haben, oben ab, flechten die Zweige zusammen, legen sie auf ihre Köpfe und bringen sie zum Wasser" (Lettenbauer 1943/81, S. 31). Feste dieses Typs gab es bis in die letzte Zarenzeit.

x. Während die Birke den Römern schrecklich (*terribilis*) war, weil, wie Plinius (XVI 75) bezeugt, die Magistrate ihre Zuchtruten aus ihr schnitten, genoß sie bei den Slawen hohes Ansehen. Dies zeigt ihre Stellung im Liedgut, in der Malerei und im Märchen. Nach dem Muster vom »Fischer un syner Fru« ist das Märchen von der schlanken Birke gestaltet. Sie spielt die Rolle des redenden, zaubernden Butt. Die russische Ilsebill schickt ihr Alterchen zum Holzholen. Er findet die Birke, will sie fällen; sie aber spricht ihn an und verheißt ihm Holz, wenn er sie schont. So geschieht es, die Stapel stehen vor seiner Tür. Aber die Frau will mehr, abermals muß der Mann die Birke bitten, und sie gewährt ihm wachsende Wünsche. Dabei verändert sie ihr Aussehen und kommentiert damit das Begehren. So liefert sie zuletzt massenweise Gold. Doch auch damit gibt sich das Weib nicht zufrieden, sie verlangt noch einen Schutz vor Dieben. Der Baum vernimmt's, nun kahl und grau, und als der Mann heimkommt, ist die Frau in eine Bärin verwandelt. Sie trottet in den Wald, der Mann, jetzt auch ein Bär, hinterher, und die Nachbarn holen sich das Gold.

y. Eine Sonderstellung nahm bei den Slawen neben der Birke die Eiche ein – seit Abraham eine durchgehende Erscheinung bei den Völkern. Die Tschechen nennen den März „Birkenmonat", den April „Eichenmonat". Der Donnergott Perun bei den Russen, Perkunas bei den Litauern wurde dem Juppiter gleichgesetzt und wie dieser mit der Eiche verbunden. Das Wort *perkunas* bedeutet „Blitz" und ist etymologisch mit lateinisch *quercus* – Eiche verwandt. Aus dem 10. Jahrhundert melden die Exzerpte des Konstantinos Porphyrogennetos »De administrando imperio« (IX 78), daß auf der Insel des heiligen Gregorius im Dnjepr die Russen Opfer vollzögen, weil eine riesige Eiche dort stehe. Sie stecken Pfeile, so heißt es, ringsherum in die Borke, bringen Brot, Fleisch und andere Eßwaren nach ihrer Sitte. Sie werfen das Los über Hähne, die sie teils schlachten und essen oder leben lassen. Soweit der Text. Der Name der Insel deutet auf die Anwesenheit von Christen, die als Gewährsleute für die Geschichte in Frage kommen. Unklar ist, ob mit den „Russen" Slawen oder skandinavische Waräger gemeint sind – bei beiden ist ein solcher Kult denkbar.

Nicht alle Götterbäume wurden geschlagen. Nachdem Bischof Otto von Bamberg 1128 die Pommern um Stettin bekehrt und ihre Heiligtümer niedergerissen hatte, wollte er auch die ungeheure Eiche mit üppigem Laub (*quercus ingens et frondosa*) fällen, die an einer Quelle stand und von den Leuten als Wohnort einer Gottheit verehrt wurde. Auf deren inständiges Bitten ließ er sie allein wegen ihres Schattens und ihrer Schönheit stehen, aber verbot jeden Kult, namentlich das Befragen der Zukunft durch Loswurf (*sortilegium*). So berichtet Herbord in seiner Lebensbeschreibung Ottos (II 32).

Bei manchen Bäumen hielt sich die Verehrung in Form von Folklore – so die roten Fäden und Geldstücke, mit denen kranke Bulgaren Eichen schmückten. Alte Eichen genossen in Bulgarien religiöse Verehrung. Noch zu Beginn des 20. Jahrhunderts schlachtete man unter diesen Bäumen Opfertiere. Marienbilder waren vornehmlich an Linden zu sehen (Lettenbauer 1958, S. 73ff). Manche Bäume wurden in den christlichen Gottesdienst einbezogen, indem Prozessionen zu ihnen geführt und Liturgien unter ihnen gesungen wurden – das erregte bei Strenggläubigen indes Anstoß. In der Zahl der nach ihm benannten Orte rangiert der Eichbaum im Slawischen vor der Birke, vor der Linde und anderen Bäumen; Lieder, Sprüche und Rätsel nennen ihn. In der Mythologie ist die „eiserne Eiche" der Weltenbaum. Das Wort im Altkirchenslawischen für Eiche *dombho* bedeutet einfach „Baum“ – wie im Griechischen *drys* (s. 4f). So ist die Eiche der Baum schlechthin: der Urbaum.

z. Einzelne Zeugnisse für den Eichenkult der Slawen nennen diese nicht beim Namen, so die Gründungssage des Zisterzienser-Klosters Lehnin in der Zauche bei Brandenburg. Im Fußboden des Altarraumes sichtbar eingemauert befindet sich ein verkieselter Eichenstumpf, dessen Bedeutung uns Theodor Fontane in seinen »Wanderungen durch die Mark Brandenburg« erläutert. Otto I (gest. 1184), Sohn Albrechts des Bären, sei auf der Jagd in der waldreichen Zauche unter einer Eiche eingeschlafen. Im Traum habe er eine Hinde erlegt, die ihn belästigte. Dies hätten seine Gefährten auf die Angriffe der ansässigen Wenden gedeutet, gegen die der Markgraf hier eine Burg bauen möge. Der aber entschied sich für eine geistliche Festung und stiftete den Konvent. Dieser erhielt den Namen Lehnin nach dem slawischen Wort *lehnije* für Hirschkuh und diente den Askaniern fortan als Grablege. Soweit Fontane. Historisch ist mit der Sage wenig anzufangen; der noch heute sorgsam in der Kirche konservierte Eichenstumpf aber muß eine Bedeutung gehabt haben. Die Vermutung liegt nahe, daß hier ein altslawisches Baumheiligtum christlich übergründet wurde.

Ein ähnlicher Fall liegt vor bei der Überlieferung zu dem Hussitenführer Johann Ziska (gest. 1424). Er soll bei Donner und Blitz unter einer Eiche nahe Forbes bei Budweis geboren worden sein. Bis Ende des 17. Jahrhunderts sei der Baum von den Landleuten verehrt worden, man verwendete Splitter von ihm als kraftspendende Amulette. Der katholischen Kirche war das ein Dorn im Auge, der Baum wurde mit den Wurzeln aus der Erde gerissen. An seiner Stelle ließ der Probst des Forbeser Klosters eine Kapelle für Johannes den Täufer bauen und eine Ziska schmähende Inschrift anbringen. Diese erboste die deutschen Gymnasiasten von Budweis so, daß sie die Kirche 1869 demolierten (Wagler S. 96f). Vermutlich waren es Protestanten.

Eine Eiche steht am legendären Beginn der Geschichte der Städte Prag und Krakau. Es ist die Sage von Libussa. Sie führt zurück zu Cosmas von Prag ins 11. Jahrhundert, wurde 1475 von Aeneas Silvius Piccolomini in humanistischem Geiste ausgestaltet und von Johann Karl August Musäus 1786 in jene romantische Form gebracht, die sie volkstümlich gemacht hat. Eines Tages erschien der Herzog Czech mit seinen slawischen Horden im Böhmerwald, um dort zu siedeln. Zu denken ist an die Zeit um 700 n. Chr. Als die Rodung begann, flohen Elfen und Dryaden. Nur eine von ihnen, die Niva oder Krokowka genannt wird, konnte sich von ihrer Lieblingseiche nicht trennen. Unter dieser rastete Krokus, der Reitknappe des Herzogs. Er bewahrte den Baum vor der Säge und damit das Leben der Nymphe. Sie offenbarte sich ihm: „Altert die Eiche, die das Los des Schicksals zur Mitgenossin des Lebens uns zugeteilt hat, so altern wir mit ihr; und stirbt sie ab, so sterben wir" – bis der Kreislauf aller Dinge den Baum wieder erstehen läßt, so Musäus. Für die Rettung der Eiche schenkte ihm die Baumnymphe ihre Liebe und gebar ihm drei Töchter, deren jüngste er Libussa nannte. Die Gunst der Elfe machte Krokus zum weisesten und mächtigsten Mann des Landes. Er wurde König und gründete Krakau. Dann zertrümmerte ein Blitz die Eiche, und Niva entschwand. Aus dem Holz des Baumes ließ Krokus seinen Sarg zimmern.

Libussa folgte ihm in der Regentschaft und heiratete Primislaus, der tschechischer König ward. Sie gründete Prag und wurde die Ahnfrau der Przemysliden. Die Sage wurde von Brentano 1845, von Grillparzer 1872 bearbeitet, mehrfach auf die Opernbühne gebracht, so von Smetana 1881. Moritz von Schwind hat 1855 Krokus mit der Elfe unter der Eiche gemalt, das Bild hängt in der Schack-Galerie zu München (s. Abb. XIII). Romantischer Nationalismus hat den Stoff in der gefälschten »Königinhofer Handschrift« ins 9. Jahrhundert zurückdatiert, dies jedoch nicht gegen die historische Kritik behaupten können. Damit sind wir schon im christlichen Mittelalter.

7. Christliches Mittelalter

a. Johannas Buche
Dendroklasmus b.
c. Heiligenbäume im Westen
Baumheilige im Osten d.
e. Bibel-Hölzer und Baum-Kreuze
Pilger-Bäume: Altes Testament f.
g. Neues Testament
Judas-Baum h.
i. Apokryphen
Heiligenlegenden j.
k. Visionen
Apokalypse: Dürrer Baum l.
m. Gartenlust
Freibaum n.
o. Gerichtsbäume
Staatsakte unter Bäumen p.
q. Holzrecht
Ortsnamen r.
s. Poesie: Heldensage
Artus-Ritter t.
u. Minnesang
Sprichwörter v.
w. Enzyklopädie: Lambert, Vincentius
Theologie: Bonaventura, Lullus x.
y. Dantes Baum der Kirche
Cusanus und der Nußbaum z.

Folio sum similis,
de quo ludunt venti
Archipoeta

7. Christliches Mittelalter

a. Am dritten Tage ihres öffentlichen Verhörs, am Samstag, den 24. Februar 1431, wurde die achtzehnjährige Jeanne d'Arc nach ihrer Kindheit befragt, nach den Tagen, da sie das Vieh gehütet habe und in den Feldern herumgesprungen sei. Die Richter interessierten sich namentlich für „den Baum". Johanna erzählte bereitwillig, man heiße ihn den „Baum der Frauen" (*Arbor Dominarum*) oder „Baum der Feen" (*Arbor Fatalium*), er stünde bei ihrem Heimatdorf Domrémy an einer angeblich heilkräftigen Quelle. Es sei eine große Buche (*le fay*, von lateinisch *fagus*), um die herum getanzt und gesungen würde und von der man das schöne Maiengrün für die Kränze des Marienbildes hole. Auch an den Baum selbst habe man, und so auch sie, Kränze gehängt. Die Feen freilich habe sie nie erblickt, auch Offenbarungen nicht von ihnen empfangen. Die Prophezeiung von der wundertätigen Jungfrau aus dem Eichenwald, dem Bois Chesnu bei Domrémy habe sie vernommen, ihr aber keinen Glauben geschenkt. Die Richter sahen in diesem Geständnis eine Bestätigung dafür, daß Johanna mit Dämonen Umgang pflege und Schwarze Kunst übe, sie daher als Teufelsdienerin zu verurteilen sei.

Schiller hat 1801 den Baum auf die Bühne gebracht. Im Prolog zu seiner »Jungfrau von Orléans« ist es allerdings eine Eiche, wie es nach keltischer Tradition zu erwarten wäre. Johannas Vater erinnert sich, er sah Johanna „zu ganzen Stunden sinnend/Dort unter dem Druidenbaume sitzen,/Den alle glücklichen Geschöpfe flieh'n." Die gespenstische Gewalt des Baumes wird eindrucksvoll beschrieben, der Vater warnt: „Fliehe diesen Baum!/Bleib nicht allein und grabe keine Wurzeln/Um Mitternacht, bereite keine Tränke ..." So teilt er die Annahmen der Richter von Rouen.

Fünfundzwanzig Jahre später, 1456 wurde das Urteil angefochten. Es ging um die wohlverdiente Rehabilitation der Pucelle, und dabei wurde der Vorwurf des Baumkultes nochmals erörtert. Die Einwohner von Domrémy bestätigten die von Johanna erwähnten Bräuche. Alljährlich am Sonntag Laetare im März tanze und sänge die Jugend unter dem Baum, äße das Mitgebrachte und tränke aus einer nahen Quelle. Am Vortag vor Himmelfahrt, wenn der Pfarrer das Kreuz durch die Felder trage, zelebriere er das Evangelium auch unter dem Baum und an der Quelle – offenbar um die

Dämonen zu bannen und den jungen Leuten eine unschuldige Festesfreude zu ermöglichen.

Baumbezüglich zeigt der Vorgang dreierlei: Zum ersten, wie zäh die aus heidnischer Vorzeit überkommene Baumverehrung noch tausend Jahre angedauert hat. Zum anderen, wie gleitend der Übergang zwischen religiösen und ästhetischen Empfindungen, zwischen teuflischem Aberglauben und harmloser Volksbelustigung war. Und zum dritten, wie geschmeidig die Kirche mit dem, was an den uralten Baumkult erinnerte, verfahren ist: in Konfliktfällen rigoros, in normalen Zeiten konziliant.

b. Nur mit halbem Herzen hat die Kirche die Kultbaumsitte hingenommen. Der missionarische Dendroklasmus der Strenggläubigen schlug immer wieder durch. Wir sahen es im spätrömischen Reich (s. 5t), in Gallien (s. 6g), Germanien (s. 6n) und Slawonien (s. 6z). Der um 800 von einem Geistlichen in Sachsen abgefaßte »Indiculus Superstitionum« enthält einen Abschnitt *De sacris silvarum, quae nimidas vocant*. Hier werden die Heiligtümer des Waldes mit dem keltischen *nimida – nemetum* bezeichnet und als Orte des Aberglaubens bekämpft. Aus den in der Folgezeit gegen den Baumkult gerichteten Predigten und Verordnungen (RGA. 2, S. 107) ergibt sich, daß in Hainen Opfer gebracht, Weissagungen eingeholt, Gelübde abgelegt und gelöst wurden. Man zündete Lichter an und hielt Mahlzeiten ab (Homann S. 51ff).

Die Kirche sanktionierte oder dämonisierte altheilige Bäume. Neben einer Herrgottseiche (*quercus Jesu*) konnte eine Teufelseiche (*quercus diabolica*) stehen. Zahlreiche Legenden berichten von dem bösen Geisterspuk auf und bei Eichen. So kam es dazu, daß immer wieder Bäume „dran glauben mußten". Dabei eiferte keinesfalls die katholische Obrigkeit alleine. Bei Leipzig befanden sich zwei Wallfahrtsorte, die Eiche mit dem Muttergottesbild von Eicha bei Naunhof und der für heilig gehaltene, an einer Quelle stehende Birnbaum von Rötha. Beide Kulte gehen auf Visionen zurück, bei denen Maria im Baum erschien (Clemen 1909). Luther (WA. I 18, S. 74f) wetterte gegen den Aberglauben der Pilger und bezeichnete die Bäume beziehungsweise die neben ihnen errichteten Kirchen als des „Teufels Herberge". Sie mußten verschwinden. Nicht nur sie: 1580 ließ ein evangelischer Graf von Zweibrücken und Bitsch die von seinem Vorgänger errichtete Eichenkirche von Görsdorf abreißen (Wagler S. 53).

Beispiele aus anderen Teilen Deutschlands fehlen nicht. Das Preußische Geheime Staatsarchiv in Dahlem verwahrt einen ungedruckten Brief von Herzog Gustav Adolph zu Mecklenburg an Friedrich Wilhelm, den Großen Kurfürsten, vom 8. November 1683, in dem letzterer nachdrücklich gebeten wird, einen Schlehenbaum umhauen zu lassen. Dieser stand auf dem Blasendorffischen Felde im Gebiet des ehemaligen Klosters Heiligengrabe bei Pritzwalk, das zu Brandenburg gehörte, und lockte Leute aus

Mecklenburg über die Grenze. Um diesen Baum herum würden, so der Herzog, heidnische Riten vollführt, weswegen der Kurfürst den Baum fällen lassen möge, damit „dieses Ärgernis aus dem Wege geräumt werde“ und wieder Ruhe im Lande einkehre. Ein Verbot des Herzogs habe sich als wirkungslos erwiesen, die Leute glaubten trotzdem an die Heilkraft des Baumes. Am 17. November befahl der Kurfürst, den Baum umzuhauen, und teilte dies dem Herzog am selben Tage mit: „wie wir nun an solch abergläubischen Händeln gar keinen Gefallen haben“.

Die Verehrung eines Schlehdorns, der doch eher einen Busch als einen Baum darstellt, mag verwundern, doch galt er – wie auch andere Dornsträucher – als abwehrkräftig gegen Hexen und Zauberer. In der Zeit nach dem Dreißigjährigen Krieg wucherte der Hexenwahn wie nie zuvor – bei allen Konfessionen. Sollte die Angst vor Hexen das Motiv für den Schlehdornkult der Bauern der Prignitz gewesen sein, so läge der seltene Fall vor, daß gegen Unholde des Christentums – die Hexe ist ja eine Teufelsbraut – heidnische Hilfe gesucht wird, was die christliche Obrigkeit nicht zulassen kann. Im Kampf gegen den Teufelsspuk standen weltliche und geistliche Autoritäten, Katholiken und Protestanten Schulter an Schulter: er richtete sich gegen Hexen, Heiden und heilige Bäume. Die frommen Holzfäller Martin von Tours (s. 6g) und Bonifatius (s. 6n) hätten das Urteil von Rouen unterschrieben, das ja die geistlichen Gelehrten der Sorbonne abgesegnet hatten.

c. Schiller hat Johannas Liebe zum Baum christlich gedeutet. Sie klagt im 4. Akt: „Frommer Stab! O, hätt ich nimmer/Mit dem Schwerte Dich vertauscht!/Hätt' es nie in Deinen Zweigen,/Heilge Eiche, mir gerauscht!/Wärst Du nimmer mir erschienen,/Hohe Himmelskönigin!/ Nimm, ich kann sie nicht verdienen,/Deine Krone, nimm sie hin!“ Möglicherweise wußte Schiller um die Verehrung von Marieneichen, die zu Dutzenden im Elsaß, in den Niederlanden und in der Bretagne bezeugt sind (Wagler S. 49ff). Vor der Alternative „Umhauen oder Umwidmen“ haben die Geistlichen vielfach die mildere Lösung vorgezogen und alte Bräuche dem neuen Glauben nutzbar gemacht.

1696 wurde zu Allouville in der Normandie in eine hohle Eiche von elf Metern Umfang eine Kapelle für *Notre Dame de la Paix* gebaut, darüber eine Klause für den Einsiedler, der die Kirche betreute. Eine Treppe führt zu ihm hinauf. Ein steinerner Glockenturm wächst aus der noch immer grünen Krone heraus, 1200 Jahre gibt man dem Baum. 1993 war es Frankreichs meistbesuchter Baum. Die Parallelen sind zahlreich. Eine Fundgrube ist die »Brabantia Mariana« von Wichmans, erschienen 1632 (S. 210ff). Da ist von wundertätigen Marienbildern an Eichen die Rede, von nächtlichen Lichterscheinungen und Kerzenopfern, von Wallfahrten und Gottesdiensten, teils im Freien, teils in den Kirchen, die bei oder an der

Eiche oder um sie herum gebaut waren und nach ihr benannt wurden: „Onse lieve Vrowe ten heyligen Eyck". Alle möglichen visuellen und akustischen Erscheinungen und Träume werden dazu erzählt, es gab Heilwunder, Opferspenden und seltsame Sagen.

Im Département Maine, dem Stammesgebiet der gallischen *Aulerci Cenomani* um Le Mans wurden noch im 19. Jahrhundert alte Eichen verehrt, freilich nicht wegen der in ihnen hausenden Götter, sondern wegen der Heiligenbilder, die von den Geistlichen an ihnen befestigt worden waren (Wagler S. 37). Sorgfältig aufgelistet sind die populären Baumorte der christlichen Zeit für die Diözese Meaux im Département Seine-et-Marne. In seinem Buch über die dortigen Volksfeste hat Roger Lecotté 1953 die Traditionen Ort für Ort notiert. Unter den Ortsnamen gibt es die Thron-Eiche, die Zauber-Eiche, die Feen-Eiche, die Dicke Eiche usw. Ein Dutzend Bäume trägt den Namen von Heiligen, die Hälfte wurde damals noch durch Wallfahrt gefeiert. An der Spitze steht *Le Chêne de Notre Dame*, die fünfmal vertretene Marien-Eiche. In Fontainebleau wurde die Eichen-Maria mit einem Pferd gezeigt – das ist offenbar die keltische Göttin Epona. Daneben gibt es eine Christus-Eiche, sowie eine Eiche für St. Lié. Bei mehreren Bäumen wird vermerkt, daß sie Heiligenbilder trugen, bei anderen, daß sie gefällt wurden; einmal soll der Baum dabei geblutet haben, ein andermal kam dabei eine schwarze Madonna zum Vorschein. Auch als künstlerischer Figurenschmuck erscheinen Eichenmotive in Kirchen. An weiteren heiligen Festbäumen werden benannt: Speierling, Schwarzdorn, Esche, Wacholder, Buche, Walnuß, Ulme (auch sie „blutet" und steht daher vor Märtyrer-Kirchen), Pfirsich, Birne, Tanne (geschmückt zum Weihnachtsfest) und Weinstock.

Ebenso reich wie Gallien ist Irland an Heiligenbäumen. Dort hat es anscheinend keinen größeren missionarischen Dendroklasmus gegeben – der neue Glaube hat sich gewaltlos durchgesetzt. Die frühchristlichen Iren zeigen eine ausgesprochen baumfreundliche Haltung. Obschon auch dort ein heidnischer Baumkult bestanden hatte, haben die Mönche den Kampf gegen die Dämonen nicht auf deren Wohnstatt übertragen, sondern wie den altverehrten Quellen so auch den Bäumen Respekt bezeugt. Zahlreiche Kirchen und Klöster setzen heidnische Lokaltradition fort. Die Kirche kam zu den Bäumen, nicht umgekehrt. Lucas (S. 35ff) ergänzt seine umfangreiche Beispielsammlung durch Bäume, die nach Heiligen benannt sind oder in deren Legenden auftreten. Aus heiligen Bäumen wurden Heiligenbäume. Genannt werden Eiche, Esche und Eibe, daneben Ulme, Walnuß und Weißdorn.

Jeder der drei Patrone Irlands, Patrick, Columba und Brigida, hatte eine besondere Beziehung zu Bäumen. Beim Baum Bile Tortan (s. 6h) soll der heilige Patrick im 5. Jahrhundert eine Kirche erbaut haben, wie das Buch von Armagh aus dem 8. Jahrhundert bezeugt. Auch das „Kloster zur heiligen Eibe“ berief sich auf einen von Sankt Patrick persönlich gepflanzten Baum. Die Eibe besaß eine besondere Würde in Irland. Das reicht zurück in heidnische Zeit, wie Eo Rossa (s. 6h) bezeugt. Friedhöfe und andere geheiligte Orte in Irland wurden mit Eiben bepflanzt. Sie dienten „dem Schmuck und der Schönheit“. Ein Gedicht aus der Zeit um 1000 feiert die „drei Eibenbäume von Irland“. Zu den Wundern des Landes zählte die „Eibe der streitenden Söhne“.

Das Kloster von Derry wurde im 6. Jahrhundert vom heiligen Columba gegründet, der Ortsname stammt von *dair* – Eiche und erinnert an einen keltischen Hain. Dessen Bäume wurden beim Bau nicht angetastet. Dem Gründer wird der Spruch zugeschrieben: „Obschon ich Tod und Teufel fürchte, erschreckt mich der Klang der Axt in Derry noch mehr“. Bevor er das Kloster errichtete, brannte er die dort stehenden Gebäude nieder; doch als die Flammen die Bäume bedrohten, da sang der Heilige eine Hymne, die Brandschutz gewährte. Ein anderes Lied Columbas besingt die von ihm geliebte „Eibe der Heiligen“, auf der tausend Engel wohnten, neben der Schwarzen Kirche. In der Vita des heiligen Columba aus dem späten 15. Jahrhundert ist von einer großen Eiche zu Kells die Rede (Lucas S. 33). Eine Sage erklärt die Geschichte des Weihwasserwedels in der dortigen Kirche des Heiligen. Zwei Mönche fanden auf dem Rückweg nach Iona eine Insel, die von einem Baum überschattet wurde. Auf seiner Spitze saß ein Vogel mit goldenem Kopf und silbernen Flügeln, er warf den Mönchen ein Blatt herab, so groß wie eine Ochsenhaut, daraus soll jener Weihwasserwedel gemacht worden sein.

Schließlich hatte auch die um 525 verstorbene Heilige Brigida, die „Maria der Gälen“ ihren sakralen Baum. Der Name des von ihr gegründeten Klosters Kildare wird in ihrer Vita (Acta Sanctorum, Februar I, S. 160) als *Cella Quercus* – „Eichenkloster“ wiedergegeben. *Kil* kommt von *cella*, und *dare* ist mit irisch *dair* – „Eiche“ verwandt. Die Heilige soll den Ort aus Bewunderung für einen sehr hohen Eichbaum gewählt haben. Sie hätte ihn gesegnet, und sein Stamm stünde „noch heute“. Niemand wage, ihn mit Eisen zu berühren. Mit der Hand gebrochene Zweige galten als kostbare Gaben, denn sie wirkten Wunder: *multa patrata sunt miracula per illud lignum* (S. 166). Da der Tag der Heiligen, der 1. Februar, eines der vier irischen Jahreszeitenfeste ist, liegen vorchristliche Traditionen zugrunde. Der Name *Brigida* führt wie das Wort *Birke* auf eine indogermanische Wurzel zurück, die „glänzen“ bedeutet.

Eine romantische Sage wird von der hohen Eibe im Klosterhof von Muckross bei Killarney berichtet. Noch Reiseführer der Gegenwart rühmen den Baum. Er soll im 6. Jahrhundert vom heiligen Columba persönlich gepflanzt worden sein und unter seinem Schutz stehen. Jeder Griff nach ihm war frevelhaft. Nun gab es da eine holde Maid namens Honor. Sie wurde verehrt von dem braven Frank und dem kecken Neal, zwischen denen sie sich nicht entscheiden konnte. Eines Abends nach einem Tanz bekam sie Zahnschmerzen. Man glaubte, ein Zweig von der Eibe würde helfen. Und so versprach sich Honor dem, der ihr als erster einen solchen brächte. Sofort stürzten beide davon *like a brace of greyhounds*, Neal voran. Als er vor der Kirche über einen Graben mußte, hörte er den Hilferuf einer alten Frau. Aber nur an die Liebe denkend, eilte er weiter. Frank hintennach jedoch hörte, hielt an und half der Alten heraus aus dem Graben. Zum Dank gab sie ihm eine Ecke ihres Gewands. Als Frank ins Kloster kam, da hatte Neal einen Eibenast in der Hand – und lag sterbend auf dem Boden. Am nächsten Morgen sah man eine Lache Blut aus der verwundeten Eibe, und Neal spukt dort seither als Strafe für seinen Baumfrevel, allnächtlich von einem Riesen dreimal um das Kloster gepeitscht. Sein Glück aber machte Frank mit dem Rockzipfel der heiligen Brigida – denn ihr, der „Mutter Irlands“, hatte er geholfen (Bartlett S. 23ff).

Zahlreiche heilige Bäume Irlands standen an Quellen. In ihre Äste hängte man Tücher und viele andere Devotionalien, so daß von regelrechten Lappenbäumen (*rag trees*) gesprochen wird (Lucas S. 40f). Unter ihnen ragt bei dem Eichenort Darrynane die Sankt Crohane geweihte Esche hervor, die größte auf der Insel. Die hohe Zahl von Eschen an Quellen wird nur vom Weißdorn übertroffen (Lucas S. 42), Spuren der heiligen Quellbäume haben sich bis heute erhalten. Bei Ballyshannon in Nordwest-Irland, am Unsinn-River liegt Saint Patrick’s Well, umgeben von sieben alten Steinkreuzen. Ob die Quelle historisch etwas mit dem Apostel der Iren zu tun hat, ist höchst fraglich, denn es gibt mehrere Patricksquellen, so auch eine in den Connemara-Bergen, nördlich Galway, ein beliebtes Pilgerzentrum. Wahrscheinlich handelt es sich beide Male um ein oberflächlich christianisiertes Quellheiligtum aus der Keltenzeit. Das am Unsinn-River ist mit einem heiligen Baum verbunden. Als meine Frau ihn am 18. August 1999 besuchte, war er reich mit Tüchern und Bändern geschmückt. Wie weit es sich hier um alte Tradition oder um nostalgisches Neuheidentum handelt, ist schwer auszumachen. Bisweilen geht beides ineinander über.

Parallelen aus anderen Gegenden Europas belegen, daß Heiligenbäume nicht auf den ehemals keltischen Raum beschränkt waren. Im Hessischen sind aus christlicher Zeit drei „heilige Eichen“ urkundlich bezeugt: in der Montabaurer Zentbeschreibung von 959, bei Gnadenthal im Goldenen Grund und am Wellenberg bei Wetter, beide aus dem 16. Jahrhundert (K. Demandt 1972, S. 89). Nicht nur Eichen weihte man der Gottesmutter. Im 13. Jahrhundert wurde zu Höchstberg bei Neckarsulm für „Maria zum Nußbaum“ der Stamm mit dem Gnadenbild in den Altar eingebaut. Seit dem 14. Jahrhundert stand mitten in der Wallfahrtskirche zu Heiligelinde bei Allenstein in Ostpreußen, sie überragend, ein silberplattierter Baum, der bei der Reformation 1526 beseitigt wurde. Beim Neubau der Kirche um 1700 stellte man einen Lindenstamm mit dem Marienbild ins Schiff der Kirche. E. T. A. Hoffmann verarbeitete das Motiv 1814 in seinen Schauerroman »Die Elixiere des Teufels«: Der Vater des späteren Kapuziners Medardus pilgert dorthin und stirbt, er selbst wird dort geboren. „Kein giftiges Tier, kein schädliches Insekt nistet in dem Heiligtum der Gebenedeiten; nicht das Summen einer Fliege, nicht das Zirpen des Heimchens unterbricht die heilige Stille" an dem Baum, wo Engel das wundertätige Bild der Gottesmutter niedersetzten. Ortsnamen wie Marienbaum, Mariabuchen, Maria Tann oder Mariengrün lassen auf ähnliche Erscheinungen schließen (Graefe S. 87f). Ein Marienbild trug einmal die Bavariabuche von Pondorf (s. Abb. I). Als ich sie am 25. November 2001 besuchte, fehlte es.

In einer waldreichen Einöde der Niederlande widmete sich der ehrwürdige Johannes von Ruysbroeck alias Rusbrochius zu Beginn des 13. Jahrhunderts der Ausarbeitung seiner religiösen Schriften. Da geschah das Wunder, daß ein uralter, nur noch von seiner verholzten Rinde getragener, seit 300 Jahren abgestorbener Lindenbaum wieder ergrünte. Wichmans (1632 S. 806) beschreibt den Baum bewundernd aus eigener Anschauung. Darauf habe die Infantin Isabella Clara Eugenia 1622 dort der Maria Lauretana ein Kloster errichtet, das so wie der Baum wachse, blühe und gedeihe.

In Italien ist Maria mit dem Jesusknaben in der Baumkrone namentlich mit den naturliebenden Franziskanern verbunden. Die Eremitage Monte Verna im Piemont hat der Florentiner Jacopo Ligozzi verherrlicht; ein Blatt von 1607 zeigt eine monumentale, unten hohle Madonnenbuche, die drei Mönche bestaunen (Schama S. 247). Die Gottesmutter ist auch dem heiligen Franziskus selbst in einem Baum erschienen. Das Museum der Schönen Künste zu Budapest besitzt ein Gemälde des 1638 in Madrid verstorbenen italienischen Malers Vicente Carducho, der die Vision zeigt: Die Madonna in der Baumkrone, auf der Mondsichel stehend, mit dem Sternenkränzel geschmückt, umflattert von Englein mit symbolischen Attributen, am Stamm die Schlange, daneben Lilie, Rose und Iris, sowie Palme und Zypresse.

In Portugal zeigte sich die Mutter Gottes am 13. Mai 1917 der kleinen Lucia Santos in einer Eiche – daraus wurde der Wallfahrtsort Fatima, von den Arabern einst nach der jüngsten Tochter des Propheten benannt. Der Baum ist verschwunden, eine Kapelle vertritt ihn, während ein Wurzelsproß als Erbe heranwächst. Unter den vielfältigen Souvenirs, die den Pilgern angeboten werden, findet sich auch ein kleine, von innen beleuchtete Eiche aus Plastic. Eine Baumvision aus Spanien ist jüngeren Datums. Die *New York Times* meldete am 15. März 1994, daß am ersten Samstag jeden Monats über einer alten Eiche am Escorial bei Madrid die Jungfrau Maria einer Putzfrau erscheine. Das mag im fortschrittlichen Amerika Verwunderung ausgelöst haben. Indes zu Unrecht: Der jüngste Bericht einer Marienerscheinung stammt ebenfalls aus New York und betrifft das Desaster vom 11. September 2001 (s. 10u). Man sagt, Amerika habe kein Mittelalter gehabt. Es hat es noch.

d. Im östlichen Teil der christlichen Welt spielen Bäume für die Glaubenswelt eine weniger bedeutsame Rolle. Ohne heidnischen Hintergrund schätzte man den Nußbaum im Hofe der Akakios-Kapelle zu Konstantinopel, an dem der Heilige das Martyrium durch Erhängen erlitten haben soll, wie die Kirchengeschichte des Socrates (VI 23) aus der Zeit um 440 n. Chr. meldet. Die im christlichen Osten damals florierende asketische Bewegung nutzte mitunter auch Bäume. Eine seltsame Überlieferung berichtet von den orientalischen Dendriten, die ihr Leben, ähnlich den Säulenheiligen in oder auf Bäumen verbrachten (Charalampidis 1995). Der bis 614 in Jerusalem, dann in Rom wirkende Mönch Johannes Moschos beschreibt in seinen »Pratum spirituale« (PL. 74, S. 152) das Leben des heiligen Adolas oder Addas, der in der Nähe der syrischen Stadt Apamea in einer hohlen Platane hauste und mit der Außenwelt nur durch ein „Fenster“ verkehrte, durch das sich der Geruch seiner Heiligkeit verbreitete.

Ein maronitischer Eremit derselben Gegend, so meldet eine andere, undatierte Quelle, hatte sich auf einer hohen Zypresse eingenistet. Nachdem er im Schlaf mehrfach von Satan herabgeworfen worden war, ließ er sich oben anketten. Aber auch das half nicht, wieder stürzte er und blieb nun in halber Höhe hängen, bis die Dorfleute ihn abermals auf seinen Wohnast hinaufhievten. Dem Dendriten war das peinlich, daher flehte er zu Gott um Hilfe, und dieser sandte ihm einen Engel, der ihn nach jedem Fall wieder emportrug. Der Ruf des Gottesmannes verbreitete sich, er heilte Kranke und vollbrachte Wunder. Das zog so viele Pilger an, daß er keine Zeit zum Gespräch mit Gott mehr fand. Schließlich stieg er herab, wanderte in die Welt, sündigte mit einer Gemüsefrau und beschloß sein Leben als Büßer im Kloster Mar Maron. Der unbekannte Autor der Geschichte traf auch einmal einen Baumheiligen, der mit einem Totenkopf im Geäst lebte. Der fromme Bäumling erzählte, er sei der Sohn eines Königs, der ihm die Askese verwehren wollte. Doch habe der Vater ihn nicht zur Rückkehr bewegen können, dafür habe er nach dessen Tode seinen Schädel mit auf den Baum genommen. Der Herausgeber, der Orientalist Père Nau (1899) ist von der Authentizität dieser Überlieferung nicht ganz überzeugt. Die Dendriten in Lukians ›Wahrer Geschichte‹ (I 22) sind andrer Natur.

Orientalische Vorbilder haben stets die Religionen des Westens geprägt: *ex Oriente crux*. So finden sich hier auch Nachahmer der Dendriten. Nach der von Aventinus benutzten Legende war die selige Edigna eine Tochter

König Heinrichs I von Frankreich. Um ihre Jungfräulichkeit zu wahren, flüchtete sie nach Bayern und verbrachte ihr Leben bei Puch, nahe Fürstenfeldbruck, in einem hohlen Lindenbaum. Ihr historisch unsicherer Todestag ist der 26. Februar 1109. Wunderkräftiges Öl floß daraufhin aus dem Baum, in dessen Nähe eine romanische Kapelle und ein Zisterzienserkloster entstand. Der Verfasser ihrer Vita, ein Jesuit, erklärt, die dreigespaltene Linde 1616 gesehen zu haben, und notiert diverse Mirakel (Acta Sanctorum, Februar III, S. 668ff). Der Baum grünt noch heute (Fröhlich 1989, S. 308f).

e. Eine Verehrung der Bäume selbst kam in christlicher Zeit nicht mehr in Betracht. Dennoch hat die Kirche bestimmte, nun freilich in ihrem Sinne umgedeutete Überlieferungen bestehen lassen, ja neue Formen geschaffen, in denen Bäume ins Bewußtsein traten. Hier ist vorrangig an die theologische Spekulation über die heilsgeschichtlich bedeutsamen Bäume der Bibel und deren künstlerische Darstellung zu denken. Der Baum des Lebens im Paradies (*arbor bona*, Genesis 3, 22), an dem die Tugenden als Früchte reifen, wurde Maria zugeordnet, der Baum der Erkenntnis (*arbor mala*, Genesis 2, 9), an dem der Teufel die Laster wachsen läßt, der Eva. Handelt es sich nicht um denselben Baum (s. 2c)?

Sinnvoll wird die Zweizahl der Bäume erst in christlicher Interpretation mit der Gegenüberstellung von Sünde und Erlösung, jeweils durch einen der beiden Paradiesesbäume dargestellt. Die Verbindung läuft über das Holz, aus dem das Kreuz Jesu gezimmert wurde. Darüber haben viele Kirchenväter nachgedacht. Man suchte und fand eine Brücke vom Christuskreuz zum Lebensbaum. Schon Augustinus (Civitas Dei XIII 21) sah im *lignum vitae* eine vorausdeutende *figura* für Christus. Der Baum Adams hatte Sünde und Tod in die Welt gebracht, das Kreuz Christi bot Vergebung und Leben. Prägnant formuliert eine pseudo-augustinische Predigt: *Per arborem mortui, per arborem vivificati* (s. 2y). So mußte das Kreuz aus dem Holze des Paradiesbaumes bestehen.

Die Geschichte dazu entstand in Stufen. Die Apokryphen zum Neuen Testament enthalten das spätantike Nikodemus-Evangelium, das von der Höllenfahrt Christi erzählt (HS. I S. 348ff). Dort berichtet Seth, wie sein tödlich erkrankter Vater Adam ihn an die Pforte des Paradieses gesandt habe, um heilendes Öl vom Baum des Erbarmens zu erlangen. Ein Engel stellt ihn vor die Wahl, das Öl oder den Baum selbst, das heißt einen Steckling zu bekommen. Seth entscheidet sich nicht und erhält den Auftrag, er möge seinem Vater verkünden, 5.500 Jahre nach Erschaffung der Welt werde Gottes Sohn unter der Erde erscheinen und Adam nebst seinen Nachkommen salben und heilen.

Eine der über fünfzig Varianten dieser Legende berichtet, Seth habe drei Kerne erhalten, die er seinem toten Vater in den Mund gelegt habe, ehe er ihn im Tal Hebron begrub (Yule I S. 136). Daraus seien drei Bäume erwachsen, eine Zeder, eine Zypresse und eine Pinie, die sich vereint hätten und so die Trinität symbolisierten. In der »Legenda Aurea« des Jacobus de Voragine heißt es dann, Seth habe jenes Reis auf das Grab Adams gepflanzt. Das habe einen Baum ergeben, den Salomon fällen ließ, um ihn als Bauholz zu verwenden. Doch sei dies auf wunderbare Weise mißlungen. Erst als die Juden das Kreuz für Jesus zimmerten, habe das Holz sich gefügt (Benz I S. 455ff). Der christliche Kabbalist Andreas Tenzel rettete 1629 den Baum über die Sintflut, indem Noah ihn samt den Gebeinen Adams in die Arche nimmt und dann über der Hirnschale des Urvaters auf Golgatha wieder einwurzelt. Die Säfte und Kräfte Adams, die der Baum in sich aufgesogen hat, gibt er dann, vermittelt durch den Kreuzestod Jesu, den Kindern Adams als erlösendes Lebenselixier zurück (Peuckert II S. 465ff).

Eine andere Gedankenkette führte vom Kreuz zurück zum salomonischen Tempel. Jesaja (60, 13) nennt die Hölzer, die Salomon vom Libanon zum Bau des Tempels bezog. Im Hinblick auf sie dachte man an Zypresse, Zeder und Pinie oder Kiefer. Auch kommt der Gedanke einer Zusammensetzung des Kreuzes aus drei Holzarten vor – in Byzanz seit dem 9. Jahrhundert. Im Westen meinte man: Da der Opfertod Christi die Erbsünde überwinde, habe der Baum des Paradieses die Balken geliefert; in Betracht kamen Apfel- oder Feigenbaum, aber auch Palme und Weinstock. Eine Synthese bietet Bernhard von Clairvaux (Vitis mystica 46), und seine Ansicht wurde populär, so der Merkvers bei Jacobus de Voragine (Benz I S. 456): *Lignum crucis palma, cedrus, cypressus, oliva*. Ihn kannte der Reiseritter John Mandeville (S. 59). Danach bestand der Stamm aus Zypresse, die Fußraste aus Zeder, die Tafel aus Olive und der Querbalken aus Palmholz. Seit der Kirchenvater Ambrosius um 380 die Legende der Kreuzfindung der Kaiserin Helena verbreitet hatte, tauchten allenthalben Kreuzholz-Reliquien auf, aus denen man wohl ein Dutzend Kreuze aus ebenso vielen Holzarten zusammensetzen könnte.

Die figurale Verknüpfung des Paradiesesbaumes mit dem Christuskreuz hat sich in der Kunst niedergeschlagen im Typus des Gekreuzigten am Lebensbaum (Bauerreis 1938). Das Kreuz wurde oft als Baum dargestellt mit Wurzel, Zweigen und Blättern. Ein besonders eindrucksvolles Gemälde gelang Hendrick Goltzius 1610 (Schama, Tafel 25). Eine ausführliche Fassung bietet der Kruzifix am Lebensbaum des Bonaventura (s. Abb. 18), eine Schwundstufe ist das Altarkreuz von Ernst Barlach in der Marburger Elisabeth-Kirche mit dem geschwungenen Querbalken. Ein vereinfachtes Baumkreuz wurde laut Bauerreis zur Lebensrune, weiter zum liturgischen Insufflationszeichen beim Taufritual, wobei er die Ähnlichkeit mit dem griechischen Buchstaben Psi auf das Wort *psyche* – Seele bezog. Die Darstellung auf Taufsteinen, Grabmälern, Torbögen,

Säulenköpfen und und Sarkophagen sind zahlreich. Schließlich leitet er auch das irische Kleeblatt und die bourbonische Lilie von dem Symbol des *arbor vitae* her – ob das freilich die Künstler selbst bestätigen würden, wer will das wissen?

f. Die Menschen suchen Verbindungen: das Vereinzelte stört, die Verknüpfung befriedigt. Sie erfolgt einerseits über Ähnlichkeit, andererseits über Erinnerung: *meminisse iuvabit* heißt es bei Vergil (Aeneis I 203). Mit derselben leichtgläubigen Altgier, mit der sich antike Reisende die Erinnerungsorte der homerischen Heroen zeigen oder aufschwatzen ließen, suchten und fanden die europäischen Pilger die Spuren der biblischen Geschichten. Lebhaftes Interesse zeigten John Mandeville und andere mittelalterliche Pilger im Heiligen Lande an einzelnen Bäumen, die man mit der biblischen Überlieferung in Verbindung brachte. Dies beginnt bereits in der Spätantike, im 4. Jahrhundert. Mehrere Bäume erinnerten an Berichte aus dem Alten Testament. Die Pilgerin Aetheria *alias* Egeria aus Südgallien sah nicht nur den Quell, den Moses aus dem Fels geschlagen hatte, um das dürstende Volk Israel zu tränken, und den Stein, an dem der erzürnte Gottesmann die Tafeln mit den zehn Geboten zerschmetterte, als er, vom Sinai herabgekommen, den Tanz um das Goldene Kalb erblickte, sondern auch eine uralte, von den Erzvätern gepflanzte Sykomore, deren Früchte Heilkraft besaßen (8, 3f). Sie trug den Namen *dendros alethiae* – Baum der Wahrheit. Woran sie den inzwischen nicht mehr brennenden Dornbusch (4, 6) erkannt haben will, fragte sie ebensowenig wie der moderne Tourist, dem an der Außenwand der Kapelle Zum Brennenden Dornbusch beim Katharinenkloster am Sinai ein syrischer Blasenstrauch als Ableger des mosaischen Busches gezeigt wird.

Die Eiche Abrahams von Mamre, jenes in der Spätantike vielbesuchte Heiligtum, zeigte man zur Zeit der Kreuzfahrer nicht mehr bei der Constantinsbasilika (s. 2e), sondern zwei Kilometer nordwestlich von Hebron. 1283 notierte Bruder Burchard De Monte Sion, daß der alte Baum trocken sei, aber ein neuer seinen Wurzeln entsprieße (Yule I S. 132). Dort entstand 1871 das Russenkloster zur Heiligen Dreifaltigkeit. John Mandeville (S. 112) meint diesen Ort, wenn er berichtet, der Baum werde von den Moslems *Sirpe* genannt und heilig gehalten, denn er wirke Heil und Wunder. Er stünde seit Adams Zeiten, dort habe Gott die Welt erschaffen. Das erinnert an Josephus (Bellum IV 9, 7). Als Jesus gekreuzigt wurde, sei der Baum verdorrt, doch werde er wieder grünen, sobald ein christlicher Fürst aus den Niederlanden Jerusalem zurückgewonnen habe und unter dem Baum die Messe lesen lasse. Mandeville benutzt hier die Sage vom Dürren Baum (s. 7l). Der neue Baumort Mamre bei Hebron wird seit dem hohen Mittelalter verehrt, stets ist von einer Eiche die Rede, so bei Bruder Anselmus, der 1509 die Verehrung des Baumes durch die Sarazenen bezeugt (Yule I S.

131). Sein Name wird auch mit *Sindian* oder *Dirpe* wiedergegeben (Wagler S. 95). Der Baedeker von 1898 verzeichnet im Garten des russischen Pilgerhauses eine sterbende Eiche mit einem Stammumfang von 32 Fuß; der Guide Bleu von 1981 nennt eine noch lebende tausendjährige „Eiche der Ruhe".

g. Sämtliche Bäume des Neuen Testaments wurden von christlichen Pilgern oder für diese identifiziert, so die Palme, von der die Zweige genommen wurden, mit denen Jesus gemäß dem Johannes-Evangelium (12, 13) beim Einzug in Jerusalem begrüßt wurde. Diesen Baum zeigte man bereits dem unbekannten »Pilger von Bordeaux« im Jahre 333 n. Chr. (CCL. 175, S. 17). Andächtige Bewunderung verdiente ebenso der Feigenbaum in Jerusalem, den Jesus verfluchte, weil er keine Frucht brachte (Matthäus 21, 18ff). Daß beim Einzug Jesu in Jerusalem Zachäus auf einem Maulbeerbaum gesessen habe, wie schon auf dem Relief-Sarkophag des Junius Bassus vom Jahre 359 (s. 2a) zu sehen ist, läßt sich den Evangelien nicht entnehmen. Bei Lukas (19, 1ff) spielt die Episode in Jericho irgendwann zuvor. Zahlreiche Pilgerberichte vom 4. bis ins 16. Jahrhundert erwähnen die Sykomore, auch nachdem sie um 570 als trocken aus dem Dach der um sie herumgebauten Kirche ragend gemeldet wurde (Baldi S. 347ff). Sie wurde mithin nachgepflanzt oder umdefiniert. Als Maria den Jesusknaben aus Nazareth nach Jerusalem zum Tempel brachte, ruhte sie, so geht die Fama, unter einer riesigen Terebinthe, die man noch im 16. Jahrhundert sah (S. 149).

Welches Gehölz die Dornenkrone Christi geliefert hat, ist nicht überliefert. Der *stephanos ex akanthōn* bei Matthäus (27, 29) eröffnet mancherlei Möglichkeiten. Sicherlich war es keine der Pflanzen, die den Namen Christusdorn tragen: weder die Stechpalme (*Ilex aquifolium*) noch der Brustbeerenbaum (*Zizyphus spina christi*), weder die Weinrose (*Rosa rubiginosa*) noch die prächtige Gleditschie (*Gleditschia triacanthos*). Die Spätantike benannte den Weißdorn, so der um 400 n. Chr. schreibende gallische Volksmediziner Marcellus Empiricus (XXIII 29): *herba salutaris, id est spina alba, qua Christus coronatus est*. Sie nütze der Milz. Im Heiligen Lande hat man den Pilgern auch diesen Baum noch gezeigt, ein Ableger soll in Rom gestanden haben. Graf Eberhart im Barte, „Württembergs geliebter Herr", pflanzte ein 1482 von seiner Pilgerfahrt aus Rom mitgebrachtes Weißdornreis beim Jagdschlößchen Einsiedel im Schönbuch nördlich Tübingen. Der um 1700 abgestorbene Baum wurde mehrfach nachgepflanzt (Gräter S. 79ff). Die letzten Dornenkronen wurden aus dem Stacheldraht der seit 1989 endlich obsoleten Berliner Mauer geflochten. Eine hängt über meiner Zehlendorfer Haustür.

h. Das Mittelalter war ein Zeitalter der Phantasie. Das erweist sich nicht zuletzt im Umgang mit Bäumen. John Mandeville (S. 151) sah in Tiberias

13 Judas am Feigenbaum, Frontispiz zu Abraham a Santa Clara, 1710

einen Baum, der war einem brennenden Holzscheit entsprossen, das jemand im Zorne nach Jesus geworfen hatte und mit einem Ende in die Erde gefahren war. Zudem nennt er den – allerdings, wie er einräumt, nachgepflanzten – Baum, an dem Judas sich erhängt haben soll (S. 135). Er stand beim Siloah-Teich und sei ein Holunder *alias* Flieder gewesen – aber kann man sich an einem Holunder oder einem Flieder aufhängen? Shakespeare glaubte es jedenfalls: *Judas was hanged on an elder*, heißt es in »Love's Labour's Lost» (V 2). Im Volksglauben war der Holunder ein Satansbaum; „Hölderlin" war ein Name des Teufels. Aus dem Hessischen stammt der Zauberspruch:

O Fliederbaum, du lieber,
Mich quält das kalte Fieber.
Weil Judas sich an dir erhängt,
Sei das Fieber dir geschenkt.

Der Selbstmord des Judas, nach Volksglaube am 30. April, wird auch mit zwei anderen Bäumen verbunden, mit der Weide und dem Judasbaum. Die Weide gilt im europäischen Aberglauben als „böser Baum“, in dem Hexen und Teufelsgeister hausen. Der botanische Judasbaum ist ein aus dem Süden stammendes Ziergehölz, geschätzt wegen seiner roten oder weißen Schmetterlingsblüten – ebenfalls ein eher schmächtiges Gewächs. Plausibel ist die Version auf dem Elfenbeinrelief von 425 im Britischen Museum mit der frühesten Darstellung der Kreuzigung Christi: dort hängt Judas an einer Eiche. Eine Alternative findet sich bei Abraham a Santa Clara, dem „baarfüßigen Augustiner und kayserlichen Prediger“ in seinem voluminösen Erbauungsbuch »Judas Der Ertzschelm/Für ehrliche Leuth/Oder Eigentlicher Entwurff/und Lebensbeschreibung deß Iscariotischen Bößwicht etc» (III 1692, S. 398). Danach erhängte sich Judas an einem Feigenbaum (s. Abb. 13). Hatte ihn Jesus nicht verflucht? Ein Feigenbaum für Selbstmörder ist uns schon in Athen begegnet (s. 4r).

Die Reisenden im Heiligen Lande sahen den Judas-Baum zu verschiedenen Zeiten an unterschiedlichen Orten. Epiphanios (PG. 120, S. 264) nennt ihn in der Nähe des Blutackers Hakeldama. Der Pilger von Piacenza (Kap. 17) identifizierte ihn um 570 mit einem Feigenbaum rechts vor dem Osttor Jerusalems. Um 670 erwähnt Arculf ihn beim Jaffa-Tor am Sultansteich (Baldi S. 576), und im Jahre 1470 stand er an dem Ort, wo Petrus die Verleugnung Jesu beweint hatte (Kopp S. 410).

i. Aus dem Legendenkranz um das Neue Testament stammen der Lorbeerbaum, unter dem Anna die Prophezeiung der Geburt Marias erhielt (HS. I S. 280), und die Sykomore bei Heliopolis nördlich von Kairo, bei der die Heilige Familie auf der Flucht nach Ägypten Rast gemacht haben soll. In dem unter den Apokryphen zum Neuen Testament überlieferten arabischen Kindheitsevangelium (HS. I S. 305) trägt jene Sykomore den Namen *Matarea*. Jesus habe aus ihren Wurzeln eine Quelle entspringen lassen, in der Maria das Hemd ihres Kindes wusch. Und aus dem Schweiß (?) Jesu, den sie dort auswrang, sei der duftende Balsam in jener Gegend entstanden. Der Baedeker von 1928 vermerkt den „Marienbaum“ unter den ägyptischen Sehenswürdigkeiten, er werde nebst der nahe gelegenen *Chapelle de la Sainte Famille* von französischen Jesuiten gehütet. Der Zutritt kostete damals 5 Piaster, der noch immer sprudelnde Quell biete einen „angenehmen Trunk“. Allerdings sei die Sykomore nach 1672 gepflanzt und 1906 niedergebrochen – nur ein Zweig grüne noch.

Verschollen ist ein zweiter Baum, der Maria und Joseph auf der Flucht nach Ägypten nützlich wurde. Die im 6. Jahrhundert von Cassiodor aus der griechischen Kirchengeschichte des Socrates (V 21) in seine lateinische »Historia Tripartita« (VI 42, 6ff) übernommene Legende berichtet von einem Persea-Baum zu Hermopolis in der Thebais, das heißt in Oberägypten. Es sei ein Baum, der eine wundersame Heilkraft besitze, sofern man eine Frucht, ein Blatt oder ein Stück Rinde einem Kranken um den Hals hänge. Von diesem Baum gehe die Sage: als die Heilige Familie auf der Flucht vor Herodes hierher gekommen sei, habe der Baum sich vor dem Heiland verbeugt, um ihn anzubeten, so daß seine Zweige den Boden berührten. Dieser wegen seiner Größe und Schönheit von den Heiden verehrte Baum habe dabei die auf oder in ihm wohnenden Dämonen vertrieben – sie hätten damals das Land überhaupt verlassen. In verkürzter Form hat Jacobus de Voragine um 1265 die Erzählung in seine »Legenda Aurea« (Benz I, S. 97) aufgenommen und ihr damit eine große Verbreitung verschafft.

Eine Variante dieser Sage bestimmt den Marienbaum als Palme. Ihre Geschichte findet sich wiederum in den neutestamentlichen Apokryphen, in dem um 800 entstandenen Pseudo-Matthäusevangelium (HS. I S. 307). Am dritten Tage der Reise, so heißt es, habe die heilige Familie unter einer Palme gerastet. Marias Wunsch nach Datteln konnte ihr Joseph nicht erfüllen; er kam nicht hinauf. Man erntete Datteln, wie Plinius (XIII 29) beschreibt, indem ein wendiger Kletterer ein Seil um sich und den Stamm schlingt und von einem verholzten Blattstummel zum nächsten emporsteigt. Das brachte Joseph nicht zuwege – aber es erübrigte sich in der Legende. Der Säugling Jesus befahl dem Baum sich zu neigen, und der gehorchte, wie Zweiäugleins Apfelbaum. Die Heilige Familie sättigte sich an den Datteln. Anschließend ließ Jesus noch eine Quelle aus den Wurzeln entspringen. Ehe sie weiterzogen, dankte Jesus dem Baum und rief einen Engel, der einen Palmzweig abbrach und mit ihm in den Himmel flog – hier hatte der Erzähler gewiß ein Victoria- oder Nike-Bild vor Augen – um sie ins Paradies zu pflanzen. Hinfort solle zu jedem, der in einem Wettstreit siegt, gesagt werden: Du hast die Siegespalme erlangt. Rilke hat das Motiv in seinem »Marienleben« verarbeitet, verfaßt bei Marie von Thurn und Taxis auf Schloß Duino 1912:

> Immerhin, sie mußten sich darüber
> eine Weile setzen. Doch da ging -
> sieh: der Baum, der still sie überhing
> wie ein Dienender zu ihnen über:
> er verneigte sich. Derselbe Baum,
> dessen Kränze toten Pharaonen
> für das Ewige die Stirnen schonen,
> beugte sich. Er fühlte neue Kronen
> blühen. Und sie saßen wie im Traum.

Rilke spezifiziert den Baum nicht, doch lehrt ein antiquarisches Detail, daß er die Persea meint, mithin die »Legenda Aurea« benutzt hat, die den

I *Die Bavaria-Buche bei Pondorf (Foto: Mader 1996). Zu S. 4 und 172*

II Die Bavaria-Buche bei Pondorf (Fotos linke Seite: Wilfried Bauer, Fotos rechte Seite: Amos Schliack). Zu S. 4 und 6

III Pinie am Mittelmeer (Foto: Hildegard Schmidt). Zu S. 8

IV Linde als Stammbaum. Aufschwörung des Adrian Johann Frank von Eerde zu Plecken-poel (Speyer, 1700). Zu S. 15

V Abraham unter der Eiche Mamre. Psalter Ludwigs des Heiligen (13. Jh.). Zu S. 24

VI Krönungsmantel (Pluviale), Palermo (1133/34), inschriftlich nach der Hedschra datiert.
Zu S. 57

VII Bodhi-Baum in Bodhgaya, Nordindien (Foto: Deborah Zeeden). Zu S. 63

VIII *Wunderbaum auf der Wak-Wak-Insel. Indische Miniatur der Mogul-Zeit zur Alexander-Legende (um 1650). Zu S. 99*

IX Gerichtslinde zu Mühlhausen. Luzerner Chronik von Diebold Schilling dem Jüngeren (1513). Zu S. 187

X *Albrecht Dürer, Lindenbaum (um 1494). Zu S. 209*

XI Der Lebensbaum als alchimistisches Symbol (Nürnberg um 1532). Zu S. 215

XII Caspar David Friedrich, Eiche im Schnee (1828). Zu S. 254

XIII *Moritz von Schwind, König Krokus und die Waldnymphe (1855). Zu S. 163 und 254*

XIV Moritz von Schwind, Des Knaben Wunderhorn (um 1848). Zu S. 254

XV Antoine de Saint-Exupéry, Affenbrotbäume (1943). Zu S. 301

Baum nennt: Totenkränze wurden in Ägypten aus den Blättern, Zweigen und Früchten des Persea-Baumes alias Mimusops geflochten (s. 3k). Sie sind archäologisch bezeugt.

j. Von Bäumen ist mitunter in legendären Heiligenleben die Rede – so bei Franz von Assisi. Bevor dieser im Frühjahr 1209 auf seiner prekären Audienz bei Innozenz III die Duldung seiner Predigt durchsetzen konnte, träumte ihm, er sähe am Wegesrand nach Rom einen ungewöhnlich hohen und starken Baum. Während er ihn bewunderte, wuchs er selber wundersam zu solcher Größe, daß er den Wipfel packen und mühelos niederdrücken konnte. Und so vermochte er den Willen des Papstes zu beugen, des schönsten und gewaltigsten Baumes der Welt (Feld S. 177).

Ein anderes Baumwunder erlebte Franzens berühmteste Verehrerin, Elisabeth von Thüringen. Die Fürstin spazierte einst mit ihrem Beichtvater Pater Rodeger, Guardian des Minoritenklosters Halberstadt, in Marburg entlang der Lahn. Sie äußerte Zweifel an Gottes Liebe zu ihr, doch der Geistliche widersprach: Gott liebe die Menschheit unendlich mehr als diese ihn. „Hättest du nur den Glauben von der Größe eines Senfkorns, so würde Gott jenen Baum auf das andere Ufer versetzen." Kaum gesagt, löste sich der Baum aus dem Erdreich, wandelte über das Wasser und wurzelte wieder ein (Maril S.157). – Elisabeths Bäume erinnern an ein Prodigium beim Sturz Neros 68 n. Chr. Damals sei ein ganzer Hain von Ölbäumen an der Via Valeria nach Aternum, dem heutigen Pescara, von der einen auf die andere Seite der Straße hinübergewandelt. Plinius war davon so beeindruckt, daß er das Mirakel zweimal berichtet (II 199; XVII 245). Der hohe soziale Rang des Baumherrn – einer der ersten Männer aus dem Ritterstande – bietet dem Autor die Bürgschaft für die Richtigkeit der Meldung. Schließlich ist schon Ovids Orpheus (s. 5y) Zeuge für wandelnde Bäume!

k. Die poetische Phantasie des christlichen Mittelalters hat sich in einer Literaturgattung entfaltet, die aus der jüdischen Prophetie stammt: in der endzeitlichen Vision. Hier treten wiederum Bäume in Erscheinung: so in der *Visio Godeschalci.* Es handelt sich um die Schau des holsteinischen Bauern Gottschalk aus der Adventszeit 1189, nach dessen Bericht auf dem Krankenbett durch zwei Geistliche aufgezeichnet (Assmann 1979): Von zwei Engeln geleitet kommt er – genauer: seine Seele, die für fünf Tage den scheintoten Körper verlassen hat, – das Motiv stammt aus dem Ende von Platons »Staat« –, zu einer ungewöhnlich großen, ausnehmend schönen Linde. Diese war von oben bis unten mit seltsamen Gegenständen behängt: mit einer unüberschaubaren Menge von Schnürschuhen. Verwirrt fragt Gottschalk die Begleiter, was das bedeute. Die aber verweisen auf das vor ihnen liegende Land, das sie durchqueren müssen, es ist mit Dornen und Disteln überwuchert. In der Krone der Linde aber sitzt ein Engel, er reicht den daherkommenden Seelen je nach Verdienst und Würdigkeit ein Paar von den Stiefeln. Den meisten aber wurde diese Wohltat verweigert – so auch Gottschalk. Erst als er halb hindurch ist, erhält er, arg zerstochen, das schützende Schuhwerk. Es folgen weitere Prüfungen, dann teilt sich der Weg, führt rechts in den Vorhimmel, und links in die Vorhölle – alles wird bunt ausgemalt, zur Lehre der Hörer und Leser.

Die geistlichen Visionen des Mittelalters vermitteln stets eine theologische Botschaft. Sie kann sich, wie im Traum Gottschalks, an den Einzelnen richten, aber auch eine Gemeinschaft betreffen. Dazu zählt die Vision des Minoriten-Baums bei Jakob von Massa. Sie ist überliefert in den Fioretti (Kap. 48), den »Blümlein des heiligen Franz von Assisi«, der mit der Gründung seines Bettelordens großen Erfolg hatte. Gleichwohl gab es Anlaß zu Sorgen, die in der Vision Jakobs von Massa Ausdruck fanden. Wie bei Gottschalk verließ die Seele für drei Tage den Leib und erblickte einen schönen, mächtigen Baum. Seine Wurzel war von Gold, seine Früchte aber waren die Franziskaner, jeder Ast bedeutete eine Ordensprovinz und auf der Spitze saß der Ordensgeneral Johannes von Parma. Vor dem Baum thronte Christus; der gab dem heiligen Franz einen Becher mit dem Geist des Lebens, aus dem dieser die Brüder tränkte. Die einen kosteten und strahlten wie die Sonne, andere weigerten sich und wurden schwarz wie die Nacht. Johannes hatte den Kelch ganz geleert und erkannt, daß ein Unwetter den Baum bedrohte. Er stieg herab und stellte sich in den Schutz des Stammes. Ein anderer Bruder wollte nun den Platz auf dem Wipfel einnehmen und mißhandelte Johannes mit eisernen Fingernägeln, doch kam diesem Christus zu Hilfe. Da erhob sich der Sturm und schüttelte die Brüder, die den Trank verschmäht oder verschüttet hatten, wie welkes Laub herunter. Sie nahm der Teufel in Empfang. Johannes und die guten Brüder aber wurden von Engeln zum ewigen Licht emporgetragen. Dann warf der Wind den Baum um, doch sproßte aus der goldenen Wurzel ein frisches Reis, das selbst von Gold war, so wie seine Blätter, Blüten und Früchte. Der neue Baum war von unbeschreiblicher Schönheit, Kraft und Größe. Die Baumvision Jakobs von Massa spielt in durchsichtiger Weise an auf die Spannungen innerhalb des Minoriten-Ordens und auf die Querelen um seine Leitung, die sich erst im 14. Jahrhundert beilegen ließen.

l. Zu den legendären Bäumen des Mittelalters gehört sodann der mit der endzeitlichen Apokalypse verbundene Schlachtenbaum. Daß ein Schlachtort durch einen Baum bezeichnet wird, kennen wir aus der Alexandersage (s. 4v). Gewiß ist der Makedone, der die Völker Gog und Magog zurückhält, eine Endzeitfigur, doch bleibt ungewiß, ob von hier ein Einfluß auf die volkstümliche Deutung von Harmagedon anzunehmen ist, wiewohl *har-magedon* auch als „Berg des Makedonen“, das heißt Alexanders, verstanden worden ist. In der »Offenbarung Johannis« (16, 16) ist es der Ort der Schlacht zwischen den himmlischen Heerscharen und den teuflischen Mächten Gog und Magog (20, 7ff). Seine Lokalisierung war umstritten. Dutzende von Orten westlich der Elbe beanspruchten die durch einen Baum unterschiedlicher Art bezeichnete künftige Walstatt.

Die Sage vom Dürren Baum ist ein Motiv populärer Apokalyptik. Es gehört in den Umkreis der Hoffnung auf den Weltkaiser der Endzeit (Möhring 2000). Im Zeichen der Kreuzzugsbewegung geisterten Weissagungen durch Europa, ein Herrscher werde Jerusalem gewinnen, Heiden und Juden bekehren, Kirche und Gesellschaft reformieren, bevor dann der Antichrist sein Regiment errichte. Als Zeichen seines Sieges werde der Endkaiser seinen Schild an der *arbor arida* aufhängen, die dann wieder ausschlage, auch werde der Engelpapst dort eine Messe lesen. Die Prophezeiung tauchte im 13. Jahrhundert auf und hielt sich bis ins 16. Man dachte an einzelne historische Gestalten, überwiegend an solche, die den Namen Friedrich trugen, von den Staufern bis zu Friedrich dem Weisen, so Luther 1521, der den Dürren Baum allegorisch auf die abgestorbene Bibelkenntnis bezog (s. 8i). Daneben dachte man auch an andere Fürsten, so an Philipp II August von Frankreich und Kaiser Karl V. Die Endzeitpropheten lokalisierten den Baum bei Hebron (so Mandeville), bei Bagdad (Gesta regis Henrici secundi), bei Babylon (Heinrich von Neustadt), sogar bei Täbris. Odorich von Pordenone (Kap. III) will die *arbor sicca* dort im Hof einer Moschee gesehen haben: *in una mosceta, id est in una ecclesia Saracenorum.* Zumeist suchte man den Baum jedoch bei oder in Jerusalem am Heiligen Grabe. Das Titelbild zu einer Schrift von Sebastian Brant aus dem Jahre 1495, in der er Maximilian aufruft, Jerusalem der Christenheit wiederzugewinnen, zeigt den König als Endkaiser, der an den Dürren Baum – er steht nun vor der Stadt – seinen Schild mit dem Doppeladler hängt.

Innerhalb der Botanik konkurrieren um den Schlachtenbaum Linde, Holunder, Birke und Birnbaum. Letzterer ist häufig im Rheinland, hat aber schon einen antiken Vorläufer in dem bei Pausanias (IV 16, 5) genannten Birnbaum, auf dem während der Schlacht zwischen Messeniern und Spartanern die Dioskuren gesessen hätten. Die Grimmsche Sage vom Walserfeld bei Salzburg (Nr. 24) erzählt von einer dreimal umgehauenen und immer neu ergrünten Wildbirne, die schließlich verdorrt, aber wieder ausschlagen und fruchten wird, wenn ein „Bayerfürst seinen Wappenschild“ daran aufhängt, offenbar zum Zeichen, daß der letzte Sieg errungen ist.

Die prophetische Sympathie zwischen dem Baumleben und dem Kriegsgeschehen ist nicht nur eine mittelalterliche Vorstellung. Nach dem deutsch-französischen Krieg geisterte die Birnbaumprophetie nochmals durch den Blätterwald der Hetzliteratur und erfreute sich in und nach dem Ersten Weltkrieg einer bedenklichen Beliebtheit (HdA. IX, S. 481ff). Auch im Letzten Weltkrieg erwachte die Vorstellung wieder. Victor Klemperer berichtet in seiner »Lingua Tertii Imperii« (LTI. 1947/96, 71) von der weithin sichtbaren Pappel zu Barbisnau südöstlich von Dresden, sie habe nach der lokalen Legende in Kriegszeiten immer dann zu blühen begonnen, wenn der Friede endlich bevorstand, so 1871, 1918 und 1944. „Ganz von der Hand zu weisen ist Volksglaube nie". Offenbar gibt es eine zeitlose psychische Disposition, die Bäumen divinatorische Qualität zumißt.

m. Nicht nur in geistlichem, sondern ebenso in weltlichem Zusammenhang begegnen uns Bäume in der mittelalterlichen Welt. Als ästhetische Objekte freilich treten sie seit der Spätantike für fast ein Jahrtausend zurück. So wie Rose und Lilie lange als „heidnische Blumen" abgelehnt wurden (Gothein S. 184), so unterlag die Bewunderung von Bäumen dem Verdacht des Teufeldienstes. Für den reinen Genuß von Park und Garten fehlten wesentliche Voraussetzungen: der Reichtum einer adligen oder bürgerlichen Oberschicht, ein landesweiter Friede und ein unbeschwertes Verhältnis zu den Freuden dieser Welt. Die Städte waren eng, die Dörfer arm, die Burgen waren auf Verteidigung, die Klöster auf Andacht ausgelegt. So wird es verständlich, wenn irdische Gartenlust selten Thema ist, wenn Bäume wie Pflanzen überhaupt vorwiegend unter dem Gesichtspunkt ihrer Nützlichkeit gesehen wurden. Im *Capitulare de Villis* von Karl dem Großen geht es um den Anbau von Obst, Gemüse und Kräutern auf den königlichen Domänen. Der Garten auf dem Sankt Gallener Klosterplan ist ganz und gar auf den Bedarf der Küche und der Krankenpflege ausgerichtet, doch werden immerhin auch Waldbäume genannt, unter denen die Mönche namenlos begraben werden sollten. Der Dichter Walahfrid Strabo von der Reichenau besang wiederum nur einen Nutzgarten. Ein Buchtitel wie *Hortus deliciarum* – „Garten der Wonne" läßt an einen der mitunter gärtnerisch beblümten Kreuzgänge denken – ein Zeichen für Daseinsfreude, doch handelt es sich um eine Metapher, die das Gegenteil besagt. Die Autorin Herrad, Äbtissin von Landsperg im Elsaß, benannte um 1180 so ihre Enzyklopädie und fügt eine Warnung hinzu: Ein Eremit, der auf einer Leiter zum Himmel hinaufsteigt und sich nach einem schönen Garten umschaut, stürzt ab: er sucht das irdische Paradies und verliert das himmlische.

Nur ausnahms- und ansatzweise werden Bäume und Gärten ihrer Schönheit wegen erwähnt – anders als in der Antike zuvor und in der Renaissance hernach. So beschreibt Rahewin, der Sekretär und Fortsetzer Ottos von Freising, in seiner Charakteristik Barbarossas am Ende seines Werkes (IV 76/86) eine *domus regalis*, eine königliche Pfalz bei Kaiserslautern, die mit großer Pracht ausgestattet gewesen sei, einen Lustgarten besaß zum Ergötzen von Auge und Gaumen mit Fischen und Vögeln, sowie einen Park mit Hirschen und Rehen – offenbar wieder eine Anlage, die an das persische Paradies erinnert (s. 3g). Orientalischer Einfluß macht sich in der Gartenkunst geltend, seit die Kreuzfahrer die Anlagen in der arabischen Welt kennengelernt hatten (Gothein S. 200ff). Marco Polo (41ff/I 23) beschreibt das irdische Paradies, das um 1100 der „Alte vom Berge" in Persien angelegt hatte, um seine Assassinen zu ihren Meuchelmorden zu motivieren.

n. Wo Einzelbäume genannt werden, erfüllen sie praktische Zwecke. Freistehende, weithin sichtbare Mal- oder Wahrbäume dienten der Orientierung. Im mittelalterlichen Irland bezeichneten sie den Ort der Stammesversammlung (Lucas S. 26). Freibäume erscheinen als *arbor terminalis* in den Beschreibungen von Gemarkungsgrenzen – so bei der Mark Heppenheim in Starkenburg; sie bezeichnen den Ort, an dem Gericht gehalten wird (s. 70), oder bilden als Dorflinde, die sich vielfach bis in unsere Zeit erhalten hat, den Mittelpunkt einer Ortschaft – so in Bordesholm bei Neumünster, in Neustadt an der Aisch und in Himmelsberg bei Marburg. Die dortige, etwa 800 Jahre alte Fest-Linde wurde am 28. Dezember 1971 unter Naturschutz gestellt, sorgsam korsettiert und jüngst durch eine Sonderbriefmarke geehrt. Ich besuchte den Baum zum 28. August 2001; sie prangte in prächtigem Grün.

Mit Freibäumen verbinden sich Ereignisse und Namen. So spricht Wilhelm Tell in einem Schweizer Hausgedicht aus »Des Knaben Wunderhorn«: „Zu Uri bei der Linden/Der Vogt steckt auf den Hut/Und sprach: Ich will den finden/Der dem kein Ehr antut". Luther (Grimm Wb. 6, Sp. 1032) erzählt: „Wenn wir reuter sehen unter den linden halten, were es ein zeichen des friedes, denn unter der linden pflegen wir zu trinken, tanzen und frölich sein, nicht streiten noch ernsten, denn die linde ist bei uns ein friede- und freudebaum." Albrecht Dürer stimmt zu. In seiner Familienchronik von 1524 heißt es, sein aus Ungarn stammender Vater habe 1455 am St. Loyen-Tag, zur Sommersonnwende bei einer Hochzeit unter der „großen Linde" auf der Festung zu Nürnberg getanzt. Ebenso in Goethes »Faust«: Auf dem Osterspaziergang erscheinen „Bauern unter der Linde", so die Regie-Anweisung. „Schon um die Linde war es voll,/und alles tanzte schon wie toll." Die Sitte hielt sich lange. Im nordhessischen Niedenstein sah mein Vater in den zwanziger Jahren beim Kirchweihfest die Musikanten oben auf der Linde, und unten tanzte die Jugend. Um eine Plattform zu schaffen, hat man – nicht allein in Himmelsberg – die in Kopfhöhe austreibenden Äste in die Waagerechte gezwungen. So entstand eine Stufenlinde, die mitunter auf dieselbe Art noch ein weiteres Stockwerk darüber erhielt. Eine solcherweise „geleitete" oder „gestufte" Linde konnte dann als Wahrzeichen des Ortes im Stadtsiegel erscheinen – so im südhessischen Lindheim (s. Abb. 14).

Der Freibaum markiert einen Ort, er beschattet einen Brunnen, einen Friedhof oder eine Gastwirtschaft. Zu einem Landschaftssymbol wurde der Wetterauer Wartbaum, die Linde zwischen Windecken und Roßdorf auf weithin sichtbarer Höhe. Diese *Arbor speculatoria* bewahrt Erinnerungen an den glücklichen Entsatz der von den Kaiserlichen unter Lamboy belagerten Stadt Hanau am 13. Juni 1636, an den Siebenjährigen Krieg, an das Rückzugsgefecht Napoleons 1813 und das Kaisermanöver 1897 (Henß 1909). Alljährlich wird dort zu Himmelfahrt, so verriet mir am 1. August 2001 eine Tafel, mit Männerchor, Bierausschank und Würstchengrill der „Vatertag" gefeiert.

o. Nahe dem Wetterauer Wartbaum stand im 12. Jahrhundert ein Galgen: hier wurde geurteilt und gerichtet. Das entsprach einer alten Sitte. Das mittelalterliche Gericht tagte stets im Freien, entweder unter Gerichtsbäumen oder in halboffener Gerichtslaube. Ob dabei die biblische Autorität der Gerichtsbäume von Debora und Saul (s. 2g) mitgesprochen hat, wissen wir nicht. Vermutlich hatte die Orientierung an bekannten Bäumen primär praktische Gründe. Wo anders hätte man sich ohne größere Verständigungsschwierigkeiten versammeln können? In einer dörflich lebenden Gesellschaft gab es keine *Heliaia* wie im klassischen Athen, keine *Basilica Ulpia* wie im antiken Rom, wo eine Gerichtsgemeinde zusammentreten konnte.

Die Sitte des Baumgerichts führt zurück einerseits ins frühe Israel, andererseits ins spätantike Gallien, an die Loire. In der anonymen Komödie »Querolus« (I 2) aus der Zeit um 400 n. Chr. ist von barbarischem Blutgericht der Gallier „unter der Eiche" die Rede: *sententiae capitales de robore proferuntur*. Geradezu romantisch klingt der Ausruf: *o silvae! o solitudines! quis vos dixit liberas?* Ihr Wälder! Ihr Einsamkeiten! Wer hat euch frei genannt? Das Motiv der Freiheit im Walde kennen wir aus Montesquieu (s. 6m). Gerichtsbäume sind demnach schon bei den Kelten üblich gewesen. Die germanische Rechtsgeschichte knüpft hier unmittelbar an. Anhand eines reichen Quellenbestandes zeigt Grimm, wie das mittelalterliche Gericht unter sieben, drei oder unter einem einzelnen Baum tagte. Es sind besonders große, auffallende Exemplare, bei denen die Gemeinde zusammentrat. Die westfälischen Femgerichte verhandelten *sub quercu* – „unter der Eiche", *sub tilia* – „unter der Linde" oder *ad lucum* – „im Hain". Da als Ortsbezeichnung aber auch Quellen, Felsen, Flüsse oder sonstige Male (*mallum*) genannt werden (Wigand S. 46; 228; 234), dürfte es sich um altheidnische Kultplätze handeln, die in säkularer Funktion weiterhin bedeutsam blieben.

Als ältester erhaltener Gerichtsbaum gilt die Feme-Eiche zu Erle bei Dorsten in Westfalen. Ihr Alter wird auf 1500 Jahre geschätzt. In ihrem hohlen Stamm fanden 1819 ganze 36 preußische Infanteristen Platz, in voller Montur (Fröhlich 1989, S. 130f). Hier tagte auf einer großen Steinplatte, dem Freistuhl, das angeblich von Karl dem Großen eingesetzte Grafengericht. Im Mittelalter richteten unter dem Baum acht Freischöffen aufgrund königlichen Blutbanns. Der zum Tode Verurteilte wurde auf der Stelle in Anwesenheit des Gerichts und der Gemeinde gehenkt. Ein ähnlicher Brauch wird aus Frankreich berichtet. Ludwig der Heilige (1226 bis 1270) soll nach seinem Biographen Jean de Joinville (Kap. 59) zur Sommerzeit im Anschluß an den Besuch der Messe zu Vincennes unter der Eiche sitzend dem Volk sein Ohr geliehen haben. *Le chêne de St. Louis* wurde sprichwörtlich.

14 Lindheim, Inschrift am alten Rathaus (Ausschnitt)

Neben der Gerichts-Eiche kannte Frankreich die Gerichts-Ulme, darauf deutet der Begriff *juge de dessous l'orme* für den Dorfrichter. Die Ulme alias Effe als Gerichtsbaum findet sich ebenfalls im Rheinland. Häufiger als die Ulme, ja vielleicht noch häufiger als die Eiche dient in deutschen Landen die Linde als Gerichtsbaum (Müller 1913). Die Femelinde steht oft in einem durch Steinkreis, Mauer oder Zaun abgesonderten Bezirk (s. Abb. IX). Hieronymus Bosch malte auf seiner heute im Prado zu Madrid befindlichen »Tischplatte der sieben Todsünden« die *avaritia*, die Geldgier, in einer Gerichtsszene und setzte den Richter unter eine Linde. Hans Sachs, Schuh/macher und Poet dazu, reimte:

Unter dem himmel bei der linden
oft kurzer zeit ein urteil finden
nach der waren gerechtigkeit
damit ihr umbgeht lange zeit.

Im badischen Schönau las Geheimrat Klein (S. 308) vor hundert Jahren an der Richtplatzlinde die Tafel „Unter dieser Linde, als auf der Stätte des Hals- und Landgerichts der Talvogtei Schönau wurde das letzte Todesurteil gesprochen und vollstreckt 18. Oktober 1737 im Beisein von Jack Beckert, Vogt und Landrichter; Paul Wetzel, Fiskal und peinlicher Ankläger; Sebastian Lais, Fürsprecher des armen Sünders". In Worms ist die Gerichtslinde vor dem Rathaus bereits im 10. Jahrhundert bezeugt und stand dort bis zur Verwüstung der Pfalz durch Ludwig XIV 1689. Überdauert haben die Centlinde bei Beerfelden im Odenwald und die Femelinde im Vorwerk Rehorst auf dem Habichtswald. Hier gab es die ersten Vorverhandlungen zum Westfälischen Frieden. Noch prangt der Baum in voller Pracht. Die letzte ordentliche Gerichtsverhandlung unter einer Linde fand um 1910 im eidgenössischen Dorf Buchberg bei Schaffhausen statt (Eggemann/Steiner S. 11). Im deutschen Sprachgebiet fehlt die Esche als Gerichtsbaum, die doch gemäß der Sage von der Yggdrasil (s. 6p) zu vermuten wäre. Der Grund wird in der Ästhetik liegen: Eichen und Linden sind in Mitteleuropa eindrucksvoller.

Die Romantik hat sich ein idyllisches Bild von dieser Rechtsfindung gemacht. In seinem »Contrat Social« (IV 1) sah Rousseau die *volonté générale*, die höchste Staatsidee, da verwirklicht, wo die glücklichsten Menschen der Welt, unverdorbene Landleute, ihre Angelegenheiten unter einer Eiche als dem Ort der Beratung und der Begegnung selber regelten: *on voit chez le plus heureux peuple du monde des troupes de paysans régler les affaires de l'État sous un chêne et se conduire toujours sagement.* Richard Wagner hat in seinem »Lohengrin«, uraufgeführt in Weimar 1850, die einführende Gerichtsverhandlung vor König Heinrich unter eine Gerichtseiche verlegt: Hier erhebt der finstere Graf Telramund Anklage gegen die edle Elsa als Brudermörderin, ehe dann der Schwan-Kahn heranschwimmt.

p. Nicht allein private Rechtshändel wurden unter Bäumen ausgetragen – auch hochpolitische Entscheidungen fielen hier. Im mittelalterlichen Irland setzte man die Fürsten – so wie den biblischen Abimelech (s. 2d) – an einem *inauguration tree* in ihr Amt ein, eine Sitte, die sich bis ins 16. Jahrhundert hielt. Der Baum war fortan mit dem Herrscher in einer magischen Identität verbunden und wurde, wenn er im Kampf unterlag, vom Gegner gefällt (s. 6h). Auch in Deutschland gab es Vergleichbares, wenn auch ohne Totemismus. Als Ort der Königswahl wird ein Baumgarten zu Rhense genannt. Der Ort lag linksrheinisch südlich von Koblenz, nahe der Grenze zwischen den Gebieten der drei geistlichen Kurfürsten, der Erzbischöfe von Mainz, Köln und Trier. Am 27. November 1308 wurde hier „inmitten der herbstprächtigen Natur“ (Benker S. 58) Graf Heinrich von Luxemburg zum deutschen König erhoben. In den folgenden Jahren traf sich der „Kurverein“ dort mehrfach, so 1314, 1338 und 1348, als Karl IV gewählt wurde. Wenn die Quellen von einem *pomerium* sprechen, so ist dies eine humanistische Umdeutung des Begriffs für die altheilige römische Stadtgrenze, entstanden aus *postmoerium*, zu dem Wort für Obstgarten, *pomarium*, abgeleitet von *poma* – Apfel.

Ein weiterer Staatsakt unter Bäumen gehört in die Schweizergeschichte: Die Stiftung des Grauen Bundes am 16. März 1424. Damals versammelten sich die künftigen Graubündner unter dem Ahorn zu Truns am Vorderrhein, um ihre Freiheit gegen Habsburg zu festigen. Alle zehn Jahre, so der Bundesbrief, sollte der Zusammenschluß unter dem Baum neu beschworen werden. Der letzte Akt ist für 1778 bezeugt. Seit Ende des

16. Jahrhunderts wird der Bündner Freiheitsbaum indes auch als Platane, Linde oder Eiche bezeichnet – offenbar ein funktionaler Wechsel, ein Adoptivprozeß. Zuletzt ist wieder von einem Bergahorn die Rede, der 1870 zusammenbrach. Aus dem Holz drechselte man patriotische Devotionalien. 1890 wurde die Wurzel wie bei einer Reliquientranslation geborgen. Ein Sproß des alten, viel besungenen Baumes wurde großgezogen und hält die Erinnerung wach (Eggemann/Steiner S. 215f). Stolz auf einen politischen Baum in Übersee spürt der Besucher von Annapolis in Maryland, wo 1652, drei Jahre nach ihrer Niederlassung die englischen Siedler den dortigen Indianern das Land abkauften und den Vertrag unter einer Pappel beschworen, die an den Staatsakt erinnert.

q. Wirtschaftliche Gründe erklären die im Mittelalter häufige Erwähnung von Bäumen in den Rechtsquellen. Hier geht es um Holzrecht und Baumfrevel. Bereits in der *Lex Salica*, der um 500 n. Chr. unter dem merowingischen Frankenkönig Chlodwig angelegten, vom Karolinger Pippin, dem Vater Karls des Großen 763 vollendeten Gesetzessammlung gibt es einen Abschnitt über Baumdiebstahl (§ 8). Er regelt das Bußgeld für das unerlaubte Fällen eines Apfelbaums und das Entwenden von Bau- oder Brennholz. Es fehlen die von den Römern eingeführten Obstbäume (s. 5o): Wenn diese Obstarten in den Rechtsbüchern nicht genannt werden, so darum, weil sie noch selten waren und im Zweifelsfall analog zum Apfelbaum behandelt wurden.

Der Wert von Bäumen spricht sich ebenso in jüngeren Quellen aus, die Jacob Grimm in seinen 1828 erschienenen »Deutschen Rechtsalterthümern« ausgewertet hat. An erster Stelle stehen Eiche und Buche, weil sie das beste Holz und die reichste Mast geben, insbesondere für Schweine. Für Bau und Brand hatte jeder Markgenosse Freiholz. Mit der Axt in den Gemeinwald zu gehen war statthaft, nicht mit der Säge: da sie leise arbeitet, war böse Absicht zu vermuten. Das den Bürgern hausweise zustehende Losholz gab es beispielshalber im hessischen Büdingen bis nach dem Letzten Weltkrieg. Da dann die Ostflüchtlinge benachteiligt waren, wurde das Vorrecht abgeschafft. Auf Baumfrevel stand spiegelnde Strafe. Dem nächtlichen Holzdieb – mitunter ging es auch nur um die Rinde, den Bast oder die Bienen im Baum – wurde auf dem von ihm geschädigten Stamm die Hand oder der Kopf abgeschlagen; dem Brandstifter drohten Feuerstrafen verschiedener Härte. Das brutale Ausdärmen, bei denen dem Übeltäter der Darm um die geschädigte Eiche oder Buche gewickelt werden sollte, war wohl nur eine abschreckende Phantasiestrafe. Sie steht in einem Weistum von 1401 für die Hohe Mark im Taunus (Wagler S. 42). Die Strafe des Hängens erwähnt schon Tacitus in der »Germania« (Kap. 12). Wie der im Moor Versenkte den Unterweltsgöttern, war der Gehenkte den Himmelsgöttern geweiht. Man bevorzugte dürre Bäume oder baute künstliche Galgen. Bereits die Römer henkten an Unglücksbäumen (s. 2x).

r. So wie in anderen Teilen der Welt, so sind auch in Deutschland zahlreiche Orte nach Bäumen benannt: knapp achthundert nach Nadelbäumen, über sechstausend nach Laubbäumen (Schnack S. 42). Die Linde genießt einen Vorrang. Lindau im Bodensee, Schloß Lindberg in Niederbayern, Lindenberg im Allgäu, Schloß Linderhof bei Ettal, Lindstedt bei Potsdam, Lindwerder in der Havel, Dreilinden am ehemaligen Kontrollpunkt, Großenlinden bei Gießen und nicht zu vergessen Lindheim in der Wetterau, zuerst genannt in einer Urkunde des Klosters Fulda zum Jahre 930. Slawischen Ursprungs ist der Name der Stadt Leipzig, er bedeutet „Lindenstadt". Von slawisch *lipa* – Linde sind auch zahlreiche andere Ortsnamen abgeleitet: Liepen in Mecklenburg, Liepe auf Usedom, Leppin in Pommern usw. Ähnlich beliebt waren Namengebungen nach Eichen und Buchen – andere Bäume stehen zurück. Bäume als Namengeber verraten die Endungen -wald, -hain, -hag, -loh, -hart, und -la; *ex negativo* dann auch Endungen wie -roda oder ähnlich.

s. Bäume bereichern wie die Religion und das Rechtswesen so auch die epische und die lyrische Dichtung des Mittelalters. In der altnordischen Thidrekssaga, einer Kompilation des 13. Jahrhunderts aus Island um Dietrich von Bern alias Theoderich den Großen, wird Kriemhilds Rache und der Untergang der Nibelungen am Hofe Attilas bei einem Fest im „Baumgarten" beschrieben. Er wird auch „Grasgarten" genannt, war ummauert und trug den Namen „Homgarten". Noch heutigen Tags heißt er „der Niflunge Homgarten", bemerkt der unbekannte Autor – anscheinend gab es einen Ort, wo man die Tragödie lokalisiert hat. Da er auch die Umfriedung, hoch wie eine Stadtmauer, als „noch heute" stehend erwähnt, wäre an eine römische Stadt zu denken – vielleicht Aquincum nördlich von Budapest an der Donau.

Noch zwei weitere Gärten werden in Verbindung mit Dietrich von Bern erwähnt. Der in Tirol angenommene Kleine Rosengarten gehörte dem Zwergenkönig Laurin, der wegen seiner Tarnkappe gefährlich war, aber dann doch von Dietrich überwunden ward. Auch dieses Lied stammt aus der Zeit um 1200, Heinrich von Ofterdingen hat es bearbeitet. Den Großen Rosengarten besaß Kriemhild zu Worms. Hier bezwang Dietrich mit seinen elf Recken selbst den gehörnten Siegfried. Die goldene Linde mit den singenden Kunstvögeln in dem Garten wurde schon erwähnt (s. 3c). Der Text wird auf 1250 datiert.

Neben den Baumgärten nennen die Dichter des Mittelalters auch Einzelbäume. Voran steht die Linde. Ein trauriges Los ist ihr im Nibelungenlied zugedacht. Siegfried hatte den unter einer Linde hausenden Drachen getötet, den die Edda Fafnir nennt. Die Bezeichnung „Lindwurm" für das

Untier hängt mit dem Namen des Baumes zusammen. Beides geht zurück auf die Bedeutung „biegsam“, lateinisch *lentus*. Ein Blatt des Drachenbaumes ermöglichte den Tod des Helden: In Gedanken darüber, wie er Brunhild rächen und Siegfried ermorden könne, entlockte Hagen der Kriemhild das Geheimnis vom Bade Siegfrieds im Drachenblut, das ihn unverwundbar gemacht hatte. Allerdings nicht ganz: Als er in das Blut eingetaucht war, *dô gehafte im zwischen herten ein linden blat viel breit: dâ mac man in verhouwen* (XV 945) – „da heftete sich ihm zwischen die Schultern ein Lindenblatt: da kann man ihn treffen“ – und da hat ihn Hagen getroffen, als sich Siegfried zum Trunk über den Brunnen beugte – der wiederum an einer Linde stand (XVI 913; 918).

Wohl kein Dichter hat mehr Gebrauch von der Linde gemacht als der Verfasser des um 1230 entstandenen Epos »Wolfdietrich«. Im dritten Abenteuer legt sich der Held unter der Linde im Garten des Kaisers Ortnit zur Ruhe, um ihn zum Kampf herauszufordern, der dann dort stattfindet und mit einer Verbrüderung endet. Ortnit streitet im sechsten Abenteuer mit einem Riesen, wieder unter einer Linde. In der folgenden *aventiure* schläft Ortnit unter einer Zauberlinde ein und wird Opfer eines Drachen. Das achte Abenteuer bringt Wolfdietrich zu dem Heiden Belian, in dessen Marmorpalast jene Goldlinde stand, von der schon die Rede war (s. 3c). Bei der Rast unter einer weiteren Linde wird dem Helden im elften Abenteuer sein Schwert gestohlen, bevor er Ortnit am Drachen rächen kann. Im Abenteuer danach erfährt Wolfdietrich abermals unter einer Linde durch einen Boten den Betrug, der ihm Ortnits Witwe als Preis für den Sieg über den Drachen rauben will. Im vorletzten Abenteuer muß der Held seine vom Zwerg Billung entführte Dame suchen und kommt zu einer Wunderlinde, die aus fünfhundert goldenen Röhren Wasser spendet und ebensoviele Vögel künstlich singen läßt. Nach dem Sieg über den Zwerg findet Wolfdietrich eine letzte Linde, die sich aufschließen läßt, worauf zwölf Tänzerinnen erscheinen und eine goldene Zeder in ihrem Inneren Wein spendet. Das Lied nennt keinen anderen Baum, der gelegentlich erwähnte „Tann“ meint den Wald.

t. Aus der irisch-keltischen Tradition stammt die Artus-Legende (s. 6i). Sie wurde von französischen und deutschen Dichtern aufgenommen und ausgestaltet. Zu den dabei hinzugetretenen Elementen zählt die Linde. Hartmann von Aue beschreibt um 1202 in seinem »Iwein«, es ist der keltische Owain, eine wunderbare, an einer Quelle wachsende Linde, die der Held bei seiner Begegnung mit dem Waldschrat antrifft. Der Baum ist schön wie kein anderer, mächtig, hoch und dicht. Weder Sonne noch Regen durchdringen ihn, der Winter kann ihm sein Laub nicht nehmen. So viele Singvögel sitzen auf ihm, daß man die Äste nicht sieht, an deren einem an silberner Kette ein goldenes Becken hängt – es wurde dem Ritter fatal (Vers

15 *Parzival trifft auf Sigune in der Linde, die den toten Schionatulander auf ihrem Schoß hält, Hagenau-Werkstatt um 1445*

572ff). In Hartmanns Vorlage, dem »Yvain« des Chrestien de Troies, ist der Wunderbaum eine Tanne (*pins*).

Zwei Szenen verlegt Wolfram von Eschenbach in seinem 1210 abgeschlossenen Epos »Parzival« unter eine Linde. Als der Held von der Gralsburg herunterkam, wo er die entscheidende Frage zu stellen unterlassen hatte, da traf er eine Maid „auf einer Linde sitzend“ an. Es war seine Base Sigune, die ihren toten Geliebten Schionatulander im Schoß hielt und Parzival sein Versäumnis vorwarf (V 249). Spätmittelalterliche Handschriften nehmen den Text wörtlich und zeigen das Paar in der Krone einer Linde (s. Abb. 15); aber gemeint ist wohl, daß Sigune auf dem Stamm eines gestürzten Baumes saß. Eine ganz ähnliche Begegnung findet später wiederum an einer Linde statt. Gawein, der die Abenteuer Parzivals in einem parallelen Erzählstrang durchlebt, trifft an dem Baum den zu Tode verwundeten Ritter Urjans in den Armen seiner Dame. Gawein vermag ihn mit Hilfe von Lindenbast zu heilen (X 505f).

Linden fehlen auch nicht in der Sage von Tristan und Isolde, dem berühmtesten Liebespaar des Mittelalters. Im Epos Gottfrieds von Straßburg, zeitgleich mit »Parzival« entstanden, ist die Linde der Lust- und Liebesort schlechthin (Vers 553ff; 3148ff); drei dieser Bäume beschatten das Minne-Nest des Paares (16701ff); „und die wilden Waldvöglein/ grüßen sie in süßem Latein“ (17351ff). Lindengrün, Lindenduft, Lindenlaub werden wieder und wieder beschworen. Im Episodengedicht der

Marie de France, der Tochter Eleonores von Aquitanien, wird Isolde als Geißblatt (*chievrefoil-caprifolium*) dargestellt, die sich an Tristan als Hasel (*coldre – coryletum*) emporrankt und mit ihm eine untrennbare Einheit bildet. Auf der Flucht vor König Marke, Isoldes Mann, verletzt sich Tristan und wird von der Fee Morgane geheilt. In deren Palastgarten träumt er unter einem Baum, der aus einem Schößling des Paradiesbaumes gezogen war. Dessen Blätter schimmerten morgens weiß, wie Gott ihn gepflanzt hatte, mittags grün, wie damals, als die Liebe zwischen Eva und Adam erwachte, und abends rot, wie an jenem Tag, da Kain die Erde mit dem Blut Abels färbte. Nach dem tragischen Liebestod des Paares ließ Marke die beiden zu Tintajol in Cornwall bestatten – da erwuchs aus Isoldes Herzen eine Rose, aus dem von Tristan eine Rebe, die sich ineinander verrankten und so über den Tod hinaus ihre Liebe bezeugten. Das Motiv bieten die Fortsetzer Gottfrieds von Straßburg, kürzer Heinrich von Freiberg (Vers 6818ff), ausführlicher Ulrich von Türheim (Vers 3540ff).

u. In heiterem Umfeld finden wir die *Tilia corduata* mit ihren herzförmigen Blättern als Baum der Liebe in der Lyrik des Minnesangs. Zahlreiche Belege hat der Danziger Oberlehrer Plaumann (1890, S. 7ff) gesammelt, doch unterschlug er den schönsten – vielleicht pädagogisch nicht korrekten: *Under der linden an der heide, da unser zweier bette was*, so ließ Walther von der Vogelweide seine Geliebte sagen. Niemand belauschte die beiden dort, nur ein kleines Vögelein, *tandaradei*! In seiner »Elegie«, darin er seiner Jugend nachtrauert und aufzählt, was er verloren hat, nennt Walther auch die Natur, die inzwischen hinwegkultiviert worden ist: *bereitet ist daz velt, verhouwen ist der walt* – „angelegt ist das Feld, gerodet ist der Wald“. Zum Wohnen ist der Wald freilich nicht gemacht. So wünscht Walther in seiner Ansprache an Leopold VI von Österreich dem Herzog 1219 ironisch, was dieser ihm zugedacht hat: *saelig sî der walt und ouch diu heide, da müezest dû mit fröiden leben!*

Leben und Lieben unter dem Blätterdach: Minne-Maler schätzten das Motiv. Im Schatten einer Linde sitzt die Dame des Herrn Günther von dem Vorste, der ihr während der Rast auf einem Spazierritt aus einer tönernen Pilgerflasche einen Trunk reicht; Wappen und Helmzier bestehen aus einem Ast mit drei Lindenblättern – so zeigt es die um 1330 entstandene Manessische Liederhandschrift. Ihr reizvollstes Lindenbild, das für Jakob von Wart (s. Abb. Nr. 16), beschreibt Gottfried Keller in seiner 1876 erschienenen Züricher Novelle »Hadlaub«, in der er die Entstehung der »Königin der Handschriften« poetisch darstellt. Keller schildert ein Jagdfest, auf dem die soeben fertiggestellte Liederhandschrift den Anwesenden unter den im Buch Konterfeiten vorgestellt wurde. Man rief sie einzeln auf – so auch den Jakob von Wart:

14 *Jakob von Warte, Manessische Liederhandschrift um 1330*

„Johannes Hadlaub lächelte schalkhaft, als er seinen Namen rief, weil er ihm das schmeichelhafteste Gemälde gewidmet hatte. In einem Baumgarten, auf blumenbewachsener Erde, sitzt der alte Herr, und zwar in einer Badekufe und entkleidet, so jedoch, daß das Wasser ganz mit Rosen bedeckt ist. Über ihm verbreiten sich Lindenäste, in welchen Vögel singen, und um ihn stehen vier Fräulein, die ihn bedienen. Eine setzt ihm einen Kranz auf das graue, aber blühende und lachende Haupt, eine reicht ihm einen goldenen Becher zum Trinken, und die dritte reibt oder streichelt ihm gar annehmbar Schulter und Arm; diese trägt auf dem Kopfe einen prächtigen Modehut von Netz- und Perlenwerk, die anderen tragen Blumenkränze auf den Locken. Die vierte aber kniet in weißem Gewande und mit verhülltem Kopf, also wohl eine Dienerin, vor einem Feuer, über welchem ein Kessel hängt, und handhabt eifrig den Blasebalg, um stets warmes Wasser für das Bad bereitzuhalten. ‚Hier kommt der Lohn der Tugend und Frömmigkeit!‘ rief

Herr Manesse, als er das Buch dem alten Herrn von Wart übergab, und alle, die das Bild mitsahen, wünschten ihm mit heiterem Gelächter Glück und Heil und klatschten in die Hände.
‚Ei, ei! wenn ich solches doch nur erlebt hätte!' rief der Alte, gleichmäßig lachend; ‚aber was hilft mir dies gemalte Scheinbild des Glückes? Herr Ulrich von Liechtenstein will dergleichen zwar genossen haben auf seinen Minnefahrten, auch in Herrn Wolframs Parzival lesen wir von solcher Sitte, ich aber habe leider nichts davon verspürt!'
‚Ich will Euch gleich das Bad rüsten lassen, wenn ihr Euch hineinsetzen wollt, edler Herr!' sagte Frau Manesse, die jetzt über die bestandene Mühe aufgeräumt und fröhlich war.
‚Gewiß, tut das', rief der Ritter, ‚wir wollen auch unverweilt die vier Damen auswählen, die uns den Rücken reiben! Wie wohl wird uns das tun!'"

v. Durchforstet man eine Sammlung mittelalterlicher Sprichwörter und Redensarten (Werner 1966; Singer 1994), so trifft man immer wieder auf die übertragene Verwendung von Bäumen. Bestimmten Autoren sind diese Aphorismen nicht zuzuordnen; die Quellen, in denen wir sie finden, lassen sich nie mit Gewißheit als ihr Ursprung annehmen. Sprüche sind wanderndes Gemeingut, Gemeinplätze, *loci communes*. Die verkündeten Weisheiten sind überwiegend die vertrauten, so das vielfältig abgewandelte Jesuswort: „An ihren Früchten sollt ihr sie erkennen" (Matthäus 7, 16). Als Binnenreim-Hexameter heißt es: *Arbor sit qualis, fas est cognoscere malis* – „Welcher Art ein Baum ist, das erkennt man natürlich an den Äpfeln". Dasselbe als gewöhnlicher Hexameter: *Fructibus ipsa suis quaevis cognoscitur arbor* – „An seinen Früchten erkennt man jeden Baum". Nach Gut und Schlecht sodann gesondert: *Arbor quaeque bona producit dulcia poma* – „Jeder gute Baum bringt süße Früchte", und das Gegenteil: *Arbor iniqua bonos nescit producere fructus* – „Ein schlechter Baum kann keine gute Frucht liefern", oder *Arbor ut ex fructu, sic nequam noscitur actu* – „Wie den Baum an der Frucht, erkennt man den Nichtsnutz an seiner Tat". An die Stelle des Baumes tritt mitunter die Wurzel: *De radice mala non procedunt bona mala* – „Aus schlechter Wurzel gehen keine guten Äpfel hervor".

Was ein Baum bringt, hängt auch von seinem Standort ab: *Cernitur uberior prope fontem quaelibet arbor* – „Fruchtbarer siehst du den Baum nahe der Quelle". Stets bedarf es der Zeit: *De tenui virga grandis protenditur arbor* – „Aus zartem Reis erwächst ein gewaltiger Baum". Wer Frucht erwartet, muß Geduld mitbringen: *Fructificant lente, quae prosunt, prava repente*, wieder ein Binnenreim-Hexameter. „Nützliche Bäume bringen späte Frucht, schlechte bringen frühe". Dasselbe etwas anders: *Herba cito crescit, quae fructum reddere nescit* – „Rasch wachsen Pflanzen, die keine

Früchte tragen". Der schnell wachsende Baum wird auch einmal benannt, es ist der böse Baum der Bibel: *Arbore fructifera/plus crescit vana myrica.* „Schneller als jeder Fruchtbaum wächst die wertlose Tamariske". Freilich soll man von einem Gewächs auch nicht zu viel verlangen: *Arbor adoretur, umbram quae ferre videtur* – „Ein Baum verdient Verehrung, auch wenn er nur Schatten spendet". Alte Leute soll man lassen, wo sie sind: *Annosa arbor non transplantatur* – „Einen alten Baum verpflanzt man nicht".

Baumweisheiten mahnen nicht nur zu Geduld, Bescheidenheit und Dankbarkeit. Sie raten zudem zur Vorsicht; Felder haben Augen, Wälder haben Ohren. Flüstre oder schweige, sonst bis du verloren: *Aures silva, oculos campi dicuntur habere; Ergo loqui caute decet aut omnino tacere.* Bäume empfehlen Besonnenheit, denn wie man in den Wald hineinruft, so schallt es heraus: *Si mala vox clamat in silvis, illa reclamat. Et bona si fuerit reddita talis erit.* Sie heischen Ausdauer: „Von einem Streiche fällt keine Eiche": *Arbor per primum nequaquam corruit ictum.* Sie fordern Mut: Wer Dornen fürchtet, soll sich nicht in den Wald begeben. *Non intrat silvam, qui cuncta rubeta veretur.* Angst vor Kleinem schafft nichts Großes.

Stets kommt es darauf an, den rechten Zeitpunkt zu erfassen. Ist das Obst reif, so will es geerntet werden, anderenfalls fällt es, egal wohin: *Dum pira sunt matura, cadunt, nec stercora vitant* – „Sind die Birnen reif, so fallen sie – auch in den Kot". Vergleichbares gilt im Menschenleben: *Si non frangantur pira pomaque, vilificantur; Virgoque matura nisi nubat erit ruitura* – „Wenn Birnen und Äpfel nicht gebrochen werden, faulen sie. Nimmt die gereifte Jungfrau sich keinen Mann, geht sie zugrunde". Einzelne Sprüche verraten Männerphantasien: *Dum nux rubescit et cunnus crine pubescit, tunc nux vult frangi quoque cunnus stipite tangi* – Wenn die Nuß sich bräunt, der Schoß sich behaart, wird es Zeit, beide zu knacken.

Ist das Obst geerntet, muß man sich auch beim Verspeisen noch vorsehen, denn nicht mit Jedem ist gut Kirschen essen. Teilst du das Mahl mit einem Mächtigen, so sucht er selbst sich die guten Früchte und läßt dir die schlechten. Oder noch drastischer: *Cum dominis cerasa tibi numquam sint comedenda. Consumptis illis cupiunt iactare lapillis* – „Mit deinem Herren iß keine Kirschen. Denn sind sie alle, so spuckt er dir die Kerne ins Gesicht". Hätte Sokrates diese Sprüche gekannt, so hätte er schwerlich behauptet, daß man von Bäumen nichts lernen könne (s. 4m).

w. Die mittelalterliche Gelehrsamkeit fand im Baum eine schier unerschöpfliche Quelle der Inspiration (Kamber S. 129ff). Die theologischen Baumallegorien folgen denen der Kirchenväter. Papst Gregor der Große (PL. 76, S. 97) interpretierte das Gleichnis vom Senfkorn bei Lukas (13, 19) im Hinblick auf Jesus. So wie das Korn in den Boden gelange, so sei Jesus begraben worden; und so wie es aufgehe, so sei er auferstanden und zu

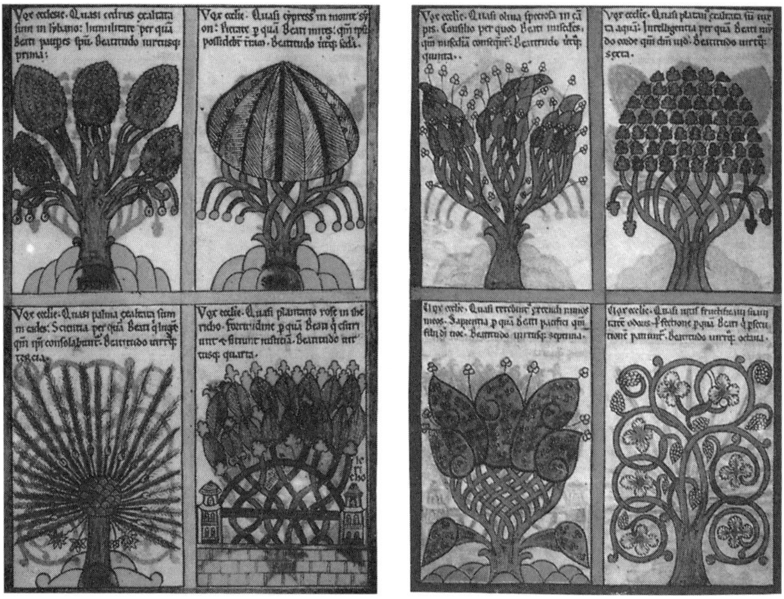

17 Lambert von St. Omer, Liber floridus, um 1120

einem gewaltigen Baum emporgewachsen. Dessen breitausladende Äste bedeuteten die weitreisenden Prediger, und die Vögel im Gezweig seien die Seelen der Seligen, die sich mit den Flügeln der Tugend über die irdischen Lüste erhoben hätten.

Vielfältigen Gebrauch machte man vom Paradiesesbaum. Bernhard von Clairvaux (gest. 1153) bestimmte in seinen Sentenzen (III 123) die Aufgabe des geistlichen Hirten dahingehend, daß er die Gläubigen zum Baum des Lebens (*arbor vitae*) zurückführen möge, der inmitten des Paradieses stehe. Das flammende Schwert des Cherub bedrohe die Lüste und Laster dieser Welt und zwinge sie zur Umkehr. Durch Brennen, Schneiden und Umkehren werde der Weg zum Baume des Lebens, der Weisheit, der Erkenntnis eröffnet, der das Ziel der Seele sei und ihr Freude und Vollkommenheit gewährte.

Baumgleichnisse aller Art waren beliebt. In Baumform wurde das Volk Israel mit seinen zwölf Stämmen dargestellt, ebenso die Ahnenreihe Jesu, beginnend mit der Wurzel Jesse, benannt nach dem Vater Davids, der auch Isai heißt. Der links trockene, rechts grüne Baum der Buchmaler weist hin auf die Verdammten und die Erlösten. Ein toter Baum symbolisierte die Synagoge, ein lebender die Ekklesia. Der Minnebaum demonstrierte die Herkunft aller guten Eigenschaften aus der Gottesliebe, der Planetenbaum den Zusammenhang der Metalle und Gestirne. Die vielverzweigten Laster erwuchsen als *arbor mala* aus der *superbia*, die Tugenden als *arbor bona* aus der *fides*, so bei Hugo von Sankt Victor. Die drei Perioden der Weltgeschichte erscheinen als drei Bäume mit je 21 Ästen, deren jeder eine Generation symbolisiert, so bei Joachim von Fiore.

Auch umfassende Ansätze gab es. Lambert von St. Omer in Flandern verfaßte um 1120 eine Enzyklopädie unter dem Titel »Liber floridus«. Darin machte er von der Pflanzensymbolik Gebrauch, wie sie zuvor Honorius von Autun und Hildegard von Bingen entfaltet hatten (Behling S. 43ff). Die Kirche wird einmal als Palme dargestellt, andermal als *arbor bona* im Gegensatz zur *arbor mala*. Jener ist ein Baum aus Bäumen, die für die einzelnen Tugenden stehen. Ein Wolfenbütteler Codex (s. Abb. 17) zeigt zudem die acht Seligpreisungen, die in geometrisch-heraldischer Stilisierung Bäume mit *beatitudines* gleichsetzen: Die Zeder mit der *humilitas* (Demut), die Zypresse mit der *pietas* (Frömmigkeit), die Palme mit der *scientia* (Wissenschaft), die Rose mit der *fortitudo* (Tapferkeit), die Olive mit dem *consilium* (Besonnenheit), die Platane mit der *intelligentia* (Einsicht), die Terebinthe mit der *sapientia* (Weisheit), den Rebstock mit der *perfectio* (Vollkommenheit).

Mehr dem säkularen Wissensdrang verpflichtet ist Vincentius von Beauvais (gest. 1264), Dominikaner und Prinzenerzieher zu Paris. Er hat in seiner Enzyklopädie aus griechischen, lateinischen und arabischen Quellen ein umfangreiches Wissen über Bäume zusammengetragen. Zwei Bücher seines »Speculum Naturale« sind nur ihnen gewidmet: XII den Waldbäumen, XIII den Gartenbäumen. Naturkunde, Verwertung und Kulturgeschichte interessierten ihn, ein ganzer Abschnitt (XII 30) behandelt Mirakel und Prodigien aus der heidnischen Zeit, an denen der kluge Kirchenmann keinen Anstoß nimmt. Sein Lob der Bäume (XII 28) preist ihre Schönheit und ihren Nutzen.

x. Ein anderer französischer Bettelmönch hat den Baum in die mittelalterliche Philosophie eingeführt. Dies war der neben Thomas von Aquino bedeutendste Vertreter der Scholastik, der in Paris ausgebildete *Doctor seraphicus* Bonaventura, ein Franziskaner (gest. 1274). Er verstand die Natur als *exemplum Dei* und suchte in ihr über Schatten, Spuren und Bilder Gottes zu dessen Wesensschau zu gelangen. So hat er auch vom Baum theologisch Gebrauch gemacht. In mystischer Schau knüpft der Franziskaner an zwei Bibelstellen an. Im Hohen Lied (1, 13) heißt es: „Mein Freund ist mir ein Büschel Myrrhen, das zwischen meinen Brüsten hängt", und am Ende der Johannes-Apokalypse (22, 2ff) wird der Lebensbaum beschrieben. Er liefert dem Autor den Titel: »Lignum Vitae«. Der schwer zu durchdringende „Wald des Evangeliums" wird der besseren Faßlichkeit zuliebe (*propter facilitatem memoriae*) in einen Phantasiebaum (*arbor ima-*

18 Kreuzbaum des Bonaventura

ginaria) verwandelt, denn „Vorstellungskraft stützt das Denkvermögen" (*imaginatio iuvat intelligentiam*).

Im Prolog zu seinem Traktat beschreibt Bonaventura den Baum, der in den Handschriften dann gemalt erscheint und zugleich das Kreuz darstellt, an dem der Heiland hängt (s. Abb. 18). Aus ewiger Quelle wächst der Stamm, teilt sich in zwölf Äste mit Blättern, Blüten und Früchten und hält Heilmittel gegen alle Übel bereit. Den zwölf Ästen, die von unterschiedlichen Säften durchströmt sind, werden die Eigenschaften Christi zugeordnet, von der reinen Geburt über die Tugenden bis zur Ewigkeit des Gottesreiches. Das sind die Früchte. Sie werden im Text entsprechend den Evangelien beschrieben. Abschließend erscheinen Bildelemente nochmals einzeln: Jesus ist die schönste Blume aus der Wurzel Jesse, die in der Menschwerdung geblüht hat, in der Passion abgeblüht und in der Auferstehung wiederum aufgeblüht ist. Der Baum des Heils bietet Schatten vor der brennenden Sünde, lockt mit den Zweigen der guten Werke und erquickt mit den Blättern der wahren Worte. Er duftet lieblich, ist schön zu schauen und angenehm zu umarmen. Seine Wurzel symbolisiert den Ursprung, der Stamm das Wachstum und die Krone die Vollendung des Heilands und die Entfaltung seiner Frohen Botschaft.

Der Baum Bonaventuras hat Künstler inspiriert. Er wurde nicht nur als Buchillustration dargestellt, sondern auch als Fresko – so an der Südwand der Basilika Santa Maria Maggiore zu Bergamo. Das Bild verweist auf das Buch »De Bono Jesu« und zeigt eine riesige *imaginaria et sancta et decora arbor vitae* mit Szenen aus dem Leben des Heilands im Geäst. Es wurde 1347 von Dominus Guidus de Suardis gestiftet. Leider ist die obere Hälfte der Krone durch ein Barockbild überdeckt.

Eindrucksvoller noch als bei Bonaventura ist die Baumtheologie bei dem seltsamen Weltverbesserer und *vir phantasticus* – so nannte er sich selbst – Raimund Lullus *alias* Ramon Llull. Geboren 1232 in der damals nicht mehr, beziehungsweise noch nicht wieder so benannten Stadt *Palma* auf Mallorca, führte der spätere *Doctor illuminatus* zunächst ein wüstes Leben, bis er sich nach einem Bekehrungserlebnis 1263 der Askese verschrieb und sich die Versöhnung der drei großen Offenbarungsreligionen zum Ziel setzte. Dem diente unter anderem sein *Liber gentilis*, oder in voller Form: *Liber de gentili et tribus sapientibus* – Buch vom Heiden und den drei Weisen aus dem Jahre 1275.

Die Rahmenhandlung beginnt mit dem Zusammentreffen von drei weisen Lehrern, einem Juden, einem Christen und einem Sarazenen vor dem Tor ihrer Stadt. Sie verabreden einen Spaziergang in den Wald, um sich über ihre Glaubensfragen zu unterhalten. Auf einer Lichtung erblicken sie einen Hain aus fünf blühenden Bäumen um eine Quelle, an der sie einer wunderschönen Frau begegnen. Sie nennt sich Intelligenzia. Auf Wunsch der

Weisen erklärt ihnen die Dame das Geheimnis der Bäume. Eine Handschrift aus Bologna zeigt sie gezeichnet, sie ähneln Palmen. Mit ihren Blüten verkörpern sie die natürliche Theologie: wer sie versteht, hat die göttliche Wahrheit begriffen, findet Seelenfrieden und Trost für sich und andere.

Der erste Baum, so erklärt Frau Intelligenzia, stellt Gott dar; seine Blüten sind die sieben ihm zukommenden ungeschaffenen Tugenden (*virtutes*), Würden (*dignitates*) oder Prinzipien (*principia absoluta*): Güte, Größe, Ewigkeit, Macht, Weisheit, Liebe und Vollkommenheit. Der zweite Baum trägt in seinen Blüten die sieben geschaffenen, das heißt eigentlichen Tugenden: Gerechtigkeit, Klugheit, Tapferkeit, Mäßigung, Glaube, Hoffnung und Liebe. Am dritten Baum werden die sieben Todsünden veranschaulicht, die in die Hölle führen: Völlerei, Genußsucht (*luxuria*), Geiz, Trägheit (*acedia*), Überheblichkeit, Neid und Zorn. Der vierte und der fünfte Baum lehren das Verhältnis der genannten Eigenschaften untereinander. Wer dies verstanden habe, der erkenne, liebe und fürchte Gott.

Nach diesen Worten reitet die Dame davon. Die Weisen aber verweilen am Quell und begreifen, daß die Wissenschaft dieser Bäume die Religionen versöhnen und den durch sie veranlaßten Hader zwischen den Völkern überwinden könne. Sie beschließen, ein Religionsgespräch zu führen, das sich streng an die Vorgaben der Baum-Theologie halten solle, da die Berufung auf Schriftbeweise nur Zwist bewirke. Lullus sieht in der Natur der Bäume eine neutrale Autorität, die von allen Glaubensvertretern anerkannt wird.

In diesem Augenblick erscheint vor den drei Weisen ein wilder Mensch mit langem Bart und ungekämmten Haaren – ausgezehrt und verlottert, Mitleid und Furcht zugleich erregend. Es ist ein heidnischer Magister der Philosophie, der in einer plötzlichen Anwandlung von Todesangst Haus und Hof verlassen hat, um in dem von Lullus poetisch, ja paradiesisch geschilderten Wald Einsicht zu finden, und hier seit längerem haust. Die Weisen grüßen ihn, erfahren sein Anliegen und versprechen, ihn durch Einweihung in das Geheimnis der fünf geistlichen Bäume zur Erkenntnis Gottes und seiner Tugenden, sowie zur Hoffnung auf ewiges Leben zu führen.

Der Hauptteil des Buches besteht aus den drei Reden des Juden, des Christen und des Sarazenen, deren jede zeigen will, daß die Bäume symbolisch den jeweils eigenen Glauben als den richtigen bestätigen. Der Ungläubige soll entscheiden, wer Recht hat, und dessen Glauben annehmen. Der Heide hört, sein Geist wird erleuchtet und auf den Weg des Heils geführt. Sein Herz beginnt zu lieben, sein Auge füllt sich mit Tränen – er preist Gott, kniet nieder vor den Bäumen und preist ihre Weisheit, ja betet sie an. Doch bevor er kundtun kann, welche Rede ihm am besten gefallen hat, verabschieden sich die drei Weisen. Sie wollen seine Entscheidung nicht hören, sondern jeder möchte glauben können, just seine eigene Beweisführung habe den Heiden überzeugt. Die Weisen selbst kommen auch ihrerseits noch nicht zu einem Resultat. Sie bitten einander aber um Verzeihung, falls einer die Religion des anderen verletzt habe, und beschließen, wieder einmal zusammenzutreffen und so lange zu disputieren, bis die Lehre der Bäume unter ihnen Einmütigkeit gestiftet habe.

Gewiß war Lullus als christlicher Theologe überzeugt, daß seine eigene Religion die wahre sei, doch glaubte er, dies sei mit Verstandesgründen beweisbar, so daß auf Gewalt in der Mission verzichtet werden könne. Die Gottesgabe der allgemeinmenschlichen Vernunft fand er in der Evidenz seiner Dendrosophie bestätigt: Der Baum galt ihm als „ausdruckstärkstes und inhaltsreichstes Symbol für das organische und lebenspendende Ineinander von geschaffenen und ungeschaffenen Prinzipien“ (Pindl 1998). Die Allegorie des Baumes benutzte Lullus auch in anderen Schriften, so im »Arbor philosophiae«, wo er unter einem schönen Baum verzweifelt darüber klagt, daß im Zeitalter der Kreuzzüge seine friedfertige *Ars Lulliana* keinen Anklang finde. Mit seiner Definition *homo est animal homificans* – „der Mensch ist ein Lebewesen, das aus sich einen Menschen machen will“, verwendet er *homo* als Wertbegriff und nimmt damit einen Gedanken des Humanismus vorweg.

y. Baum- und Waldsymbolik fehlt auch in Dantes Göttlicher Komödie nicht (Roddewig 1991). Auf seinem visionären Weg durch das Weltengebäude durchschreitet der Dichter auf dem Wege zum Paradies zunächst das Inferno. Der zweite Ring im siebten Kreis der Hölle ist *la mesta selva*, der traurige Wald der Selbstmörder. Dantes Führer Virgil bricht ihm einen Zweig ab, da vernimmt der Dichter die Klage der in den Baum gebannten und von den Harpyien gequälten Seelen. *Uomini fummo, ed or sem fatti sterpi* – „Menschen waren wir und sind nun Bäume geworden“ (XIII 35). Die Bruchstelle blutet wie der Todesbaum des Polydorus (s. 4c).

Danach folgt der Gang durch das Fegefeuer, das Purgatorium. Es ist als Berg der Läuterung gedacht, bestehend aus kegelförmig übereinandergetürmten Ringen, die Dante gemeinsam mit Virgil und Statius besteigt. Im sechsten Kreise des Purgatoriums (XXII 130ff), in dem die Schwelger büßen, begegnen die drei einem Apfelbaum mit reifem Obst, wie eine Tanne gewachsen und schwer zu erklimmen, so daß der Hungrige, wie Tantalus in der Unterwelt, die Früchte nicht erreichen kann. Die drei vernehmen aus den Ästen eine Stimme. Sie mahnt zur Mäßigkeit und zitiert antike und biblische Beispiele; die Urzeit sei so schön gewesen, als die Menschen noch von Eicheln lebten, wie wir das von Plinius kennen (s. 5j). Dante will den Baum näher betrachten, muß dann aber weiter.

Kurz danach begegnet der Dichter seinem vor fünf Jahren verstorbenen lebenslustigen, lebenshungrigen Jugendfreund Forese, abgemagert wie der thessalische Prinz Erysichthon, der nach Ovid (Metamorphosen VIII 738ff) eine der Demeter heilige Eiche gefällt hatte und mit unstillbarem Hunger bestraft wurde, bis er sich selbst zu zerfleischen und verzehren begann. Forese leidet Tantalusqualen unter einem Baum, der ihm die Früchte verweigert (Purgatorio XXIII 22ff). Wenig später entdecken die Sphärenwanderer diesen Baum, voller Früchte (XXIV 103ff). Das Kosten wird ihnen wie anderen, die sie pflücken wollen, wiederum verwehrt. Der Baum bezeichnet sich als Ableger vom Baume Evas und verweist die Dichter auf den Urbaum, der auf dem Gipfel des Berges im irdischen Paradies stehe und die volle Erkenntnis verspreche. Ihn findet Dante, nun von Beatrice auf einem Greifenwagen geführt, am Ende des Aufstiegs durch das Purgatorium (XXXII f), auf der Spitze des Berges in einem öden Wald. Hier steht ein riesiger, blatt- und blütenloser Baum, von einer Schar von Frommen umringt. Die Namen Adam und Eva fallen, somit handelt es sich um den inzwischen kahl gewordenen Paradiesbaum. Der Greif bindet die Deichsel, die selbst aus dessen Holz gearbeitet ist, an ihm fest.

Der Baum wird als Symbol der Kirche gedeutet, die von ihren Dienern mißbraucht und entstellt worden ist, so daß seine Äste kahl wurden. Indem der Wagen, verstanden als der Stuhl des Papstes, wieder an den Baum gebunden wird, ergrünt und erblüht er. Es ist ein Apfelbaum. Der Greif, das Bild Christi, erhebt sich in den Himmel; sieben Nymphen, Verkörperungen der Gaben des Heiligen Geistes, umtanzen den Baum, auf dessen Wurzeln die Weisheit als Hüterin zurückgeblieben ist. Dann erschaut der Dichter einen Adler, der sich aus dem Himmel blitzesgleich auf den Baum stürzt, ihn samt dem Wagen zu zerstören sucht. Es folgen allerlei andere Tiere und Fabelwesen, schließlich löst ein Riese den Wagen, auf dem nun eine Hure sitzt, vom Baum und verschwindet damit im Wald – in die babylonische Gefangenschaft der Kirche nach Avignon. Dante erhält den Auftrag, zu verkünden, wie er die Mißhandlung des Baumes gesehen, den Gott allein für sich geschaffen hat – als Sünder vernimmt er die Botschaft nur im Bilde, nicht im Wort.

Ein letztes Mal begegnet uns ein Baum im Paradies (XVIII 28ff) auf der Sphäre des fünften Sterns, des Mars. Dante trifft dort seinen auf dem Kreuzzug gefallenen Ahnen Cacciaguida, dessen Frau ihm den Namen Alighieri vererbt hat. Der Ahn zeigt ihm die Gemeinschaft der Seligen, als Baum gestaltet, der reich an Frucht und frischen Blättern seine Kraft und sein Leben von oben erhält (*arbore que vive della cima*), also im Himmel wurzelt wie der Weltenbaum der Upanishaden (s. 3p). Ihn bevölkern die Kriegshelden Gottes von Josua bis Robert Guiscard.

z. Unter den vielfältigen Formen, in denen das Christentum auf Bäume Bezug nimmt, fehlt schließlich auch deren Verwendung als Gegenstand der Besinnung nicht. Nikolaus von Kues, Scholastiker und Mystiker zugleich, verfaßte 1453 eine Schrift *De visione Dei* – Über die Gottesschau. Darin geht es um die Arten, Gott wahrzunehmen, der sich in allen Erscheinungen irgendwie offenbart, stets nur teilweise, so aber immer und allenthalben. Unter den Meditationsobjekten, an denen der Theologe das vorführt, gibt es einen Nußbaum (*arbor nucum*). Die Wahl ist seltsam, spielt dieser Baum doch in der Bibel keine Rolle. Man möchte es dem Cusanus glauben, daß er ihn leibhaftig vor Augen hatte, wie er schreibt: *video ipsam oculo*. Der Baum ist groß und hoch, hat eine breite Krone, ist vielfarbig und reich an Ästen, Blättern und Früchten.

Cusanus überlegt nun, in welcher Weise dieser Baum in dem Samen enthalten war, aus dem er entstanden ist. Einerseits muß er irgendwie vollständig dort angelegt gewesen sein; andererseits ist er nie komplett, denn so lange er lebt, verändert er sich und zeigt immer neue Seiten. Die Vielzahl der Seinsmöglichkeiten ist durch das, was Himmel und Erde dem Baum gewähren können, nicht auszuschöpfen, obschon sie doch alle durch die pflanzlichen Charakteristiken des Nußbaum begrenzt sind. Cusanus verwendet den Begriff *virtus* im doppelten Sinne von Fähigkeit und Möglichkeit im Samen und fragt nach deren *principium* für diesen und alle Bäume. Damit gerät er ins Dunkel der Transzendenz, und dort findet er staunend das wahre Urbild (*exemplar*), gewissermaßen die platonische Idee des Baumes, und die Urkraft (*virtus omnipotens*), die er Gott zuweist. So wurzelt der Baum in Gott als dem Urgrund, denn Gott ist die Natur aller Naturen, *natura naturarum omnium*. An einer späteren Stelle (Kap. XXI) wird Jesus mit der *arbor vitae in paradiso*, dem Lebensbaum im Paradies identifiziert, dessen Frucht dem alten Adam verwehrt ist, dem neuen aber das ewige Leben bringt – das ist wieder patristische Allegorie (s. 7e). Mit der Meditation über den Nußbaum aber fassen wir ein Stück Natur-Theologie. Die Natur, nicht nur die Bibel, offenbart Gott, gewinnt eigene Würde, und dies weist voraus auf die Renaissance.

8. Frühe Neuzeit

	a.	Petrarca
Dichterkrönung	b.	
	c.	Boccaccio
Cola di Rienzo	d.	
	e.	Renaissance
Enea Silvio Piccolomini	f.	
	g.	Torquato Tasso
Sankt Onuphrius	h.	
	i.	Luthers Apfelbäumchen
Der Dreißigjährige Krieg	j.	
	k.	Palmenorden und Tannengesellschaft
Pansophie und Alchimie	l.	
	m.	Embleme und Devisen
Barock: Schloßgarten	n.	
	o.	Stadtpark
Roßkastanie bei Busbeck	p.	
	q.	Akazie bei Robin
Gingko bei Goethe	r.	
	s.	Pomeranze bei Mörike
Orangen-Mode	t.	
	u.	Äpfel der Hesperiden
Aufforstung durch Aufklärung	v.	
	w.	Alleen Lenôtres
Pappeln Napoleons	x.	
	y.	Schiller und Rückert
Vorbilder	z.	

Grau, teurer Freund, ist alle Theorie
Und grün des Lebens goldner Baum.
Mephisto

8. Frühe Neuzeit

a. Am 26. April 1336 bestieg Petrarca den „Windigen Berg“, lateinisch *Mons Ventosus*, französisch *Mont Ventoux* bei Carpentras. Er wußte von der Besteigung des Haemus durch den Makedonenkönig Philipp V, die Livius (XL 21 f) erzählt, und suchte ein ähnliches Erlebnis. Nur von seinem jüngeren Bruder Gherardo begleitet, genoß der damals 32jährige Dichter die freie Natur, den weiten Blick auf Himmel und Erde. Als die Sonne sich neigte, so schrieb er danach einem Freund (Familiares IV 1), schlug er die »Confessiones« Augustins auf, um, wie dieser einst in der Bibel, bei dem Kirchenvater ein prophetisches Wort zu finden. Und er las: „Da gehen die Menschen hin, um die hohen Berge zu bewundern, das gewaltige Wogen des Meeres und die Wasserfälle der Ströme, die Weite des Ozeans, das Kreisen der Sterne und verschließen die Augen vor sich selbst“ (X 15). Betroffen und schweigend stieg der Dichter ab – hätte er das nicht schon von Seneca oder sonst einem heidnischen Denker lernen können? Auf der Suche nach der Natur entdeckte Petrarca nicht diese, sondern sich selbst.

Dennoch war die Bergbesteigung Petrarcas ein epochales Ereignis in der Geschichte des Naturgefühls. Der Dichter hatte sich aus der großen Welt in die Einsamkeit zurückgezogen, lebte an den Quellen der Sorgue zu Vaucluse wie ein Landmann und wurde nicht müde, die Schönheit und Annehmlichkeiten des ländlichen Lebens zu preisen. Sein Freund Boccaccio verortete ihn poetisch in dem altberühmten heiligen Hain der Diana bei Aricia, deren Priester stets bewaffnet war (s. 5c). In seinen bukolischen Gedichten nannte sich Petrarca *Silvanus* oder *Silvius* – Waldmensch. So entsprang diese Hinwendung zur Natur nicht der spontanen Begeisterung für Berge, Blumen und Bäume, sondern ergab sich aus der Inspirationsquelle der Humanisten, den Schriften der naturliebenden Römer und Griechen. Petrarca verglich sich mit den aus dem Geschichtswerk des Livius bekannten Senatoren Fabricius und Cato, die als große Gestalten ihrer Zeit den Garten selbst bestellten und sich nicht zu gut waren, den Spaten in die Hand zu nehmen.

b. Mit den Römern erwachten auch ihre Symbole wieder – einschließlich der botanischen. Aus den soeben zitierten »Bekenntnissen« Augustins (IV 5) kannte Petrarca die Sitte der Dichterkrönung mit dem Lorbeerkranz

(s. 4j). In Unteritalien möglicherweise seit Römerzeiten kontinuierlich geübt, wurde sie nun neu belebt. Zu Ostern, am 8. April 1341 wurde Petrarca auf dem Kapitol in Rom zum *poeta laureatus* gekrönt, nachdem er durch die Gedichte auf seine nicht zufällig „Laura" benannte Geliebte berühmt geworden war. Der 1302 zugleich mit Petrarca aus Florenz vertriebene Dante hatte die Ehre vergeblich erhofft, wie sein Freund und Biograph Boccaccio in der Vita des Dichters von 1360 berichtet. Allerdings hätte dieser den Kranz einzig und allein im Baptisterium von Johannes dem Täufer in Florenz entgegengenommen, um seiner geistlichen Taufe eine poetische hinzuzufügen und einen zweiten Namen anzunehmen. Da er aber aus seiner Heimatstadt geflohen war und nie zurückkehrte, mußte er ohne die heiß ersehnte Ehre sterben. Was die Menschen ihm verweigerten, das fordert er im ersten Gesang seines »Paradieses« von Apollon auf dem Musenberg:

O buono Apollo, all' ultimo lavoro
fammi del tuo valor sì fatto vaso,
come domandi a dar l'amato alloro.

„O guter Apollo, für mein letztes Werk mach mich zu einem deines Ranges würdigen Gefäß, wie du es forderst, um mir den geliebten Lorbeer zu geben" (13ff). Die Bitte war nicht vergebens. Das Leben hat ihm den Lorbeer verweigert, doch die Nachwelt hat ihn ihm gewährt: die Künstler stellen Dante mit dem Lorbeerkranz dar, so schon Domenico di Michelino im Dom zu Florenz.

c. Die Passage über die Dichterkrönung nutzte Boccaccio zu einem geschichtsphilosophischen Exkurs über das Wesen der Poesie, die er als Grund der Religion und damit der Kultur ansprach. Dichtung, auch die des heidnischen Altertums, atmet für ihn allenthalben Heiligen Geist – Theologie und Poesie sind für ihn im Kern dasselbe. Die Griechen, die den Weg zur Kultur gebahnt haben, hätten auf Volksbeschluß ihre Dichter wie ihre Feldherren mit Lorbeer gekrönt, und von ihnen hätten die Römer den Brauch übernommen. Boccaccio geht dann auf die Verwandlung Daphnes durch Apollon ein und erklärt, weshalb ausgerechnet Lorbeer zur Bekränzung gewählt werde: Lorbeer sei immer grün, werde nie vom Blitz getroffen und dufte herrlich – so bleibe auch der Dichtung ihre belebende Wirkung ewig erhalten. Weiterhin berichtet Boccaccio von einem Traum der Mutter Dantes aus der Zeit ihrer Schwangerschaft. Sie habe ihrem Sohn am Fuße eines hohen Lorbeerbaumes, nahe einer Quelle, das Leben geschenkt, und die erste Nahrung des Knaben seien die Beeren und das Wasser gewesen. Darin sah Boccaccio eine Vorbedeutung auf den Dichterruhm. Die Beeren verwiesen auf die Bücher, das Wasser auf die Weisheit, durch die

Dante groß geworden sei. An die Beere (*bacca*) erinnert der Titel *baccalaureus* für den mittelalterlichen Hochschulabsolventen, der im englischen Wort *bachelor* fortlebt, und an den Kranz gemahnt der Name für die Doktorwürde im Italienischen, die *laurea*.

d. Die im Humanismus erneuerte römische Bekränzung beschränkte sich nicht auf die Dichter. Der von Petrarca bewunderte Volkstribun Cola di Rienzo, der ebenso wie er für die Römerzeit schwärmte, ließ sich am Himmelfahrtstage Marias, am 15. August 1347, von sechs geistlichen Würdenträgern gleich sechs Kränze reichen: einen von Eichenlaub, einen aus Efeu, einen aus Myrte, einen aus Ölzweigen, einen aus Lorbeerblättern und einen aus vergoldetem Silber. Rienzo glaubte – so schrieb er jedenfalls an die Städte Italiens und an den Papst -, die *laurea tribunicia* entspräche altrömischem Brauch, das Amt des Volkstribunen zu ehren. Dies trifft nicht zu, Rienzo ließ sich vielmehr von Petrarcas Dichterkrönung inspirieren, an der er als Zuschauer teilgenommen hatte (Piur S. 10f; 112f).

Politischer Natur war schließlich die letzte Bekränzung der europäischen Geschichte. Am Sonntag, den 15. April 1736 ließ sich der Kölner Abenteurer Theodor von Neuhoff in der Klosterkirche von Alesani bei Cervione zum König von Korsika ausrufen. Nach dem Hochamt wurde er von seinen Generalen in Ermangelung einer Krone mit einem Kranz aus Eichen- und Lorbeerblättern zum ersten und letzten König der Insel gekrönt. Sein Versuch, mit Hilfe der Türken von Tunis die Selbständigkeit Korsikas zu sichern, scheiterte jedoch an der Übermacht von Franzosen und Genuesen.

e. Die Humanisten wollten über das „finstere Mittelalter" – so Petrarca am Ende seines Epos »Africa«- auf die klassische Antike zurückgreifen und deren Geist erneuern. Als Name für diese Bewegung hat sich „Renaissance" eingebürgert. Dieser oft mit „Wiedergeburt" übersetzte Begriff aber geht nicht auf die Seelenwanderungslehre des Pythagoras oder die mit der Taufe verbundene Vorstellung des Apostels Paulus vom Neuen Menschen zurück, sondern ist biologische Metaphorik (RAC. VI S. 240ff). Im Lateinischen bedeutet *renasci* das Wiederwachsen von Federn und Zähnen, insbesondere das erneute Ausschlagen der Bäume. Das Denkbild vom gestürzten oder umgehackten und wieder grünenden Baum wurde schon in der Antike auf das Wiedererstehen von zerstörten Städten angewandt – auf Troja nach Agamemnon und auf Athen nach Xerxes, auf Tyros nach Alexander und auf Rom nach Brennus. Petrarca beendete sein Epos »Africa« mit dem Hinweis, daß der Helikon, Apollons Musenberg, wieder grün werde, daß der heilige Lorbeer erneut ausschlage und die Geister sich wieder erheben: *tunc alta resurgent ingenia*. Die Metapher wurde allseits aufgegriffen. In seinem Konzept zur Einleitung der Proportionenlehre von 1523 beklagt Albrecht Dürer, daß „vor der itzigen Wiedererwachsung in tausend Jahren nix erfunden" worden sei, das über die antiken Körperstudien hinausgekommen wäre. Dürer übersetzt hier *rinascita* zutreffend im botanischen Sinne.

Die Renaissance war mehr als eine Wiedererwachsung der Antike. Das gilt auch für den Baum im Bewußtsein, er erfuhr eine Rangerhöhung durch die Kunst. Baumdarstellungen aus Antike und Mittelalter stehen in der Regel in einem festen Kontext, der ihren Sinn bestimmt. Gewöhnlich handelt es sich um bloßen Hintergrund oder um Requisiten zu mythologischen oder religiösen Szenen. Einzeln erscheinen Bäume ebenso wie andere Landschaftselemente als Chiffren für bukolische Natur, dienen als Symbole für Städte und Götter oder illustrieren botanische Werke. Jetzt wird Natur auch um ihrer selbst willen gemalt. Ein frühes Beispiel ist Dürers Linde auf der Bastion von 1494, heute in Rotterdam (s. Abb. Nr. X).

Verstärkt wird diese Entwicklung durch die seit Luther verinnerlichte Religiosität. Sie richtete sich gemäß dem Grundsatz *Sola Scriptura* auf das Wort und verdrängte die darstellende Kunst in den protestantischen Ländern aus dem religiösen Raum. Der Geist der Reformation hat die Malerei vom Dienst am Glauben befreit. Auf Dürer folgen die Baumbilder von Adam Elsheimer (gest. 1610) und Claude Lorrain (gest. 1682), auf denen das biblische oder mythische Motiv nur noch versteckt erscheint, bis dieses dann bei Nicolas Poussin (gest. 1665) und Jacob van Ruisdael (gest. 1682) entbehrlich wird. Fortan ist der Baum in der Malerei ein Thema eigenen Rechts. Die mitunter noch erscheinenden handelnden Figuren bieten nur noch den Vorwand für die Darstellung der Landschaft. Nun ist Natur um ihrer selbst willen bildwürdig – und damit auch der Baum.

f. Die Humanisten begeisterten sich für die römischen Ruinen. Daneben aber hatten sie auch einen Sinn für die Natur. Daß die Bäume nicht übersehen wurden, lehren Passagen aus den »Commentarii« (XI 22) von Enea Silvio Piccolomini, der sich seit 1458 in Erinnerung an Vergils *pius Aeneas* selbst Pius II benannte. Der Papst rühmt 1463 die schönen Haselsträucher entlang der Via Appia und beschreibt die waldreichen Albanerberge: wunderbar grünende Maronen, große Walnußbäume, in Reihe gepflanzt, wiederum Haselsträucher und Apfelbäume, Mispeln, Birnbäume, Feigen- und Pflaumenbäume. Im Sommer gebe es nichts Schöneres als den Schatten unter diesen Bäumen: ideale Spazierwege für Dichter (*optissima poetis deambulatoria*) – wer hier nicht zum Poeten werde, der werde es nirgends; ein Domizil der Musen, der Nymphen ja – wenn es stimmt, schreibt der Papst – der Diana selbst. Er hieß ja auch Silvio. Seine Nachfolger Sixtus IV und Julius II della Rovere führten eine Eiche (*robur*) als „redendes" Wappen.

g. Bäume waren stets Orte der Besinnung und des Gedenkens – so die *Quercia del Tasso*, die Eiche des Dichters Torquato Tasso. Sie stand am Janiculus in Rom, zwischen dem Leuchtturm und dem Karzer der Himmelskönigin. Tasso, der zur Vollendung seiner »Gerusalemme liberata« nach Rom, der „ersten Stadt der Welt“ gekommen war, hier jedoch am 25. April 1595, am Vorabend seiner Dichterkrönung zum *Poeta Laureatus* auf dem Capitol in dem nahe gelegenen Konvent der Hieronymus-Eremiten verstarb – Goethe besuchte sein Grab in Sant' Onofrio am 16. Februar 1787 – soll im Schatten der Eiche sich in seine Erinnerungen verloren haben. Wenige Wochen danach spielte hier Filippo Neri, der „humoristische Heilige“ – so nennt ihn Goethe – „Kind unter Kindern“. Tassos Eiche stürzte 1843 im Sturm, wurde aber durch Eisengerüste gestützt, deren verrostete Stangen und Bänder als bizarres Monument des vergeblichen Kampfes der Menschen gegen die Zeit mich am 5. März 2002 beeindruckten. Seit dem 27. September 2000 wächst daneben als Nachfolgebaum eine *Quercus pubescens*, die inzwischen eine Höhe von 5 m erreicht hat.

h. Der Patron der Grabeskirche Tassos, der Heilige Onuphrius, ist auf andere Weise mit einem Baum verbunden. Nach der Legende, die Herder im »Cid« poetisch bearbeitet hat, bewunderte Onuphrius das Leben des Propheten Elias und folgte seinem Beispiel durch den Rückzug in die Wüste. Nach sieben Tagesmärschen brach er zusammen. Da ließ Gott eine Palme neben ihm wachsen und eine Quelle sprudeln, bei denen er dann siebzig Jahre ohne Begegnung mit Menschen ausharrte. Er „nannte jetzt den Palmbaum seinen Bruder,/nannt' die Quelle seine Schwester, labte/sich an ihrem Trank, an seinen Früchten,/kleidete sich in des Baumes Blätter“. Herder hatte als Lutheraner für katholische Folklore ein offenes Ohr, sofern sie „Volksgeist“ zum Ausdruck brachte.

i. Auf mannigfache Art und Weise ist Luthers Name mit Bäumen verbunden. Zeugnisse weltlicher Lust sind seine Erinnerungen an den Tanz unter der Linde. Die Myrte, die *arbor laetitiae* oder *arbor voluptatis* – der „Lustbaum“, sei der Venus geweiht. Das „ist bei uns die Linde, da tantzt man ein weysen“ (WA. I 13, S. 557). In seinen Tischgesprächen äußerte sich Doctor Martinus über den Trost der Bäume: So wie ein Obstbaum von allerlei Unwetter und Ungeziefer geplagt werde, so werde auch der Christ heimgesucht – und dennoch muß der Baum hindurch und Frucht bringen! (WA. II 3, S. 242). Die Natur spiegelt die Seele: „Wenn ein Mensch fröhlich ist, so erfreut ihn ein klein Bäumlin, ja, ein schönes Blümlin oder Sträuchlin; wenn er aber traurig ist, so darf einer schier keinen Baum recht ansehen“ (Huch S. 582). Am 11. April 1539 „war D. Martin Luther in seinem Garten und sahe die Bäume mit tiefen Gedanken an, wie sie also schön und lieblich blüheten, knospeten und grüneten“, dies deutete er als Bild der Auferstehung (S. 581). 1524 schrieb er »Von den Zeichen« zu Lukas 21, 29f: „Sehet an den Feigenbaum und alle Bäume: wenn sie jetzt ausschlagen, so seht ihr's an ihnen und merket, daß jetzt der Sommer nahe ist“. Das Herrenwort über das nahe Reich Gottes deutet Luther um auf die endlich wieder zu Ehren kommende Bibel, die seit Constantins Zeit „unter der Bank gelegen". Luther meint: „Das ist aber mir kein Zweifel, daß die Schrift ein Feigenbaum sei", der Blätter treibt. „Wollte Gott! die Früchte folgeten den Blättern nach!" (S. 469). Der Maler Lukas Cranach, Luthers „lieber Gevatter", stellte Altes und Neues Testament einander gegenüber: *Arbor mortis est lex, arbor vitae est Evangelium seu Christus.* „Der Baum des Todes ist das (mosaische) Gesetz, der Baum des Lebens ist das Evangelium oder Christus".

In einer Tischrede aus seinem Todesjahr 1546 exemplifizierte Luther (WA. II 6, S. 295) die Torheit der Gewalt in der Politik an einem Bild: Wenn jemand einen Baum in seine Stube bringen will und zieht ihn „bey dem Wipfel" durch die Türe, sperren sich die Zweige. Kommt er aber mit dem Stumpf zuerst, dann „beugeten sich die Aeste fein zusammen" und man kommt hinein. Die Parabel, die uns anachronistisch an den Umgang mit dem Weihnachtsbaum erinnert, lehrt, daß man die Natur beobachten muß, wenn man sie beherrschen will. – In anatomischem Sinne hatte schon Varro (Gellius XVI 16) den leichten Durchgang am Baumexempel verdeutlicht. Die normale Lage des Kindes im Mutterleib mit dem Kopf nach unten verglich er in umgekehrter Metaphorik mit einem Baum, dessen Krone den Beinen, dessen Stamm dem Haupt entspreche. Das ermögliche eine leichte Geburt, während diese andernfalls durch die ausgebreiteten Arme des Kindes erschwert wäre.

Mit keinem Baum ist Luthers Name indessen so verwachsen wie mit dem »Apfelbäumchen«. Wer kennt ihn nicht, den mutigen Spruch: „Wenn ich wüßte, daß morgen die Welt unterginge, würde ich doch heute noch ein Apfelbäumchen pflanzen". Das ist der Stil der wohlbekannten Kraftworte aus den Tischreden und entspricht so recht dem Geist dessen, der gedichtet hat: „Und wenn die Welt voll Teufel wär/und wollt uns gar verschlingen/so fürchten wir uns nicht zu sehr/es soll uns doch gelingen". Der wackere Protestant tritt auch scheinbar überlegenen Mächten entgegen und läßt sich selbst durch Kaiser, Papst und Weltuntergang nicht entmutigen.

Der Versuch, die Quelle dieses Spruches nachzuweisen, ist auf Schwierigkeiten gestoßen. Ende 1950 wurde eine Umfrage veröffentlicht, wo dieses Lutherzitat zu finden sei. Das Ergebnis: es war allseits bekannt in deutschen Landen, aber niemand vermochte es in den Schriften von und über Luther zu entdecken. Nicht einmal Nachweise aus dem 19. Jahrhundert gelangen. Der früheste Beleg fand sich in einem Rundbrief der hessischen Kirche vom Oktober 1944. Die damalige Situation schien verzweifelt. Die Niederlage Deutschlands stand vor Augen, und niemand wußte, wieviele Häuser den allnächtlichen, ja inzwischen alltäglichen Flächenbombardierugen standhalten würden; niemand war sicher, das Kriegsende zu überleben.

Als schließlich die Waffen schwiegen, war Grund zur Hoffnung, und er fand Ausdruck nicht zuletzt in „Luthers" Apfelbäumchen-Wort. 1946 erschien es auf einer Kunstpostkarte aus Leipzig, dies ist der zweite Beleg; den dritten liefert das Büchlein von Renate Hagen aus dem Jahre 1947 »Die Feuersäule«. Es schildert Flucht und Vertreibung und erreichte bis 1954 neun Auflagen mit 56.000 Exemplaren (Schloemann 1994). Die in dem Spruch vorausgesetzte Wertschätzung des Apfelbaums spricht ebenso aus einem anderen, diesmal bösen Spruch der Nachkriegszeit. Als die Briten begannen, im Zuge ihrer Reparationsforderungen den Harz großflächig abzuholzen, hieß es, in England werde keine Fichte gefällt, solange in Deutschland noch ein Apfelbaum stünde. Seine Verbreitung verdankt der „Lutherspruch" der Tatsache, daß er genau die Stimmung traf, die den Wiederaufbau und das Wirtschaftswunder trug. Gottfried Benn hörte ihn ihm Rundfunk, fühlte sich angesprochen und schrieb am 26. Mai 1956 sein Gedicht: »Was meinte Luther mit dem Apfelbaum?«, und Christine Brückner sorgte dafür, zuletzt 1996, daß der Spruch nicht vergessen werde. In den »Ungehaltenen Reden ungehaltener Frauen« schlägt Katharina von Bora dem Doktor Martinus vor: „Wie wäre es, wenn du in den Garten gingest und dieses Apfelbäumchen eigenhändig pflanztest, von dem so viel geredet wird? Ich pflanze Apfelbäumchen und Pflaumenbäumchen und Birnbäumchen, ob die Welt nun untergeht oder nicht."

j. Im Zusammenhang mit dem Dreißigjährigen Krieg denken wir an jene faulen Bäume, deren nächtliche Schattenrisse den jungen Simplicissimus erschreckten, als er vor den marodierenden Kürassieren mit seiner Sackpfeife Reißaus nahm, bis er eine hohle Spessart-Eiche fand, darin sein Nachtlager zu halten. Auch die Bäume hatten damals schlechte Zeiten, als Dänen und Schweden Pommern abholzten; ausgenommen der Holunder, der Baum, der auf den Trümmern der abgebrannten Dörfer gedeiht und in dem die Hexen wohnen. Dem wuchernden Aberglauben und seiner nicht minder superstitiösen Bekämpfung fielen nochmals im Volk verehrte Bäume zum Opfer (s. 7b).

Im ersten Buch seines grandiosen Romans (Kapitel 15ff) entwirft Grimmelshausen 1669 ein Panorama der Kriegszeit, indem er seinem Simplicius einen Traum eingibt. Er sah seltsame Bäume um sich, auf denen Kavaliere und Kerle mit Musketen, Trommeln und Pfeifen saßen. Die Wurzeln aber bestanden aus „ungültigen Leuten, als Handwerkern, Taglöhnern, mehrenteils Bauren und dergleichen". Sie trugen und ernährten den Baum und seufzten unter der doppelten Last. „Es waren aber auch noch Leute unter ihnen, die man Fatzvögel nannte", diese „nahmen alles auf die leichte Achsel". Der Stamm des Baumes war astlos und so glatt, daß niemand, der unten war, aus eigener Kraft hinaufkam. Nur wer von seinem oben sitzenden Vetter hinaufgezogen wurde oder die „silberne Leiter, die man Schmieralia nennt" benutzte, kam hoch. Regnete es Geld, so fingen die Obersten alles ab. „Dahero war ein unaufhörliches Gekrabbel und Aufklettern an diesem Baum, weil jeder gern an dem obersten, glückseligen Orte sitzen wollte". Obenauf saß der „Kriegsgott Mars und bedeckte mit des Baumes Ästen ganz Europam". Dann schüttelte ein Sturm die Steineiche, da „prasselten die Kerle haufenweise herunter, Knall und Fall war eins".

Zu den schauerlichsten Sinnbildern des Dreißigjährigen Krieges gehört der Galgenbaum von Jacques Callot aus seiner Radierungsfolge »Les petites misères de la guerre« von 1635. Inmitten eines Heerlagers steht ein Baum, dessen obere Krone vom Bildrand abgeschnitten wird. An den breit ausladenden unteren Ästen baumeln bereits 21 Gehängte, dem nächsten auf der Leiter ist vom Henker die Schlinge um den Hals gelegt, ein Priester mit erhobenem Kreuz klettert ihm nach. Unter dem Baum und am rechten Bildrand beichten zwei weitere Todeskandidaten, während Landsknechte mit Hellebarden in Gruppen herumstehen und auf einer Trommel würfeln. Eine Musikbande mit Dudelsäcken begleitet die Zeremonie. Ob Callot hier als Pazifist gegen den Krieg protestieren wollte? Als gläubiger Katholik dürfte er vielmehr die Strafe an den Gerichteten als Gottes Willen gedeutet haben.

k. In den äußeren und inneren Nöten des 17. Jahrhunderts entstand eine Reihe von – wir würden sagen Bürger-Initiativen oder Selbsthilfe-Organisationen, die sich eine Hebung der Moral durch Reinigung der Sprache zum Ziel setzten und in ihrer Emblematik Bäume verwerteten. Die älteste und bekannteste Vereinigung ist die 1617 in Weimar gegründete *Fruchtbringende Gesellschaft*. Ihr Wahlspruch lautete „Alles zu Nutzen"; als Sinnbild diente zunächst ein Nußbaum, der freilich als solcher schwer zu erkennen ist, dann eine leicht identifizierbare Palme, die der Gesellschaft den Namen Palmen-Orden eingetragen hat (s. Abb. 19). 1633 folgte in Straßburg die *Aufrichtige Tannengesellschaft*, benannt nach ihrem Gründer, der sich Wahrmund von

19 »Alles zu Nutzen«, Palmen-Orden, 17. Jh.

der Tannen nannte. Spötter sprachen von der „Tannenzapfenzunft". Ihr war nur ein kurzes Dasein beschieden, ebenso dem 1693 entstandenen *Belorbeerten Tauben-Orden*. Gehalten hat sich in Nürnberg der 1644 gegründete *Gekrönte Blumenorden der Pegnitz-Schäfer*, die im dortigen Poeten-Wäldlein zu rezitieren und zu pokulieren pflegten (Otto 1972).

l. Die in den Namen, Symbolen und Riten der genannten Sprachgesellschaften enthaltenen Verweise auf Bäume entspringen einer allegorischen Denkweise, wie sie in der frühen Neuzeit auch anderen Bewegungen eigen war. Reformbestrebungen, die der Aufklärung vorarbeiteten, und Geheimbündelei, die aufs Übersinnliche abzielte, gingen Hand in Hand – so bei den Freimaurern mit ihren Logen „Zu den drei Palmen", „Balduin zur Linde" oder „Zur ehernen Eiche", bei den Illuminaten und den Rosenkreuzern. Zu letzteren gehörte Theophil Schweighardt alias Magister Daniel Mögling, der 1604 eine aus platonischen, gnostischen und kabbalistischen Ingredienzien zusammengebastelte Universaltheorie, genannt Pansophie, entwarf. Unter der Devise *omnia ab uno – omnia ad unum*, inspiriert von Theophrasts *hen kai pan*, konstruierte er die *Arbor Pansophiae*, ein Modell für den baumhaften Zusammenhang aller Erscheinungen. Den Wipfel bildet das *Primum Ens*, das Erste Seiende, das über Creatura, Elementa und Sperma steht, aufbauend auf dem dreifachen Königreich der Natur *Minerale – Vegetabile – Animale,* getragen vom Mikrokosmos *Homo* und dem *Ens Ultimum*, dem Letzten Seienden. Die Baumfigur wird nicht recht deutlich, ist aber, wie der Name bezeugt, gemeint (Peuckert I, S. 376).

Über den Baum im Denken der Alchimisten hat Carl Gustav Jung 1945 geschrieben (1954, S. 381ff). Der Baum stellt Wachstum und Verwandlung der Arkansubstanz in das philosophische Gold dar. Hier werden Essenzen und Substanzen, Farben und Planeten, Elemente und Temperamente zusammengebraut in mystische Konjunktionen, für welche Bäume die Strukturmodelle liefern: der Baum mit vier, sieben oder acht Ästen, der fruchtbringende oder sterile, der abgesägte und wieder ausschlagende Baum. Mitunter ist er umgekehrt, im Himmel wurzelnd gedacht. Sein *spiritus vegetativus* ist Hermes Trismegistos, der dreimalgrößte Mercurius. All dies erwächst bei Jung aus den archetypischen Qualitäten des Baumes als solchem in der kollektiven Psyche (s. 10b).

Ein Baum wird in der alchimistischen Tradition des 16. Jahrhunderts Alexander dem Großen zugewiesen. Die unter dem Namen von Albertus Magnus verfaßte Schrift über den Baum des Aristoteles erzählt, der Makedone sei bei seinem Feldzug bis zu einem Baum gelangt, der „innen grün" gewesen sei und auf dem ein Storch gewohnt habe. Dort habe Alexander seine Fahrt beschlossen und sich einen goldenen Palast errichtet (Jung S. 442ff). Wenn der „Storch" auf die Retorte (*ciconia vel storca*) verweist, spielt sich die Geschichte im Glase ab.

Auch Vergil taucht wieder auf. Aus dem Beginn des 16. Jahrhunderts stammt die Berliner Handschrift des hermetischen Traktats »Splendor Solis oder Sonnen-Glantz« (Hartlaub S. 126ff). Der Autor Salomon Trismosin ist eine mysteriöse Gestalt. Ein Blatt des kostbar illuminierten Manuskripts zeigt den umkrönten »Lebensbaum«, ein beliebtes Symbol der „königlichen Kunst“ (s. Abb. XI). Der Baum bedeutet das „große Werk“, denn er verwandelt das Wasser der Tiefe in die Früchte der Höhe. Die auffliegenden Vögel weisen den Weg zu den Sternen, die *sublimatio*; das weiße Rabenhaupt bedeutet das *caput mortuum*, den Rückstand bei der Verdampfung. Die Szene illustriert den Weg des Aeneas, begleitet von seinem Vater Anchises in die Unterwelt. Um den Styx überqueren zu können, läßt er sich aus der prophetischen Eiche den „goldenen Zweig“ reichen (s. 5c) – so beschreibt es Vergil in der Aeneis (VI 187ff).

Entsprechend der alchimistischen Beziehungslehre ordnete man die Welt nach Zahlenschemata, unter denen die Vier als Sinnbild der Vollkommenheit fungiert. Aus der Zeit um 1500 stammt ein Holzschnitt von Albrecht Dürer, der die Dame Philosophie zeigt, umgeben von Schildern mit Hinweisen auf die Denker des Orients, der Griechen, der Römer und der Deutschen, in den Ecken finden sich die Winde, die Elemente und die Temperamente, begrenzt durch Girlanden, die Laubbäumen entstammen. Der Weinstock war dem Eurus (Ostwind), dem Feuer und dem Choleriker zugeordnet; der Lorbeer gehörte dem Zephir (Westwind), der Luft und dem Sanguiniker; beim Südwind (Auster), dem Wasser und dem Phlegmatiker finden wir Blätter, die dem Feldahorn ähneln, aber fraglos Feigenblätter sein sollen; während der Nordwind (Boreas), das Element Erde und das Temperament Melancholie durch die Eiche repräsentiert werden.

m. Die Liebe zur Symbolik war in der frühen Neuzeit weit verbreitet, wie aus der Mode der Embleme und Devisen sichtbar wird. Es handelt sich um verbürgerlichte Heraldik. So wie der Adel sich mit Wappen und Impresen schmückte, so tat dies nun in veränderter Form auch das Bürgertum, das sich an Hut oder Mantel mit sinnreichen Abzeichen verschiedenster Art schmückte. Sie erscheinen in allen Bereichen der Kunst, vielfach als Zeichen von Verlegern, Autoren und Künstlern, nicht nur auf Papier. In der Regel bestehen sie aus einer Überschrift, einem sinnfälligen Bild und einem erläuternden Spruch, worin der Besitzer seine Lehre oder sein Schicksal ausspricht. Ein Ausläufer dieser Tradition ist das Ex Libris. Persönliche Embleme und Devisen kannten schon Griechen und Römer – so auf ihren Siegelringen. Antikes Bildungsgut wurde mit dem Humanismus wieder lebendig. Man verwendete mit Vorliebe klassische Motive.

Das Monumentale Sammelwerk »Emblemata« von Henkel und Schöne (S. 145 ff) bietet Hunderte von Zeichen und Sprüchen, die sich der Baumsymbolik bedienen. Sie illustrieren und kommentieren die antiken

20 »So zermürbt das Alter«, Sterbende Eiche

und mittelalterlichen Allegorien (s. 7v), das Wurzeln und Wachsen, Blühen und Fruchten, Verdorren und Stürzen von Bäumen. Wir sehen sie in Regen und Sturm auf Bergen und an Quellen, einerseits von pflegender Hand bewässert, gerichtet und beschnitten, andererseits mit scharfer Axt bedroht, behauen, gefällt – Bäume erläutern Tugenden und Laster, Chancen und Gefahren, Leben und Sterben. Der Baum der Freiheit wächst über Krone und Szepter hinaus (S. 171), der Baum der Macht wird von der Zeit überwunden – auch die um den Stamm gelegte Krone kann sein Auseinanderbrechen nicht verhindern. Das ruinöse Colosseum im Hintergrund zeigt, wie der Fall Roms das Ende der Weltreiche überhaupt symbolisiert (s. Abb. 20). Eine frühe Sammlung bietet Andreas Alciatus in seinem »Emblematum libellus« von 1542. Ulme und Wein halten zusammen (s. Abb. 2), die Palme fruchtet allen Widerständen zum Trotz (S. 64), der Pfirsich gedeiht erst in der Fremde (S. 76), der Nußbaum wird mit Steinen beworfen (S. 94), der Apfel ist eine Liebesgabe (S. 138), der Lotos läßt die Heimat vergessen (S. 240). Das Facit: *Typus igitur nostrae conditionis sit arbor et speculum* – „Vorbild und Spiegel unseres Daseins ist wohl der Baum".

n. Im Barock erlebte die Gartenbaukunst ihren Höhepunkt. Nachdem das Mittelalter vorwiegend Küchen- und Kräutergärten angelegt hatte – Beispiele aus der Zeit um 800 bieten Karl der Große im Capitulare de Villis, Walahfried Strabo von der Reichenau in seinem Gedicht »Hortolus« und der Sankt Gallener Klosterplan (s. 7m) – besann sich die italienische Renaissance auf die römische Ziergartentradition. Die Villenbriefe des jüngeren Plinius (II 17; V 6) boten Muster für die von Leone Battista Alberti 1459 geschilderte Villa Quaracchi bei Florenz mit ihrer Allee zum Arno hinunter und für die jüngeren Gartenanlagen der Nobili. Katharina von Medici übertrug durch die Anlage der Tuilerien die italienische Gartenkultur nach Frankreich, und aus ihr entwickelte der Gartenbaumeister Ludwigs XIV André Lenôtre in Versailles 1650 bis 1653 den prächtigsten Schloßgarten Europas. Der Gestaltungswille des Absolutismus hat die Beete und Wege geometrisch ausgezirkelt, die Bäume wie Soldaten in Reih und Glied aufgestellt und in modische Formen gezwungen.

Ein Musterbeispiel für die Ästhetik der künstlich gestalteten Natur in der französischen Gartenbaukunst bietet der Hofgärtner Ludwigs XIV Jean de la Quintinie (gest. 1688) mit seinem Traktat über den idealen Orangenbaum. Vorweg wird dieser als die Krone der Gartenzier verherrlicht, dessen Charme, Noblesse und Majestät mehr entzücke als jedes andere Gewächs. Danach heißt es, die Baumform dürfe nicht genötigt wirken, sondern müsse stets „natürlich" erscheinen. Es folgen – nach den Pflegehinweisen – peinlich detaillierte Vorschriften über die Gestaltung und das Größenverhältnis von Krone, Stamm und Kübel. Die Höhe dürfe – umgerechnet – 1, 62 m nicht übersteigen; das Blattwerk solle keine Lücken aufweisen, die Äste hätten gleichmäßig aufwärts zu streben, ohne sich zu kreuzen, und sollten nicht länger als 15 cm sein. Die Blüte dürfe nicht zu üppig, nicht zu mager ausfallen, nicht zu früh und nicht zu spät stattfinden; an Gästen aus der Fauna sind Schmetterlinge zugelassen, aber keine sonstigen Kerbtiere. Quintinie bestimmt die erlaubten Werkzeuge und erklärt, wie man mehr Bäumchen vortäuscht, als man hat. Die Kleiderordnung bei Hofe konnte kaum penibler geregelt sein.

Der französische Einfluß auf die allenthalben in deutschen Landen entstehenden Schloßgärten wich indessen bald dem naturfreundlicheren Vorbild Englands. Auch dort herrschte zunächst die Liebe zur Geometrie, wie der Essay »Of Gardens« von Francis Bacon aus dem Jahre 1612 dartut. Er beschreibt die Anordnung von *alleys* zum Lustwandeln im Schatten, zeigt aber bereits Vorbehalte gegen eine dressierte Natur, so beim Figurenschnitt und bei der Voliere. Es entsprach dem liberalen Geist der Engländer, wenn bei ihnen mehr und mehr nach dem Muster italienischer Landschaftsmalerei naturnähere Formgebung bevorzugt wurde. Die französische Manier, allerlei Kunstfiguren aus immergrünen Bäumen zu schneiden, wurde von Alexander Pope aufs Korn genommen. 1713 veröffentlichte er im »Guardian« Angebote eines erfundenen Gärtners: „Adam und Eva in Taxus! Adam ein wenig lädiert durch Fall des Baumes der Erkenntnis im großen Sturm; Eva und Schlange kraftvoll wachsend. Der Turm zu Babel, noch nicht beendet! Sankt Georg in Buchsbaum. Sein Arm noch kaum lang genug, doch wird er im nächsten April im Stande sein, den Drachen zu töten ..." (nach Schroeter bei Gercke S. 152).

Englische Einflüsse zeigten sich auf dem Kontinent zuerst in den Parks von Wörlitz, Weimar und Wilhelmshöhe. Um die Krone der Landschaftsarchitektur im 19. Jahrhundert wetteiferte Fürst Pückler in Muskau und Branitz mit Peter Joseph Lenné in Klein Glienicke bei Potsdam und auf der Pfaueninsel in der Havel. Die Waldbäume gewannen dabei an Stellenwert auf Kosten der Blumenrabatten. Bewußt wurden vorgefundene Baumveteranen bewahrt und in die Planung einbezogen: so konnte man eine Dimension gewinnen: räumliche Weite durch zeitliche Tiefe ergänzen.

o. Stadtgärten gab es bereits im antiken Rom (Hennebo 1979). Die Stadt besaß unter den Kaisern private und städtische Grünanlagen. Plinius (XV 126) weiß sogar, daß die ältesten auf öffentlichem Stadtgelände angepflanzten Bäume Myrten waren. Anders als die islamischen Städte, deren Gärten, Parks und Alleen Naser-e-Khosrou in seinem Reisebuch aus dem 11. Jahrhundert beschreibt (Petruccioli 1995), kannte das christliche Mittelalter kein innerstädtisches Grün, abgesehen vom Friedhof, der gewöhnlich weder Bäume noch Blumen besaß und vielfach zugleich als Tummel- und Rummelplatz diente (Hennebo S. 52f), und der Linde auf dem Marktplatz oder vor dem Tore, wo gerichtet und gefeiert wurde. Baumbestandene Bürgerwiesen für Schützenfeste, Ballspiele und Turniere lagen seit dem späteren Mittelalter außerhalb der Stadtmauern. Das Frankfurter „Wäldchesfest" erinnert an diese Bräuche. Planmäßig wurden erst im Barock wieder Parks in den Städten angelegt, Bäume in die Wohnbereiche hereingeholt. Im 18. Jahrhundert bepflanzte man zuerst die Boulevards, die ehemaligen Bollwerke und dann Paradeplätze, Uferwege und alles, was an Freiflächen verfügbar war. In Bremen (Neustadt 1626), London (Hyde Park 1635) und Hamburg (Jungfernstieg 1696) begann das bereits im 17. Jahrhundert. Die Bürger wollten im Schatten promenieren (Gercke S. 164ff). Ein Stich in Matthäus Merians »Topographia Helvetiae« von 1642 zeigt das Treiben auf dem baumbestandenen Petersplatz zu Basel.

p. Im Zusammenleben von Mensch und Natur zeigt sich eine bemerkenswerte Gegenläufigkeit. Während der Artenreichtum der Tiere im zivilisatorischen Umfeld seit dem Mittelalter kontinuierlich zurückgeht – die wenigen Kulturfolger wie Amsel, Elster und Turmfalke und die Zootiere wiegen die Verluste an Vögeln und Vierfüßlern, Schmetterlingen und Fischen nicht entfernt auf – nimmt die Artenvielfalt der Pflanzen im Lebensbereich der Menschen ständig zu. Der Grund liegt nicht tief: Tiere sind weniger anpassungsfähig als Pflanzen – diese fügen sich den Wünschen der Menschen weit eher. Wieviele Nutz- und Zierpflanzen sind nicht im Laufe der Kulturgeschichte von Asien nach Europa gelangt! So wie einst in der Römerzeit sind seit der Renaissance immer neue Arten von Blumen, Büschen und Bäumen eingeführt worden.

Ein besonderes Interesse fanden exotische Gewächse, die seit dem 16. Jahrhundert von europäischen Reisenden aus aller Welt mitgebracht wurden und die Flora rapide bereicherten. Aus dem Mittelmeerraum übernahm man die laubreiche Platane, den dunklen Lorbeer und die zarte Myrte, aus Amerika Silberahorn, Roteiche und Weymouths-Kiefer, benannt nach dem englischen Lord, der sie 1705 einbürgerte. Aus der Türkei kamen Flieder und Roßkastanie, eingeführt durch Ogier Ghiselin de Busbeck, 1556 bis 1562 kaiserlicher Gesandter an der Hohen Pforte, der auch die „Turbanblume", das heißt die Tulpe, und eine Abschrift des *Monumentum Ancy-*

ranum, des Tatenberichts von Kaiser Augustus, aus Kleinasien nach Europa gebracht hat. Die ersten Kastanien pflanzte der kaiserliche Gartendirektor Clusius 1576 in Wien und versandte die Samen nach ganz Europa. Die Kastanie wurde zum Modebaum fürstlicher Parks und Alleen. Prachtexemplare zieren meinen Lindheimer Park, angelegt durch Ludwig von Schrautenbach um 1760, dem die Herrnhuter aus aller Welt Samen sandten. Die Eßkastanie gab es schon im römischen Germanien. Ihr griechischer Name *kastanea* wurde von den Römern übernommen und dann im 16. Jahrhundert auf die Roßkastanie übertragen.

q. Noch weitere Verbreitung als die Kastanie fand die Robinie, die im 19. Jahrhundert zumeist klangvoller als Akazie bezeichnete *Robinia pseudoacacia*. Der arabische Schotendorn, lateinisch *acacia*, war schon Plinius (XXIV 109f) bekannt; man schätzte die Heilkraft seines Harzes, lateinisch *cummis*, ein Name, der aus dem Altägyptischen stammt und unserem Wort „Gummi" zugrundeliegt. Die der Akazie ähnliche Robinie stammt aus Amerika, aus Virginia und wurde nach dem Pariser Hofgärtner Jean Robin (gest. 1629) benannt, der sie eingeführt hat. Sie verbreitete sich auf dem Wege über die Schloßgärten. 1709 erhielt Friedrich I, König in Preußen, zwei Bäumchen in Töpfen, von denen er eines dem kaiserlichen Park Schönbrunn bei Wien verehrte. Das andere erhielt der Gutsherr von Britz, und von dort gelangte der Baum nach Potsdam. Fontane behandelt ihn im Kapitel »Petzow« seiner »Wanderungen«: „Alle Akazien in Spree- und Havelland rühren mittelbar von Sanssouci her, wo der Ur-Akazienbaum, der Stammvater vieler tausend Enkel und Urenkel an der Bornstädter Straße, gegenüber dem Triumphbogen steht". Als Schmuckbaum eingeführt, bewährte sich die Robinie auch als Nutzholz. Petzow war die Sammelstelle, wo die Schiffbauer der Nordseehäfen das Material für ihre Holznägel bezogen. So schwimmen, schreibt Fontane, die Petzower Akazien „auf allen Meeren und halten die Planken der deutschen Flotte zusammen".

r. Antike und Orient bestimmten die Gemüter. Die Sammlungen asiatischer Kunst in den Barockschlössern, die Chinoiserie in der Keramik, in den Tapeten und Möbeln zeigen es. Mitunter schlug die Mode bis in die Sakralarchitektur durch. 1797 war die Neugestaltung der seit dem 9. Oktober 1989 rühmlich bekannten Leipziger Nicolai-Kirche durch Johann Carl Friedrich Dauthe abgeschlossen. Er hatte die gotischen Säulen mit Blattkapitellen versehen, die in grüne Kränze von Palmwedeln auslaufen, so daß sich der Besucher in eine Oase des Heiligen Landes versetzt fühlt.

In dieser Atmosphäre kann es nicht verwundern, wenn auch Bäume aus Ostasien Gefallen fanden, so der chinesische Gingko (s. 3x). Er wurde in Europa 1712 bekannt durch Engelbert Kämpfer aus Lemgo, der als Schiffsarzt in holländischen Diensten lange in Nagasaki gelebt hat. Der Baum selbst wurde von den Holländern 1754 nach Europa gebracht und in

Deutschland um 1780 zuerst im Schloßpark Wilhelmshöhe bei Kassel angepflanzt. In Frankfurt gab es Gingko-Bäume vermutlich im Brentano-Park. Am 15. September 1815 überreichte Goethe auf der Gerbermühle südöstlich der Stadt seiner Freundin Marianne von Willemer, geb. Jung, eines der zweigeteilten Blätter, es inspirierte ihn zu einem der bekanntesten Liebesgedichte im Buch Suleika seines »West-östlichen Divan«:

Dieses Baums Blatt, der von Osten
Meinem Garten anvertraut,
Gibt geheimen Sinn zu kosten,
Wie's den Wissenden erbaut.

Ist es *ein* lebendig Wesen,
Das sich in sich selbst getrennt?
Sind es zwei, die sich erlesen,
Daß man sie als *eines* kennt?

Solche Frage zu erwidern,
Fand ich wohl den rechten Sinn:
Fühlst du nicht an meinen Liedern
Daß ich eins und doppelt bin?

s. Das Rokoko liebte den Süden. Lorbeer und Oleander, Myrte und Orange aus dem „Land, wo die Zitronen blühn" erfreuten sich einer wachsenden Beliebtheit. Augenlust und Gaumenfreude gaben einander nichts nach. Zwar fehlen Banane und Ananas, Melone und Marakuya im Angebot, aber der Reichtum an bekannten Exoten ist erstaunlich. 1788 verfaßte der Botaniker Georg Forster seine Schrift »Über Leckereyen«. Darin pries er die Verfeinerung des Geschmacks, doch würden die Meisterwerke menschlicher Kochkunst, so meint er, von der ungekünstelten Natur in den Schatten gestellt. Forster rühmt „Apfelsinen, Pompelmosen, Pisangs, Datteln, Mangos und Mangostanen, Durionen, Nankas, Jambolans, Jambusen, Blinbings, Litschis, Lansas, Rambuttans, Zalacken ... die Mombin und Persimon-Pflaumen, die Sapoten, Sapotillen und Mammeifrüchte, die Papayen und Guayaren, die Akajou, die Grenadillen, die Avokatobirnen, die Breyäpfel" (Enzensberger S. 176). Die meisten dieser Früchte hat Forster indes nicht in Europa, sondern 1772 bis 1775 auf seiner Weltumsegelung mit James Cook kennengelernt. Auf sie geht auch sein Werk »Über den Brodbaum« von 1783 zurück.

Die Krone der Südfrüchte trug in der Barockzeit – wir sahen es – die Orange. Wie hoch sie geschätzt wurde, das erfuhr Mozart in den ersten Oktobertagen 1787 auf seiner Reise nach Prag, wo er am 29. des Monats seine einstweilen noch unvollendete Oper »Don Giovanni ossia Il Dissoluto punito« uraufführen sollte. Als er mit seiner Frau Konstanze am Schlößchen des Grafen von Schinzberg Halt machte und sich gedankenlos an einer Pomeranze vergriff, traf ihn der Zorn des Gärtners. Die Früchte waren gezählt. Mozart besänftigte jedoch die Herrin des Schlosses in einem Entschuldigungsschreiben. Sobald sie gewahr wurde, wer der Dieb war, ließ sie eilig den von ihr bewunderten Komponisten holen. Mörike schildert das zauberhaft improvisierte Fest, das sich anschloß, endet freilich mit dem böhmischen Volksliedchen von dem Tännlein und dem Rosenstrauch, die auf dem Grabe eines allzubald Verstorbenen zu wachsen bestimmt waren. Die Szenerie in Schloß Schinzberg ist von Mörike so lebensnah im ganzen, so glaubwürdig im einzelnen dargeboten, daß hinter der Episode eine wahre Begebenheit vermutet wurde. Tatsächlich haben sich Vorbilder, allerdings nur für Bestandteile der Handlung finden lassen, sie selbst aber ist frei erfunden. Mörike sagt dies selbst in einem Brief vom 21. Mai 1855, während er am Text der schönsten deutschen Novelle arbeitete.

t. Die als Wendepunkt der Handlung dienende „Pomeranze" bezeichnet ursprünglich eine bittere Apfelsine – dies ist der „chinesische" Apfel –, die seit der Kreuzfahrerzeit in Europa bekannt war. Zum Jahre 1002 ist sie auf Sizilien bezeugt, sie kam im frühen 15. Jahrhundert von Italien nach Deutschland. Der Name „Pomeranze" – die heutige Schreibweise findet sich zuerst 1525 bei Paracelsus – verbindet lateinisch *pomum* (Apfel) und italienisch *arancia* (Orange), was über das arabische *narandsch* und das persische *naräng* auf das indische Sanskritwort *nagarunga* zurückführt. Das Wort „Orange" hat mit lateinisch *aurum* – Gold ebensowenig zu tun, wie mit dem Geschlecht der Oranier und ihrer Heimatstadt Orange an der Rhône, deren Namen aus dem keltisch-lateinischen *Arausio* abgeleitet ist. Die Orange wurde erst sekundär zum Wahrzeichen der Oranier, aber gern von ihnen verwendet.

Nachdem das Dorf Nischwitz östlich von Dessau 1683 durch Johann Georg II von Anhalt zur Stadt erhoben und zu Ehren seiner Frau, der oranischen Fürstin Henriette-Katharina in „Oranienbaum" umbenannt worden war, erhielt es einen solchen aus grün gestrichenem Eisen; er trägt neun goldene Apfelsinen, nach der Zahl der Kinder der Dame, und steht in Kopie auf dem Marktplatz (s. Abb. 21). Das wohlerhaltene Original befindet sich im Schloßmuseum. „Oranienbaum" war ebenfalls der Name eines 1714 bei Sankt Petersburg erbauten kaiserlichen Lustschlosses, russisch Rambow.

Die Kulturgeschichte der nobelsten der Zitrusfrüchte kulminiert im Barock, reicht aber sehr weit zurück. Die Gattung Orange stammt aus dem nordöstlichen Indien – die Wortgeschichte bestätigt das – und hat sich zunächst nach China verbreitet, wo sie seit etwa 500 v. Chr. nachgewiesen

21 Orangenbaum, 1673, Schloß Oranienbaum

ist. In chinesischen Gedichten des 3. Jahrhunderts werden die Eigenschaften des Baumes und seiner Frucht metaphorisch auf den Menschen übertragen. Die Beliebtheit der Frucht am Hof zeigt sich darin, daß es seit Wuti, dem um 100 v. Chr. regierenden Kaiser der Han-Dynastie einen Orangen-Minister gab. Er war für die Versorgung des Palastes zuständig.

Die Orange, schon unter dem *Roi Soleil* gefeiert (s. 8n), wurde zum Kultbaum des Rokoko. Ihre Früchte erscheinen als Zierrat, Emblem und Motiv in allen Kunstgattungen: In Malerei und Graphik, Garten- und Bauskulptur, sie werden in Wachs, Metall und Glas nachgebildet, als Schmuck und Geschenk, als Symbol von Reichtum und Glück verwendet. Nachdem bereits in China 1178 n. Chr. ein Buch über die Orange erschienen war, schwelgt der Barock in Prachtwerken über den Baum und seine Goldäpfel: Jovianus Pontanus um 1490, Ulisse Aldrovandi vor 1605, Giovanni Battista Ferrari 1646, Johann Christoph Volkamer 1714, Henri Louis Duhamel 1768 und andere. Eine schöne Einführung in die Orangen-Literatur bieten Schirarend und Heilmeyer 1996.

Die Süßorange war zu Anfang des 16. Jahrhunderts von den Portugiesen aus Ostasien nach Europa gebracht worden und wurde nun von den Italienern nach „Portugal" *portogallo* benannt – ähnlich dann bei Griechen, Arabern und Kurden. Den ältesten Apfelsinenbaum Europas zeigte man im Garten des Grafen von St. Laurent zu Lissabon. Von dort aus verbreitete sich die Orangenzucht über Europa.

Die erste Zitrusfrucht überhaupt, die Europa erreichte, war die Zitronat-Zitrone. Wahrscheinlich wurde Alexander der Große in Persien mit ihr bekannt, wo er zudem den Mangobaum entdeckte, von dem zu essen er seinen Soldaten verbot, weil der, wie man meinte, Durchfall bewirke, so Theophrast (IV 4, 5). Derselbe Autor beschreibt auch den medischen oder persischen „Apfel", hinter dem sich die genannte *Citrus medica* verbirgt. Der Name *citrus* wurde von Plinius, kaum als erstem, von der afrikanischen Thuja-Zypresse, deren Holz man, wie das der „Zeder", ursprünglich zum Rauchopfer verwendete (XIII 2; 91), auf den „persischen Apfel", den Zitronatbaum übertragen (XV 46), der wegen seines bitteren Duftes (XIII 103) als Mottenschutz (XIII 86) und Gegengift geschätzt wurde, so noch bei Isidor (XVII 7, 8). In Persien werde der Baum, so Plinius (XII 15f) hoch gelobt. Vergil (Georgica II 126) nannte ihn *malum felix* – den glückbringenden Apfel. Der Name *citrea* für die Zitronatsfrucht wurde vermutlich schon von den Etruskern verwendet.

Während im Deutschen der Name der Zitronatsfrucht auf die Zitrone überging, führt deren Bezeichnung in anderen europäischen Sprachen auf indisch *limun* zurück. Die Zitrone erreichte Europa erst über die Kreuzritter, die sie aus dem Nahen Osten mitbrachten und an der Riviera ansiedelten. In Genua trugen zuerst 1369 Zitronenbäume Frucht. In der Barock-Malerei war die Zitrone ein beliebtes Requisit des Stillebens. Die gelbe, vor dunklem Hintergrund vom Früchte-Tisch herabzwirbelnde Schale der *Natura Morte* erinnert an den Tod der indischen Witwen, die den Scheiterhaufen ihres Mannes mit einer Zitrone in der Hand zu besteigen pflegten. Doch zurück zur Orange!

1477 erwarben zwei Vettern von Lorenzo il Magnifico, dem Fürsten von Florenz, die nahegelegene Villa di Castello bei l'Olmo, dem „Ulmenort". Sie ist in besonderer Weise mit den Zitrusfrüchten verbunden. Die Medici hatten schon im 14. Jahrhundert in Erinnerung an die *malus Medica*, den „medischen Apfel" zu ihrem Emblem erwählt und kultivierten nun die schmackhaftere Cousine dieses Baumes *in natura* im Garten ihrer Villa. 1568 entzückten die Pflanzungen Giorgio Vasari bei seinem Besuch dort. Die Vorliebe der Mediceer für die Orange zeigt sich in zwei Gemälden des von ihnen geförderten Sandro Botticelli, die jahrhundertelang in der Villa di Castello hingen: die »Primavera« von 1482 in einem fruchtenden Orangenhain und die »Geburt der Venus« von 1486 unter blühenden Orangenbäumen. Im 17. Jahrhundert malte Bartolomeo Bimbi die Früchte von Castello in einem unübertroffenen ornamentalen Naturalismus. Schließlich fehlt auch die sympathetische Verbindung der Familie zu ihren Bäumen nicht. 1631 berichtet der Geschichtsschreiber Piero Valentino, das Wohlbefinden der Zitrusbäume habe das Schicksal der Familie angezeigt: bevor Papst Leo X, der Luther am 3. Januar 1521 in den Bann getan hatte, am 1. Dezember jenes Jahres starb, sei ein alter Zitronenbaum in der Villa gestürzt. Die Annahme eines Baumprodigiums geht vielleicht zurück auf die Lektüre Suetons, der zum Ende von Nero und Domitian ähnliche Vorzeichen erwähnt (s. 5f).

u. Wie man die Antike als Referenz auch für fernöstliche Importe zu verwenden wußte, lehrt die mythologische Deutung der Orange. Ihr Reiz lag nicht nur in ihrer Farbenpracht, ihrem Wohlgeschmack und ihrer exotischen Herkunft. Sie bot zudem Gelegenheit, humanistische Bildung vorzuführen. Man sah in den Orangen die goldenen Äpfel der Hesperiden aus der griechischen Mythologie. Die Erdgöttin Gaia hatte den Baum der Hera zur Hochzeit mit Zeus geschenkt, wie Apollodor (II 113) erzählt. Die Früchte wurden von den drei Töchtern des Riesen Atlas und der personifizierten Nacht im fernsten Westen gehütet. Der Name der Hesperiden ist abgeleitet von griechisch *hespera*, lateinisch *vesper* – der Abend. Als Herakles dem König Eurystheus die Äpfel holen sollte, nahm Atlas ihm diese Aufgabe ab, während Herakles inzwischen das Himmelsgewölbe trug, das Atlas dann nicht wieder übernehmen wollte. Nur durch eine List wurde Herakles die Last wieder los. Schon Jacobus Pontanus (gest. 1626) deutete die Pomeranzengärten seiner Zeit als »Horti Hesperidum«. Als Columbus und Magellan bewiesen hatten, daß der äußerste Westen mit dem äußersten Osten zusammenfällt, konnte man die Orangen der Hesperiden auch aus Fernost holen. Mörike ließ sich die Märe von den Goldäpfeln aus dem Garten der Juno auf einer „westlichen Insel" nicht entgehen und flocht sie kunstvoll in seine Erzählung ein.

In der Anlage von Pomeranzengärten wetteiferten Reichsstädte und Fürstensitze miteinander. Im kalten Norden gelang das allerdings nicht problemlos. Als Frostschutz dienten zunächst abschlagbare Gehäuse, die man im Winter über den im Boden verwurzelten Orangenbäumchen errichtete und beheizte. Die Orangerie in Stuttgart von 1568 gilt als die älteste in Deutschland. 1605 entstand in der zum Lustgarten umgestalteten Fulda-Aue bei Kassel das erste feste Winterhaus mit steinerner Umfassungsmauer. Das 1685 erbaute Pomeranzenhaus im Lustgarten am Berliner Stadtschloß war dann kein Behelfsbau mehr, sondern ein Teil der repräsentativen Architektur. Zu jeder größeren Schloßanlage gehörte fortan eine Orangerie, wo die Topfpflanzen überwinterten. Die schönste Orangerie ist der 1711 von Daniel Pöppelmann errichtete Dresdener Zwinger.

War die Orange auch die vornehmste, blieb sie doch nicht die einzige Kübelpflanze. Geschätzt wurden außerdem Lorbeer, Granatapfel, Oleander, Myrte und Zypresse, die alle irgendwelche antiken Assoziationen weckten. Bäume in Kübeln scheinen eine arabische Erfindung. In seinem Reisebericht aus dem 11. Jahrhundert erwähnt Naser-e-Khosrou mehrfach, wie wohlhabende Ägypter mit ihnen ihre Flachdächer begrünten.

v. Im Zeitalter von Absolutismus und Aufklärung wurde das Verhältnis zwischen Mensch und Baum nicht allein emotional und ästhetisch, sondern ebenso ökonomisch und philosophisch bestimmt. Dem wirtschaftlichen Denken entsprach es, wenn jetzt zum ersten Male seit römischer Zeit (Nenninger S. 62f) in weitblickender Planung wieder aufgeforstet wurde. Hatte man bisher überwiegend einfach abgeerntet und abgeholzt, so erkannte man nun, daß man auch nachpflanzen sollte. Nach mittelalterlichen Vorläufern (Mantel S. 66f) kam es seit 1500 zu Forstgesetzen in Tirol und Württemberg. 1532 erließ Landgraf Philipp von Hessen seine Holzordnung. Dringlich wurde das Problem nach den Holzverlusten des Dreißigjährigen Krieges. Um dem Holzmangel abzuhelfen, bestimmte die Allgemeine Landesordnung für die welfischen Territorien von 1647, daß jeder Ackermann jährlich vier Eichen und vier Buchen pflanzen solle, die Förster hatten die Jungbäume bereitzustellen (Albrecht S. 53).

In Brandenburg war man einfallsreicher. Am 5. März 1685 erließ der Große Kurfürst das „Edict von Pflantzung derer Obst- und Eichbäume, und daß kein Pfarrer ohne deshalb *producirtes Attest* ein paar Eheleute trauen soll". Die Trauung wird „bey Vermeidung schwerer Verantwortung" verboten, „es habe dann der Bräutigam, er sey ein junger Geselle oder Wittwer, von seiner Ampts-Obrigkeit einen beglaubigten Schein und schrifftliches Gezeugnis *produciret*, daß er zum wenigsten Sechs Obst-Bäume und Sechs junge Eichen an einem bequemen Orte gepflantzet habe". Bei einer Hochzeit im Sommer oder Winter, da man nicht pflanzen kann, soll ein Pfand hinterlegt werden. Exakte Ausführungsbestimmungen folgen – nachzulesen bei Christian Otto Mylius, *Corpus Constitutionum Marchicarum* von 1736. Eine Forstordnung mit Anbauvorschriften erließ Friedrich Wilhelm I 1720. Sein Sohn setzte die Sorge für die Bäume fort. So hat Friedrich der Große bereits im ersten Jahr seiner Regierung die Anlage von Obstgärten befohlen und drei Jahre später jedes Dorf, das dem nicht Folge leistete, durch Kabinettsorder mit einer Strafe bedroht. 1742 folgte eine Ordre zur Hege der Wälder (Stadelmann S. 139ff). Der König ließ die Forsten vermessen und kümmerte sich persönlich um die Baumsaat der Kienäpfel, die in „Eichkamps" gezogen wurden. Gegen eine pedantische

Handhabung der Gesetze erklärte Friedrich indes am 27. Februar 1753 zugunsten neuer Colonisten bei Magdeburg, er wolle „lieber Menschen als überflüssiges Holz“ haben (S. 311). Die Sorge des Königs für die Bäume entsprang kaum der Liebe zur Natur. Dennoch bestimmten nicht allein wirtschaftliche Gründe die Politik im Absolutismus: war doch das fürstliche Jagen vornehmstes und beliebtestes Freizeit- und Freiluftvergnügen der höfischen Gesellschaft. Auch darum wurden Wald und Wild unter Schutz gestellt.

Das preußische Beispiel machte Schule. Am 13. April 1713 erließ Landgraf Karl von Hessen-Cassel ein Baumplantagen-Edikt gegen rückfällige Baumfrevler, die „ohne Ansehen der Person an den Pranger gestellt, mit Ruthen ausgestrichen und des Landes auf ewig verwiesen“ werden sollten. Das erste Mal stand eine Geld- oder Haftstrafe an. 1724 erging eine Verordnung, daß in den Stadt- oder Dorfverband nur aufzunehmen sei, wer mindestens fünf Bäume gepflanzt habe. Brautpaare hatten deren vier zu setzen. Präzise gärtnerische und rechtliche Bestimmungen folgten (Hessenland 9, 1895, S. 163f).

Mit besonderem Einsatz wurden im 18. und 19. Jahrhundert Maulbeerbäume kultiviert. Der für das Seidenraupenfutter angebaute Baum stammt aus China. Im Jahre 555 hatten zwei persische Mönche in ihren hohlen Wanderstäben Seidenspinner-Kokons und Maulbeersamen nach Byzanz gebracht, wo die Industrie bald florierte. 1147 verschleppte der Normannenkönig Roger II griechische Seidenweber aus Theben und Korinth nach Palermo, von dort verbreitete sich die Technik über Italien bis Lucca und Venedig. 1268 kam der erste Maulbeerbaum nach Frankreich, wo er bald an Bedeutung gewann. Heinrich IV förderte die Industrie, 1601 wurden die Tuilerien mit Maulbeerbäumen bepflanzt. Deutschland, die wieder einmal verspätete Nation, zog nach: 1753 ließ der Preußenkönig das Spinnerdorf Friedrichshagen bei Köpenick anlegen, wo Propst Süßmilch achtzehntausend Bäume setzte, von denen noch drei Nachkommen überleben. 1840 pflanzte Johann Adolph Heese in Steglitz 35.000 Maulbeerbäumchen, doch ruinierte eine Seidenraupenseuche das Unternehmen, es schloß 1889. Ein letzter Baum auf dem Althoffplatz wurde 1961 zum Naturdenkmal erhoben (Weißpflug S. 98; 160f). Von der Maulbeerplantage des Zehlendorfer Lehrers, Küsters und Chronisten Ernst Ferdinand Schäde (gestorben 1861) überleben noch drei gebrechliche Bäume auf dem Friedhof der Alten Dorfkirche.

Die in der Aufklärung einsetzende Aufforstung war nicht allenthalben erfolgreich. In England hatte die Revolution Cromwells den Bäumen ihren königlichen Schutz entzogen. Das Volk „stürmte“ die Wälder; Zeitgenossen beklagten den großflächigen Einschlag als nationalen Notstand (Schama S. 178). Doch der Staat sündigte nicht weniger: Das Weltreich wuchs auf Kosten des Waldes. Der Admiralität fehlte es stets an Holz für die Flotte, benötigte man doch für ein Schlachtschiff mit 74 Kanonen zweitausend Eichen und 45 Ulmen für den Kiel. Es kam zu einer Reihe von Denkschriften: John Evelyn 1664, Batty Langley 1728, James Wheeler 1743, Edward Wade 1755, die das Baumpflanzen zur nationalen Pflicht erhoben und ihre Werke mit Bildern der „Methusalems der Wälder" zierten: die Cowthorpe-Eiche der Lady Stourton, die Yardley-Eiche des Dichters Cowper und die Greendale-Eiche von Welbeck, durch deren Stamm man hindurchreiten konnte. 1770 holte Premierminister Lord North den Forstmeister Friedrichs des Großen Andreas Emmerich aus Hanau nach England (Schama S. 189), doch war das Land nicht mehr zu bewalden – die Schafzucht stand der Aufforstung im Wege. *Sherwood-Forest* zählte unter König Jakob I (1566 bis 1625) noch 23.370 Eichen; unter Georg III (1760 bis 1820) waren es noch 1.368; heute erinnert ein Straßenschild bei Nottingham an Robin Hood – auf flachem Feld.

w. Zukunft hatten Bäume allenthalben in Europa als Schmuck der Parks, der Gärten und Straßen. In der Barockzeit wurden vielfach Straßenränder planmäßig mit Bäumen bepflanzt (Fröhlich 1996, S. 14ff). Das Wort *Allee* für Baumgang kam im 17. Jahrhundert aus dem Französischen ins Deutsche. Bevorzugt waren es Zugänge zu Schlössern, wo die Bäume Spalier standen wie Gardegrenadiere und den Besucher einstimmen sollten auf die Macht des Hausherrn. Aber auch die Ausfallstraßen der Städte wurden bepflanzt, so die von Paris durch Lenôtre. Der Große Kurfürst und August der Starke legten Wert auf die Anlage von Alleen über Land, die Brandenburg und Sachsen bis heute zieren. Aus Pisten wurden Straßen. 1647 entstand die „Berliner Gallerie", die Allee Unter den Linden, die vom Berliner Stadtschloß zum königlichen Jagdgehege, dem Tiergarten, und 1701 weiter nach Charlottenburg führen sollte. Die ursprünglich sechsreihigen Baumzeilen von Linden und Nußbäumen, die zwischenzeitlich der Befestigung weichen mußten, wurde unter Friedrich dem Großen zur Hauptachse der Stadt ausgebaut. Hier tummelte sich das Volk – noch 1769 war es ein Sandweg, gesäumt von Stadtpalästen.

Die Anlage der barocken Gärten und ihrer Alleen forderte nicht nur Geld, sondern auch Baumopfer. Der russische Reisende Nikolai Karamsin berichtet im Mai 1790 aus Paris vom neuen Garten im Palais Royal, der zwar schön geplant sei, bei den Parisern aber Unmut ausgelöst habe, weil der „gefühllose Herzog von Orléans der neuen regulären Alleen wegen" die alten schattigen Bäume habe umhauen lassen. Insbesondere vermißte man deren „König", den berühmten Krakauer Baum, *l' arbre de Cracovie*, unter dem sich die Eckensteher und Kannegießer bei einem Glase Limonade zu versammeln pflegten, die „Geheimnisse der Zeitungen" austauschten und mit den Spazierstöcken im Sand die Landkarte Europas veränderten. Es war ein prophetischer Baum; unter ihm konnte man vernehmen, was zu erwarten war. „Was muß der für ein Herz haben, der diesen Gegenstand der allgemeinen Verehrung nicht verschonte ... der Herzog von Orléans ist ein zweiter Herostrat", so Karamsin. Der Krakauer Baum war eine Kastanie; sie stand in einer Ulmenallee, die 1781 abgeholzt worden war.

Dem Baum von Krakau ist die seltene Ehre widerfahren, den Titel eines Buches abzugeben. »L'Arbre de Cracovie« von François Rosset (1996) behandelt das Bild Polens in der französischen Literatur im 18. und 19. Jahrhundert vor dem Hintergrund der Beziehung der beiden Länder seit der Wahl Heinrichs von Valois zum polnischen König 1573. Die nach der alten Königsstadt benannte Kastanie im Herzen von Paris symbolisiert die Präsenz Polens im Bewußtsein der Franzosen. Über den Grund ihrer Benennung gibt es nur Mutmaßungen. In Frage kommt ein historisches Motiv, die in ganz Europa diskutierte Nachfolge von Johann Sobieski, und ein linguistisches Moment, der Gleichklang von *Cracovie* und *craquer* – schwindeln, auftrumpfen. Vielleicht kommt auch beides zusammen. Aus der Zeit des Operndichters Charles-François Panard, der 1742 eine *opéra comique* mit dem Titel des Baumes aufgeführt hat, stammt ein satirischer Stich. Unter der ausladenden Krone der Kastanie hat sich eine bunte Gesellschaft versammelt: ein Panschwirt, ein Krämer mit Neuheiten, ein Astrologe, ein Scholar, ein Pfaffe, mehrere Koketten, ein Geldwechsler – sie alle haben *Lettres de Cracovie*, Flunkerbriefe. Zur Linken sieht man eine unbekleidete Dame, Frau Wahrheit, die vergeblich versucht, den Baum mit einem Seil umzuziehen. Gegen das Geschwätz kommt sie nicht an. Der Baum war ungemein populär. Als er mitsamt der Allee abgeholzt wurde, war Carlo Goldoni zugegen. Jeder Baum sei von den Umstehenden bejammert worden. Vom *arbre de Cracovie* brach er einen grünen Zweig ab und brachte ihn in eine Gesellschaft: Da vergossen die Damen Tränen, die Herren gerieten in Wut. Ein Dichter verfaßte ein Abschiedspoem »Les Adieux de l'Arbre de Cracovie«.

x. Vorrangig militärisch motiviert waren die Pappelalleen Bonapartes, die von ferne zu sehen waren (das war ihr praktischer Zweck) und in Reih und Glied wie Grenadiere strammstanden (das war ihre symbolische Botschaft). Zwei Pappelstraßen bei Dresden sind mit Napoleon verbunden: die Kaiserallee am Lilienstein, die der Korse im Juni 1813 gegen die Österreicher zu sperren suchte, und die Napoleonsallee westlich der Stadt, auf der die „Völker" im Oktober zur Schlacht bei Leipzig aufmarschierten (Fröhlich 1996, S. 45; 75). Die Antipathie gegen Napoleon hat sich auf die von ihm geschätzten Bäume übertragen. Günter Eich sprach von „Phallen am Weg Napoleons. Glorie in Blätterschatten,/im Winde das Umsonst./Die Pappelstraßen zielen geheim nach Helena". Als der Kaiser im Landhaus Longwood auf der Insel gefangen gehalten wurde, gab es auch dort eine Allee. In kühlfeuchten Nächten auf und ab wandelnd erzählte Napoleon seinem Sekretär Las Cases im November 1815 seine Frauengeschichten.

Sollte es sich bei den napoleonischen Alleen um eine Legende handeln, so ist sie, autorisiert durch Ernst Jünger (1976, S. 65), doch ein Beleg für das Bild des Korsen und wenigstens insofern historisch. In jedem Falle bezeugt sie das revolutionäre Gleichheitsprinzip des *Code Civil*, verbunden mit dem schnurstracks ausgerichteten Exerzierreglement, übertragen auf Bäume – dazu von höchster Modernität, war doch die Pyramidenpappel damals neu in Europa. 1745 wird sie bei Verona genannt (Gräter S. 32); 1785 fassen wir sie in Paris (s. 9h). Als Mutante der Schwarzpappel (*Populus nigra italica*) ist ihre Heimat Persien oder Turkestan. Die ersten Exemplare in Deutschland erscheinen im sächsischen Wörlitz, jenem durch Herzog Leopold Friedrich Franz von Anhalt-Dessau zur Landesverschönerung angelegten Musterpark an der Elbe.

y. In der deutschen Literatur stieß die Straßenpappel schon vor Napoleon auf Abneigung. In seiner Elegie »Der Spaziergang« von 1795 sinniert Schiller über die naturnah lebenden Bauern, „noch nicht zur Freiheit erwachet", aber glücklich. Der Dichter begegnet „säuselnden Linden", „tief neigenden Erlen" und „schattende Buchen", dann aber erblickt er, der Stadt sich nähernd, die künstliche Gleichheit fremder Gewächse, die ihm den Ausblick verstellen: „Spröde sondert sich ab, was kaum noch liebend sich mischte,/Und das Gleiche nur ist's, was an das Gleiche sich reiht./ Stände seh' ich gebildet, der Pappeln stolze Geschlechter/ Ziehn in geordnetem Pomp vornehm und prächtig daher,/Regel wird alles und alles wird Wahl und alles Bedeutung,/ Dieses Dienergefolg meldet den Herrscher mir an." Nach Napoleon verband sich das politische mit dem ästhetischen Motiv. Wilhelm Heinrich Riehl sah durch geometrische Pappelparallelen die natürliche Landschaft verhunzt (Lehmann S. 30). Poetisch wird der Protest bei Friedrich Rückert:

Da stehen sie am Wege nun
die langen Müßiggänger,
und haben weiter nichts zu tun
und werden immer länger.

Da stehn sie mit dem steifen Hals,
die ungeschlachten Pappeln,
und wissen nichts zu machen, als
mit ihren Blättern zappeln.

Sie tragen nicht, sie schatten nicht
und rauben, wo wir wallen,
uns nur der Landschaft Angesicht.
Wem könnten sie gefallen?

Rückert steht nicht allein. 1926 fügte Theodor Lessing seinem Bekenntnis zur deutschen Eiche die Bemerkung hinzu, zwei Bäume empfinde er „nicht als rechte Deutsche. Die Pappel wird immer etwas Lateinisches, Romanisches haben und ist überhaupt mehr Kultur als Natur". Der zweite „undeutsche" Baum ist für ihn die Schwarzföhre, „Triumph des Taylorsystems", ein Produkt kapitalistischer Profitgier. Hier wird die Vernadelung der deutschen Wälder angeprangert. Bestanden sie ursprünglich zu drei Vierteln aus Laubbäumen, so hatte sich nun das Verhältnis zu Koniferen umgekehrt.

z. Im Orient ist die Tradition, Alleen zu pflanzen, uralt. Sie begegnete uns bei babylonischen Tempeln, persischen Palästen (s. 3f) und in islamischen Städten (s. 8o). Über die Alleen in China hat sich im späten 13. Jahrhundert Marco Polo (Kap. 101/II 22) gewundert. Er berichtet, daß Kublai Khan beiderseits der Hauptstraße, wo Händler und Gesandte reisen, im Abstand von zwei Schritten Bäume pflanzen lasse, die im Sommer Schatten, im Winter Orientierung böten. Wahrsager und Sterndeuter hätten dem Großherrn versichert, wer Bäume setze, der werde mit einem langen Leben belohnt. Ob die klassische Antike neben den von Statuen und Grabmälern gesäumten Straßen auch Baumalleen kannte, ist unklar. Eine makabre Überlegung spräche dafür. Als der römische Proconsul Crassus im Jahre 72 v. Chr. den Spartacus-Aufstand niedergeworfen hatte, ließ er 6.000 gefangene Sklaven entlang der Via Appia kreuzigen. Vermutlich hat man nicht für jeden von ihnen ein Kreuz gezimmert, sondern vorhandene Bäume benutzt.

9. Von der Präromantik zur Postmoderne

a. Die deutsche Eiche
b. Klopstock und die Germanen
c. Die Eiche bei den Dichtern
d. bei Goethe
e. Gedenk-Eiche
f. Gedenk-Linde
g. Andere Gedenkbäume
h. Freiheitsbaum
i. Weihnachtsbaum
j. Malerei der Romantik
k. Künstlerhaine: Olevano, Vilm
l. Maler der Jahrhundertwende
m. Märchenbäume
n. Literatur im 19. Jahrhundert
o. Philosophie: Herder
p. Kant
q. Die Brüder Humboldt
r. Schopenhauer
s. Nietzsche
t. Nationalsozialismus
u. Neuere Dichtung
v. Moderne Kunst
w. Baum-Aktionen
x. Esoterik
y. Baumbewußtsein: Waldsterben
z. Baumschutz

La vie est une cerise,
La mort est un noyau,
L'amour un cerisier.
Prévert

9. Von der Präromantik zur Postmoderne

a. In mondheller Nacht am 12. September 1772 trafen sich sechs Göttinger Studenten unter der alten Eiche östlich von Weende und stifteten den Hainbund. Die Wahl des Ortes war nicht zufällig. In heiligen Hainen hatten die alten Germanen ihre Götter verehrt (s. 6m), und ihr Geist wurde lebendig. Es ging um einen nordischen Parnaß, einen Musenhain, wie ihn die Griechen einst besaßen. Treibende Kraft war der Homer-Übersetzer Johann Heinrich Voß, er schreibt in einem Brief: „Wir umkränzten die Hüte mit Eichenlaub, legten sie unter den Baum, faßten uns alle bei den Händen, tanzten so um den eingeschlossenen Stamm herum, – riefen den Mond und die Sterne zu Zeugen unseres Bundes an und versprachen uns eine ewige Freundschaft" (Prutz S. 228). Unter den damals oder wenig später um die Bundeseiche versammelten Dichtern finden sich bekannte Namen: Ludwig Hölty (Üb' immer Treu und Redlichkeit), Gottfried August Bürger (Lenore fuhr ums Morgenrot empor aus schweren Träumen) und Matthias Claudius (Der Mond ist aufgegangen). Das Programm der Poeten galt der Überwindung des französischen Einflusses, ihr geistiger Vater war der allseits verehrte Friedrich Gottlieb Klopstock. Er ist der Ahnherr der „deutschen Eiche".

Die Weihestunde im niedersächsischen Eichengrund gewann Symbolkraft. „Wenn man von Deutschland spricht, so denkt man an die Eichen", schrieb Theodor Lessing 1926 und fährt fort: „Ich wüßte auch kein Natursymbol, darin ich so unmittelbar das Wesen deutscher Erde fände". Das war nicht immer so. Die Eiche war im deutschen Denken nicht von Anfang an der Baum der Bäume. Sie erscheint selten in der mittelalterlichen Heraldik, spielt in der christlichen Kunst, in der Heldenepik und bei den Minnesängern keine hervorragende Rolle. Anders die Linde, die als einziger mitteleuropäischer Baum botanisch bestimmbar symbolischen Rang besaß (s. 8s, t, u). Dennoch hat der Siegeszug der Eiche in der allgemeinen Wertschätzung lange vor Klopstock begonnen. Abrahams Eiche zu Mamre, der Götterbaum von Zeus und Juppiter, die heiligen Eichen der Etrusker und Kelten, Germanen und Slawen waren vorausgegangen. Das hatte unter anderem wirtschaftliche Gründe. Das Holz der Eiche war das beste Material für Zimmerleute, Küfer, Schiffs- und Mühlenbauer, ihre Rinde lieferte die Gerberlohe, der Saft ihrer Galläpfel, mit Eisen und Ruß versetzt, die Tinte. Schweine mästete man mit Eicheln und Eckern, daher waren die Hutebäume, unter denen man sie weidete, Eichen oder Buchen.

Symbolische Bedeutung gewann die Eiche, als die Humanisten sie in römischen Berichten über Germaniens Wälder entdeckten, namentlich bei Plinius (s. 61). Eichenblätter erscheinen in der Heraldik, so in dem um 1515 von Lucas Cranach dem Älteren gestalteten „redenden“ Wappen Caspars von Schönaich, und in der Emblematik, so im 1542 erschienenen »Emblematum libellus« des Andreas Alciatus, der Karl V im Türkenkrieg mit der Trutz-Eiche im Wind verglich (S. 128). Der ansbachische Hofpoet Benjamin Neukirch entfaltete seine literarische Bildung, als er 1690 einen Verstorbenen mit der Eiche verglich, deren Früchte in der Antike den Griechen und Spaniern zur Speise, deren Laub den Römern für Ehrenkränze, deren Holz den Germanen zum Opferfeuer gedient habe.

b. Die Verbindung der Eiche mit den „alten Deutschen“ läuft über Arminius, den *liberator haud dubie Germaniae*, wie Tacitus (Annalen II 88) ihn nannte. In Lohensteins bombastischem Barockroman über den »Großmüthigen Feldherrn« und »tapfferen Beschirmer der deutschen Freyheit«, herausgegeben von Neukirch 1690, fehlt die Eiche als Stimmungskulisse noch, tritt aber machtvoll in Erscheinung in den Poesien von Klopstock. Die „deutsche Eiche“ wird zum zentralen Requisit poetisch imaginierter Szenarien aus der germanischen Frühzeit, beispielshalber in der Ode von 1767 »Der Hügel und der Hain«. Darin beschwor Klopstock „einen Herminoon, der unter den tausendjährigen Eichen einst wandelte“. Und von „Wurdis’ Quell, dem Kommenden“, erscheint der Barde des Vaterlands, „Eichenlaub schattet auf seine glühende Stirn“. Der Dichter ruft Thuisko, den Gott der Deutschen, und Wodan aus Walhalla herab „in Teutoniens Hain“, in dem der Geist des cheruskischen Waldmenschen Hermann waltet. Der Sieger im Teutoburger Wald 9 n. Chr. war nun Ideal- und Identitätsfigur, ja Kultidol – hatte er doch die Römer geschlagen, die ihrerseits die Gallier und die Griechen, die Makedonen und die Karthager besiegt hatten. Damit hatte schon Ulrich von Hutten bewiesen, daß Arminius größer war als Caesar, Hannibal und Alexander. Klopstock besingt Hermann und dessen Frau Thusnelda in zahlreichen Gedichten, in denen die Eiche nie fehlt: Blutüberströmt und triefend vor Schweiß kehrt der siegreiche Held heim aus der Schlacht und fällt seinem jungen Weib, bebend vor Lust, in die Arme „So hat dich niemals Thusnelda geliebt! Selbst nicht, da du zuerst im Eichenschatten mit dem bräunlichen Arm mich wilder faßtest!“ So 1752.

Im Jahre 1769 erschien Klopstocks »Hermanns Schlacht, ein Bardiet für die Schaubühne«. Das Wort „Bardiet“ hatte Klopstock aus lateinisch *barditus* gebildet, das von Tacitus (Germania 3) für das Heldenlied (von gallisch-lateinisch *bardus* – Sänger) und für den Schlachtschrei (von indisch-lateinisch *barrus* – Elefant) der Germanen verwendet wurde. Klopstocks Chöre besingen das Vaterland des Cheruskers. Während im Tale der Kampf tobt, ertönt Walhallas Lobgesang aus der Höhe: „Du gleichst der dicksten, schattigen Eiche/Im innersten Hain,/Der höchsten, ältesten, heiligen Eiche,/O Vaterland!" Dem siegreichen Befreier drückt Thusnelda dann den Kranz aus Eichenlaub auf die Stirne, mit goldener Sichel geschnitten.

c. Der heute wegen seines Überschwanges belächelte und kaum noch gelesene Klopstock war zu seiner Zeit eine Zelebrität. Seine Eichenromantik fand ein enormes Echo. Für die Stimmung in jenen Jahren ist ein Brief bezeichnend, den Johann Gottfried Herder, Dichter, Denker und gräflich Schaumburg-Lippischer Consistorialrath zu Bückeburg, im Juli 1772 aus Bad Pyrmont an seine Braut Caroline Flachsland schrieb: „Ich bin jetzt auf dem Lande, in der schönsten, kühnsten, Deutschesten, Romantischsten Gegend von der Welt. Eben das Feld, wo Hermann focht, u. Varus geschlagen ward; noch jetzt ein fürchterliches kühnes Romantisches Thal, mit sonderbaren Gebürgen umgeben – so viel bei Alle dem von des Deutschen Tapferheit u. dem Klopstockschen Ideal von Sitte u. Größe abgehen möchte – so sehr wird doch die Seele durch die ganze kühne, sonderbare Haltung dieses Deutschlands in einen Ton gestimmt, daß es eine schöne, rauhe Deutsche Natur gebe; nicht Traubengebürge u. Cedernhaine, aber kühnen Forst, Eichen u. Buchen u. Würfe des Erdballs. Nur, wie sehr sind immer die Menschen der Deutschen schönen Natur unähnlich." Herder erhebt die historisch hinterlegte heroische Landschaft zur Norm; die Größe, die Würde, wie Eichen und Buchen sie verkörpern, erreichen seine menschlichen Zeitgenossen nicht. Was Herder in der Gegenwart vermißt, das findet er in der Vergangenheit. Ein Baum verkündet es: „Mächtiger Eichbaum!/Deutschen Stamms! Gottes Kraft!/Droben im Wipfel braust der Sturm,/Du stehst mit hundertbogigen Armen/Dem Sturm entgegen, und grünst! –/Der Sturm braust fort! Es liegen da/Der dürren armen Äste/Zehn darniedergesaust. Du Eichbaum stehst,/Bist Luther! –" So 1775. Die Wittenberger Luther-Eiche grünt vor dem Elstertor, wo der Reformator am 10. Dezember 1520 die Bannandrohungsbulle verbrannt hat. In der Napoleonzeit wurde sie gefällt, bald aber nachgepflanzt.

Die Eiche war das Thema der Zeit, nicht allein in Norddeutschland. Zwei Stimmen aus Schwaben zeigen es. Im unmittelbaren Anschluß an Klopstock dichtete Christian Friedrich Schubart 1786

Freiheit! Freiheit! hörst du tönen
Aus dem alten Eichenhain.
Wandelst bald mit Teutschlands Söhnen
Wieder an dem freien Main. –

Freiheit! Gottes größter Segen!
Freiheit, ach wann wandelst du
Mir Bestürmten auch entgegen?
Bringst mir wieder Seelenruh?

Schubart befand sich damals im zehnten Jahr auf der Festung Hohen Asperg in Haft, wohin ihn Herzog Karl von Württemberg verbannt hatte, nachdem ein wüstes Leben und eine kecke Lippe den Zorn des Potentaten herausgefordert hatten. Die Eiche weist einerseits in die erhoffte Zukunft, in die Zeit der Freiheit, andererseits in die vorgestellte Vergangenheit, die heroische Welt der alten Germanen und wird damit zum Sinnbild der Sehnsucht, zum Träger einer Kritik an der Gegenwart.

Der andere Alamanne ist Friedrich Hölderlin. Er besang 1797 die Eiche ebenfalls als das Höhere, Freiere, vom Menschen noch nicht Bewältigte, Gezähmte – allerdings ohne teutonischen Unterton: „Aus den Gärten komm ich zu euch, ihr Söhne des Berges!/Aus den Gärten, da lebt die Natur, geduldig und häuslich,/Pflegend und wieder gepflegt mit dem fleißigen Menschen zusammen./Aber ihr, ihr Herrlichen! steht wie ein Volk von Titanen/In der zahmeren Welt und gehört nur euch und dem Himmel,/Der euch nährt' und erzog, und der Erde, die euch geboren./Keiner von euch ist noch in die Schule der Menschen gegangen,/Und ihr drängt euch fröhlich und frei, aus der kräftigen Wurzel/Unter einander herauf und ergreift, wie der Adler die Beute,/Mit gewaltigem Arme den Raum, und gegen die Wolken/Ist euch heiter und groß die sonnige Krone gerichtet./Eine Welt ist jeder von euch, wie die Sterne des Himmels/Lebt ihr, jeder ein Gott, in freiem Bunde zusammen./Könnt ich die Knechtschaft nur erdulden, ich neidete nimmer/Diesen Wald und schmiegte mich gern ans gesellige Leben./Fesselte nur nicht mehr ans gesellige Leben das Herz mich,/Das von Liebe nicht läßt, wie gern würd ich unter euch wohnen!" Klaus Lindemann (1991) hat dieses Gedicht in Zusammenhang gebracht mit Hölderlins Verhältnis zur Französischen Revolution. Der Eichenwald verbildlicht Freiheit, Gleichheit und Brüderlichkeit, seine urwüchsige Natur steht im Gegensatz zur bürgerlichen Zivilisation, an die den Dichter die Liebe fesselt – sie hindert ihn, selbst zum Eichbaum werden zu wollen, wie es in einer späteren Fassung der Schlußzeile heißt. Sein Herz ist zerrissen. War doch Hyperion in Hesiods »Theogonie« (Vers 135) einer der Titanen!

Als Baum der Romantik empfinden wir eher die Linde als die Eiche – und doch steht sie an Beliebtheit nun hinter dieser zurück. Der Grund liegt in den zeitgleichen Nebenströmungen. Die Romantik war eine Bewegung, kein Zeitalter. Dagegen sprechen die Karlsbader Beschlüsse von 1819 mit der „Demagogen-Riecherei", der schlesische Weberaufstand von 1844 als Zeichen des beginnenden Pauperismus, die letzten Hungerjahre in Südwestdeutschland um 1848 und die dadurch bedingte Massenauswanderung zumal nach Amerika. Zu den Zeichen der Zeit zählt der allseits gegen den Absolutismus der „legitimen" Duodezfürsten gerichtete teutonische Nationalstolz der Burschenschaft, die ihrerseits – nicht in den Zielen, aber in Gefühl und Ausdruck – die Bewegung des Sturm und Drang und der Empfindsamkeit fortsetzt. Für sie war die „deutsche Eiche" das Nationalsymbol, und dabei ist es geblieben. Es störte nicht, daß auch die Kelten Anspruch auf die Eiche erheben durften. 1772 illustrierte Angelika Kauffmann Gedichte „Ossians" mit schottischen Eichen. Auch fand man sich damit ab, daß die im revolutionären Frankreich allenthalben gesetzten Freiheitsbäume Eichen waren (s. 9h) – man entsann sich dort der keltischen Tradition. Für Klopstock und die Seinen standen Kelten und Germanen Schulter an Schulter gegen „Rom", aber das änderte sich definitiv mit Napoleon. Gegen ihn richtete sich Kleists Drama »Die Hermannsschlacht« von 1808, in dem der Held „im Schatten einer Wodanseiche" sterben will.

Im Geiste der Freiheitskriege hatte die Eiche poetische Hochkonjunktur. Die Zahl der Zitate ist Legion. Max von Schenkendorf, Turnvater Jahn, Ernst Moritz Arndt, Ludwig Uhland, Gustav Schwab und *tutti quanti* haben dem nationalen Eichenkult gefrönt (Lindemann 1991). Theodor Körner liegt in Wöbbelin, nördlich von Ludwigslust in Mecklenburg, unter einem Eichbaum begraben, Rückert hat ihn besungen. Den größten Einfluß am preußischen Hof besaß der 1809 zum Staatsrat erhobene Eichenpoet Friedrich August von Stägemann. Das hatte Folgen: Nach dem Sieg über den Korsen stiftete König Friedrich Wilhelm III am 10. März 1813, dem Geburtstag der 1810 verstorbenen Königin Luise von Preußen, das Eiserne Kreuz, das mit drei Eichenblättern belegt war. Der König hatte es eigenhändig entworfen, Schinkel führte es aus. Das Eichenlaub auf dem Wappen Bismarcks ist allerdings kein Produkt der Romantik, es findet sich bereits auf einem Familiensiegel des Jahres 1365.

d. Romantik und Nationalismus waren nicht der Grund für die Beliebtheit der Eiche im 19. Jahrhundert, sondern boten nur Formen, in denen sie – viel tiefer wurzelnd – sich äußerte. Dies zeigt sich an Goethe, der an beiden Bewegungen nur begrenzt Anteil hatte, daneben aber auch die Vorliebe fürs Asiatische, Exotische teilte, wie sie das Rokoko kennzeichnet. Wir sahen dies im Zusammenhang mit dem Gingko (s. 8r). Nichtsdestoweniger nimmt die Eiche im Dichten und Denken Goethes einen Ehrenplatz ein. Das beginnt schon in seiner Straßburger Studentenzeit, so 1771 auf dem abendlichen Ritt zur Geliebten in Sesenheim: „Schon stand im Nebelkleid die Eiche,/Ein aufgetürmter Riese da,/Wo Finsternis aus dem Gesträuche/Mit hundert schwarzen Augen sah." Hier wirkt der Baum noch bedrohlich, von klopstockischer Eichenromantik spürt man nichts: Klopstock war der Dichter von Goethes Jugendjahren gewesen, dann folgte eine persönliche Entfremdung. Diese wurde vertieft durch eine Rivalität der Himmelsrichtungen: Klopstock propagierte das Nordische, Goethe hielt fest am Klassisch-Antiken aus dem Süden und brachte das in seinem Gedicht »Die Kränze« (um 1785) durch Baumsymbolik zum Ausdruck: „Klopstock will uns vom Pindus entfernen: wir sollen nach Lorbeer/ Nicht mehr geizen, uns soll inländische Eiche genügen ...“

Goethes Verhältnis zur Eiche war unbefangen. Das lehrt die „Kreuzerhöhungsgeschichte“ von Ettersburg, am Hausberg von Weimar. Fritz Jacobi, Goethes Jugendfreund, hatte anonym einen sentimentalen Brief-Roman »Woldemar« publiziert, dessen „Geruch“ Goethe mißfiel. Anfang August 1779 las er unter einer Eiche bei Ettersburg einer Hofgesellschaft aus dem Roman vor, kletterte dann auf den Baum, hielt eine Kapuzinerpredigt gegen das Buch und nagelte es dann mit beiden Deckeln an den Stamm, während die Blätter fröhlich im Winde flatterten. Ein Protestbrief des Autors vom 15. September 1779 gegen die „schimpfliche und schändliche Execution“ des Buches beendete die Freundschaft.

Die Eiche war für Goethe kein Kultbaum. Gleichwohl entzog sich auch er deren Zauber nicht. Die beiden Schlüsselstellen stammen aus dem Jahre 1794/5. In »Wilhelm Meisters Lehrjahren« (VII 6) offenbart sich Therese dem Helden. Sie stiegen „den Hügel hinan und lagerten sich bei einer großen Eiche, die ihren Schatten weit umher verbreitete. Hier, sagte Therese, unter diesem deutschen Baume will ich Ihnen die Geschichte eines deutschen Mädchens erzählen.“ Dies scheint der älteste Beleg für die Eindeutschung des Baumes; er nimmt sie nicht vor, sondern setzt sie voraus – ein bereits bestehendes Einvernehmen über die Deutschheit der Eiche wird nur offen ausgesprochen. In Goethes mystisch-allegorischem »Märchen« wird der versehrte Jüngling durch die heilige Kraft der Eiche geheilt. Der goldene König drückte „mit väterlich segnender Gebärde dem Jüngling den Eichenkranz aufs Haupt und sprach: Erkenne das Höchste!“ Da belebten sich dessen Gesichtszüge, und er genas.

Die Wertschätzung der Eiche vermittelten Goethe nicht nur Natur und Literatur, sondern ebenso die Malerei (s. 9j). Dies bezeugen zwei späte Gedichte auf gemalte Eichen, eines von 1821 rühmt ein Gemälde Tischbeins. „Mitten in dem Wasserspiegel/ Hob die Eiche sich empor,/ Majestätisch Fürstensiegel/ Solchem grünen Waldesflor...“; das andere auf ein unbekanntes Ölbild: „An den Wurzeln heiliger Eiche/ Schwillt ein Lebensquell hervor...“ mit einem Schlußlob der Einsamkeit. Immer wieder spiegelt der Mensch sich im Baum – wie in der Rückwendung aus Wanderers Nachtlied von der Waldesruhe zum Seelenfrieden (s. Abb. 22).

Ein persönliches Verhältnis hatte Goethe zur „dicken Eiche“ an der Straße von Martinroda nach Ilmenau, die er aus Jugendjahren kannte und an die er sich fast sechzig Jahre später erinnerte. Er besuchte und begrüßte

22 *Flußlandschaft mit Baumgruppe, Joh. Wolfg. von Goethe*

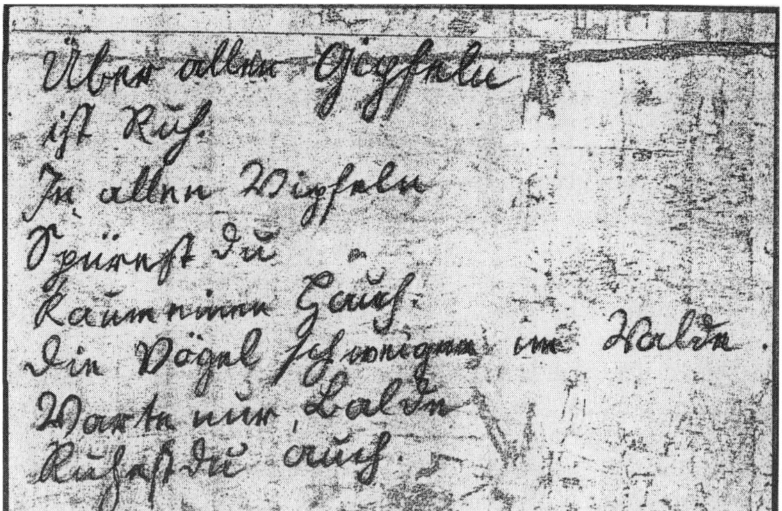

23 *Wanderers Nachtlied, Faksimile von Goethe. Ursprünglich auf der Innenwand des Oberstocks des Pirschhauses auf dem Kickelhahn bei Ilmenau*

sie zu seinem letzten Geburtstag am 28. August 1831, und nochmals zwei Tage später, wie er in seinem Tagebuch vermerkte. Goethe gelangte zu dem Baum auf der Marienstraße, die mit Geldern der Großfürstin Maria Pawlowna, der Schwiegertochter von Karl August angelegt worden war. Ein 1809 eingeweihter Denkstein dem Baum gegenüber erinnerte an sie. Die Eiche hatte zuletzt einen Umfang von 29 Fuß sächsich-weimarischen Maßes, also über acht Meter. Mehrere Maler haben sie gemalt, so 1837 Friedrich Preller d. Ä. Am 15. Dezember 1865 stürzte sie. Erhalten blieb – so erzählte man mir dort – ein Lineal, das ein Ilmenauer Lehrer sich aus ihrem Holz hat schneiden lassen.

Zwei Jahre später wurde die Eiche nachgepflanzt, als man dort ein Monument zur Silberhochzeit des Großherzogs Carl Alexander und Sophie, Prinzessin der Niederlande, errichtete. Auch dieser Baum mußte um 1920 ersetzt werden. Die dritte, noch nicht wieder „dicke" Eiche steht noch heute in der Todeskurve der Bundesstraße 4. Einer der Verkehrsunfälle nach der Wende zerschlug 1995 das Denkmal; dessen Trümmer liegen, wie mich ein Besuch am 21. Juli 2001 lehrte, im Gebüsch, doch blieben noch einige der umrahmenden Eiben erhalten. Die kaum noch kenntliche Anlage verschwindet in Kürze zugunsten der im Bau befindlichen Auffahrt Ilmenau West zur Thüringer Waldautobahn A 71. An die Geschichte des Ortes erinnert kein Schild, keine Karte (Döring S. 178 ff). Goethes Verbindung zur Eiche als solcher aber ist *aere perennius* an gehörigem Ort verewigt: Als Ernst Rietsch aus Dresden 1856 für den Platz vor dem Weimarer Theater aus weicher Masse sein klassisches Vierbein schuf, alsbald in Bronze gegossen, heute oben grün und unten schwarz, da lehnte er es an den Stumpf einer Eiche, wie jeder erkennt, der das Denkmal von hinten betrachtet.

Goethe nahm Abschied von der Dicken Eiche bei seinem letzten Besuch in Ilmenau. Er wohnte, wie eine Tafel besagt, in der Lindenstraße in einem Hause, das heute eine Post und eine Pizzeria beherbergt. Auch das zuvor von ihm nochmals aufgesuchte Pirschhaus auf dem Kickelhahn (Döring S. 116 ff) ging mit der Zeit. Nach dem durch Heidelbeersammler verschuldeten Brand vom 12. August 1870 wurde es wieder errichtet und am 24. Juni, dem Geburtstag des Regierenden Großherzogs, 1874 eingeweiht. Zahllose Besucher haben ihre Initialen in die Fichtenbretter eingeschnitten, doch sind viele von diesen gestohlen worden und mußten erneuert werden. Aus Goethes Zeit stammt an Ort und Stelle noch die untere der beiden Treppenstufen. Im Oberstock befindet sich eine Photographie des Nachtliedes, im Jahre vor dem Brand aufgenommen von dem Gothaer Hofphotographen namens Linde – danach habe ich das schwer lesbare Schriftbild (s. Abb. 23) rekonstruiert – und eine am 29. April 2000 montierte Glastafel mit Übersetzungen des Gedichts ins Spanische, Englische,

Französische, Italienische, Ungarische, Hebräische, Schwedische, Arabische, Russische, Tamilische, Kasakische, Türkische, Chinesische, Japanische und Dioula, eine Mandesprache der Elfenbeinküste. So dokumentiert man Weltliteratur! Die damit abgeschlossene Erneuerung der Hütte erfolgte als Ökoprojekt der Christlichen Jugend Deutschlands zu Ilmenau im „Energie- und Umweltpark Thüringen e.V.“. Zwei elektrische Lampen beleuchten die Glasplatte. Die Stromversorgung basiert – so belehrt man den Besucher – auf Umwandlung von Sonnenenergie mittels Photovoltaik-Zellen in Gleichstrom, der in einem Akkumulator zwischengespeichert wird. Eine Schautafel zeigt das Modul Isofoton 12 V/110W und den Ort des hundert Meter entfernten Gittermastes, der es trägt. So versöhnt man Kultur- und Zivilisation, Klassik von einst mit heutigem Fortschritt! Machte nicht schon der junge Goethe Versuche mit der Elektrisiermaschine?

e. Viele Orte in Deutschland besaßen bis vor kurzem oder besitzen noch immer eine Gedenk-Eiche für vaterländische Helden. Ist doch die Eiche der Baum der Treue (s. 4f)! Mitunter ist sie dem Deutschtum schlechthin geweiht, wie die Königseiche in der Bütenheide nördlich von Brieselang in der Mark. Theodor Fontane beschreibt im Abschnitt »Havelland« seiner »Wanderungen« einen Besuch dort vom Mai 1870. Eine „durch den Forst gehauene Avenue“ führte auf den Baum zu. „Sie steht da wie ein Riesenskelett mit gen Himmel gehobenen Händen“. Ein toter tausendjähriger Baumriese, dessen Wiedererwachen aus dem Winterschlaf zu erwarten sei. Fontane erwähnt die Käfer, Bienen und Spechte am Stamm – eine „Welt von Getier“. Dann blickt er zurück auf die Turner der Freiheitskriege, die sich hier Treue geschworen hätten, wie eine patriotische Versinschrift darzutun schien:

Sinnbild alter deutscher Treue,
Das des Reiches Glanz gesehn,
Eiche, hehre, stolze, freie,
Sieh, Dein Volk wird auferstehn…

Eine Huldigung durch dreimaliges Hurra! erschien den Wanderern zu dürftig. Also trat einer hervor, hielt eine feurige, bei Fontane wiedergegebene Grußansprache an den Baum, brachte eine Weinspende dar – „Wir schwenkten die Hüte stimmten Lieder an von Arndt und Körner““ – und dann entgingen die Wanderer auf dem von Paukenschall begleiteten Rückweg zur Bahnstation knapp einem gewaltigen Gewitter. Donar meldete sich zu Wort.

Der Herausgeber der »Wanderungen« bemerkt zur Königs-Eiche: 1902 abgebrannt; doch trifft das nicht ganz zu. Die »Karte des Deutschen Reiches« von 1936 verzeichnet den Baum noch zwei Kilometer nördlich des Forsthauses (Alt)-Brieselang, und mit ihrer Hilfe war er am 8. Juli 2001 unschwer zu finden. Er liegt – ohne erkennbare Brandspuren wie ein toter Saurier im Wald, ein Teil des Stumpfes steht noch mannshoch, unter den stark verwitterten eingeschnittenen Inschriften gibt es eine in russischen Buchstaben, so daß der Stamm erst nach 1945 gestürzt sein dürfte. Eine botanische Schautafel erläutert dem Besucher die Bedeutung des „Totholzes als Lebensraum", nennt aber weder den alten Namen des Baumes noch seine Erwähnung bei Fontane. Anders als in Ilmenau ist die Geschichte vergessen. Das Interesse hat sich von der Kultur auf die Natur verlagert.

Gewöhnlich sind Gedenk-Eichen bestimmten Heroen geheiligt. Eine lange Liste bietet Wagler 1891; die Berliner Exemplare verzeichnet Weißpflug 1997. Unter ihnen ragt die Jahn-Eiche am Volkspark Hasenheide heraus. Deren Name verweist auf den vom Großen Kurfürsten angelegten Jagdgarten, wo Jahn, damals Lehrer im Gymnasium zum Grauen Kloster, am 19. Juni 1811 den ersten allgemeinen Turnertag eröffnete und an besagtem Baum wohl seine Klimmzüge vorführte. Die alten Eichenbestände des Parks sind heute vom zuständigen Gartenbauamt auf eine brutale Weise zurechtgestutzt und zu einem jämmerlichen Krüppelkollektiv verunstaltet worden. Neugierige seien gewarnt. Dennoch stützt sich auch der bronzene Turnvater von Erdmann Encke (1869) alldort auf einen abgesägten Eichbaum, dem ein hoffnungsvoll gemeintes, aber kümmerlich wirkendes Reis entsprießt.

Die meisten Gedenk-Eichen stammen aus dem 19. Jahrhundert, doch sind einige älter. Ein frühes Beispiel: Auf Klopstock geht die schon zu seinen Lebzeiten gekürte Hermanns-Eiche im Seifersdorfer Tal bei Dresden zurück. Ein Stich von 1792 zeigt unter ihr einen Steintisch, an ihrem Stamm die Waffen des *liberator Germaniae* (Buttlar S. 191f). Heute gibt es nur noch ein Stück Stamm. Ein später Fall: Die 700 Jahre alte Blücher-Eiche bei Schillersdorf an der Müritz wurde am 22. Januar 1998 Opfer eines Brandanschlages, woraufhin die Forstverwaltung des Naturparks den fernab im Walde stehenden Giganten „aus Sicherheitsgründen" umsägte. Da liegt er nun gemäß Kohelet 11, 3. Anders als im Fall der Brieselanger Eiche erfährt der Besucher – so wir am 28. April 2001 – durch eine Tafel die Geschichte, daß Blücher, damals noch nicht „Marschall Vorwärts", am 30. Oktober 1806 nach der Schlacht bei Auerstedt auf der Flucht hier vorbeigekommen sei. Am 11. November jenes Jahres sollte er sich unter der Blücher-Eiche von Ratekau nördlich Lübeck dem französischen Marschall Bernadotte ergeben (Fröhlich 1989, S. 40).

Viele Gedenkbäume leben ihrerseits nurmehr im Gedächtnis fort. Ein Beispiel aus meiner hessischen Heimat ist die Königseiche im Büdinger Wald. Sie stand – wie mir der fürstlich Ysenburgische Archivar Dr. Klaus-Peter Decker mitteilt – bis vor fünfzig Jahren auf der Königsplatte, einem altbeliebten Rastplatz an der Reffenstraße. Dort soll einst ein Köhler dem auf der winterlichen Jagd verirrten Barbarossa den Weg zur Pfalz Gelnhausen gewiesen haben, indem er mit seinen schwarzen Fingern zwei Striche in den Schnee zeichnete. Glücklich heimgekehrt, habe Barbarossa den Köhler zum Ritter geschlagen und ihm den Schild verliehen, den die Herren zu Ysenburg und Büdingen bis heute tragen: in Silber zwei schwarze Querbalken. Im Gemalten Saal des Büdinger Schlosses ziert die Szene eine Wand.

Überlebt hat bisher die Friedens-Eiche vor der Dorfkirche in Zehlendorf. Ein Eisernes Kreuz im Kranz erinnert an den 2. September 1871. Den Zeitgenossen damals mußte man nicht erklären, daß es sich um den ersten Sedanstag handelte, an dem 1870 Frankreich besiegt wurde. Die nach 1933 an vielen Orten jeweils am 20. April gesetzten Adolf-Hitler-Eichen haben ihren Gedenkdienst zu V-Day aufgegeben, teils herzlos umgesägt, teils stillschweigend entwidmet. Wer von den Eichenlaub-bekränzten Siegern der Berliner Olympiade 1936 seine ihm damals verehrte Eiche im Blumentopf ausgepflanzt hat, ist nicht bekannt (Borgeest S. 35).

Eichenblätter und Eichenzweige kamen im Ordenswesen des späten 18. Jahrhunderts in Mode. Seit den Freiheitskriegen dominiert Eichenlaub die florale Staatsemblematik in Deutschland von den Festen auf der Wartburg 1817 bis zu dem von Hambach 1832, wieder in der Revolution 1848 und bei der Reichsgründung 1871, abermals im Zeitalter der Weltkriege, des Wirtschaftswunders und der Deutschen Mark. Zahllose Fahnen und Uniformteile, Denkmäler und Ehrenkränze, Briefmarken und Münzen bezeugen es. Bis Ende 2001 trugen die Pfennige und Groschen der Deutschen Mark in unserem Portemonnaie einen Eichenzweig auf der Rückseite, während der Adler Juppiters die Markstücke ziert. Auf den 50 Pfennig-Münzen pflanzt eine kniende Frau einen Eichbaum: Sinnbild der Erneuerung nach 1945 (s. Abb. 23). Die Geldstücke der DDR zeigten keinen Adler, wohl aber Eichenlaub. Wenn dieses Buch erschienen ist, haben Adler und Eichblatt eine weitere Währungsreform überstanden. Sie erscheinen auf den deutschen Centmünzen des Eurogeldes. Die Redensart „Eichenlaub stinkt“ ist weder politisch gemeint noch botanisch zutreffend, sondern falsch aus dem Sächsischen transkribiert. Gemeint ist „Eigenlob“.

Die Formel von der „Deutschen Eiche“ ist ein wohlverdientes Kompliment für den Baum, aber ein Vorgriff auf das Interesse anderer Völker an ihm. Für die Finnen ist die Eiche der Gottesbaum Taara (Philpot S. 19). In Frankreich gliederte Colbert 1669 den Wald entsprechend der Feudalordnung: Ganz oben standen Eiche und Buche, ganz unten Weide, Birke und Erle. Populär blieb *le chêne de St. Louis* (s. 7o), und jenseits des Ärmelkanals schätzte man den Baum schon früher und nicht weniger als diesseits. In Erinnerung an die Keltenzeit, die nicht nur durch den Rückgriff auf den Namen *Britannia* 1707 lebendig wurde, reklamierte James Wheeler 1743 in

24 Eichenlaub: DM, Pfennige, Euro-Cent-Münze und DDR-Mark

seinem Buch »The Modern Druid« die Eiche als Nationalbaum. Sie verkörperte den britischen Individualismus. Die englischen Könige tauften bei der Thronbesteigung eine Eiche auf ihren Namen, und zu Ehren von Karl II (gest. 1685) benannte der Astronom Halley (gest. 1742) das Sternbild am südlichen Nachthimmel zwischen Mentor und Argo die „Karlseiche" (Wagler S. 106). Demgemäß ist *English oak, as much a national symbol as roast beef* (Lehmann S. 41).

Noch ein Blick auf Spanien: Als am 26. April 1937 Guernica in Flammen stand, überlebte die heilige Eiche der Basken, genauer: der trockene Stumpf des 600 jährigen *Guernikako arbola*, unter dem die neugewählten spanischen Könige den Basken ihre Rechte zusicherten; selbst die ihm entsprossenen Schößlinge grünten wieder. Inzwischen steht er als stattlicher Baum neben Strunk, den ein rundes Tempelchen überdacht. Den ältesten Baum Europas beanspruchte 1982 Bulgarien: eine Eiche bei Stara Zagora von 1.640 Jahren (Fröhlich 1989, S. 16). Wenn es einen Europa-Baum geben sollte, müßte es wohl die Eiche werden. Jedenfalls war dies die wohlbegründete Überzeugung von Victor Hugo. Am Tag nach der Emser Depesche, am 14. Juli 1870 pflanzte der Dichter – so notierte er – feierlich im Kreis von elf Zeugen einen Baum in seinem Garten: *J'ai planté dans mon jardin le gland, d'où sortira le chêne, que je baptise Chêne des Etats Unis d'Europe* – Die Eiche des Vereinten Europa.

f. Neben der Eiche erfüllt die Linde die patriotische Pflicht nationalen Gedenkens. Sie war ja die Vorläuferin der Eiche als ranghöchster Baum und hat die zweite Stelle immer behauptet. Jean Paul erklärte die „unvergleichliche Lindenallee" von Schloß Thurnau in Franken für würdig, „daß Fichte in ihr als dem stolzesten Laubdome seine »Reden an die deutsche Nation« gehalten hätte" – so Riehl im Vorwort zu »Land und Leute« von 1853. Im Unterschied zur wehrhaften Eiche strahlt die Linde Frieden aus, darum hat der damalige Bundespräsident, so der »Spiegel« vom 8. Mai 1996 (S. 43), die Linde zum typisch deutschen Baum erklärt. Dies meinten schon andere im 19. Jahrhundert (Plaumann 1890). Der deutschtümelnde Krainer Prälat Ottokar Kernstock spielte 1905 die Linde gegen die Eiche aus:

> Der Eichbaum nicht mit harnischharter Rinde,
> Der luftlos träumt schwermüt'gen Hünentraum –
> Die Heilduft atmende, die helle Linde
> Ist der Germanen heil'ger Lieblingsbaum".

Roman Herzog ergriff Partei zugunsten der schwächeren Rivalin, die aber aufholt, wie sich im Zwist um das Zentrum der Nation zeigt. Ein Ingenieur aus Dresden hatte 1990 nach seiner Berechnung das Dorf Niederdorla in Thüringen zum Mittelpunkt des wiedervereinigten Deutschland erklärt, worauf die Gemeinde dort am 26. Februar 1991 am Punkt 51° 10' nördlicher Breite, 10° 27' östlich Greenwich eine Linde pflanzte, deren Bestimmung seitdem eine Steinplatte erklärt. Ob das beziehungsreiche Datum bewußt an die Lindenheilige Edigna (s. 7d) anknüpft? Dieses Urteil von der Elbe wurde am Rhein verworfen; man bestritt die Geometrie aus dem Osten. Gemäß einem Gegengutachten aus Bonn verdient Flinsberg bei Heiligenstadt im Eichsfeld diese Ehre, man dokumentierte dies am 4. April 1997 ebenfalls durch die Pflanzung eines Zentralbaumes, diesmal einer Eiche. Dorla besitzt freilich nicht nur die zeitliche Priorität, sondern kann auch einen heidnischen Kultplatz in der Nähe vorweisen, wo Kelten und Germanen einst baumliebende Ziegen geopfert haben. Die Ahnung der Ahnen sanktioniert sohin einen starkdeutsch-esoterischen Kraftort, bemerkte doch schon Cicero (de finibus V 2) *tanta vis admonitionis est in locis*! Die „Mitte der Welt" ist seit der Kataster-Vermessung von 1823 jene Linde bei Kremsmünster, von der aus Kaiser Franz I seine Lande triangulierte. Der Name des Gasthofes daneben beweist es. Der Baum steht inzwischen in dritter Generation, so erzählte die Wirtin.

Als Gedenkbaum ging die Linde der Eiche voraus. Bereits die Schlacht bei Murten 1476, wo die Eidgenossen Karl den Kühnen besiegten, wurde durch eine Linde zu Freiburg im Uechtland in Erinnerung gehalten, doch könnte die Tradition sehr viel jünger sein. Der Baum soll an der Stelle stehen, wo der Bote mit der Siegesmeldung tot zusammengebrochen sei: Man kennt die Geschichte vom ebenfalls legendären Marathon-Läufer 490 v.

Chr. Verläßlich ist die Tradition der Luther-Linde zwischen Langenberg ob der Jagst und Gerabronn. Sie wurde 1557 gepflanzt (Gräter S. 20f). Zum 100. Geburtstag des Reformators 1583 setzte man eine ebensolche bei Zwönitz, südlich von Chemnitz. Sie ist seit 1939 geschützt (Lemke/Müller S. 284). Es folgten 1648 am Ende des Dreißigjährigen Krieges die Friedenslinde bei Stangenrod (Weber S. 247) und die von Eschersheim bei Frankfurt am Main. 1737 weihten die Jesuiten von Ottersweier in Baden eine Linde zum Gedenken an den Besuch von Maria Theresia – Ludwig Klein (S. 311) sah den Baum 1904. Sicher sagenhaft ist die auf die Kaiserin Kunigunde, die Gemahlin Heinrichs II (gest. 1024), zurückgeführte Linde im inneren Burghof zu Nürnberg. Der im Reiseführer von 1909 noch erwähnte Stumpf des Baumes verkohlte bei der Zerstörung der Altstadt durch die *Royal Air Force* am 8. März 1943, doch ist der Baum nachgepflanzt worden. Man kann den Stamm schon nicht mehr mit zwei Händen umfassen. Ebenso legendär sind zahlreiche weitere Gedenkbäume, beispielshalber die Tassilo, dem von Karl dem Großen gestürzten Baiernherzog gewidmete Linde im Kloster Wessobrunn, die dem Klostergründer von Neuruppin zugeeignete Wichmann-Linde, die Kaiser-Lothar-Linde zu Königslutter und die an den Parzivaldichter erinnernde Wolfram-Linde von Ried im Bayerischen Wald. Authentizität ist für die Erinnerungsfunktion nicht erforderlich, diese kann schon eine Tafel erfüllen. Im Hof der Burgruine Greifenstein über dem Westerwald steht eine Gedenklinde. Dort las ich am 10. Februar 2001 die Verse:

„Es brausen die Winde
um Mauer und Turm.
Frisch sprosse du, Linde,
trotz Wetter und Sturm,

Ein Sinnbild der Stärke,
drei Kaisern geweiht,
und kuend' ihre Werke
in fernester Zeit!

Der Bauernclub Greifenstein seinen geliebten
Heldenkaisern gewidmet, 18. November 1888."

g. Neben Eiche und Linde gibt es noch andere Gedenkbäume, doch sind sie weniger häufig. Selten ist es eine Robinie, so die „Akazie", die am 25. September 1855 zur Erinnerung an den Augsburger Religionsfrieden vor die Kirche von Hain-Gründau bei Büdingen gesetzt wurde (Weber S. 268). Die am 10. November 1983 zu Luthers 500. Geburtstag auf der

Lindheimer Altenburg gepflanzte Linde hätte eigentlich eine Ulme sein sollen. Denn dieser Baum ist in Frankreich mit dem heiligen Martin, Luthers Namenspatron, verknüpft. Die Luther-Ulme von Pfifflingheim bei Worms ergrünte an einem dürren Stab, so die Sage, den eine alte Frau, die Luther beim Reichstag 1521 gehört hatte, mit der Bemerkung in den Boden gesteckt hatte, erst wenn der ausschlage, glaube sie an Luthers Lehre (HdA. 8, S. 1293). Es ist das Motiv vom grünenden Stabe Aarons (4. Mose 17, 23).

Eine weitere Ulme bei Pfeddersheim an der Pfrimm erinnerte ebenfalls an den Reformator. Dort soll er dem alten Frundsberg versichert haben, er werde nicht widerrufen „so wahr, als aus diesem Reislein ein mächtiger Baum wird." Luthers Lehre überlebte, obschon die Ulme zu Beginn des 19. Jahrhunders fiel. Die Ulme im Ostflügel des 1692 von den Truppen des Sonnenkönigs zerstörten Klosters Hirsau im Schwarzwald wurde von Ludwig Uhland besungen: „Zu Hirsau in den Trümmern/ da wiegt ein Ulmenbaum". Der Dichter sah in ihm den vitalen Geist Luthers, der die morschen Mauern der alten Kirche zu sprengen vermochte, er „brach mit Riesenästen zum Klosterdach hinaus". Uhland feiert in dem Wahrbaum der Reformation, der noch 1991 aufrecht stand, den Sieg der Gottnatur über Menschenwerk:

O Strahl des Lichts! Du dringest
Hinab in jede Gruft.
O Geist der Welt! Du ringest
Hinauf in Licht und Luft.

Noch eines Baumes sei gedacht, der zwar selbst kein Denkmal war, dem aber Fontane in seinen »Wanderungen« ein solches gesetzt hat. Im Anschluß an den Bericht über die Brieselanger Königseiche (s. 9e) bietet er einen Exkurs über die alte Eibe neben dem preußischen Herrenhaus. Nehmen wir Sebastian Hensels »Familie Mendelssohn« von 1879 hinzu, so öffnet sich uns ein Stück Berliner Familiengeschichte der Biedermeierzeit. 1825 erwarb der betuchte Abraham Mendelssohn Bartholdy, der Sohn des Philosophen und Vater des Komponisten, das Haus Leipziger Straße Nr. 3. Das zuvor dem Generalintendanten an der italienischen Oper, dem Reichsfreiherrn v. d. Recke gehörende Anwesen war ziemlich heruntergekommen. Was aber namentlich Abrahams Gattin Lea, geborene Salomon, unwiderstehlich anzog, das waren die alten Bäume in dem zugehörigen Park. Er war ursprünglich ein Teil des Tiergartens, der im 16. Jahrhundert bis zum Gendarmenmarkt reichte, dann aber von der wachsenden Stadt immer weiter nach Westen gedrängt wurde. Einzelne Grünflecken blieben dabei als Garteninseln erhalten – so auch der Baumgarten der Mendelssohns.

Das Prachtstück in ihm war eine große, bei Fontane auf 500 Jahre taxierte Eibe, auf der Friedrich Wilhelm IV als Knabe herumgeklettert war. Ob der junge Felix „unter seinem mondlichtdurchglitzerten Dach die Musik tanzender Elfen" gehört hat, wie Fontane schreibt, mag man bezweifeln. Daß aber unter dem Baum getafelt wurde, ist glaubhaft – das vom märkischen Wanderer erwähnte Abschiedsfest der Freiwilligen fällt indes noch in die Reckesche Zeit. 1852 kam das Grundstück an den Staat, und das preußische Herrenhaus tagte in dem Bau. Eine Erweiterung wurde nötig, und diese bedrohte die Eibe. Allerlei Umpflanzpläne wurden erwogen: Sanssouci? Babelsberg? Aber kein Unternehmer garantierte den Erfolg. Schon eine Verschiebung im Garten schien riskant. Der König hatte den Baum für tabu erklärt – die Architekten mußten umdenken. Die Eibe wurde während der Bauzeit ummantelt und anschließend von der Feuerwehr entstaubt, ehe der Köng zur Besichtigung erschien. Nach dem Sieg bei Königgrätz gab das Herrenhaus den Offizieren unter dem Baum ein Festmahl. In den vier folgenden Jahren waren Haus und Garten Sitz des Norddeutschen Reichstages. Um den Baum bildete sich der Eibenbaumklub: hatte man sich im Hause zerstritten, so trank man sich im Garten wieder zusammen. Der heutige Bau stammt aus dem Jahre 1904 und wurde jüngst für den Bundesrat renoviert. Im Garten stehen zwei alte Platanen, die noch aus Fontanes Zeit stammen dürften; die Eibe überlebte die Bombennächte nicht. An ihrem mutmaßlichen Standort befindet sich heute – so belehrte mich ein Polizist bei einem illegalen Besuch – eine Tiefgarage.

Gedenkbäume sind keine deutsche Eigenart. Der mächtigste Mammutbaum in den Bergen der Sierra Nevada Kaliforniens, 2000 Jahre alt, 1200 Tonnen schwer, 83 m hoch, mit einem Fuß, den zu umfassen achtzehn Menschen nötig wären – dieser Gigant ist der ehrenden Erinnerung an den General William Tecumseh Sherman gewidmet. Dieser Heros des amerikanischen Bürgerkrieges hatte 1864, nach einem letzten Besuch im Theater die eroberte Stadt Atlanta niederbrennen lassen; sein alles vernichtender Marsch durch Georgia, wo er am 22. Dezember jenes Jahres Savannah erreichte, lebt bis heute im Bewußtsein der Südstaatler fort als Beispiel für Erziehungsvandalismus mit totalitären Methoden. Die größte lebende Pflanze Amerikas trägt seinen Namen.

h. Nicht immer sind Gedenkbäume einem Ereignis oder einem Menschen gewidmet, sie können auch einer Idee, einem Programm dienen; nicht die Vergangenheit, sondern die Zukunft thematisieren. Dies wollte die Europa-Eiche von Victor Hugo (s. 9e), dies sollte zuvor der Freiheitsbaum der Republikaner (Trümpy 1961). Er hatte seine hohe Zeit in der Französischen Revolution, doch gibt es Vorläufer und Nachfolger. Der Ursprung führt nach Amerika. Am 14. August 1765 hingen an der alten Ulme beim Froschteich zu Boston, dem Zentrum des Widerstandes gegen

London, zwei Strohpuppen, Repräsentanten des englischen Kolonialregimes, das sich durch die schikanöse Stempelakte verhaßt gemacht hatte. Dagegen wandten sich die *Sons of Liberty.* Als London einlenkte, feierten sie unter der festlich geschmückten, zum *Tree of Liberty* erklärten Ulme im Mai 1766 ein Freudenfest. Der Baum im *Boston Common* hatte Tradition: Er diente zuvor als Galgen für Seeräuber, Hexen und Quäker.

Allenthalben in den Kolonien entstanden nun Freiheitsbäume, nicht immer Ulmen, mitunter auch bloß dekorierte Stangen in der Art der Maibäume. Die beiden Bäume verbindet eine ähnliche Botschaft: Der Freiheitsbaum verkündet den Völkerfrühling. Nach Ausbruch des Bürgerkrieges wurde die Bostoner Ulme 1775 von englischen Soldaten gefällt, Thomas Paine widmete ihr in der *Pennsylvania Evening Post* vom 16. September 1775 einen poetischen Nachruf: Die Freiheitsgöttin brachte *Liberty Tree* aus den himmlischen Gärten, pflanzte ihn ein, zum Tempel der Freiheit bestimmt. Wie zur Zeit der alten Patriarchen, so der Dichter, verzehrten freie Menschen ihr Brot unter ihr, bis König, Ober- und Unterhaus sich einigten, sie umzuhauen. Religiöse Ausdrucksformen unterstreichen den „heiligen Ernst“ der politischen Überzeugung.

Als Lafayette 1781 aus dem Amerikanischen Unabhängigkeitskrieg nach Paris zurückkehrte, zierte sein Koppelschloß ein Baum, der aus einer Krone und einem zerbrochenen Szepter herauswuchs. Dies weist zurück auf die Emblematik der Humanisten (s. 8m) und voraus auf die Sitte der Freiheitsbäume in Frankreich. Sie wird auf einen Pfarrer des Poitou zurückgeführt, der im Mai 1790 auf seinem Dorfplatz eine Eiche pflanzte und über die Zukunft der Freiheit predigte. Revolutionäre Bauern setzten damals Maibäume als Zeichen der Zeit, die zunächst von den Behörden wieder entfernt wurden. Zwei Jahre später übernahmen die patriotischen Klubs diesen Brauch, er griff um sich, der Baum erhielt seinen fortan üblichen Namen *Arbre de la Liberté,* stets mit der Jakobinerhaube oder anderen Freiheitszeichen ausgestattet. Die Sitte wurde überaus populär – 1795 sollen in Frankreich eine halbe Million Freiheitsbäume gestanden haben. Die Nationalversammlung hatte den Gelehrten André Thouin mit der Ausarbeitung von Empfehlungen beauftragt. Er plädierte für Eichen, Linden, Ulmen und Pappeln, *peupliers*, die an das Volk, *le peuple*, erinnern sollten. Konterrevolutionäre sägten sie ab, manche Baumstürzer wurden dafür an Ort und Stelle hingerichtet. Die Beteiligung von freiheitsbewußten Priestern erklärt die kultischen Formen, in denen sich das Baumwesen abspielte. Erinnerungen an Jeanne d'Arc wurden wach (s. 7a).

In den Jahren nach 1790 verbreitete sich die Sitte über die Grenzen Frankreichs hinaus. So nach Deutschland. Am 3. November 1792 errichtete der Jakobinerklub von Mainz einen mit Freiheitsmütze und dreifarbigen Bändern gezierten Freiheitsbaum. Wenig später fand man ihn gestürzt, die Mütze entführt. Ein neuer Baum mußte errichtet werden. Unter dem Donner der Kanonen und den Klängen von *Ça ira* vollzog sich die Zeremonie auf dem Speisemarkt. Georg Forster, seit dem 7. November Clubbist, stand vier Stunden in kaltem Wasser und holte sich eine böse Erkältung (Enzensberger S. 230ff).

Ähnliches hören wir aus Italien: Als Bergamo 1797 durch Napoleon von der Herrschaft der Venezianer befreit wurde, errichtete man auf der Piazza Vecchia einen Freiheitsbaum. Eine Nachbildung sah ich am 21. November 2001 im dortigen Stadtmuseum, dem ehemaligen Franziskaner-Konvent. Die Stange ist spiralig mit den Farben der italienischen Trikolore bemalt und trägt statt der ursprünglichen Freiheitsmütze eine Art Adventskranz. Hunderte solcher Bäume wurden in der Schweiz aufgestellt oder eingepflanzt. Zwei haben überlebt: eine Platane in Ellikon an der Thur und eine Eiche in Cully bei Lausanne. Die Freiheitslinde von Sünikon fiel Anfang Februar 2000 dem Orkan Lothar zum Opfer, wurde aber nachgepflanzt. Spätere Revolutionen erneuerten den Brauch, so 1848 in Paris. Mit nicht ganz demselben Elan wurden die Freiheitsbäume von den Gegnern der Revolution wieder niedergelegt: 1799 von den Österreichern in Zürich, nach 1815 von Ludwig dem XVIII im Zuge des „Weißen Terrors" in Frankreich und wiederum 1849 von der „Partei der Ordnung" und Louis Napoleon.

Der botanischen Art wurde bei der Auswahl des Freiheitsbaumes nicht immer Aufmerksamkeit geschenkt. Unter den bewußt gewählten Bäumen steht die Eiche voran. Eine Liste der Freiheitssymbole von 1790 nennt *Chêne, arbre: symbole de valeur* und in Erinnerung an Rom (s. 5k): *Couronne civique, elles étoient faites avec des branches de chêne.* Gemäß dem »Moniteur« vom 14. Juli 1790 spielte das italienische Theater in Paris ein Stück »Le Chêne patriotique«, in dem das Pflanzen einer Gedenk-Eiche gefeiert wurde, ein Usus, den der Moniteur vom 15. Mai für römisch erklärt hatte. Daneben aber wurden auch die alten Gallier beschworen: *Ainsi, l'on vit le chêne antique/Révéré parmi les Gaulois./Il faut, dans notre République/Qu'il reprenne ses premiers droits...* Allen Franzosen sei der Baum daher ehrwürdig – so eine Flugschrift von 1793. Insbesondere Abbé Gregoire erklärte die Eiche zum Baum der Freiheit (Ebert S. 80). Am 24. Januar nennt das revolutionäre Blatt »Moniteur« eine in Paris gesetzte Eiche *Arbre de la fraternité* – Baum der Brüderlichkeit.

Während in der Schweiz die Linde unter den Freiheitsbäumen dominierte (Ebert S. 82), spielt in Frankreich neben der Eiche die Pappel eine herausragende Rolle. Man argumentierte wie Thouin mit dem Gleichklang von *peuplier* (Pappel) mit *peuple* (Volk), entsprechend dem lateinischen *populus* f. (Pappel) und *populus* m. (Volk) und sah in der Pappel den Volksbaum. Beispiele dafür gibt es bereits aus der Renaissance (Trümpy S. 117).

1789 schwangen die *Dames de la Halle*, vulgo die Marktweiber von Paris, Pappelzweige, als sie den König aus Versailles abholten. 1790 wurden die bei Nancy Gefallenen am Altar des Vaterlandes unter Pappeln geehrt. Ob die Pappeln Napoleons (s. 8x) daran erinnern, steht dahin. Die schnellwüchsige Carolina-Pappel, seit 1785 in Frankreich kultiviert, bot auch einen praktischen Vorteil.

i. Etwa gleichzeitig mit dem Freiheitsbaum gewann ein anderer Festbaum weltweit Ansehen: der Weihnachtsbaum. Fand jener als politisches Fanal seinen Ort in der Öffentlichkeit, so eroberte dieser als Sinnbild häuslichen Friedens die Bürgerstuben. Seine Wurzeln sind vielfältig und reichen weit zurück: Christliche, antike und germanische Elemente, aus denen schon Chateaubriand 1831 die europäische Kultur zusammengesetzt sah, vereinen sich hier in seltener Engführung. Christlich ist der Sinn, antik das Datum, germanisch die Form des Weihnachtsfestes. Die Geburt Jesu wird in den Evangelien nicht datiert. Überhaupt haben die frühen Christen den antiken Brauch, den Geburtstag zu feiern, lange abgelehnt, weil er dem Genius des Geborenen galt – der wahre Geburtstag war für den Christen der Tag des Todes, der Eingang in die Ewigkeit. Schon im Prediger Salomonis lesen wir: Der Tag des Todes ist besser als der Tag der Geburt (7, 1).

Antik ist der Zeitpunkt. Der römische Filocalus-Kalender aus dem Jahre 354 verzeichnet zur Wintersonnwende am 25. Dezember den Geburtstag des unbesiegten Sonnengottes Mithras: *natalis invicti*. Mithras zu Ehren wurde an jenem Tage die höchste Zahl von Wagenrennen im Zirkus gefahren: 30 statt der üblichen 24 Runden. Diese Festlichkeiten haben die frommen Söhne des Kaisers Theodosius am 4. Februar 400 verboten. Damals hat man Weihnachten schon gefeiert. Das früheste Indiz für das Fest weist an den Kaiserhof: die Erhebung von Constantins jüngstem Sohn Constans zum Caesar kaum zufällig am 25. Dezember 333. Als kirchliches Fest wurde Weihnachten, von Rom ausgehend, im späten 4. Jahrhundert langsam üblich (Usener 1910).

Germanisch ist der Name des Weihnachtsfestes. Seinen angeblichen Ursprung fassen wir in einem Brief von Bonifatius an Papst Zacharias aus dem Jahre 742, in dem der „Apostel der Deutschen" deren ausgelassene Festesfreude zur Jahreswende beklagt, gegen die er vergebens predige, solange in Rom in gleicher Weise zu diesem Anlaß der Wein fließe (Tangl Nr. 50). Der Humanist Beatus Rhenanus leitete 1531 in seiner »Germania« daher den Namen „Weihnacht" von „Weinnacht" ab – sicher zu Unrecht, denn die älteste Form verweist auf die „geweihte Nacht". Beim Minnesinger Spervogel um 1170 heißt es: *er ist gewaltic unde starc, der zu wihen nacht geborn wart.*

Germanisch ist neben dem Namen des Festes die Verwendung von Bäumen und Zweigen, namentlich von Wintergrün verschiedenster Pflanzen: Mistel, Stechpalme, Kiefer, Eibe und Tanne. Vielfach brach man am Barbara-Tag, dem 4. Dezember, Zweige von Kirschen, Birnen oder Fliederbäumen und stellte sie in die Stube, so daß sie Weihnachten blühten. Dazu sang man wohl: „Es ist ein Reis entsprungen aus einer Wurzel zart", so lautete der Text im Trierer Gesangbuch von 1588, bevor bei Michael Prätorius 1609 aus „Reis" die „Ros'" wurde (Wackernagel S. 927). Die Urfassung lehnte sich an Jesaja (11, 1) an: „Aus dem Stumpfe Isais wird ein Reis ausschlagen und aus seiner Wurzel ein Zweig hervorbrechen". Auf Jesus übertragen wurde das Bild durch den Kirchenvater Tertullian (De carne Christi 21). Er sah in Jesse die Wurzel, in Maria das Reis und in Jesus Blüte und Frucht zugleich. Es ist die Renaissance-Metaphorik für das Wiederaufblühen des davidischen Königshauses, das von den Assyrern bedroht war, als Sanherib 701 v. Chr. Jerusalem belagerte. Jesaia erwartete einen Sproß aus Davids „Stamm", was man später auf Jesus bezog.

Ausgangsraum für die Verbreitung des Weihnachtsbaumes war das Elsaß, die Sitte scheint alemanischen Ursprungs zu sein. Im Jahre 1494 tadelt Sebastian Brant in seinem »Narrenschiff« den Brauch, zu Neujahr Tannenzweige in die Stube zu bringen. Brant lebte in Straßburg. Die dortigen Rechnungsbücher verzeichnen das Schlagen von Tannengrün an Weihnachten im Jahre 1539. Im Jahre 1554 wurde zu Freiburg im Breisgau das Abhauen von „weyhenacht-meyen" untersagt. 1561 erließ die Stadt Ammerschweier bei Rappoltsweiler eine Bestimmung, daß jeder Bürger nur „ein Meyen" zu Weihnachten schlagen dürfe. 1597 ist zu Turkheim bei Kolmar von einem geschmückten „Weynachtsbaum" die Rede; man verwendete Backwaren und Zuckerwerk, Äpfel und Knistergold. Um 1600 wird in Schlettstadt ein mit Äpfeln und Oblaten gezierter „Meyen" zu Weihnachten erwähnt.

Kerzen am Christbaum werden zum Jahre 1611 für die Herzogin Dorothea Sibylle von Sachsen genannt, danach von der Herzogin von Orléans Lieselotte von der Pfalz. Am 11. Dezember 1708 schrieb sie in einem Brief an die Herzogin von Lothringen, daß es in Deutschland Sitte sei, am *christKindel* zu Sankt Nikolaus, am 6. Dezember, die Kinder zu bescheren. Man stelle ein Buchsbäumchen auf einen Tisch und schmücke es mit Kerzen: *ce la fait le plus joli effect du monde*. Sie habe dies am herzoglichen Hof von Hannover erlebt.

Goethe erinnerte sich an eine „Tanne im Lichterglanz" zu Weihnachten 1765 in Leipzig. Bei seinen Wirtsleuten erlaubte er sich den Scherz, dem Windhund am Weihnachtsabend ein eigenes Christbäumchen aufzustellen und mit Naschwerk zu behängen. In Ludwigsburg bei Schiller sah Friedrich Wilhelm von Hovens 1793 einen Christbaum. Er schreibt: „Am Weihnachtsabend kam ich zu ihm, und was sah ich da? Einen mächtig großen, von einer Menge kleiner Wachskerzen beleuchteten, mit vergoldeten Nüssen, Pfefferküchlein und allerlei kleinem Zuckerwerk aufgeputzten Weihnachtsbaum. Vor ihm saß Schiller ganz allein, den Baum mit heiter-lächelnder Miene anschauend und von seinen Früchten naschend ...“ Schillers Frau Lotte von Lengefeld hatte ihm soeben den Erstgeborenen geschenkt, und in Erinnerung an seine eigene Kindheit hatte der Dichter den Baum geschmückt. Mithin reicht die Sitte der Baumkerzen sicher in die Jahrhundertmitte zurück. Sie wurde durch Adel und Bürgertum verbreitet. 1815 wird sie für Danzig, 1818 für Hamburg, 1825 für München gemeldet.

1837 heiratete der französische Thron-Erbe Herzog Ferdinand Philipp von Orléans die Prinzessin Helene von Mecklenburg-Schwerin. Mit ihr kam der Weihnachtsbaum nach Paris. Albert von Sachsen-Coburg und Gotha brachte als Prinzgemahl den Weihnachtsbaum 1840 nach England. Queen Victoria schätzte den *Christmas Tree*. Für die flächendeckende Verbreitung in Deutschland sorgte die Nachricht, daß der am 18. Januar 1871 zum deutschen Kaiser erkorene Preußenkönig nach dem Sieg über Napoleon III 1870 unter einem Lichterbaum in Versailles das Christfest gefeiert habe. Wilhelm hatte eine Unzahl von Fichtenbäumchen an die Soldaten verteilen lassen, die den Brauch dann in die Heimat mitnahmen. Die Sitte ist seitdem so fest im europäischen Bewußtsein verwurzelt, daß sie auch unter widrigsten Umständen geübt wird. 1933 weilte der große Asienforscher Sven Hedin am Edsin-gol in der Wüste Gobi, sein Weihnachtsbaum war eine Tamariske, diesmal kein „böser Baum“ (s. 2x).

In Berlin schmückte als erster der begüterte Kaufmann Johann Ernst Gotzkowsky im Jahre 1775 seine Wohnung in der Brüderstraße mit einem Christbaum und behängte ihn mit vergoldeten und versilberten Kartoffeln – ein Zeichen seiner Verehrung für Friedrich den Großen, der nach dem Kartoffelbefehl von 1746 (Stadelmann S. 175) den Anbau der fremden Frucht gegen beträchtliche Widerstände bei den Bauern durchgesetzt hatte. Lichter auf dem Baum erwähnt Caroline von Humboldt 1815 in einem Brief, das war in ihrem Hause Unter den Linden 26. Einen öffentlichen Weihnachtsbaum, behängt mit Naschwerk für Kinder, stiftete 1820 der Buchhändler J. W. Hofmann in Weimar. Die Weihnachtsbaum-Sitte griff über Deutschlands Grenzen hinaus, Auswanderer brachten sie nach Amerika. Seit 1891 wird alljährlich ein *Christmas Tree* vor dem Weißen Haus in Washington errichtet. 1912 wurde er in New York eingeführt.

In Berlin stand seit dem 15. November 2000 der höchste Weihnachtsbaum der Welt auf dem Alexanderplatz: eine Fichte von 33 m. Dagegen hat man eine magere Zwanzigmeterfichte, die am Vortag bei der Gedächtniskirche aufgestellt worden war, als allzu mickerig sofort wieder umgelegt und kleingesägt. Der beschämte Lieferant verzichtete auf seine Forderung von 10.000 Mark und bot Ersatz. Beide Bäume kamen aus Bayern, doch auch der zweite fand Kritik. Dennoch blieb er stehen und wurde nach dem Fest, wie üblich, mit den nicht verkauften Christbäumen an die Elefanten im Zoo verfüttert. 2001 hat der Bürgermeister von Oberstdorf der Hauptstadt überzeugende „Entwicklungshilfe" mit einem Christbaum von Format geleistet, und das für ein ‚Vergelt's Gott'! Den größten Weihnachtsbaum aller Zeiten zeigte 2001 die Stadt Gubbio in Umbrien, dargestellt durch 800 Lichter, die auf den Hang des Burgberges montiert waren. Dieser „Baum" war 480 Meter hoch. Die Sitte des öffentlichen Weihnachtsbaumes ist längst über ganz Deutschland verbreitet, während der ähnliche Brauch des Maibaums zur Begrüßung des Frühlings auf den Süden unseres Landes beschränkt bleibt.

Der Weihnachtsbaum hat vielfältige Verwendung als literarisches Motiv gefunden. Gilt doch die Stunde, da an ihm die Lichter brennen, als der Höhepunkt im Jahreslauf! Selbst der bärbeißige Hagestolz Schopenhauer teilte diese Ansicht. In seinen »Aphorismen zur Lebensweisheit« (Kap. II) listet er die Molesten des Alterns auf. „Da kommt es denn, mehr als je, darauf an, was Einer an sich selber habe ... Das Schicksal ist grausam, und die Menschen sind erbärmlich. In einer so beschaffenen Welt gleicht Der, welcher viel an sich selber hat, der hellen, warmen, lustigen Weihnachtsstube mitten im Schnee und Eise der Decembernacht." Hans Christian Andersen beschrieb in seinem Märchen vom Tannenbaum die Unzufriedenheit und den Ehrgeiz eines Bäumchens im Walde, dem das eitle Glück zuteil wird, im Schloß als Christbaum zu glänzen, das aber danach in der Ecke verdorrt und im Feuer unter dem Braukessel endet – eine Parabel für Menschen, die ihr Glück nicht erkennen, hoch hinaus wollen und sich, von falschem Glanz geblendet in ihr Unglück stürzen.

j. Die Verbreitung des Weihnachtsbaumes ist ein Beitrag der Romantik zum Kulturleben und entstammt einer Zeit, die ausgesprochen baumfroh war. Bäume als Bilder der Zuversicht und der Trauer, des Werdens und Vergehens, der Gewißheit und des Geheimnisses erscheinen in allen Kunstgattungen, vorab der Malerei, und spiegeln die Stimmung des Künstlers. Jede Darstellung eines Baumes ist ein verschlüsseltes Selbstporträt. Bäume beherrschen die Bilder des Braunschweiger Landschaftsmalers Pascha(lis) Johann Friedrich Weitsch (1723 bis 1803). Insbesondere die alten Eichen westlich von Querum – um 1850 abgeholzt – hatten es ihm angetan. Die titanische Stimmung, in der er sie darbietet, wirkt wie eine Kulissse zu den patriotischen Szenen Klopstocks (Müller-Hofstede S. 132 ff), Lust an der Kraft, im Geiste von Sturm und Drang. Schon altertumskundige Zeitgenossen haben die Ikonographie seiner „vaterländischen Stücke" ideologisch dechiffriert. Ein ungenannter Braunschweiger Gelehrter beschrieb und deutete 1787 ein verlorenes Bild von Weitsch, das – für die Berliner Kunstakademie bestimmt – den Tod Friedrichs des Großen verklärte: auf einem Hügel die Aschenurne in offenem Hünengrab, zur Linken blitzgetroffene Moos-Eichen. „Das Große, Stille, Dunkle und Schauerliche dieses Hains macht gewiß auf jeden Beobachter den stärksten feyerlichen und der ganzen Vorstellung völlig gemäßen Eindruck". Ihn mildert ein gesunder Eichbaum zur Rechten, auf dem ein Adler seinen Horst baut – das ist der regierende König – im Hintergrund ein Regenbogen, ein Hoffnungszeichen nach überstandenem Gewitter (l.c. 217 ff.).

Der Meister der gemalten Eiche ist indessen Caspar David Friedrich. Er findet in den trotzigen Baumriesen das urwüchsig Unverwüstliche im Kontrast zur toten Winterlandschaft und zur Vergänglichkeit der Ruinen. Die Eichen im Schnee von 1828 und 1829 sind Bilder des Todes und des Lebens zugleich (s. Abb. XII). Friedrichs Bäume strahlen nicht nur heroische Einsamkeit aus, sondern waren für ihn zugleich Denkmäler des Deutschtums. 1819 zeigte er seinem Schüler Carl Gustav Carus (S. 260) die eichenbepflanzten Wälle von Neu-Brandenburg und erzählte, „es sei seit alten Zeiten hier Brauch, wenn ein junger Mann zum Bürger gemacht werde, so habe er am Wall eine Eiche zu pflanzen, und so gehe denn dort ebenso wenig echtes Bürgertum als der echte deutsche Baum aus."

Moritz von Schwind verbindet in seinen idyllischen Baumbildern den Wald mit der Märchenwelt. Sein Titelbild für die durch Achim von Arnim und Clemens Brentano 1806/08 herausgegebene Volksliedersammlung »Des Knaben Wunderhorn« von 1845 (s. Abb. XIV) und die Illustration zur Libussa-Sage von 1860 (s. Abb. XIII) zeigen Eichen in ihrer knorrigen Kraft mit ihrem geheimnisvoll flüsternden Laub als Sinnbild des Bodenständigen, Verheißungsvollen; die Bäume repräsentieren eine andere, eine bessere Welt. Böcklins Zypressen am Meer offenbaren hingegen die Sehnsucht der Seele nach dem Süden und atmen Todesmelancholie. Die Namen der „Trauer"-Weide, der „Trauer"-Esche, der „Trauer"-Buche, die ihre Zweige hängen lassen, beruhen auf einer Vermenschlichung, die aus romantischem Weltschmerz stammt. Die meisten dieser Namen tauchen im frühen 19. Jahrhundert auf, doch gehen einzelne ins 18. Jahrhundert zurück.

k. Nicht nur in Deutschland wurden Eichen von Deutschen geschätzt. 1794 entdeckte der Reiseschriftsteller Karl Gottlieb Küttner die alten Eichen von Olevano Romano in den Sabinerbergen. 1806 heiratete der Tiroler Maler Joseph Anton Koch eine Maid aus dem Ort, und fortan entstand dort ein Wallfahrtsziel für Künstler und Naturfreunde (Riccardi 1995). Gregorovius rühmt die majestätische Schönheit der Bäume in seinen »Wanderjahren in Italien« 1858 (II S. 78f); Friedrich Noack (I S. 481) spricht vom „Paradies der deutschen Landschaftsmaler", ich selbst genoß die urige Szenerie der Felsen und Eichen am 10. März 2002. In diese waldursprüngliche Bergesstille zog man zum Dichten, Malen und Meditieren.

Als die Gemeinde Civitella den Hain zur Herstellung von Eisenbahnschwellen verkaufen wollte, legten die Künstler eine Subskription auf, erwarben den Schlangenhain mit seinen 98 Eichen am 25. September 1873 und übereigneten ihn Kaiser Wilhelm, der vermachte das Anwesen als Stiftung dem Deutschen Reich. Heute verwaltet ihn die Villa Massimo zu Rom als Außenstelle der Berliner Akademie der Künste. Unter den Künstlern, die dort gearbeitet haben, seien Franz-Dreber und Ludwig Richter, Friedrich Preller der Ältere und Edmund Kanoldt, der Retter der Serpentara, genannt. Dem Kaiser Wilhelm II wurde 1895 ein – inzwischen verhunztes – Medaillon in den Fels gemeißelt; der Dichter Viktor von Scheffel erhielt ein Bronze-Medaillon, es trägt die Abschieds-Inschrift vom 2. Mai 1897:

Hier im Centrum des Gebirges
Lesen wir die alte Keilschrift,
Die der Haufe nie verstehn mag:
Das Gesetz des Ewig Schönen.

Eine nordische Parallele zum Künstlerhain Olevano bietet die Malerinsel Vilm östlich von Rügen. Das kleine Eiland beherbergte im Mittelalter drei Einsiedler und eine Wallfahrtskapelle, diente Ende des 18. Jhs. einer Gräfin von Putbus als Witwensitz und wurde 1810 von Caspar David Friedrich unter einem Regenbogen gemalt. Das Bild illustriert Goethes Gedicht »Schäfers Klagelied« von 1802. Ein toter Baum neben dem Hirten symbolisiert seinen Kummer, ein grüner Baum in der Ferne seine Hoffnung. Ein Brief Goethes vom 30. August 1810 bezeugt, daß das Gemälde nach Weimar kam, wo es 1945 von einem kunstsinnigen amerikanischen Soldaten entwendet wurde. Es ist verschollen. Friedrichs Schüler Carus besuchte die Insel 1819, wo man von Napoleons Ende noch nichts vernommen hatte, beschrieb den dortigen Urwald und malte die Eichen am Meer. Oftmals besuchte der eben genannte Preller die durch ihren Baumbestand berühmte Insel; Carl Hummel, Ferdinand Bellermann, Karl Hagemeister und zahlreiche andere Vertreter der romantischen Landschaftsmalerei stehen im Gästebuch des Vilms. Die durch ihre Vögel und Bäume gleichermaßen bedeutsame Insel wurde 1936 unter Naturschutz gestellt und bewahrte ihren Charakter auch als Feriendomizil der DDR-Prominenz. Der älteste Baum, die Zwölfapostelbuche ist jedoch 1957 gestürzt (Piechocki 1998). Im Jahre 1995 entdeckte der Photograph Volkmar Herre die Inselbäume. Seine Kamera fokussiert Wurzelwerk, Astgabeln und Borkenstücke, die anthropomorphe Assoziationen wecken. Mit ein wenig Phantasie entstehen erotische Imaginationen, weswegen der Autor sein Tafelwerk »Venus« betitelt hat. Die Lie-

25 *Ver Sacrum, Januar 1898*

besgöttin erscheint freilich etwas runzlig.

l. Die Stimmungsberichte über den Vilm lassen bereits den Umschwung erahnen, der sich in der Kunst um 1900 vollzog. Das *fin de siècle* hatte seine eigenen Lieblingsbäume und Lieblingsblumen. Die gesitteten Damen mit den großen Hüten der wilhelminischen Zeit liebten blasse Farben und starken Duft: Hortensie und Flieder. Die Prachtliebe der reich gewordenen Bourgoisie und ein akademisch regulierter Kunstbetrieb weckten eine Gegenbewegung: den Jugendstil. 1895 zeigte der Hamburger Kunsthändler Samuel Bing in Paris »Art Nouveau« von William Morris aus England; 1896 erschien in München die dem neuen Stil seinen Namen gebende Zeitschrift »Jugend«; 1897 entstand die Wiener »Sezession« mit ihrem Blatt »Ver Sacrum«. Der Name „Heiliger Frühling" erinnert an eine antike, allerdings nur bei Livius (XXII 9f) belegte Sitte, bei Übervölkerung einen Jahrgang zur Auswanderung zu nötigen, was in unserem Fall allerdings auf einem Entschluß der Jugend selbst beruht, der es in der geistigen Heimat zu eng geworden ist. Sinnfällig wird das Programm im Titelbild der ersten Nummer der Zeitschrift, gezeichnet von Alfred Roller: Ein mit drei Schilden behangenes Hibiskusbäumchen hat

26 Paul Klee, Jungfrau (träumend), 1903,2

den Holztopf, in dem es wächst, gesprengt; die Wurzeln treten an den Ritzen zwischen den Dauben hervor und suchen Halt im Erdreich rundum (s. Abb. 25).

Zu neuen Ehren kam das Thema Baum durch das vom Jugendstil belebte Kunsthandwerk. Louis Comfort Tiffany gestaltete Tischlampen aus bunt verbleitem Glas in Baumform; Heinrich Vogeler belegte Silberbestecke mit goldenen Baumsilhouetten; Hans Christiansen entwarf Glasfenster mit Baummotiven, die dem Betrachter einen illusionären Wunderpark eröffnen. Das zur ornamentalen Aus- und Umgestaltung einladende Astwerk findet sich auf allen erdenklichen Trägern: auf Wandteppichen, Kissenbezügen, Sofadecken, Porzellantellern, Ofenschirmen, Bilderrahmen und Schmuckstücken jeder Art.

Die Baumbilder der Malerei um 1900 vermitteln vorrangig Lebensgefühl und Daseinsstimmung der Künstler; deren Gestaltungswille prägt sich der Naturform auf und wendet sie ins Symbolische. Das unausgesprochene Motto lautet PLUSQUAM NATURA. Der Baum des Symbolismus wird Ausdrucksträger hintersinniger Botschaft in einer geistreichen Spielart des Jugendstils, wenn wir beispielshalber Paul Klees Radierung von 1903 »Jung-

27 *Ubbelohde, Märchenbaum*

frau im Baum« dazu rechnen dürfen. Ein grimmiges Weib aus Haut und Knochen im sperrigen, blattlosen Geäst blickt aus dem Papier, unzufrieden über das, was sie vor sich sieht (s. Abb. Nr. 26). Klee kommentiert: „Kritik der bourgeoisen Gesellschaft.“ Ein kleines Zeichen von Hoffnung vermitteln zwei über der Dame schnäbelnde Vögelchen (Deuchert S. 224 ff).

1924 beschrieb Paul Klee seine eigene Rolle als Künstler mit einem Baumgleichnis. „Die Orientierung in den Dingen der Natur und des Lebens, diese vielverästelte und verzweigte Ordnung möchte ich dem Wurzelwerk des Baumes vergleichen. Von daher strömen dem Künstler die Säfte zu, um durch ihn und durch sein Auge hindurchzugehen. So steht er an der Stelle des Stammes. Bedrängt und bewegt von der Macht jenes Strömens, leitet er Erschautes ins Werk. Wie die Baumkrone sich zeitlich und räumlich nach allen Seiten hin sichtbar entfaltet, so geht es auch mit dem Werk. Es wird niemand einfallen, vom Baum zu verlangen, daß er die Krone genauso bilde wie die Wurzel. Jeder wird verstehen, daß kein exaktes Spiegelverhältnis zwischen unten und oben sein kann. Es ist klar, daß die verschiedenen Funktionen in verschiedenen Elementarbereichen lebhafte Abweichungen zeitigen müssen. – Der Künstler tut an der ihm zugewiesenen Stelle beim Stamm gar nichts anderes, als aus der Tiefe Kommendes zu sammeln und weiterzuleiten. Weder dienen noch herrschen, nur vermitteln. Er nimmt also eine wahrhaft bescheidene Position ein. Und die Schönheit der Krone ist nicht er selber, sie ist nur durch ihn hindurchgegangen" (Hess S. 85).

Die zitierte Passage stammt aus Klees Vortrag »Über moderne Kunst« und zeigt die Zeitbezogenheit dessen, was „modern" genannt wird. Seit dem 6. Jahrhundert n. Chr. gibt es eine sich selbst so bezeichnende „Moderne". Ist nicht Klees Selbstzeugnis durch und durch romantisch? Der Künstler, der sich als Organ der Natur begreift? Sie bot jedem einen Spiegel. Jedes Programm, jede Stimmung findet ihren Ausdruck in Baumformen, denken wir an die psychodelischen Trauerweiden von Claude Monet, die empfindsamen Rosenbäumchen von Heinrich Vogeler, an den üppigen Apfelbaum von Gustav Klimt oder die mystisch-magischen Zypressen bei Vincent van Gogh und Max Ernst. Unverwechselbar sind Pappel und Erle für die trübfeuchte Erde von Worpswede in den Gemälden von Otto Modersohn, die Kiefern auf den Bildern der märkischen Seenlandschaft von Walter Leistikow, die hessischen Waldhänge von Otto Ubbelohde, dessen Federzeichnungen Grimms Märchen in die Landschaft versetzen und dieser damit Märchencharakter verleihen (s. Abb. 27).

m. Das Grimmsche Märchen liebt den Wald – hier lauern die Gefahren, hier verbirgt sich das Glück, hier entscheidet sich das Schicksal des Helden. Die Stadt ist lediglich der Fürstensitz, nicht Ort der Handlung. Der Wald hingegen bietet versteckten Reichtum an Möglichkeiten. Zunächst birgt er Gefahr, doch sie wird überwunden und dann das Glück gemacht. Da steht das Hexenhaus von »Hänsel und Gretel« und das in ein »Waldhaus« verwandelte Schloß, da lebt der »Eisenhans« in seinem Teich, da findet »Schneewittchen« die sieben Zwerge, da hausen die Köhler mit ihren wunderwirkenden »Ranzen, Hütlein und Hörnlein«. Auch einzelne Märchenbäume werden bedeutsam. Unter einem Baum findet der Held sein Tüchlein-Deck-Dich. Der Brunnen des »Froschkönigs« befindet sich nicht irgendwo, sondern unter einer Linde. Unter einer ebensolchen erwartet die »wahre Braut« ihren Prinzen. Das »tapfere Schneiderlein« foppt den tumben Riesen erst mit der Eiche, dann mit dem Kirschbaum; der Sprung hinter einen Baum rettet ihn vor dem Einhorn, das sich an ihm festspießt. Der »starke Hans « nimmt den Tannendreher mit auf Fahrt. Aus einem Eichbaum holen die vier Burschen den »Mond« herab und teilen ihn. »Allerleirauh« verbirgt sich in einem hohlen Baum – da entdecken sie die Jagdhunde des Königs. Ähnliches widerfuhr dem »Marienkind« und der Schwester der »Sechs Schwäne«. Der »Geist im Glas« findet sich in der Wurzel eines Baumes, ebenso die »goldene Gans«. Im »singenden, springenden Löweneckerchen« wird das Paar durch einen Nußbaum gerettet, der aus dem Meer wächst. Der Obstbaum vom »Spielhansl« läßt ohne dessen Befehl niemanden, der ihn bestiegen hat, wieder herunter. Selbst der Tod muß droben warten, bis unten das Spiel zu Ende ist.

Mitunter werden im Märchen antike Reminiszenzen wach: Mit goldenem Schlüssel geöffnet, bietet der Baum Essen und Trinken, Bett und Kleider; die »Alte im Wald« hat einen Prinzen in einen Baum verwandelt. Das klingt nach Ovid – nicht aber die Erlösung durch ein „armes Dienstmädchen“, das dann Königin wird. Der Königssohn, der sich vor nichts fürchtet, findet den bewachten Garten: „Da stand mitten inne der Baum des Lebens, und die roten Äpfel leuchteten an den Ästen“. Das erinnert an den Sündenfall, an die *arbor vitae* in der Johannes-Apokalypse (22, 2) und an Herakles, der die Äpfel der Hesperiden sucht. Beides taucht wieder auf im Märchen von der »weißen Schlange«. Die stolze Königstochter verlangt von ihrem Freier einen goldenen Apfel vom Baum des Lebens, der am Ende der Welt steht. Ein dankbarer Rabe bringt ihn dem Jüngling, er teilt ihn mit der Prinzessin, und das stiftet ihr Glück – eine Umkehr des Paradiesesmythos. Ebenfalls an die Hesperiden gemahnt eine Episode aus dem »Teufel mit den drei goldenen Haaren«: Der Baum trägt wieder goldene Äpfel, sobald die Maus getötet wurde, die an seiner Wurzel nagt. Bei der Kraftprobe mit dem »tapferen Schneiderlein« biegt der Riese einen Kirschbaum herunter, so wie Sinis der „Fichtenbeuger“ in der Theseusmythe. Zweiäugleins Apfelbaum gönnt niemand anderem seine Früchte; wir denken an Tantalos: Er muß hungern, weil die Baumfrüchte vor seiner Nase sich seinem Zugriff entziehen. Wer nach biblischer Sitte (s. 2f) unter einem Baum begraben wird, lebt in ihm fort: Der Machandelboom *alias* Wacholderbaum verkörpert den unter ihm beigesetzten Bruder von Marlenichen, der dem Geäst als Vogel entfliegt und sich an der bösen Stiefmutter rächt – eine ergreifende Geschichte. Bäume erscheinen im antiken Sinne beseelt, als handelnde Wesen: Aschenputtel erhält vom Hasel auf dem Grab der Mutter kostbare Kleider. Bäume können sprechen, wie Alexanders Sonnenbaum (s. 4v), so der Apfelbaum auf dem Weg zu Frau Holle – er ist eine moralische Instanz.

An den chinesischen Weltenbaum, an dem die Sonne emporklimmt (s. 3v), denken wir im Lügenmärchen »Der Dreschflegel vom Himmel«: Ein Bauer verlor ein Rübsamenkorn, aus dem wuchs ein Baum, der bis an die Wolken reichte. Der Bauer kletterte an ihm empor, um zu sehen, was die Englein treiben. Sie droschen Hafer. Da bemerkte das Bäuerlein, wie unten jemand den Baum ansägte, so daß er wackelte. Gleich flocht er sich ein Strohseil und ließ sich an ihm herab auf die Erde. Vorsorglich aber brachte er aus der Höhe einen „Dreschflegel zum Wahrzeichen mit, so daß niemand an seiner Erzählung mehr zweifeln konnte“. In dem nachgrimmschen Märchen von der »Prinzessin auf dem Baum« (Zaunert S. 1ff) klettert der Schweinehirt den „allmächtig hohen Baum" empor, „dessen Zweige sich in den Wolken verloren" und erreicht nach zwei Tagen auf halber Höhe ein Dorf, wo er aber nicht bleibt, da er bis auf den „Zopf" hinauf will, und dort findet er die in einen Palast verbannte Prinzessin, die er nach allerlei Abenteuern erlöst.

n. Die Grimmschen sind nicht die einzigen Märchen, in denen Bäume Schlüsselstellung einnehmen – denken wir an Storms »Regentrude«, Oscar Wildes »Selfish Giant«, oder Andersens »Feuerzeug«. Monika Beisner und Tatjana Michaelis haben 1994 weitere Baummärchen aus aller Welt und allen Zeiten veröffentlicht. Bei den Kindern der DDR waren die „Geschichtenlieder" vom »Traumzauberbaum« beliebt. Reinhard Lakomy und Monika Ehrhardt ließen die Waldgeister Moosmutzel und Waldwuffel nach den Wunderkräften der Traumblätter suchen, die sich, mit einer Stimmgabel berührt, musikalisch offenbarten.

Das Naturempfinden, zumal des 19. Jahrhunderts, zeigt seine Vielfalt in allen Gattungen der Literatur. Bäume blieben beliebt, wie die Anthologien von Honnefelder (1977) und Hindermann (1984) dartun. So in der Prosa: Brentanos »Myrtenfräulein« (1827), Tiecks »Waldeinsamkeit« (1841), Droste-Hülshoffs »Judenbuche« (1842), Fontanes »Unterm Birnbaum« (1885), Raabes »Else von der Tanne« (1912). Dasselbe gilt für die Poesie. Schubert vertonte Wilhelm Müllers »Am Brunnen vor dem Tore« mit dem rätselhaften Schluß: „Du fändest Ruhe dort!" – eine Aufforderung zum Selbstmord? Eichendorffs „O Täler weit, o Höhen, o schöner grüner Wald!" wurde von Mendelssohn in Musik verwandelt. Die »Baumpredigt« von Anastasius Grün aus dem Jahre 1830/31 ist ein nächtliches Gespräch, bei dem die verschiedenen Bäume sich selbst anpreisen. Populär, doch ephemär war das Epos »Dreizehnlinden« von Friedrich Wilhelm Weber (1878).

Ein Leitmotiv ist der Baum im poetischen wie prosaischen Werk von Gottfried Keller (Wieser 1960). Sein Protest gegen die Baumschlächterei (s. 1p) und die Behandlung der Minne-Linde (s. 7u) wurden als Zeugnisse für seine Baumbegeisterung oben genannt. Schon Zeilen aus einem Sonett von 1843 belegen sie:

> Der grüne Baum, er ist die gute Sache,
> Zu der ich nun vor aller Welt geschworen,
> Die teure Freiheit, die ich mir erkoren
> Und zum Symbole meines Schildes mache.

Der Grüne Heinrich scheitert als Maler bei dem Versuch, eine alte Eiche seiner Heimat darzustellen – jede Wiedergabe bleibt hinter dem Original hoffnungslos zurück. Seinen Spitznamen von dem grünen Uniformtuch seines Anzugs verinnerlicht er durch Umdeutung auf das Laubgrün. In einem Traum durchwandelt der Held die Kronen eines Waldes wie eine andere, reinere Welt; der Gedanke, zwischen vier Fichtenbrettern in die Natur zurückzukehren, gewinnt etwas Tröstliches – und dies hat er auch für mich. Keller schätzt darüber hinaus das Bild des Waldes für die Nation, er spricht von der „heimeligen Waldnacht des Volkes", aus der die Sieben Aufrechten für kurze Zeit heraustreten, in der sie aber dann als Individuen „aufgehoben" sind.

Dichtung und Leben verbinden sich in der wohl bekanntesten Baumballade, Theodor Fontanes »Ribbeck auf Ribbeck im Havelland«. Generationen von Schülern haben sie auswendig gelernt. Die 1889 geschriebene Ballade des damals siebzigjährigen Dichters erzählt, wie aus einer Birne, die der Gutsherr vorausschauend in seinen Sarg mitgenommen hatte, ein Baum erwuchs, dessen Früchte Generationen von Kindern erfreuten. Die Geschichte geht zurück auf ein inhaltlich gleiches Gedicht der Auguste Hertha von Witzleben, Enkelin eines Ribbeck, aus dem Jahre 1875, die ihrerseits eine märkische Familien-Sage in Verse brachte. Am 20. Februar 1911 brach ein Sturm den Baum an der Kirche, ein zweiter wurde gepflanzt, der Mitte der sechziger Jahre abgesägt wurde. Die Sozialisten hatten die Ribbecks trotz ihrer Einstufung als Antifaschisten – der letzte Schloßherr starb 1944 in einem Konzentrationslager – enteignet und kamen auch mit dem alten kinderfreundlichen Adligen nicht zurecht. Ein Wandgemälde von 1954 im Treppenhaus des Schlosses, das seither Altersheim ist, zeigt einen feisten Junker, der ausgemergelte Proletarier herablassend mit einer Birne abspeist. Nach der Wende aber wurde der dritte, allerdings unfruchtbare Birnbaum gepflanzt, der 2000 durch ein zwanzigjähriges verheißungsvolles Stämmchen ersetzt worden ist.

o. Wie in Antike und Mittelalter, so hat auch in der Neuzeit der Baum poetisch begabte Philosophen inspiriert. 1748 erschien in Potsdam das Buch »L'homme – plante« von Julien Offray de Lamettrie, damals Vorleser Friedrichs des Großen. Der Autor machte aus dem Menschen gewissermaßen einen Baum auf Beinen, ebenso überzeugend wie sein im selben Jahr vorgelegter Beweis, daß der Mensch eine Maschine sei, so in »L'homme – machine«, veröffentlicht in Leiden. Funktionale Parallelen sind in beiden Fällen unbestreitbar, liefern jedoch keine Identitätskriterien. Den im folgenden behandelnden Denkern war das bewußt.

In seiner Frühschrift von 1774 »Auch eine Philosophie der Geschichte zur Bildung der Menschheit« veranschaulichte Johann Gottfried Herder die höhere Bedeutung der jüdisch-christlichen Tradition gegenüber anderen Kulturen mit der alle anderen Bäume überragenden Zeder. Hier erscheint die Zivilisation der Menschheit als Wald; anderen Ortes wird sie mit einem einzigen Baum verglichen, mit der altgermanischen Weltesche.

„Wie schoß der eine alte simple Stamm des Menschengeschlechts in Äste und Zweige!“ Der Baum verdeutlicht Reichtum und Ordnung, Vielfalt und Zusammengehörigkeit der Individualitäten: „Jedweder Ast von hier gewissermaßen ein Ganzes“. Alles lebt vom gleichen Safte. Herder erblickt in den frühen Kulturen ein vielverzweigtes Wurzelwerk, das sich, im Römischen Weltreich zu einem einzigen Stamme vereint, in stolze Höhe erhebt, um sich dann in die astreiche Krone der neueren Völker zu entfalten. Die Allegorie erweist den Fortschritt: Sind wir doch „der höchste Gipfel des Baums in Betracht aller vorigen, auf denen wir stehen! Wie haben wir uns so vielen Saft aus Wurzel, Stamm und Ästen zunutze gemacht als unsere dünnen Gipfelzweige nur fassen können, sehen hoch über Morgenländer, Griechen, Römer, zumal über den mittleren (das heißt mittelalterlichen A. D.) gotischen Barbaren; hoch sehen wir also über die Erde, gewissermaßen alle Völker und Weltteile unter unserem Schatten.“ Herder glaubt an eine Überlegenheit der Gegenwart gegenüber der Vergangenheit, nicht aber an einen Vorrang der eigenen Kultur. Entsprechend dem von ihm ebenfalls geschätzten Bild vom Völkergarten, wo in jedem Beet Blumen und Disteln nebeneinander gedeihen, gesteht er jedem Ast am Völkerbaum sein Daseinsrecht zu. Wie schon Marc Aurel (s. 5w) zog Herder ethische Konsequenzen aus dem Bilde: Alle Zweige sind Teile desselben Lebewesens – daher sind alle Kriege Bruderkriege.

Der Baum verbildlicht bei Herder die Menschheit als ganze, außerdem die verschiedenen Völker, aber auch den Einzelnen – so den Autor selbst. „Was ich bin, bin ich geworden. Wie ein Baum bin ich gewachsen: der Keim war da; aber Luft, Erde und alle Elemente, die ich nicht um mich satzte, mußten beitragen, den Keim, die Frucht, den Baum zu bilden“ – so 1778 in der Schrift »Vom Erkennen und Empfinden der menschlichen Seele«. So löst sich der Mensch in Natur auf. Wenn der Same vom Vorfahren stammt, die Lebensbedingungen von außen gegeben sind – was ist dann an mir noch „selbst“?

p. Diese Frage beschäftigte Immanuel Kant 1784; er publizierte in der »Berlinischen Monatsschrift« seine »Idee zu einer allgemeinen Geschichte in weltbürgerlicher Absicht«. Darin suchte er zu zeigen, daß nach dem Willen der Natur die von ihr dem Menschen verliehenen Fähigkeiten, namentlich die, selbst zu denken und sich selbst zu regieren, dermaleinst zur vollen Entfaltung bestimmt seien. Um diese Entwicklung in Gang zu setzen, bediene sich die Natur der uns eingepflanzten „ungeselligen Geselligkeit“. Für das Gedeihen des Einzelnen in der bürgerlich verfaßten Gesellschaft braucht Kant das Bild des Waldes. „So wie Bäume in einem Walde eben dadurch, daß ein jeder dem anderen Luft und Sonne zu benehmen sucht, einander nötigen, beides über sich zu suchen und dadurch einen schönen geraden Wuchs bekommen; statt daß die, welche in Freiheit und voneinander abgesondert ihre Äste nach Wohlgefallen treiben, krüppelig, schief und krumm wachsen", so wüchsen die „Keime der Natur", wie auch die „Keime der Aufklärung" durch keinen Völkersturm zu zerstören seien. Freilich bedürfe dies der Geduld der Regierten und der Gerechtigkeit der Regierenden und komme nie zur Vollendung, denn „aus so krummem Holze, als woraus der Mensch gemacht ist, kann nichts ganz Gerades gezimmert werden". Es verwundert ein wenig, wenn Kant so schlecht über Freibäume denkt. Daß sie keinen hohen Stamm ausbilden, kann bloß der Forstwirtschaftler bedauern – die Krone gerät um so prachtvoller zum Kugelbaum. Kant hätte die uralte Linde von Speck an der Müritz sehen sollen! Ein Charakterbaum *sans pareil*, obschon ihr Stamm nur noch aus einem Bündel verholzter Rindenstreifen besteht. Recht hat Kant damit, daß eine vergleichbare Entfaltung im Menschenleben bei einem Robinson kaum zu erwarten wäre, darum bedarf es bei uns Menschen, anders als bei den Bäumen, des Antagonismus der Inidividuen, der geselligen Ungeselligkeit, damit die Talente des Menschen nicht „auf ewig in ihren Keimen verborgen bleiben".

q. Im gleichen humanitären Geist wie Herder und Kant arbeitete Wilhelm von Humboldt mit dem Baumgleichnis. In seinen 1812 bis 1814 in Wien niedergeschriebenen »Betrachtungen über die Weltgeschichte« heißt es: „Der Einzelne ist im Verhältnis zu seiner Nation nur in *der* Art ein Individuum wie ein Blatt im Verhältnis zum Baum; ebenso kann die Stufenfolge der Individualität weitergehen, von der Nation zum Völkerstamm, von diesem zur Rasse, von ihr zum Menschengeschlecht." Der Baum zeigt die Grenzen der Individualität: Jedes Ahornblatt *exempli gratia* ist singulär in seiner jeweiligen Form und dennoch nur ein Ahornblatt. Entsprechend ist jeder Ahornbaum wiederum ein Einzelexemplar und trotzdem durch Gattungsmerkmale als Ahorn erkennbar; jede Baumart sodann ist eine Sonderform und gleichwohl ein Holzgewächs, und so weiter ins allgemeine zur Pflanze, zum Lebewesen, zum Geschöpf. Humboldt bemerkt: „Das Menschengeschlecht ist eine Naturpflanze wie das Geschlecht der Löwen und Elefanten" – aber im Unterschied zu diesen durch die Sprache und die Freiheit imstande und aufgefordert, sich in einer „regelmäßigen, stufenweisen Verbesserung" zu veredeln. Dabei geht es dem Autor nicht um eine „abstrakt gedachte Vollkommenheit" am Ende der Zeiten, sondern um größtmöglichen Reichtum in sich vollendeter Formen im Laufe der Zeiten. Jede sich verwirklichende „Idee" ist ihr eigener Selbstzweck, so wie jeder Baum in der Natur um seiner selbst willen da ist.

Die Liebe zu Bäumen teilte Wilhelms jüngerer Bruder Alexander, der große Naturforscher und Humanist. Auf seiner Reise in die »Aequinoctial-Gegend des neuen Continents«, das heißt zum Orinoko in Venezuela hatte er Mitte Februar 1800 ein Baumerlebnis: „Hinter dem Dorf Turmero,

Maracay zu, bemerkt man auf 4, 5 Kilometer weit am Horizont einen Gegenstand, der wie ein runder Hügel aussieht. Es ist aber weder ein Hügel, noch ein Klumpen dicht beisammen stehender Bäume, sondern ein einziger Baum, der berühmte *Zamang de Guayre*, bekannt im ganzen Land wegen der ungeheuren Ausbreitung seiner Äste, die eine halbkugelige Krone von 187 Metern im Umfang bilden. Die Zamang ist eine schöne Mimosenart, deren gewundene Zweige sich gabelig teilen. Sein feines, zartes Laub hob sich angenehm vom blauen Himmel ab. Wir blieben lange unter diesem vegetabilischen Gewölbe. Der Stamm ist nur 20 Meter hoch und hat drei Meter Durchmesser, seine Schönheit besteht aber eigentlich in der Form der Krone. Die Äste breiten sich aus wie ein gewaltiger Sonnenschirm und neigen sich überall dem Boden zu, von dem sie ringsum vier bis fünf Meter abstehen. Der Umriß der Krone ist so regelmäßig, daß ich verschiedene Durchmesser, die ich nahm, 62 und 60 Meter lang fand. Die eine Seite des Baumes war infolge der Trockenheit ganz entblättert; an einer anderen Stelle standen noch Blätter und Blüten nebeneinander. Tillandsien, Lorantheen, die Pitahaya und andere Schmarotzergewächse bedecken die Zweige und durchbohren die Rinde derselben. Die Bewohner dieser Täler, besonders die Indianer, halten den Baum in hohen Ehren, den schon die ersten Eroberer ziemlich so gefunden haben mögen, wie er jetzt vor uns steht. Seit man ihn genau beobachtet, ist er weder dicker geworden, noch hat sich seine Gestalt sonst verändert. Der Anblick alter Bäume hat etwas Großartiges, Imponierendes; die Beschädigung dieser Naturdenkmäler wird daher auch in Ländern, denen es an Kunstdenkmälern fehlt, streng bestraft. Wir hörten mit Vergnügen, der gegenwärtige Eigentümer der Zamang habe einen Pächter, der es gewagt, einen Zweig davon zu schneiden, gerichtlich verfolgt. Die Sache kam zur Verhandlung, und der Pächter wurde vom Gericht zur Strafe gezogen" (A. v. Humboldt 1985, S. 157). Epochal ist dieser Text, weil Alexander von Humboldt mit dem Wort *monument de la nature* den Begriff „Naturdenkmal" inauguriert hat, der für den Baumschutz tragende Bedeutung gewonnen hat (s. 9z). Doch zurück zur Philosophie!

r. In seinem 1819 erschienenen Hauptwerk »Die Welt als Wille und Vorstellung«, genauer: in den Ergänzungen zum zweiten Buch (Kapitel 19) behandelt Schopenhauer den »Primat des Willens im Selbstbewußtseyn«. Er demonstriert diese für seine Philosophie zentrale These am Sinnbild des Baumes. Er hat „zwei Pole, Wurzel und Krone: jene ins Finstere, Feuchte, Kalte; diese ins Helle, Trockene, Warme strebend". Die Wurzel ist das „Wesentliche, Ursprüngliche, Perennierende, dessen Absterben das der Krone nach sich zieht, ist also das Primäre; die Krone hingegen ist das Ostensible, aber Entsprossene und ohne daß die Wurzel stirbt, Vergehende, also das Sekundäre. Die Wurzel stellt den Willen, die Krone den Intellekt vor." Vermittelt wird beides durch den Stamm – Schopenhauer spricht vom „Wurzelstock" - der das Ich, den „gemeinschaftlichen Endpunkt" darstellt. Und so wie „eine große Krone nur einer großen Wurzel zu entsprießen pflegt, so finden die größten intellektuellen Fähigkeiten sich nur bei heftigem, leidenschaftlichem Willen". Ein Genie ist für Schopenhauer ein primär vegetatives Phänomen, eine „Naturpflanze", wie es bei Humboldt heißt, von ungewöhnlicher organischer Potenz, so wie der vorgebliche Weiberfeind selbst.

Metaphern verdeutlichen das Gemeinte, können es aber auch, weitergedacht, widerlegen. Individualgenetisch ist ja nicht die Wurzel das Primäre, sondern der keimende Same: er erhält *in nuce* bereits Wurzel und Krone. Die Pflanze wächst nicht nur von unten nach oben, sondern von der Erdoberfläche aus in beide Richtungen zugleich. Und nicht nur ernährt die Wurzel die Pflanze, auch die Blätter tun dies; nicht jede Wurzel treibt neu, wenn die Krone gekappt ist; wohl aber vermehren sich viele Pflanzen durch abgeschnittene Stecklinge. Das aber hieße, daß der Mensch ebenso durch seinen Intellekt wie durch seinen Organismus lebt – *quod mihi placet.*

Schopenhauer hat den zweiten Teil seines großen Werks unter das Motto gestellt: *Paucis natus est, qui populum aetatis suae cogitat* – „Der ist für Wenige geboren, der allein an seine Zeitgenossen denkt". Den Spruch entnahm er Senecas Briefen an Lucilius (79,17), er heißt weiter: *Multa annorum milia, multa populorum supervenient, ad illa respice* – „Viele Tausende von Jahren und Völkern kommen noch – auf diese richte dein Augenmerk!" – Schopenhauer illustriert das in seinen »Paralipomena« von 1851 (31,390) durch ein autobiographisches Gleichnis. Beim Botanisieren unter einer Eiche fand er eine „Pflanze von dunkler Farbe". Als er sie abschneiden wollte, sagte sie: „Mich laß stehen! Ich bin kein Kraut für dein Herbarium, wie jene anderen, denen die Natur ein einjähriges Leben bestimmt hat. Mein Leben wird nach Jahrhunderten gemessen: ich bin eine kleine Eiche". Diese aber ist niemand anders als der Autor selbst, dessen Lehre erst in ferner Zukunft zur Geltung kommen sollte – eine Prognose, die sich bewahrheitet hat.

s. Anders wiederum hat Friedrich Nietzsche das Baumgleichnis gebraucht. Im Herbst 1873 schrieb er in Basel seine Zweite Unzeitgemäße Betrachtung »Vom Nutzen und Nachteil der Historie für das Leben«. Darin erläuterte er das Wesen des historischen Bewußtseins. Die dem kosmopolitischen Nomadentum „entgegengesetzte Empfindung, das Wohlgefühl des Baumes an seinen Wurzeln, das Glück, sich nicht ganz willkürlich und zufällig zu wissen, sondern aus einer Vergangenheit als Erbe, Blüte und Frucht herauszuwachsen und dadurch in seiner Existenz entschuldigt, ja gerechtfertigt zu werden – dies ist es, was man jetzt mit Vorliebe als den eigentlich historischen Sinn bezeichnet." Nietzsche beschreibt hier das, was er als das „antiquarische" Interesse an der Geschichte bestimmt – es ist eine Weise, wie die Historie dem Leben dient. Freilich dürfe die Beharrung nicht zur Erstarrung führen. Wenn der historische Sinn sich aller Neuerung entgegenstellt und das Leben „mumisiert, so stirbt der Baum, unnatürlicher Weise, von oben allmählich nach der Wurzel zu ab – und zuletzt geht gemeinhin die Wurzel selbst zu Grunde". *Quod absit.*

In den achtziger Jahren hatte Nietzsche die Niederungen der Kathederphilosophie hinter sich gelassen und sich hochalpinen Regionen des Geistes zugewandt: der Welt Zarathustras. Dieser traf auf den Höhen vor der Stadt, die genannt wird „die bunte Kuh" – *ku* heißt im Persischen „Berg" – einen Jüngling, der bei einem Baum saß. Diesen mit der Hand zu schütteln, mißlang – doch der Wind vermochte es. So sind unsichtbare Kräfte oft stärker als sichtbare. „Es ist mit dem Menschen wie mit dem Baume. Je mehr er hinauf in die Höhe und Helle will, um so stärker streben seine Wurzeln erdwärts, abwärts, ins Dunkle, Tiefe – ins Böse". Der Baum verbildlicht Strebsamkeit, Standhaftigkeit und Selbstgenügsamkeit; schweigend wächst er über Mensch, Pflanze und Tier hinweg – er ist der „Übermensch" im Reiche Floras und wartet allein auf den Blitz, der ihn zerstört, indem er ihn mit dem Himmel verbindet. Und dieser Blitz ist für den Jüngling der Prophet Zarathustra, für den Leser ist es Nietzsche.

t. Vom Baum in der Philosophie ist es nur ein kleiner Schritt zum Baum in der Politik. Schon in der Jotham-Fabel des Alten Testaments, wo es um die Königswahl der Bäume ging (s. 2l), und wiederum im kosmopolitisch gebrauchten Baumgleichnis Marc Aurels (s. 5w) wurden politische Meinungen an Baumallegorien verdeutlicht. Eine Politisierung liegt vor, wenn ein Baum zum Nationalsymbol aufsteigt. Sofern dieser auch für andere Völker eine Bedeutung besitzt, ist damit auch etwas über das Verhältnis zu diesen gesagt. Die Kür der „Deutschen Eiche" verrät unausgesprochen einen außenpolitischen Hegemonialanspruch über jene Nachbarvölker, die auch ihrerseits diesem Baum einen Vorrang zuweisen (s. 9e).

Innenpolitisch wurden Baum und Wald im Nationalsozialismus instrumentalisiert. Der Naturschutz erhielt einen zuvor unerreichten Stellenwert, nicht zufällig war Hermann Göring als Stellvertreter des Führers und Reichskanzlers im Nebenberuf seit 1934 Reichsforst- und Reichsjägermeister. Die deutsche Waldpflege genoß europäische Anerkennung (Lehmann S. 126). Die Wertschätzung der Bäume hatte indes auch übertragene Bedeutung: Volk und Staat als Organismus, der Dienst der Glieder am Körper, die naturhafte Zusammengehörigkeit der Stammverwandten – all dies waren Kerngedanken der Hitlerbewegung. War die Umbenennung des Waldes in „NS-Baumgemeinschaft" von Außenstehenden als Witz gedacht, so war dies für Überzeugte ein Glaubensartikel. Der Führer wurde zum Förster, oder nach Ernst Jünger gar zum Oberförster – so in dessen »Marmorklippen«.

Die Bäume bedeuteten die gleichgeschalteten Volksgenossen, für die über der Rasse nichts mehr gelten sollte, weder Leistung noch Titel, weder Ansehen noch Adel. Fest verwurzelt im Heimatboden, stramm stehend nebeneinander wie Soldaten – das war der Wald durch die braune Brille. Auch die Parasiten und Schädlinge fanden sich wieder. Der Topos war mit der Dolchstoß-Legende verbunden. Schon Kaiser Wilhelm im Exil war von ihr durchdrungen und verstieg sich zu maßlosen Äußerungen. Er schob die Schuld an dem Siegfried-Schicksal des deutschen Volkes auf den Stamm Juda und schrieb am 2. Dezember 1919: „Kein Deutscher vergesse das je, und ruhe nicht, bis nicht diese Schmarotzer vom deutschen Boden vertilgt und ausgerottet sind! Dieser Giftpilz am deutschen Eichbaum!" (Röhl S. 22).

Die Nazifizierung des Waldes erfolgte mit Rückenwind aus der Romantik im Kielwasser der völkisch Bewegten. Die Philosophie des Waldes aus der Feder des umweltbewußten Wiener Volksbiologen Raoul Francé, hochgejubelt 1923 im »Türmer. Monatsschrift für Gemüt und Geist« (26, S. 68 f), erkannte die „tiefgründige Lehre von der harmonischen Lebensgemeinschaft" der Bäume, unter denen es den Individualismus mit dem Willen zur Macht ebensowenig gebe wie den Sozialismus mit seiner öden Gleichmacherei. Den Weg zur Rettung weise der ewige Wald. Aber ist er in der Tat so friedlich, wie es scheint? Entsteht er nicht aus einem gnadenlosen Kampf ums Licht, bei dem erstickt, was sich nicht durchsetzt? Das berührt unser Mitleid nicht, denn Pflanzen sterben schweigend.

Wie kein anderer hat Hitler seine Politik als Vollzug von Naturgesetzen verstanden, und eben dies hätte die Waldschwärmer schrecken müssen. Aber ihr Blick war getrübt, das lehrt beispielhaft der Ameisenforscher und Ökologe Karl Escherich 1935 in seiner zweiten »Münchener Rektoratsrede über die Erziehung zum politischen Menschen«. Für ihn wie für Franz von Mammen mit seinem Buch von 1934 »Der Wald als Erzieher« wurde der Wald zum stummen Lehrmeister für die deutsche Jugend. In diesem Sinne verkündete Hermann Göring (Reden S. 251): „Auch das Volk ist eine Lebensgemeinschaft, ein großes organisches ewiges Wesen, dessen letzte Glieder die einzelnen Volksgenossen sind. Nur die völlige Einordnung des Einzelnen in den Dienst des Ganzen verbürgt die ewige Dauer der Gemeinschaft. Ewiger Wald und ewiges Volk gehören zusammen". Ein Kulturfilm von 1936 »Ewiger Wald« brachte die Botschaft ins Bild. Ahnte man nichts von „Buchenwald" und „Birkenau"? Wie schuldlos der Wald selbst an seiner Nutzung ist, ließe sich zeigen, wenn wir die allseits beliebten Naturmetaphern im Dienste einer monarchischen oder aristokratischen, einer demokratischen oder anarchistischen Ideologie nebeneinander stellten – Natur ist geduldig, Natur dient allen. Trotz ihrer beliebigen Verwendbarkeit genießt sie Ansehen und verleiht demjenigen Respekt, der sie für sich ins Feld zu führen versteht. „Naturgemäß" ist vorbildlich.

Seit 1938 gab es in Himmlers Lehr- und Forschungsgemeinschaft »Ahnenerbe e.V.« eine eigene Abteilung „Wald und Baum in der arisch-germanischen Geistes- und Kulturgeschichte", die sich mit der hercynischen Verwurzelung des Deutschtums befaßte. Es war das größte geistesgeschichtliche Forschungsvorhaben des Dritten Reiches. An seiner Spitze stand der Indogermanist Walther Wüst, zu den Mitarbeitern gehörten solch respektable Forscher wie Franz Altheim, Hermann Aubin, Karl Bosl, Karl August Eckhardt und Wilhelm Lettenbauer. Behandelt werden sollten volkskundliche, religionswissenschaftliche, kultur- und rechtshistorische Themen (Rusinek 2000). Der Kriegsausbruch 1939 machte dem interdisziplinär angelegten, germanophil-antichristlichen Forschungsprojekt ein rasches Ende.

Ein Satyrspiel zum Abschluß dieses trüben Kapitels deutscher Waldgeschichte ging im Oktober 2000 durch die Presse. 1938 hatte ein hitlergläubiger Forstmeister auf den Ländereien derer von Wedel zu Zernikow in der Uckermark eine Kiefernschonung dergestalt mit Lärchen bepflanzt, daß im Herbst, wenn die Lärchen gelb werden, aus der Vogelperspektive ein riesiges Hakenkreuz zu erkennen war. Die DDR hatte das toleriert oder ignoriert, denn nur tief fliegende Kleinflugzeuge auf dem Weg nach Polen konnten das Zeichen erkennen. Die Förster, so hieß es, wußten von nichts, als bei einem technischen Kontrollflug das Phänomen 1992 entdeckt wurde. Die Presse griff es auf, der »Figaro« alarmierte Frankreich, Staatspräsident Mitterand intervenierte bei dem Bundespräsidenten Roman Herzog, der drang in Brandenburg auf Abhilfe. Über sechs Zwischenstationen erreichte er die märkischen Holzhackerbuben. Ein politisch korrekter „Pflegehieb" erfolgte, die Bäume waren beseitigt. Nicht aber das Bild. Denn nun sprachen die Lücken. 1999 gab es eine abermalige Medienkampagne, und ihr gelang es, den Wald zu entnazifizieren: Nach kurzer Debatte beschloß die Landesregierung „ein Zeichen zu setzen", indem sie das Zeichen beseitigte – eine unliebsame Erinnerung verschwand, die Presse atmete auf.

Der Uckermärker Hakenkreuzwald war weder singulär noch originell. Bei Asterode auf dem Knüll sah man aus der Luft nicht nur die Svastika, sondern zudem die Jahreszahl 1933, die als ebenso unerwünscht auf ministerielle Anordnung 1966 mit der Säge entsorgt wurde. Die fiktiven Fälle von Naurod, Aßlar und Jesberg entsprangen indes dem Geltungsdrang der Einwohner oder der Sensationsgier von Journalisten. Vorläufer dieser Baumbilder sind die WETTIN-Pflanzungen der sächsischen Staatswälder, in denen 1889 das 800-Jahresjubiläum der Dynastie verewigt werden sollte. Lehmann (S. 128 ff) nennt weitere, ältere Beispiele aus England, die für Ballonfahrer gedacht waren.

u. Soweit Bäume nicht aus politischen Gründen stören, haben sie Anwälte gefunden. Diese wenden sich gegen das fortschrittsbedingte Abholzen der Modernisierer. Mit der „Grünen Welle“ der Umweltschützer hat sich ein Bewußtseinswandel angebahnt. Er wurde vorbereitet durch die Präsenz der Bäume in der Poesie des 20. Jahrhunderts. Nicht nur Brecht hat ihnen gehuldigt, denken wir an Christian Morgensterns „Tannenwurzeln, krumm und alt“, an Hermann Hesses Zypressen von San Clemente, die sich der frommen Tempelbesucher aus vorchristlicher Zeit entsinnen, oder an Günter Eichs Weiden: „verwachsene Weiber, gebeugt mit zottigem Kopf“. Kritisch gegenüber der kapitalistischen Verwertungsideologie ist Eichs »Zwischenbescheid für bedauernswerte Bäume« von 1966: „Akazien sind ohne Zeitbezug./Akazien sind soziologisch unerheblich./ Akazien sind keine Akazien.“ Meinte er Akazien? oder wollte er sagen: Akazien sind Robinien?

Auf halbem Wege zwischen Poesie und Philosophie finden wir die gedankenreichen Baumgedichte von Paul Valéry, von denen einige Rainer Maria Rilke, andere Ernst Robert Curtius 1952 ins Deutsche übertragen hat. Unter letzteren befindet sich folgendes, es geht um den Schlangenbaum des Paradieses:

Baum, großer Baum, du Himmelsschatten,
Der Bäume Baum, unwiderstehlich
Ziehst aus der Marmore Ermatten
Du deine eignen Säfte selig,
Du gipfelst dich zu Labyrinthen,
Darein sich Finsternisse winden,
Die bald zergehen in Saphiren
Im urewigen Morgenfrieden
Als süße Flucht, Hauch von Zephiren
Oder als Taube vorbeschieden.

Dann kommt die Botschaft der Palme „zwischen Sonn’ und Schattenreich“, die es versteht, aus dem blanken Sand die Süße ihrer Dattelfrucht zu gewinnen und damit ein trostreiches Vorbild für den Bekümmerten darstellt. Oder die Ansprache an die Platane, wenn „im winterlichen Blau der Griff der Tramontane/Dein Saitenspiel erfaßt“, der Wind das bewegte Laub in eine Aeolsharfe verzaubert und „vom Blatt spielt“.

Wie in der Poesie, so lebt der Baum in der Prosa des 20. Jahrhunderts. Hermann Hesses »Piktor« von 1922 verwandelte sich in einen Baum, „war glücklich und zählte die Jahre nicht“. Jean Giono schilderte 1952 seine Begegnung mit dem alten einsamen Hirten Elzéard Bouffier, der auf einem öden Bergzug in der Provence sein Leben lang unentwegt Eichen gepflanzt und damit Wasser und Menschen zurückgebracht hat.

Schließlich fehlt auch der Baum auf der Bühne nicht. Wir trafen ihn in London (s. 3a) und Paris (s. 8w; 9h). Goethes »Götz« (s. 10w), Schillers »Jungfrau« (s. 7a) und Wagners »Lohengrin« (s. 7o) hatten ihn auf die Bretter gebracht, ebenso die »Götterdämmerung« (s. 6p) und die »Walküre«, wo Sieglindes Haus um einen Eschenstamm erbaut ist, darinnen Wotans Schwert steckt. Wieder erscheint der Baum bei Samuel Beckett 1948/53. Vladimir und Estragon warten auf Godot. „Er sagte beim Baum". Im ersten Akt: eine dürre Weide, ein Skelett. Im zweiten Akt künden vier Blätter den Frühling. 1961 gestaltete Alberto Giacometti den Theaterbaum für Beckett aus Draht, Lappen und Gips. Ein jüngstes Beispiel: Am 17. Oktober 2001 brachte der Westdeutsche Rundfunk die konzertante Uraufführung der Oper „Die heilige Linde" von Siegfried Wagner. Der Sohn Richard Wagners, der seinen Vater in der Zahl seiner Bühnenwerke übertroffen hat, vollendete das Vorspiel 1922, es wurde uraufgeführt am 27. November 1924 in Bayreuth. Die Geschichte erzählt, wie der Germanenkönig Arbogast den Römern zuliebe den heiligen Baum seines Stammes umhauen läßt, dann von den Welschen verraten wird und im Kampf umkommt, worauf die in seinen markomannischen Gegenspieler Fritigern verliebte Witwe eine neue Linde pflanzt.

v. In der bildenden Kunst unserer Zeit steht es um den Baum weniger gut als in der Dichtung. Wollten die Meister des Mittelalters Gott als Schöpfer verherrlichen, die Maler der Neuzeit die Natur als Schöpfung preisen, geht es den modernen Künstlern um Selbstverwirklichung in der Form von eigener Schöpfung. Realien dienen nur selten als Medium, und daher tauchen Bäume allenfalls ausnahmsweise in Bildern von Rang auf. Immerhin, es gibt Beispiele. Die Entwicklung wird bei thematischen Ausstellungen deutlich. 1984 zeigte die Badische Landesbibliothek in Karlsruhe Gemälde unter dem Titel „Der Baum: Symbol und Schicksal des Menschen" (Selbmann 1993), die durch die Bundesrepublik gewandert sind. 1985 präsentierte die Serie »Deutschlandbilder No 3« Fotos von Wilfried Bauer und Texte von Peter Schille unter dem Titel »Grüne Patriarchen – Von den ältesten Bäumen der Bundesrepublik Deutschland«; die Ausstellung wurde gefördert von der Lufthansa. In den folgenden Jahren waren in Heidelberg und Saarbrücken Bilder und Dokumente zum Thema „Der Baum" zu sehen (Gercke 1985/86), und 1998/99 offerierte die Fondation Beyeler in Riehen bei Basel Kunstwerke unter dem Motto »Magie der Bäume«. Der Befund wirkt zerrissen – nie war die Bandbreite der gewählten Darstellungsformen so groß, das Gesamtbild so heterogen, so diffus, ja bizarr wie in der Kunst unserer Tage. Dabei sind die Grenzen der Spielerei noch nicht erreicht. Zwar gibt es den Treibholzkreis, das Blütenstaubquadrat, den Stamm verkehrt, doch fehlt noch der Baum Karl Valentins, in Sägemehl verwandelt und in Einmachgläser abgefüllt.

Früh haben die Photographen das Thema „Baum“ entdeckt. Die ältere schwarz-weiß-Technik reduzierte die Motive auf die unnatürlich farbenblinde Hell-Dunkel-Dimension, die dem Künstler ein Ausdrucksmittel an die Hand gab. Die darin liegende Gestaltungsfreiheit hat diese Form der Wiedergabe am Leben erhalten, so in den Baumphotos von – *nomen est omen* – Silva Hahn für den bibliophilen Werbeband des Propyläen-Verlages von Ernst Jünger und Wolf Jobst Siedler (1976). Die Farbphotographie ist in stärkerem Maße von Naturgegebenheiten abhängig, vermag jedoch durch geschickte Auswahl von Gegenstand und Beleuchtung vorzügliche Lichtbilder zu schaffen, so in den Baumbüchern von Mader (1996) und Fröhlich (1996).

Den Photographen geht es überwiegend – wie in der Romantik – um eine Verherrlichung der Natur. Maler und Sachkünstler hingegen haben Baumbilder als Medium der Selbstbezichtigung entdeckt. Eine neue, mehrfach erscheinende Facette ist der mißhandelte Baum, eine Anklage gegen den Menschen und seinen bedenkenlosen Umgang mit der Natur, die von der Marktwirtschaft als Konsumartikel zum alsbaldigen Verbrauch bestimmt wurde. Eindrucksvoll hat Jean Tinguelys 1990 in seinem „Bär von Bursinel“ einen von Eisengerät entstellten Baumtorso gestaltet (Beyeler S. 11). Freilich ist nicht zu übersehen, daß die Künstler ihrerseits mit Pinsel und Beil den Bäumen Gewalt antun – oder aber dem Betrachter, der sich quälen muß, um etwas Baumhaftes in den Artefakten zu entdecken. Niemand verwehrt einem Künstler, ein hübsches Tapetenmuster, ein Arrangement von Spiegeln oder ein rostiges Gestänge für einen „Baum“ zu erklären. Die Losung der liberalen Gesellschaft lautet: *anything goes*. Doch dem Dilemma aller Zivilisationskritik TU QUOQUE entgehen auch die Künstler nicht, sind sie doch selbst Teil der Gesellschaft, die sie kritisieren, und leben von den Verhaltensweisen, die sie tadeln. Zu allen Zeiten ist die künstlerisch dargestellte Natur eine Facette der Gesellschaft. Die Aussage über den Baum ist eine Aussage über den Menschen. Das Schicksal des Baumes spiegelt das Schicksal des Menschen. Im Baum erkennt sich der Mensch.

w. Selbsterkenntnis kann zur Verzweiflung führen, auch im Medium Baum. Der Umgang mit ihm grenzt bisweilen an Dendromanie und gerät dann zum Possenspiel, so bei dem „Baumpaten“ und Aktionskünstler Ben Wargin. Auf seinen Wunsch hin sollte der Berliner Bausenator für die Bundesgartenschau in Britz als ersten Baum am 16. Dezember 1978 einen Gingko-Baum pflanzen. Wieso die Presse ihn aus Australien stammen ließ, ist unklar, da der Baum doch nur in China die Eiszeit überlebt hat. Fremdenfeindliche Baumsünder jedoch sägten die Silberpflaume nachts zuvor mitten durch, so daß der Senator Ersatz benötigte. Er entschied sich für eine deutsche Eiche. Wargin aber gab nicht nach und pflanzte den halbierten

Australo-Chinesen, und der gedieh. 1999 machte der Baumkünstler wieder von sich reden, als er am Spree-Ufer gegenüber dem Reichstag das „Parlament der Bäume" eröffnete, thematisch nicht ganz einsichtig verbunden mit einer Gedenkstätte für die Maueropfer. Am 22. März 2000 – eher akzidentiell als providentiell am Tage des altrömischen Baumfestes *Arbor intrat* (s. 5s) – zelebrierte der Baumartist seine Performance „Aufstand der Bäume" im Lichthof der Technischen Universität als Auftakt einer Baumpflanzaktion.

Ben Wargin bewegt sich damit auf den Spuren eines anderen Virtuosen der Selbstinszenierung. Am 16. März 1982 pflanzte Joseph Beuys auf dem Kasseler Friedrichsplatz die erste von siebentausend Eichen, mit denen der clevere Klever auf der siebten Documenta, die deutsche Eichenliebe nutzend, den Übergang von der Stadtverwaltung zur „Stadtverwaldung" einleitete (Gercke S. 314 f). Es ging in gewisser Weise um eine Wiederverwaldung, denn etwa die angestrebte Zahl von Bäumen hatte die Stadt bei ihrer Zerstörung im Letzten Weltkrieg verloren. Am 22. Oktober 1943 war sie in Schutt und Asche versunken. Die von Säulenbasaltbrocken („dicke Bengels") flankierten Bäumchen wurden von der eigens dafür gestifteten „Freien Internationalen Universität FIU e.V." koordiniert, also doch verwaltet. Das mußte sein: Der Kunstbegriffserweiterer war mit dem Spaten auf ein Zehntausend-Volt-Kabel gestoßen – derartiges wollte man vermeiden. Der sozialpädagogische Auftrag der FIU-Pflanzung war eine „Neuorientierung des Menschen in seinem Verhältnis zur Umwelt" angesichts von deren immer bedrohlicher werdenden Verseuchung. Standortvorschläge aus der Bevölkerung nahm die FIU in der Kasseler Tischbeinstraße 32 entgegen, dendrophile Spenden von fünfhundert Mark pro Baum gingen an den Magistrat der Stadt Kassel, sie waren steuerabzugsfähig. Eichen stifteten unter anderen botanisch definierte Persönlichkeiten wie Rockmusiker „Lindenberg", Kanzler „Kohl" und Finanzminister „Eichel". Der Künstler selbst unterstützte seine Aktion, indem er sich für 400 000 Mark als Werbeträger einer japanischen Whisky-Firma anheuern ließ.

Zur Eröffnung der Documenta Acht 1987, im Jahr nach dem Tode des Fluxus-Künstlers setzte der Sohn Wenzel den 7000. Baum, wiederum vor dem Fridericianum. Damit war die Aktion der Beuys-Bäume abgeschlossen. Für deren Behütung sorgt der 1994 gegründete „Verein 7000 Eichen", denn sie sind bedroht. Daß sich ein Teil der Eichen in Robinien, Linden, Eschen, Platanen, Gingkos und Tulpenbäume verwandelt hat, ist im Hinblick auf den gebotenen Pluralismus gerade eines „sozialen Kunstwerks" hinzunehmen, nicht aber, daß ein Zirkusarbeiter von dem Urbaum auf dem Friedrichsplatz drei Äste abgesägt hat, die bei der Verlegung einer Lichtleitung störten. Das Kasseler Gartenbauamt erhielt zur Pflege der Kunst-Eichen aus öffentlichen Mitteln einen Sonderposten von 200 000 Mark im

Jahr, der inzwischen jedoch auf 50 000 Mark abgeschmolzen wurde. Etwa 150 Bäume müssen jährlich ausgewechselt werden. Eine Recherche im Presse-Archiv des Springer-Verlages am 15. Juni 2001 ergab, daß nach Ausweis des eigens angelegten Eichen-Katasters noch 6679 Baum-Stein-Ensembles erhalten, 196 Bäume jedoch verschwunden sind. Auch fehlen 77 Steine, denen Beuys allerdings mit wachsendem Grün programmatisch eine rückläufige Bedeutung zugewiesen hatte. Der Kasseler Stadtrat beschloß, einen Baum-Beirat einzusetzen und Kassel zur „Stadt der 7000 Eichen" zu proklamieren. Dagegen kommt New York mit seinen acht Beuys-Bäumen nicht an. Der Baumvater dachte freilich in anderer Richtung. „Kassel ist erst der Anfang, danach geht es weiter bis Sibirien". Sein hoch gestecktes Ziel: „Eine neue Kulturhülle um den Erdball".

Sensationen mit Baumbetreff haben Konjunktur. Dies lehrt das jüngst durch die Presse gegangene Schicksal des tausendjährigen Rotholzbaumes „Luna" in der Humboldt County im nördlichen Kalifornien. Amerikas zur Zeit berühmtester Baum sollte gefällt werden. Um das zu verhindern, erstieg ihn Julia Butterfly Hill am Tag der Menschenrechte, am 10. Dezember 1997 und richtete sich dort oben 60 Meter über der Erde auf einer kleinen Plattform ein. Ob sie je von den maronitischen Baumheiligen gehört hatte (s. 7d)? 738 Tage verlebte die 26-jährige Hamadryade dort und erwies sich damit als geistige Tochter von Henry David Thoreau, der sich aus Protest gegen die Zivilisation 1845, „zufällig" am 4. Juli, zwei Jahre in ein selbstgezimmertes Blockhaus bei Boston zurückgezogen hatte und darüber in seinem Buch »Walden, or the Life in the Woods« (1854) berichtet. Das *Sit On* der Baumnymphe hatte Erfolg, sie hielt durch, bis der Baumriese Ende 1999 schließlich unter Schutz gestellt wurde. Das hinderte rachedurstige Täter jedoch nicht, dem Stamm einen tiefen Sägeschnitt zuzufügen, der indes mit Stahlschienen verklammert werden konnte, so daß der 67 m hohe Baum gerettet scheint.

Julia Butterfly Hill hat mit ihrer Baumbesetzung den Straftatbestand der Nötigung erfüllt. Gleichwohl zögert in diesem wie in ähnlichen Fällen die Staatsgewalt, von ihrem Recht Gebrauch zu machen, da das Gesetz nicht mehr auf einen moralischen Konsens über die Strafwürdigkeit einer solchen Handlung gegründet ist. Die Natur ist in einem solch hohen Grade durch die Zivilisation bedroht, daß sich der Widerstand der Umweltschützer gegen den „Fortschritt" organisiert hat und zu Mitteln greift, die über die von Greenpeace praktizierten Methoden hinausgehen. Statt passiven Widerstands wird aktive Sabotage verübt. In Amerika hat die *Earth Liberation Front* (ELF), eine fundamentalistische Untergrundorganisation, Einrichtungen von Holzfällern im Wert von vielen Millionen zerstört, um die nationalen Wälder vor legalisierten Attacken der Kettensäge zu bewahren. Louis Freeh, der Chef des *Federal Bureau of Investigation*, betrachtet die ELF als eine der aktivsten amerikanischen Terroristenbanden. Es sei nur noch eine Frage der Zeit, bis auch Menschen zu Schaden kämen. Selbst der so besonnene *Economist* (December 2001 S. 47f) spricht von Ökoterrorismus. Das ist insofern berechtigt, als der sozialistische, der islamistische und der ökologische Terrorismus neben der Anwendung von Gewalt und der Bereitschaft zum Selbstopfer ein Weiteres gemeinsam haben: das Feindbild. Es ist die Profitgier der kapitalistischen Wohlstandsgesellschaft, die nur noch den Mammon anerkennt.

x. Der selbstlose Einsatz von Baumschützern erklärt sich aus einer in seelischen Tiefenschichten verankerten, unverfügbaren Naturverbundenheit. Diese archaische Disposition äußert sich in verschiedener Weise, nicht zuletzt in der modernen Esoterik. Eine Studie über die Bedeutung des Baumes im Geistesleben kommt nicht umhin, auf diese viel belächelte und doch ernst zu nehmende Erscheinung unserer Zeit einzugehen. Der Begriff *Esoterik* stammt aus der Antike, aus der Schule des Aristoteles. Sie unterschied Schriften für den inneren Lehrbetrieb und solche für das allgemeine Publikum. Dabei ging es keinesfalls um den Gegensatz von Geheimhaltung und Außenwirkung, sondern allein um den zwischen einfacher Gebrauchsliteratur und kunstvoll ausgearbeiteten Dialogen im Stile Platons. Die Zweiteilung benutzte der Spötter Lukian in seiner Schrift über die Philosophen-Versteigerung nach dem Muster eines Sklavenmarktes, auf dem ja auch Intellektuelle zu haben waren (Kap. 26): Unter den verschiedenen Philosophen erscheint der Aristoteliker als Doppelwesen, das von außen *(exōterikon)* anders aussah als von innen (*esōterikon*).

Inhaltlich schließt sich die moderne Esoterik allerdings weniger an Aristoteles als an die Geheimlehren der antiken Mysterienkulte an, deren Gläubigen die Profanierung des Lehrgutes streng untersagt war. Der Grund war die Form der Vermittlung: Geschah diese bei den antiken Philosophien in offener Diskussion, so erfolgte sie bei den Mysterien durch geheime Offenbarungserlebnisse. Diese Beschränkung des „Wissens“ auf Eingeweihte war in Zeiten geistiger Unfreiheit erforderlich, behielt nach deren Ende aber den Reiz der geistigen Überlegenheit durch den Zugang zu Quellen, die, wie man meinte, nicht jedermann verfügbar sind und nur in okkulten Zirkeln erschlossen werden.

Aus der Romantik entwickelten sich weltanschauliche Gruppen, die auf vor- und außerchristliche Religionen zurückgriffen, auf Traditionen der Gnosis und der Kabbala, auf Astrologie und Astronomie und nicht zuletzt auf die germanische und keltische Vergangenheit mit ihren Baumkulten, Baumfesten, Baumorakeln. Der Brite Robert Graves gab 1948 mit seinem Buch »The White Goddess« der dendrophilen Keltomanie einen Impuls (s. 6j); der Franzose Jacques Brosse hat in seiner »Mythologie der Bäume« (1989/2001, S. 273) dem Christentum den Kampf angesagt und die Rückkehr zu den Mythen der Urzeit gefordert. In Anlehnung an Claude Lévy-Strauss meint er, die jüdisch-christliche Tradition habe das Verhältnis zur Natur zerstört. Monotheismus und Rationalismus werden als Irrwege angeprangert, meditative Sensibilität und übersinnliche Spiritualität als Wege zum Heil empfohlen. Der Vorwurf des Irrationalismus trifft, aber schmerzt die Esoteriker nicht, da „irrational" ja nicht nur „unvernünftig", sondern auch „außer- und übervernünftig" bedeuten und eine gesteigerte Empfindsamkeit bezeichnen kann.

Eine „ganzheitliche" Weltanschauung verkünden von Klaus Müller-Abich 1997 herausgegebene Autoren auf dem Weg »Vom Baum der Erkenntnis zum Baum des Lebens«. Diese Sicht bettet den naturgläubigen Neuheiden durch ein Gefühl der „Allverbundenheit" in die Kraftströme des Kosmos ein und verschwistert ihn seelisch mit dessen verschiedensten Erscheinungsformen, unter denen die Bäume angesichts ihrer zeiten- und kulturübergreifenden Faszination einen Vorrang genießen. Daraus ergibt sich eine offene Grenze von der modernen Esoterik zum Naturschutzgedanken und zur Umweltbewegung.

y. Natur und Umwelt sind im Zeitalter der fortgeschrittenen Zivilisation bedroht. Die Technik hat das Geschick der Bäume erkennbar verändert. Schon immer war der Bedarf an Holz und Boden im Konfliktfall stärker als der Respekt vor der Natur, so daß nur unzugängliche Landschaft wirksam Schutz vor Holzfällern bot. Mit der Motorisierung wurde indes der Zugriff auf unwegsame Waldung möglich und wirksam. Hat man in Europa durch Bewirtschaftung inzwischen ein – wenn auch immer wieder bedrohtes – Gleichgewicht herstellen können, gilt dies für die Dritte Welt nicht. Die hemmungslose Rodung der tropischen Regenwälder ist ein Verbrechen an der Natur und damit an den kommenden Generationen.

Als in den frühen achtziger Jahren die Rede vom Waldsterben die Öffentlichkeit alarmierte, ging es nicht allein um den Raubbau an den Grünen Lungen der Erde durch die Zellulosemagnaten, sondern ebenso um die Verschmutzung der Atmosphäre durch die Industrie und die darauf zurückgeführte Auslichtung der Baumkronen. Die Medien verkündeten ein „stilles Sterben", ja ein „ökologisches Hiroshima", das innerhalb von fünf Jahren Europa zur Steppe machen werde. Diese Prognose hat sich als falsch erwiesen und wird nun als purer Medienskandal einer sensationsgierigen Publizistik angeprangert (Holzberger 1995). Man kann das allzu bereitwillige Echo auf die Panikmache als Ersatzreiz für die abklingende Angst vor dem globalen Atomtod verstehen, indem ein bestehendes Entrüstungspotential auf den Walduntergang verlagert wurde, ehe das Ozonloch und der Treibhauseffekt diese Horrorfunktion übernahmen. Doch beweist es zugleich eine hochgradige Sensibilität für die Zukunft der Bäume, ohne die sich ein liebens- und lebenswertes Habitat nicht denken läßt.

Daß die Sorge wenn auch übertrieben, so doch nicht grundlos war, erweisen die jüngsten Waldschadensberichte der Bundesregierung. Danach sind zwei Drittel der Fichten und Tannen sowie drei Viertel der Buchen geschädigt.

Neben der Waldvergiftung durch Abgase gab und gibt es ein Baumsterben aufgrund der wachsenden Mobilität. Bei der Motorisierung des Verkehrs, beim Eisenbahn- und Straßenbau standen und stehen Bäume im Wege. Unzählige Prachtexemplare fielen der Dendrophobie der Verkehrsplaner und dem Sekuritätswahn von Bangemachern zum Opfer. Alte Alleen wurden abrasiert, historische Parkanlagen gnadenlos durchschnitten, Freibäume an Kreuzungen und Brücken umgelegt, durch Ampeln, Verkehrsschilder und Reklametafeln verdrängt. Die Baumsünden der Modernisierer zumal in den Zeiten des „Wirtschaftswunders“ bilden ein trauriges Kapitel in der Geschichte des Fortschritts-Vandalismus.

Die im Vergleich zu Westdeutschland zurückgebliebene Auto-Industrie der DDR ist den Straßenbäumen zugute gekommen. Die meisten und schönsten Alleen Deutschlands befinden sich in Mecklenburg-Vorpommern, wo sie Artikel 12, 2 der Landesverfassung eigens schützt, und in Brandenburg, dessen Baumreihen etwa 12.000 km ausmachen. Freilich waren sie nicht für den rasanten Verkehr gedacht, der nach der Wende einsetzte, so daß die Zahl der tödlichen Unfälle an Straßenbäumen unverhältnismäßig hoch ist, im Jahresdurchschnitt weiterhin 200. Gegen die Abholzungsabsichten der Straßenbauämter hat sich eine „Schutzgemeinschaft Brandenburger Alleen“ gebildet, die unter anderem durch Tempobegrenzung und Warnschilder Autofahrer und Bäume zugleich retten will, nicht jene auf Kosten von diesen.

z. Durch Modernisierung und Motorisierung bedrohte Baumveteranen können staatlich geschützt werden. In der Geschichte des Naturschutzes spielte die Sorge um Bäume stets die führende Rolle. 1835 publizierte die Großherzoglich-Hessische Ober-Forst-Direktion zu Darmstadt einen Erlaß „Betreffend: Die Merkwürdigkeiten in den Waldungen, insbesondere ausgezeichnete Waldbäume“, worin die „Forstinspectoren und Forstpolizeibeamten“ des Landes angewiesen wurden, die botanisch oder kulturhistorisch bemerkenswerten Bäume zu verzeichnen und Maßnahmen zu deren Schutz zu ergreifen (Fröhlich 1989, S. 6).

Das 19. Jahrhundert hat wesentliche Gesichtspunkte im Baumschutz vorgedacht. Der Begründer der wissenschaftlichen Volkskunde Wilhelm Heinrich Riehl (S. 71 ff) erhob 1853 flammenden Protest dagegen, den Wald lediglich als Holzlieferanten und Rodungsgebiet zu betrachten. Seine nationalromantische Überzeugung, daß ein entwaldetes Deutschland den Namen nicht mehr verdiene, beruht auf der These, daß der Wald auch sozialpolitisch ein Kraftreservoir darstelle. Darum seien anstelle der kahlgeschlagenen Länder Frankreich und England nun Rußland und die amerikanischen Freistaaten Mächte der Zukunft. „Der Wald allein läßt uns Kulturmenschen noch den Traum einer von der Polizeiaufsicht unberührten persönlichen Freiheit genießen,“ da man in ihm auch abseits vom Wege herumspazieren darf – ein Überbleibsel altgermanischen Gemeineigentums, das sich der Privatisierung entzogen hat.

Riehls Grundidee, daß Bäume nur in eingeschränktem Sinne Individualeigentum sein dürfen, daß es ein übergeordnetes Allgemeininteresse an ihnen gibt – dieser Gedanke hat sich, von seinem patriotischen Überschwang befreit, durchgesetzt. In Preußen gab es einschlägige Gesetze seit 1905 auf Betreiben des Danziger Museumsdirektors Hugo Conventz. Ihm wurde 1910 die Pflege der Naturdenkmale Preußens übertragen. Sein Amtssitz befand sich im heutigen Heimatmuseum Schöneberg. Die Weimarer Verfassung von 1919 übernahm den Naturschutz im Artikel 150. Das erste gesamtdeutsche Naturschutzgesetz stammt von 1935; bis 1939 wurden achthundert Gebiete unter Schutz gestellt. Die ersten drei damals im Naturdenkmalbuch der Reichshauptstadt aufgeführten Schutzobjekte waren Eichen in der Gemarkung Rahnsdorf, in Köpenick und Reinickendorf.

In der Bundesrepublik galt das Reichsnaturschutzgesetz bis 1976, während die Volkskammer der DDR bereits am 4. August 1954 neue Bestimmungen erlassen hatte (Lemke/Müller S. 17). Denn der Zugriff auf die einheimischen Bodenschätze und die Großflächenwirtschaft der Produktionsgenossen hatte Vorrang (Weißpflug S. 6). Dennoch wuchs das Verantwortungsbewußtsein für die Natur in beiden Teilen Deutschlands. Am 1. Februar 2002 wurde von Bundestag und Bundesrat ein neues Naturschutzgesetz beschlossen, das die Bestimmungen zum Erhalt der Umwelt verschärft. Paragraph 28 erlaubt es, Bäume zu Naturdenkmalen zu erklären. Dies sind „rechtsverbindlich festgesetzte Einzelschöpfungen der Natur, deren besonderer Schutz erstens aus wissenschaftlichen, naturgeschichtlichen oder landeskundlichen Gründen oder zweitens wegen ihrer Seltenheit, Eigenart oder Schönheit erforderlich ist“. Das für Berlin gültige Verfahren beschreibt Weißpflug (1997 S. 8). Seine Liste der schutzwürdigen Objekte enthält überwiegend Bäume, an die zweihundert Eichen, je etwa fünfzig Buchen, Platanen und Kastanien, aber nur zwanzig Linden und von den übrigen Bäumen wenige Einzelexemplare.

Mehrere Naturschutz-Organisationen kümmern sich heute um Bäume, eher theoretisch die „Deutsche Dendrologische Gesellschaft“ (1892), primär praktisch die „Schutzgemeinschaft Deutscher Wald“ (1947), der es um die Wiederaufforstung der kriegsgeschädigten Bestände ging und die durch „Waldläuferbriefe“, „Waldheime“ und „Waldeinsätze“ für den Erhalt unserer Bäume Sorge trug. Hinzu kommt das „Kuratorium Alte

Liebenswerte Bäume in Deutschland" (1988) und das „Kuratorium Baum des Jahres" (1989). Inzwischen ist der Schutz der Natur vor dem Menschen, die Bewahrung der Natur für den Menschen ein überpolitisches Anliegen. Das Baumbewußtsein der Öffentlichkeit wird durch vielfältige Maßnahmen gefördert.

In den Vereinigten Staaten hat dies Tradition. Seit 1872 – dem Jahr des ersten Naturparks – gibt es in dem waldarmen Staat Nebraska den *Arbor Day*, einen Feiertag im Frühjahr, an dem Bäume gepflanzt werden. Am 10. April jenes Jahres sollen in Nebraska mehr als eine Million Bäume gepflanzt worden sein – eine Sitte, die sich über Amerika verbreitet hat. In Deutschland wurde der letzte Sonntag im April, neuerdings fixiert auf den 25. als „Tag des Baumes" zum Anlaß für Pflanzungen. Daß einzelne Bäume Denkmalschutz genossen, ist schon aus dem 19. Jahrhundert belegt (Weber S. 267). Zu umfassenden Maßnahmen kam es hierzulande erst durch das erwähnte „Waldsterben". Nachdem die *Food and Agriculture Organization* der Vereinten Nationen 1985 das „Jahr des Waldes" ausgerufen hatte, kürte der Umweltschutzverein Wahlstedt in Schleswig-Holstein 1989 erstmalig einen „Baum des Jahres". Die Auswahl wird inzwischen durch das erwähnte, jährlich in Berlin tagende Kuratorium getroffen.

Der erste Baum war natürlich die deutsche Eiche. 1990 wäre eigentlich der „Schlagbaum" an der Reihe gewesen, statt seiner wählte man die Buche, gefolgt von der Linde – in umgekehrter kulturhistorischer Rangordnung –, sodann unter dem Gesichtspunkt des Artenschutzes: Ulme (bedroht durch das Ulmensterben), Speierling (ein Vogelbeerbaum), Eibe, Spitzahorn, Hainbuche, Eberesche und Wildbirne, die seit Urzeiten im Mitteleuropa wächst, aber stark zurückgegangen ist. 1999 folgte die Silberweide, 2000 die Sandbirke und 2001 die Esche. Begonnen hatte die naturliebende Jahreskür mit dem „Vogel des Jahres", das war 1971 der selten gewordene Wanderfalke; dann kam die „Blume des Jahres": 1980 der Lungenenzian; das „Biotop des Jahres": 1988 die Obstwiese. Mit dem „Baum des Jahres" wurde 1989 zugleich eine „Landschaft", der Bodensee-Raum, und eine „Orchidee des Jahres", das Knabenkraut, für 365 Tage ausgezeichnet. Seit 1992 gibt es ein „Wildtier des Jahres", damals die Fledermaus; seit 1993 einen „Fisch des Jahres", zuerst der Dorsch; seit 1994 einen „Pilz des Jahres", voran die Rotkappe.

Gute Ideen werden zu Tode geritten. Da es seit 1999 mit der Grünen Florfliege auch ein „Insekt des Jahres" gibt, wird den Naturschützern die Wahl künftig schwer werden, waren doch damals bereits mehr als 1, 2 Millionen Arten bekannt, darunter allein zwanzigtausend Familien von Ameisen, 150.000 Falter und 350.000 Käfer. Heuer gibt es zum ersten Male, präsentiert von der Arachnologischen Gesellschaft, eine „Spinne des Jahres", eine aus zwanzigtausend Arten. Wo aber bleiben die Tausendfüßler? Sollte nicht jedes Tier einmal die Chance haben? Daher wäre vielleicht die Ehrenzeit abzukürzen, um das knappe Gut Aufmerksamkeit etwas gerechter zu verteilen. Die Entwicklung ist freilich gegenläufig, hat doch jüngst Bundespräsident Johannes Rau im Berliner „Parlament der Bäume" den „Baum des Jahrtausends" gefeiert, und zwar im Zuge der Gleichberechtigung: ein Gingko-Pärchen.

Wirksamer als publizistisches Schlaglicht dienen naturschützende Institutionen und Instruktionen der Erhaltung des Baumbestandes. Waldreviere werden durch Flächennutzungspläne gesichert; Bäume sind Themen von Gesetzen. Dem ungehemmten Zugriff der Holz- und Papier-Industrie und der Beseitigung „störender" Bäume durch Hoch- und Tiefbau gebieten kommunale gesetzliche Verordnungen Einhalt: so das Verbot, Bäume von einem gewissen Alter oder bestimmtem Umfang an ohne Erlaubnis zu fällen. Bundesweit gibt es durch Landesgesetz legalisierte kommunale Schutzverordnungen. Ihre Durchsetzung ist den Umweltbeauftragten der Gemeinden anvertraut; Verstöße, zumal durch Bauunternehmer, können zu empfindlichen Geldbußen führen. Antragsformulare für die Erteilung von Baumfällgenehmigungen erteilen die Ämter für Landschaftspflege.

Neue Berufe helfen nach: Baumschulisten, Baumpfleger, Baumchirurgen, Baumdienste, Baumpaten. Ob all dies das Wald- und Baumsterben aufhalten wird? Die Verkehrs- und Sicherheitserfordernisse lassen zweifeln. Man nagelt zum Zeichen öffentlicher Wertschätzung eine Eulenplakette an die alte Eiche auf dem Grünstreifen, dann erscheinen die Sägemänner mit der Hebebühne kappen die Spitzen und schneiden die Äste ab, so daß der Baum dasteht wie ein amputierter Körper ohne Arme, mit Gliedern ohne Finger, ein Kopf ohne Nase und Ohren. Gewiß, Äste können abbrechen und Menschen treffen – aber können nicht auch ganze Bäume umfallen? Der Kompromiß produziert den Krüppel. Der ist sozial verträglich. Der darf überleben.

10. Zeiten und Bäume

a. Brecht
b. Archetypen
c. Geschichte: Juden und frühe Christen
d. Orient
e. Griechen
f. Römer
g. Kelten, Germanen, Slawen
h. Christliches Mittelalter
i. Renaissance
j. Aufklärung und Romantik
k. 20. Jahrhundert
l. Systematik: Schönheit
m. Hierarchie
n. Heiligkeit
o. Baumsturz
p. Mythos, Weltenbaum
q. Namentragende Bäume
r. Schicksalsbäume für Personen und Familien
s. Identitätssymbole für Orte und Staaten
t. Bäume des Lebens und der Liebe
u. Orte des Todes
v. Bäume der Erinnerung
w. Orte der Begegnung
x. Bäume der Erkenntnis
y. Schutzwürdigkeit
z. Symbiose

Du aber bist der Baum.
Rilke

10. Zeiten und Bäume

a. Brechts Mahnung, über Bäume zu schweigen und von Verbrechen zu reden,* ist inzwischen überflüssig. Über nichts wird mehr geredet, geschrieben und gebildert als über Verbrechen. Sechs Wochen nach dem *Manhattan Project* vom 11. September scheint es geradezu so, wie wenn weitere Untaten herbeigeredet würden, kann man mit ihnen doch Aufsehen erregen! Zudem ist Brechts Rat einseitig und ergänzungsbedürftig. Denn für ihn sind „die anderen" die Verbrecher. Schließen wir uns selbst indessen ein, so gilt die umgekehrte Aufforderung: „Redet über Bäume, damit ihr keine Verbrechen begeht!" Denn während man über Bäume nachdenkt, kann man kein Unheil anrichten. Vielleicht macht uns der Gedankenaustausch über Bäume sogar zu besseren Menschen, kann er uns doch Klarheit verschaffen über uns selbst. Schon eine Betrachtung über das Baumgespräch durch die Jahrhunderte fördert die Einsicht in das, was wir sind. „Naturerkenntnis ist Selbsterkenntnis höheren Ranges" schrieb Ernst Jünger am 7. Juli 1945. Mein Buch über Bäume ist ein Buch über Menschen.

b. Bäume sind, wo immer sie wachsen dürfen, ein Element menschlicher Lebenswelt. Nirgends jedoch beschränkt sich das Verhältnis zu ihnen auf den bloß praktischen, rein ökonomischen Nutzen: stets waren Phantasie und Gefühl im Spiel. Andächtige Gemüter beten zu Bäumen. Sänger besingen und Schwärmer umarmen sie, Dichter bedichten und Maler malen sie. Künstler bereichern die gewachsenen Bäume um gestaltete, Philosophen erläuterten ihre Lehre an ihnen. Gläubige hören Bäume reden. Aus ihnen ertönt die Stimme von Göttern: Jahwe in Mamre, Zeus in Dodona, Apoll auf dem Parnaß – aber auch die Klage von Toten, so bei Vergil und bei Dante. Poeten reden Bäume mit „Bruder" an, im Mythos können sie sprechen und singen, mitunter gar tanzen, fliegen oder wenigstens wandern. In Shakespeares »Macbeth« hat dies freilich nichts Wunderbares. Stets schwang und schwingt ein Gefühl der Verwandtschaft mit. So verbindet Respekt vor Bäumen die Menschen über Räume und Zeiten hinweg. Für den Historiker, der überall nur Wandel gewahrt, ist es beruhigend, einmal etwas Dauerhaftes zu finden.

---

* Die Quellen für die in der folgenden Zusammenfassung erwähnten Textbeispiele werden, soweit sie in den vorangegangenen Kapiteln angeführt sind, nicht nochmals angegeben, lassen sich aber über das Register unschwer ermitteln.

Das bei allen Völkern, zu allen Zeiten ähnliche Brauchtum samt dessen abergläubischem Hintergrund wirft die Frage auf: Beruhen die übereinstimmenden Vorstellungen und Verhaltensweisen auf Tradierung oder sind sie unabhängig von einander jeweils spontan entstanden? Dieses Problem fällt in den Bereich der alten kulturhistorischen Kontroverse zwischen Anhängern der Übertragungstheorie und den Befürwortern von Elementargedanken, die mit einer *generatio aequivoca* rechnen (HdA. II S. 766). Im Verlauf der Diskussion haben Vertreter beider Positionen so viele Argumente gesammelt, daß sich das Entweder-Oder in ein Sowohl-Als-Auch verwandelt hat. Eine solch vermittelnde Position ergibt sich schon aus einer reinen Überlegung. Die Aneignung eines fremden Gedankens setzt Bereitschaft voraus, die auf eine Geistesverwandtschaft hindeutet. Und diese wiederum läßt eine selbständige Entstehung möglich erscheinen. Im Verhältnis zu den Bäumen ist an einer genetisch programmierten Disposition menschlichen Empfindens über die Zeiten und Völker hinweg nicht zu zweifeln. Die Erscheinung des Schicksalsbaumes, mit dem sich ein Mensch oder eine Gruppe symbolisch indentifiziert, begegnet uns quer durch die Zeiten und Völker. Das Phänomen des Lappenbaumes, das heißt der Verehrung durch Anhängen kostbarer Gegenstände, findet sich zwischen Irland und Japan, von vorgeschichtlicher Zeit bis heute. Wie soll man sich da Einflußbahnen denken?

Die Übereinstimmungen im Denken über Bäume lassen auf eine gemeinsame Grundanschauung schließen. Carl Gustav Jung rechnete den Baum zu den Archetypen. Gemeint sind damit ebenjene Elementargedanken, das heißt allgemeinmenschlichen Vorstellungen, die weder aus übernommener Tradition, noch aus eigenwilliger Neuschöpfung stammen, sondern auf eine angeborene, psychogenetische Veranlagung des Menschen als Menschen zurückgehen, mithin anthropologische Qualität besitzen. Der Ausdruck *archetypos* bezeichnet im Griechischen soviel wie Urbild oder Vorbild. Gemeint ist das Original im Unterschied zur Kopie, der Gegenstand selbst im Verhältnis zu seiner bildlichen Wiedergabe. Parallelverschoben führt dies abwärts vom prägenden *typos* zum geprägten *antitypos*. Platons „Idee" (*eidos*) war solch ein, allerdings metaphysisches Urbild der empirischen Erscheinungen. Jung bescheinigt dem Archetyp „numinose" Kraft, das heißt eine unerklärliche Macht. Dem ist so. Es gibt Bilder, die sich ohne unser Wissen und Wollen aufdrängen, uns bezaubern, nicht zuletzt solche aus der Natur. Die Quelle, die mir nach langer Wanderschaft sprudelt, ist mehr als ein Wasserspender. Der Stern über meiner abendlichen Terrasse ist mehr als ein glühender Himmelskörper. Die alte Linde auf der Nidderbastion in meinem Park ist mehr als ein verholztes Gewächs. Dieser Mehrwert erwächst aus einer seelischen Beziehung und läßt sich nur anthropologisch verstehen: All dies war in den vergangenen Jahrhunderten ähnlich.

c. Wir sahen: Der Weg der Geschichte ist von Bäumen gesäumt. Schon in den ältesten Literaturdenkmälern begegnen uns Bäume – so am Anfang und am Schluß der Bibel. Die Genesis erzählt vom Sündenfall am Beginn der Geschichte unter dem Baum der Erkenntnis im Paradies. Die Johannes-Apokalypse (22, 2) beschreibt zum Ende der Zeiten den Baum des Lebens im Himmlischen Jerusalem, der den Seligen in jedem der zwölf Monate Früchte bringt, so wie dies schon der Prophet Hesekiel (47, 12) verheißen hatte. Diese Früchte dürfen genossen werden. So rahmen zwei Bäume das christliche Weltbild, in dessen Mitte der Kreuzbaum Christi steht. Einzelnes kommt hinzu: Jahwe hat sich den Frommen in Bäumen offenbart – so Moses, Abraham und David, doch der Baumkult für die kanaanitische Göttin Aschera galt als schwere Sünde, darf doch der Fromme nach dem Talmud nicht einmal den Schatten der ihr geweihten Bäume genießen!

Jesus und Paulus verglichen, ältere Denkmetaphern fortführend, die Gemeinde mit Weinstock und Ölbaum. Sie erscheint so als organische Ganzheit – was dem einzelnen Zweig widerfährt, betrifft die gesamte Pflanze. Die in den kanonischen wie den apokryphen Evangelien genannten Bäume des Heiligen Landes wurden in der Spätantike den Pilgern gezeigt: die Palme, unter der Maria auf der Flucht nach Ägypten rastete, der unfruchtbare, von Jesus verfluchte Feigenbaum in Jerusalem und der Baum, an dem sich Judas aus Reue über seinen Verrat erhängt haben soll. Abrahams Eiche bei Mamre blieb bis ins Mittelalter ein heiliger Ort für Juden und Christen, für Heiden und Moslems: ein ökumenisches Symbol und als solches ein Unikum in der Religionsgeschichte.

d. Im Alten Orient findet sich Baumsymbolik bereits im Gilgamesch-Epos: Das Ungetüm Chumbaba haust in einem Wald von Zedern, deren größte in einer magischen Beziehung zu ihm steht. Ihr Sturz bedeutet das Ende des Unholds. Ein enges Verhältnis zu Bäumen zeigen die Perser: Xerxes schenkte der bewunderten Platane bei Sardes Geschmeide und bestellte ihr einen Wächter. Bäume bereicherten die Palastgärten, sie zieren den *locus amoenus*. Begriff und Gedanke des Paradieses führten zurück auf die von Königen und Satrapen gehegten Jagdgärten (*paradeisos*). Sie waren die ältesten Parks. Wie in der jüdisch-christlichen Tradition findet sich auch im Paradies des Korans ein Baum, daneben aber auch einer in der Hölle. Bäume zieren die Gräber islamischer Heiliger in Ägypten. Sie gelten als sakrosankt und heilkräftig.

e. Die ältesten Orte des Gottesdienstes waren heilige Haine, einzelne Bäume genossen kultische Verehrung. Die Griechen glaubten, in den Bäumen wohnten Nymphen, kannten eine Verwandlung von Menschen in Bäume und umgekehrt und ordneten ihren Göttern bestimmte Bäume zu: dem Zeus die Eiche, der Athena den Ölbaum, dem Apollon den Lorbeer. Viele Städte trugen Bäume in ihrem Namen und setzten deren Bild auf ihre

Münzen. Gedenkbäume erinnerten in spätgriechischer Zeit die Touristen an die homerischen Helden, die sie gepflanzt haben sollen oder unter denen sie bestattet worden seien. Gestalt und Eigenart von Bäumen dienten der Verbildlichung philosophischer Lehrsätze, so der Baum der Welt bei Pherekydes, der Baum der Seele bei Platon und der Baum der Menschheit bei dem kaiserlichen Stoiker Marc Aurel.

In der Wertschätzung der Bäume bei den Griechen läßt sich eine Entwicklung erkennen. Abgesehen von den immer wichtigen Nutzbäumen, wie sie uns zuerst im Garten des Alkinoos bei den Phäaken der Odyssee entgegentreten, tragen geachtete Wildbäume zunächst sakralen Charakter. Dieser verschwindet allmählich zugunsten einer Wertschätzung wegen eines vorwiegend profanen Lebensgenusses: In Platons Akademie ist der namengebende Heros noch irgendwie gegenwärtig, Epikurs philosophischer Garten dagegen zeigt keinen mythischen Bezug mehr. Reine Lustorte waren die Jagdreviere der Perser, die Paradiese, die von Xenophon nach Griechenland und Dionysios nach Italien eingeführt wurden. Wie die Cypernkönige hatten dann auch die Nachfolger Alexanders Hofgärten. Der „königliche Garten" ist noch das Muster für alle Pflanzungen bei Longos. In seinem Hirtenroman »Daphnis und Chloë« aus der Zeit Marc Aurels beschreibt er einen Garten auf Lesbos mit vielen Obst- und Waldbäumen, auf denen Wein und Efeu ranken und Lauben bilden. Der Garten lag am Hang, öffnete den Blick aufs Meer und besaß in seiner Mitte einen Tempel und einen Altar für Dionysos – so haben wir die Schwundstufe eines heiligen Hains vor uns. Die Säkularisierung vollendet sich dann in den von den christlichen Kaisern Ostroms übernommenen oder angelegten Parks.

f. So wie der Ölbaum auf der Akropolis für die Athener war der ruminalische Feigenbaum am Tiber ein Schicksalsbaum für die Römer. Litt er, bedeutete das Not für den Staat; erholte er sich, schöpfte man Hoffnung. Das Geschick von Patriziern und Plebejern spiegelte sich in zwei Myrtenbäumchen vor dem Tempel für Romulus-Quirinus. Auch die Römer verbanden Götter mit Hölzern, so den donnernden Juppiter mit der Eiche und den geilen Priapus mit der Feige. Die wie bei den Griechen nachweisbaren heiligen Haine haben sich in Rom teilweise bis in die Kaiserzeit erhalten, damals aber vielfach in reine Lustgärten verwandelt, wie die Römer überhaupt – anders als die Griechen – Grünflächen als Element der Urbanität in ihre Stadtkultur aufgenommen haben, denken wir an die Gärten von Caesar, Sallust und Maecenas. Baumschutzgesetze, die in Athen kultisch motiviert waren, dienten schon im griechischen Cypern und dann in der römischen Kaiserzeit weltlichen Zwecken: sie sollten die Schönheit einzelner Baumstücke bewahren, so Haine in Kleinasien (Pergamon), Ägypten (Persea-Hain) und Syrien (Daphne bei Antiochia). Hadrian unternahm den ehrgeizigen Versuch, die Zedernwälder auf dem Libanon unter staatliche Kontrolle zu bringen.

g. Kelten, Germanen und Slawen zeigen eine ähnliche Haltung zur Natur. Sie alle verehrten göttliche Bäume und besänftigten ihre Götter mit Opfern und Lichtern in heiligen Hainen, in denen zugleich das Schicksal erkundet wurde. Die keltischen Eichenpriester, die Druiden, versammelten sich alljährlich in einem zentralen, stammesübergreifend angesehenen Heiligtum, wie wir solche auch von den Germanen und Slawen kennen. Auch mythische Bäume fehlen nicht. In der Edda gibt es die Weltesche Yggdrasil; die Menschen sollen aus Bäumen entstanden sein: aus Ask, der Esche, der Mann, aus Embla, der Ulme, die Frau. Die christliche Mission ist dann gegen den Baumkult mit Axt und Säge vorgegangen: Der heilige Martin bei den Galliern, Bonifatius bei den Chatten, die Bischöfe Wigbert von Merseburg und Vizelin von Oldenburg in Holstein bei den Slawen. Konzilsbeschlüsse und Kaisergebote wetterten gegen die Baumverehrung. Trotzdem hielten sich im europäischen Volksleben altheidnische Baumsitten bis weit in die christliche Zeit, berühmtestes Beispiel ist der angebliche Baumzauber der heiligen Johanna in Domrémy. Seinethalben wurde sie 1431 als Hexe verklagt. Die Marien-Eichen und -Linden in katholischen Gebieten sind Zeugnisse einer schließlich tolerierten vorchristlich geprägten Frömmigkeit.

h. Das christliche Mittelalter kennt Einsiedler auf und in Bäumen und zahlreiche Kirchen, die bei nun Heiligen geweihten Bäumen errichtet wurden. Besonders häufig ist das in Irland zu beobachten. Bäume dienten daneben profan kulturellen Zwecken. Grenzbeschreibungen orientieren sich an weithin sichtbaren Wartbäumen, die unter Schutz standen und bisweilen das Wahrzeichen einer ganzen Landschaft bildeten. Verbreitet war die Einrichtung des Gerichtsbaumes, die bei Juden und Kelten, nicht aber von Griechen und Römern bekannt ist. In der Regel waren es Eichen oder Linden, die auch als Dorf- und Tanzbäume dienten. Das volkstümliche Bild König Ludwigs des Heiligen von Frankreich zeigt ihn rechtsprechend unter einer Eiche. In der Gesetzgebung spielte das Holzrecht eine bemerkenswerte Rolle. Staatsakte wurden unter Bäumen vollzogen: Königserhebungen in England, Schwurverbrüderungen in der Schweiz, Herrscherwahl in Deutschland, so im Baumgarten zu Rhense. Schlüsselszenen mittelalterlicher Literatur vollziehen sich unter Bäumen: Siegfrieds Tod und der Untergang der Nibelungen, Tristans Genesung und die Geburt der Libussa. Die Minnesänger, nicht nur Walther von der Vogelweide, schätzten die Linde. In Dantes »Göttlicher Komödie« treffen wir auf Bäume in der Hölle, auf dem Berg der Läuterung und im Paradies. Zahlreiche Baumbezüge zeigt die Legendenliteratur und das lateinische Spruchgut des Mittelalters, phantasievolle Baumallegorien beleben die theologisch-philosophischen Lehrschriften bei Jakob von Massa und Bonaventura, bei Lullus und Cusanus.

i. Die Renaissance birgt schon im Begriff den „erneut ausschlagenden" Baum der Kultur. In der Bildersprache Petrarcas ergrünt wieder die Literatur, bei Machiavelli die Politik, bei Dürer die Kunst, bei Bacon die Wissenschaft. Reichen Gebrauch machen im 16. und 17. Jahrhundert Alchimie und Emblematik von Baumsymbolen. In der Kunst wird der Baum zum Thema eigenen Rechts. Allenthalben werden Bäume Elemente des verfeinerten Lebens: Die ersten Parkanlagen entstehen bei Schlössern und in Städten nach dem literarisch überlieferten Vorbild römischer Villen; führend ist Italien. Wie zu römischen Zeiten bürgerte man fremdländische Gewächse ein – diesmal aus sehr viel ferneren Gegenden, aus Fernost und der Neuen Welt. So werden exotische Bäume in Europa heimisch: Robinie und Douglasie, Kastanie und Spitzeiche, Pomeranze und Gingko. Jedes Schloß hat nun eine Orangerie, Alleen begrünen die Straßen, Grünflächen beleben die Städte. Die Gartenkultur floriert, erst nach französischem, dann nach englischem Geschmack.

j. Dem Ziel der Aufklärung sind die Freiheitsräume verpflichtet, die im amerikanischen Unabhängigkeitskrieg entstanden und in der Französischen Revolution die demokratische Bewegung symbolisierten, nicht allein in Frankreich, sondern ebenso in der Schweiz, in Oberitalien und in Süddeutschland. Im Geist der Romantik trat der Weihnachtsbaum seinen Siegeszug an: aus dem Elsaß über Deutschland in die Welt. Vielfältige Funktionen haben Bäume in den Grimm'schen Märchen – sie sind ohne den Wald nicht zu denken: er steht für Natur schlechthin. Bäume werden zum populären Thema von Bildern und Gedichten. Reproduktionen von Caspar David Friedrichs »Eichen« hängen in den Wohnstuben, Generationen von Schülern lernen Fontanes Ballade über den Birnbaum in Ribbeck auswendig, selbst in Bayern.

Die deutsche Nationalbewegung entsinnt sich des bewundernden Berichtes von Plinius über die germanischen Eichen. In den Bardengesängen Klopstocks gewinnen sie Symbolcharakter; Herder, Hölderlin und Kleist verherrlichen sie. Bei Goethe ist die Eiche „dieser deutsche Baum" und bleibt dies über alle politischen Umbrüche der folgenden zweihundert Jahre. Patriotisches Eichenlaub erscheint auf Denkmälern und Briefmarken, als Festschmuck und Firmenzeichen, auf Orden, Ehrenzeichen und Münzen noch zu beiden Seiten des Eisernen Vorhangs, noch nach dem Übergang zum Euro. Die Linde ist in Deutschland zwar beinahe ebenso beliebt, doch kann sie der Eiche den Vorrang nicht nehmen.

k. Die wechselnden Stilrichtungen in Kunst und Literatur im 19. und 20. Jahrhundert variieren das Baumthema auf die jeweils eigene Art: historistisch und naturalistisch, symbolistisch und expressionistisch. Der Baum ist ein Bild des besseren Menschen, er steht für Natur pur – bis hin zu den Baumaktionen eines Ben Wargin und eines Joseph Beuys. Bei ihnen wird die Kunst zum Medium der Umweltpolitik, die sich gegen eine baumfeindliche Verkehrsplanung, gegen den Naturverschleiß von Technik und Industrie wendet und ein verantwortungsbereites Baumbewußtsein wecken will. Zumal im Zeichen des sogenannten Waldsterbens in den achtziger Jahren fand diese Bewegung eine breite Resonanz in der Öffentlichkeit und sicherte dem Baumschutz einen hohen Stellenwert in der Landschaftsgestaltung. Im Umgang mit dem Baum spiegelt sich der Umgang mit der Natur.

* * *

l. Die Funktionen des Baumes in der Kulturgeschichte wechseln mit Zeiten und Völkern. Aufs ganze gesehen aber zeigen sich mehr Konstanten als Varianten. Ein gleichartiges Schönheitsempfinden, das sich spontan, jenseits jeder Belehrung oder Beeinflussung bemerkbar macht, mithin angeboren sein muß, macht sich geltend. Die Liebe zu Bäumen ist, wie die zu Flüssen und Bergen, zu Tieren und Vögeln, zu Blumen und Sternen, eine anthropologische Konstante mit vergleichsweise schwacher Amplitude in den kulturspezifischen Abweichungen.

Durchgängig zu beobachten ist die Hochachtung vor den bejahrten Exemplaren unserer hölzernen Mitgeschöpfe, stets hat man die Schönheit von alten Bäumen empfunden und gepriesen. Es sind seltener die besonders blütenreichen, fruchtbringenden und formvollendeten Exemplare als die würdigen Waldkönige, die durch ihre ungewöhnliche Stärke und Höhe und ihren individuellen Charakter Respekt verdienen und erzeugen. Die Schönheit der Bäume war Jahrhunderte hindurch der Grund für Künstler, sie zu malen. Erscheint der Baum in der antiken und mittelalterlichen Kunst gewöhnlich in einem thematischen, meist mythologischen oder religiösen Zusammenhang, so wird er seit der Renaissance auch um seiner selbst willen dargestellt. Ein frühes Beispiel ist Dürers „Linde auf der Bastion“. Die hohe Zeit der Baumbilder ist dann die Romantik, doch bleibt die Thematik bis in unsere Tage lebendig. Die Schönheit tritt als Motiv allerdings zurück zugunsten einer oft sozialkritischen „Aussage“, die vielfach eines Kommentars bedarf und nicht immer nachvollziehbar ist. In der Literatur spielen Bäume durchgängig eine Rolle, in Geschichten und Gedichten. Als Denkbild schließlich war der Baum in der Philosophie von den Vorsokratikern bis Schopenhauer und Nietzsche präsent – solange dort poetische Darstellungsmittel und Ausdrucksformen statthaft waren.

Der Liebe zu Bäumen entspricht nicht die Kenntnis ihrer Arten. Die ästhetische und praktische Einstufung scheint wesentlicher als die taxonomische Bestimmung, obschon die Art die jeweils geschätzten Eigenschaften häufig begünstigt. Ein eindrucksvoller Baum gehört eher in die Familie der Eichen oder Linden, der Buchen oder Palmen als in die der Tamarisken oder Holunderbäume. Die Verschwägerung von Zeder und Dornbusch (2. Könige 14,9) wäre abartig. Die Unterart innerhalb der Familie bleibt regelmäßig unberücksichtigt. Ebenso ist es in der Heraldik unangemessen, zu fragen, was für ein Adler das Brandenburger Wappen ziert; oder in der Fabel, welche Ameisenart Lafontaine eigentlich meint. Für den Baum im Paradies hat nie jemand nachgeforscht, um welche Feigenart es sich denn handle. Es gibt deren 700. Nur der griechische Feinschmecker Athenaios (78 A) unterscheidet zwölf Feigenarten. Dasselbe Desinteresse an exakter botanischer Spezifizierung gilt für die bevorzugten Bäume mit hohem Prestige. Eiche ist Eiche, Palme ist Palme.

Die Ungenauigkeit der botanischen Nomenklatur verweist nicht unbedingt auf eine mangelhafte Naturkenntnis der Autoren, doch tritt eine solche in zahlreichen Ungereimtheiten zutage. Von Wunderbäumen ist dabei abzusehen. Odysseus blendete den Polyphem mit einem Pfahl, der dem Mastbaum eines Zwanzigruderers glich. Konnte der, wie Homer schreibt, aus Olivenholz gemacht sein? Die ersten Ölbäume brachte Herakles gemäß Pindar von den Donauquellen. Wuchsen die im Schwarzwald? Platon rühmt den Blütenduft einer Platane. Riecht man den? Jesus verfluchte den fruchtlosen Feigenbaum. Reifen dessen Früchte zu Passah? Paulus verglich die bekehrten Griechen mit wilden Ölbaumzweigen, die auf einen zahmen Baum gepfropft worden seien. Machen Gärtner das nicht gerade umgekehrt? Pausanias nennt die Lygos der Hera zu Samos den ältesten aller Bäume. Ist das botanisch möglich, ganz gleich, ob wir es mit einem Mönchspfeffer oder einer Weide zu tun haben? Judas soll sich an einem Holunderbaum erhängt haben. Trägt der? Adam von Bremen nennt zu Upsala einen wintergrünen Laubbaum. Gibt es sowas in Schweden? Bei Dürer hält Eva einen Apfel von einem Feigenbaum in der Hand. Wie geht das? Wilhelm Müller schnitt in die Rinde der Linde „gar manches liebe Wort". Ist deren Borke nicht viel zu rissig? Richard Wagner tötet die Weltesche durch Entnahme eines Astes für Wotans Speer. Welcher Baum stirbt beim Verlust eines Astes? Keimt eine Birne aus der Tiefe eines Grabes, Herr von Ribbeck?

m. Im kulturellen Bewußtsein gab es stets eine Hierarchie der Naturwesen. Sonne, Mond und Sterne versinnbildlichen die Rangordnung im Himmel, und Entsprechendes fand sich auf Erden. In Europa war der König der Tiere der Löwe, der vornehmste Vogel war der Adler und der edelste Stein der Diamant. So gibt es auch eine Rangskala der Bäume. Liefert der Baum doch selbst ein Denkbild für Rangunterschiede, wie der Baumtraum des Simplicius (s. 8j) oder der Ständebaum des Petrarca-

Meisters von 1520 dartun (s. Abb. 28). In England hat man die Feudalgesellschaft mit dem Wald verglichen: die Adligen bilden die *old patrician trees*, die ausgewachsenen Bäume, die Gemeinen das Unterholz in deren Schatten, *the plebeian under-wood* (Lehmann S. 37). In der Regel ist der ranghöchste Baum die Eiche. Eine alt-irische Baumliste unterscheidet gar sieben Klassen entsprechend den sozialen Rängen, von den Eichen als Fürsten des Waldes ganz oben bis hinab zu den Sträuchern, den Farnen, Ginsterbüschen und dem Heidekraut (Haycock S. 302). Ebenso setzte Colbert die Eiche an die Spitze seiner Baum-Skala.

Wenn die Eiche in unserem gemäßigten Klima als die Königin der Bäume erscheint, erklärt sich das weniger durch ihren über Jahrhunderte behaupteten Vorrang als Nutzbaum als durch das eindrucksvolle Aussehen alter Holzriesen. Nur Eiche und Linde können tausend Jahre alt werden. So dominiert die Eiche bei den frühen Juden, bei Griechen, Etruskern und Römern, bei Kelten, Germanen und Slawen, sowie in der Neuzeit bei Deutschen und Engländern, Franzosen und Basken. Das zieht sich durch bis in die Spielkarten. Der deutsche Eichelwenzel entspricht im Skatspiel dem französischen Kreuzbuben. Er sticht alles: Herz, Schelle und Grün, dargestellt durch ein stilisiertes Lindenblatt.

In Mitteleuropa folgt der Eiche fast ranggleich die Linde, der Lieblingsbaum des Mittelalters. In der Heraldik steht sie sogar voran. Dann kommen in erkennbarem Abstand Buche, Ulme und Esche. Im Orient erscheinen Zeder und Palme als Baumkönige, auch das ist unmittelbar einsichtig. Die blattarme Tamariske rangiert ganz unten. Die importierten, nach historischen Personen benannten Exoten Weymouthskiefer, Nordmannstanne, Douglasie, Robinie und Gleditschie bleiben ohne Symbolwert. Die Rangordnung unter den Obstbäumen ist seit dem 795 n. Chr. abgefaßten »Capitulare de Villis« von Karl dem Großen festgelegt: Erst kommt der Apfel, dann die Birne, gefolgt von der Pflaume.

Die mittelalterliche Rhetorik verband die Stilhöhen mit bestimmten Bäumen, orientiert an den Werken Vergils: Die Welt der Hirten in den Eklogen kennzeichnet die Buche, der *stilus humilis*. Die Welt der Bauern in den Georgica beherrschen die Obstbäume, der *stilus mediocris*. Die Welt der Helden in der Aeneis veredeln Lorbeer und Zeder, der *stilus gravis* (Curtius 1948/93, S. 207).

Junge Namen für alte Bäume können durch deren Größe kompensiert werden – so die 1852 entdeckten Riesenbäume Nordamerikas. Die Royal Society zu London benannte den kalifornischen Mammutbaum *Wellingtonia gigantea*, aber amerikanischer Nationalstolz verwarf die Bezeichnung zugunsten von *Sequoia*, abgeleitet vom Namen eines Cherokee-Halbbluts aus Alabama, das seinem Stamm eine Schriftsprache geschenkt hatte. Die Bewunderung für die Holztitanen äußerte sich in historischen Reminis-

28 Ständebaum des Petrarca-Meisters, 1519/20

zenzen. Bei der Debatte um Schutz oder Verwertung kam den Mammutbäumen zugute, daß sie schon standen „als David vor der Bundeslade tanzte, Theseus Athen regierte und Aeneas aus Troja floh“ (Schama S. 209ff). Sie bewiesen, daß auch Amerika sein Altertum hatte. Lincoln brach eine Lanze für sie, man stellte sie 1864 unter staatlichen Schutz.

Die Bedeutung des Baumes wird oft durch seinen Standort hervorgehoben. Er wächst auf einem Berg, an einer Quelle oder einem Grenzpunkt, vor dem Schloß oder auf dem Friedhof, neben der Kirche oder auf dem Marktplatz, vor dem Rathaus oder dem Gasthof. Ein Steinkreis oder ein symbolischer Zaun umschließt ihn. Der mythische Baum steht in einem Wundergarten oder auf einer fernen Insel, am Ende der Welt oder in deren Mitte, bewohnt von Vögeln, bewacht von einem Drachen – auf den Hesperiden wie in Kolchis, bei Adam wie bei Siegfried. Ein rahmender Ring von Bäumen zeichnet ein Denkmal aus, Alleen stimmen auf ein Schloßtor ein, Haine dienen als Versammlungsort nicht nur für Kultgemeinden. Die Erhebungen von Vercingetorix 52 v. Chr., Arminius 9 bis 16 n. Chr. und Civilis 69 n. Chr. begannen in einem Hain.

n. Das ästhetische Staunen weckt auf archaischen Bewußtseinsstufen, die nicht der Vergangenheit angehören müssen, eine religiöse Empfindung: so die Vorstellung, daß besonders eindrucksvolle Bäume heilig seien und göttlichen Wesen als Körper, Wohnstatt oder Abbild dienen. Wenn Jacob Grimm (S. 56) die germanische Baumverehrung aus dem Naturerleben ableitete, so war das zwar romantisch empfunden, doch darum kaum abwegig. Denn Romantik ist als seelische Disposition zeitlos. Die Empfindung für die Ludwig Tieck 1797 den Begriff „Waldeinsamkeit“ prägte, läßt sich schon bei den Römern nachweisen (s. 5u). Für die religiöse Baumästhetik hätte Grimm auf Autoren verweisen können. So bemerkte bereits im 7. Jahrhundert der byzantinische Theologe Theophylaktos Simokatta (PG. 123, S. 1245f) kritisch, daß die menschliche Natur sich einmal so weit verirrt habe, schönen Bäumen nur wegen ihrer Schönheit (*dia to kallos*) Opfer darzubringen; er nennt Zypressen, Platanen und ähnliche. Damit spielt er an auf den „Ehebruch“ des Gottesvolkes als Braut Jahwes mit den grünen Bäumen, den Jeremia (3, 6) und Hesekiel (23, 37) tadeln. Die Behauptung Theophylakts läßt sich in einzelnen Fällen bestätigen, etwa bei der Platane des Xerxes oder jenen heiligen Bäumen der Römer, die keinem bestimmten Gott zugeordnet waren.

Ein weiteres Zeugnis für Naturreligion in einer Hochkultur verdanken wir Seneca (Brief 41, 3). Er beschreibt den heiligen Schauer, der vom Eindruck besonders alter, ungewöhnlich hoher Bäume ausgehen und den Freund Lucilius zum Gottvertrauen (*fides numinis*) führen kann. Wäre Ähnliches auf christlicher Basis denkbar? Ob das Erlebnis der Buchenhallen schon die ersten Architekten gotischer Kirchen inspiriert hat, – bei

29 »Der Baum des Todes und des Lebens«, 1533

späten ist es nachweisbar –, wird nie zu klären sein. Aber diese 1785 durch James Hall aufgestellte Behauptung (Schama S. 256ff) beweist allein schon die religiöse Komponente in der Naturästhetik. Bereits 1773 fühlte sich Goethe angesichts des Straßburger Münsters an die Schönheit der „Bäume Gottes" erinnert, an die „schlank aufsteigende Buche" – so in seiner Schrift über Erwin von Steinbach.

Die religiöse Deutung der Naturschönheit findet sich auch sonst. Julian Apostata bekannte in seiner Prosahymne auf König Helios (130 CD), als Jüngling um 350 n. Chr. durch das Staunen über den Sternenhimmel zum Sonnenverehrer geworden zu sein. Die Entstehung der Religion ist aus der Angst vor der Natur und dem Gefühl einer „schlechthinnigen Abhängigkeit" von unverfügbaren Gegebenheiten – so Schleiermacher – kaum allein herzuleiten. Hinzu tritt die Bewunderung der Natur und das Bedürfnis, ihre Ordnung durch – notwendigerweise – übernatürliche Mächte zu erklären, eine Schlußfolgerung, wie sie nach Cicero (De natura deorum I 4) wieder von Boccaccio in seiner »Vita di Dante« von 1360 vertreten wurde. Die Annahme einer offenen Grenze zwischen Ästhetik und Religiosität kann sich mithin auf Selbstaussagen stützen.

Baumkult ist, ähnlich der Verehrung von Quellen und Bergen, eine gemeinmenschliche Erscheinung seit der Frühgeschichte. In der Krone eines Baumes zeigte sich um 1300 v. Chr. die ägyptische Himmelsgöttin Nut ihrem Verehrer. Unverkennbar sind die Spuren archaischer Baumverehrung im Alten Testament, das von den der Göttin Aschera-Astarte heiligen Bäumen der Kanaaniter berichtet und wo selbst der Gott Israels den Seinen in Bäumen erscheint. Er spricht aus dem Laub und verkündet die Zukunft. Noch deutlicher sind die Zeugnisse bei den Griechen, wo nicht nur bestimmte Bäume einzelnen Göttern symbolisch zugeordnet sind, sondern solche Bäume auch greifbar durch Opfergaben verehrt wurden. Kultische Bäume kennen muslimische Ägypter, Araber und Perser, Buddhisten in Indien und Tibet. Bei Kelten, Germanen und Slawen hielt sich der Baumkult in Form von Folklore bis weit ins christliche Mittelalter. Epiphanien von Göttinnen in Bäumen – meistens erscheinen sie Kindern oder Frauen – gibt es noch in unseren Tagen.

o. Mit dem Übergang zum Monotheismus entstand ein Konflikt zwischen dem zu bekämpfenden Fetisch-Charakter des Baumes und seiner fortwirkenden Eindruckskraft als ästhetische Autorität. Das mosaische Gesetz befahl den Baumsturz, drang aber damit nicht voll durch. Später kam es bei der Christianisierung wie bei der Islamisierung dazu, daß heilige Bäume von den Missionaren umgehauen wurden, von Engländern in Indien noch im 19. Jahrhundert (Philpot S. 14). Man schlägt den Baum, meint den Gott und trifft den Menschen. Häufiger allerdings hat man über eine Umdeutung eine baumschonende Lösung gefunden. In Daphne wurden die Zypressen Apolls bewahrt, um für den christlichen Kaiser den *locus amoenus*, den Lustort zu retten; auf dem Libanon feiern die Maroniten unter den „Zedern des Herrn" noch immer ihren Gottesdienst, in Domrémy hat man Johannas Buche in die Feldprozession einbezogen, um dem Volk seine Belustigung zu erhalten. Die zahlreichen Marien-Eichen zeigen den Übergang vom heiligen Baum zur Baumheiligen. Derartiges gibt es auch in der muslimischen Welt: geweihte Bäume bewachen die Gräber ägyptischer Scheiche; im Bagh-i-badreh ersetzte eine islamische Heilige die altpersische Göttin, so daß eine Namensänderung die Verträglichkeit mit der Orthodoxie herstellte. Freilich gelang die Metamorphose nicht immer, wie denn die Grenze zwischen Folklore und Heidentum abhängt von der Glaubensstrenge der religiösen Machthaber. Constantin hat das volkstümliche Eichenfest zu Mamre untersagt, das die Bischöfe Palästinas hatten bestehen lassen. Auch im slawischen Bereich sind durch religiöse Fanatiker Bäume gefällt worden, die in christlicher Zeit Jahrhunderte lang unschuldigem Volksvergnügen gedient haben, ehe die Eiferer erkannten, daß dies „untragbar" sei.

Nathaniel Hawthorne (gest. 1864) erzählt die Geschichte einer frühen Siedlung von Mount Wollaston oder Merry Mount in Neu-England, deren heiter gestimmte Bewohner eine besonders schöne Kiefer als ihren Maibaum erkoren haben, den sie, namentlich zur Sonnwende, schmücken, umtanzen und besingen – er ist der Mittelpunkt der Gemeinschaft (Hindermann S. 240ff). Einer benachbarten Puritanergemeinde, die im Schweiße ihres Angesichts ihre Erbsünde abbüßt, ist das teuflicher Baalskult. Unter der Führung eines aggressiven Frömmlers sprengen sie das Fest und hauen den Maibaum um: ein trauriger Triumph christlicher Weltverneinung über eine naturnahe Lebensbejahung? Die Tragik wird dadurch gemindert, daß die Mentalität der Fanatiker zwar glaubwürdig erscheint, die unbeschwerte Gemeinde von Merry Mount aber wohl eine Phantasmagorie des Dichters darstellt.

Der Konflikt zwischen Baumverehrern und Baumstürzern ist zeitlos. Die Süddeutsche Zeitung meldete am 2. Oktober 2001 eine Marien-Erscheinung nach dem Big Bang vom 11. September in New York. In der Astgabel einer sibirischen Ulme zeigte sich eine weinende Madonna. Die Latinos der Arden-Street von Inwood, dem nördlichen Stadtteil von Manhattan, verehren die Jungfrau mit Windlichtern und Paraffinkerzen. Ein Katholik erklärt die Trauer der Gottesmutter: Sie weint, weil unter den Menschen keine Liebe herrscht. Ein Baptist protestiert: Der Baum ist ein Götze; es ist verboten, ihn anzubeten, so sagt die Bibel. Ebenso urteilten katholische Missionare – wie der heilige Martin und protestantische Fürsten – wie Friedrich Wilhelm I von Brandenburg. Über tausend Jahre lang wurden Bäume aus Glaubensgründen gestürzt.

Mit dem Abholzen von Bäumen verletzt man nicht allein den religiösen, sondern auch den politischen oder militärischen Gegner. Das kann Hand in Hand gehen. Der Assyrerkönig Assurbanipal aus dem 7. Jahrhundert v. Chr. rühmte sich, die Götterhaine von Susa niedergebrannt zu haben (RAC. II S. 7). Baumfällen in Feindesland befiehlt ebenso das mosaische Gesetz. Im Mittelmeergebiet wird vor allem der Verlust von Ölbäumen schmerzlich empfunden. 430 v. Chr. fiel der Spartanerkönig Archidamos in Attika ein, zerstörte die Häuser und die Olivenhaine (Diodor XII 45, 1). Die Praxis war üblich (Nenninger S. 112f). Die Athener, die 414 v. Chr. Syrakus belagerten, verwandelten die dortigen Ölbäume in Kriegsgerät (Thukydides VI 99). Als sich 361 die Phöniker gegen die Perser erhoben, war ihre erste Heldentat die Verwüstung der königlichen Paradiesgärten (Diodor XVI 41, 3). Die Römer taten desgleichen. Im Kampf gegen die Etrusker 396 v. Chr. ließen sie keinen fruchtbringenden Baum stehen, wie Livius (V 24, 2) angibt. Für die Belagerung von Athen 87 v. Chr. fällte Sulla die Bäume der heiligen Haine einschließlich der Akademie und des Lykeions (Plutarch 12). Nachdem Caesar im Jahre 49 v. Chr. Massilia – Marseille erobert hatte, stand weit und breit kein Baum mehr, wie er selbst in seinem Werk über den Bürgerkrieg (II 15, 1) berichtet: *omnibus arboribus longe lateque in finibus Massiliensium excisis et convectis.* Als die

Römer unter Nero Britannien eroberten, wurden die Druiden-Haine abgeholzt, die nicht nur wegen der Menschenopfer verrufen waren, sondern auch Zentren des politischen Widerstandes bildeten. Bäume stiften Gemeinschaft.

Militärische Baumfällaktionen kannte ebenfalls das Mittelalter. Durch Abholzen der Ölbäume schädigten die Perser im Jahre 614 n.Chr. das byzantinische Syrien. Als Naser-e-Khosrou im Juli 1051 auf dem Weg nach Basra war, erlebte er, wie bei einer Stammesfehde die Angreifer tausend Dattelpalmen abholzten. Der in Palermo von Roger II angelegte, von arabischen Dichtern besungene Palmengarten fiel 1316 einem Überfall der Anjou zum Opfer.

Der Krieg gegen Bäume ist keine Sache der finsteren Vergangenheit. Beim Angriff auf Leningrad 1941/42 fällte die Wehrmacht alle erreichbaren Bäume zur Befestigung der Wege. Als am Ende des Letzten Weltkrieges die Rote Armee die Japaner aus der Mandschurei vertrieb und Harbin besetzte, da hieb sie den heiligen Baum dort um, der auf der Straße zum Sungari stand und von der russischen wie der chinesischen Bevölkerung mit roten Schleifen geschmückt wurde – so erzählt mir Wolfgang Zeev Rubinsohn in Tel Aviv aus eigener Erinnerung. Im Vietnamkrieg entlaubten die Amerikaner die Bäume, unter denen die Feinde Schutz suchten. Erich Fried hat es in seinem »Gespräch über Bäume« kommentiert. 72 Millionen Liter *Agent Orange* und andere Gifte regneten 1965 bis 1975 auf die Bäume herab. Drei Millionen Hektar Wald gingen durch das Dioxin zugrunde, Hunderttausende von Vietnamesen und Amerikanern erlitten Gesundheits- und Erbschäden – so der »Stern« (2000 Nr. 24). Leiden die Bäume, so leiden die Menschen. Ein Ende ist nicht abzusehen; im Juli dieses Jahres 2001 fällte die Armee Israels dreitausend Ölbäume der Palästinenser. Hatte nicht der Gott der Rache seinem Volk befohlen, alle guten Bäume der Moabiter zu fällen, ihre Brunnen zu verstopfen, ihre Äcker zu ruinieren (2. Könige 3, 19; 25)? Die Bilder gleichen sich, nur die Technik schreitet voran: heute nutzt man die Kettensäge.

Der Kampf gegen Menschen entartet zum Kampf gegen ihre Bäume. Das wird militärisch begründet, doch wirken ebenso ideologische Motive. Im mittelalterlichen Irland war ein Sieg erst dann vollkommen, wenn der Totembaum am Sitz des feindlichen Fürsten gefallen war (Lucas S. 20ff). Es war der Baum vor seinem Palast oder der, unter dem er gekrönt worden war. Kampf gegen Baumsymbole gibt es noch in der Neuzeit. So fällten die Briten 1775 den *Liberty Tree* der Amerikaner in Boston; von den Freiheitsbäumen der Französischen Revolutionäre und ihrer Sympathisanten fielen etliche der Reaktion zum Opfer. Das wiederholte sich 1871, mit dem Ende der *Commune* in Paris. Nach der deutschen Wiedervereinigung 1990 mußte der Hakenkreuzwald in der Uckermark verschwinden.

p. Neben den realen Bäumen gibt es solche in Mythen und Märchen. Früher als die biblischen Paradiesbäume sind die Juwelenbäume bezeugt, zwischen denen gemäß den altägyptischen Totentexten die Sonne sich erhebt. Einen Himmels- und einen Höllenbaum kennt der Koran. Kosmische Bäume werden in persischen und indischen, chinesischen und japanischen Quellen genannt. Dem germanischen Weltenbaum stehen sehr ähnliche Vorstellungen der sibirischen Völker zur Seite. Die Erde ist dabei anscheinend aus der Teller- oder Kugelform in einen Stamm umgedacht, der die Menschen trägt wie Ameisen. Ob hier ein Wandermotiv vorliegt oder mit spontaner Entstehung des Bildes zu rechnen ist, wird sich kaum klären lassen. Die Steigerung des Kreuzes Christi zum Weltenbaum bei Pseudo-Hippolytos ist mit jener Tradition nur schwer zu verknüpfen. Die zahlreichen Bäume der griechischen Sage indessen wachsen nicht in einer Sphäre der Phantasie, sondern in der irdischen Welt. Sie wurden den Touristen gezeigt. Der griechische Mythos war Geschichte zum Anfassen.

q. Die Bedeutung von Bäumen im Bewußtsein spiegelt sich darin, daß sie als Einzelwesen namensfähig sind. So wie Berge und Flüsse tragen hervorragende Exemplare aus Mythos und Natur individuelle Namen. In der Bibel zählen der Baum der Erkenntnis und der Baum des Lebens zur ersten Gruppe, die Palme Deboras, die Klage-Eiche Rebekkas und die Eiche von Mamre zur zweiten Gruppe. Letztere nennt Josephus *Ogyge*, sie soll im Mittelalter *Sirpe* oder *Dirpe* geheißen haben; die Sykomore der Heiligen Familie nannte man *Matarea*. Die *Elaia Kallistephanos* lieferte dem Olympia-Sieger den Olivenkranz. Der Alexander-Roman kennt den Sonnenbaum *Mithra* und den Mondbaum *Mao*. Im Koran heißt der Himmelsbaum *Tuba* und der Höllenbaum *Sakkum*, in der Edda die Weltesche *Yggdrasil*.

Namen machen Bäume zu Individualitäten. Jeder kennt Beispiele aus eigener Erfahrung: die Mooseiche im Marburger Schanzenwald, die Blitzeiche im Lindheimer Herrengarten, namentlich sodann die zahlreichen Gedenkbäume, deren Namen von bedeutenden Persönlichkeiten, historischen Ereignissen oder politischen Begriffen wie Kaiser und König, Frieden und Freiheit abgeleitet sind. Namen vom Typus des *arbre de Cracovie* oder der Hexenlinde von Wildungen, der Maleiche bei Singhofen oder der »Judenbuche« im Dorf B. in Westfalen lassen auf eine Geschichte schließen. Der älteste Baum in Berlin ist die Dicke Marie im Tegeler Forst. Diese Eiche wird auf 900 Jahre geschätzt, sie ist also älter als die Stadt. Sie wurde 1939 unter Schutz gestellt und soll ihren Namen einer stattlichen Köchin im nahen Humboldt-Schlößchen verdanken. Fünf Männer braucht es, um die alte Dame zu umarmen.

r. Bäume werden Menschen gleichgeachtet. „Was ein Mann, wie ein Baum!" ruft Margret angesichts des Tambourmajors in Büchners »Woyzeck« von 1836. Die Assoziation ist uralt. Sie begegnete uns in sumerischen Hymnen, in den Upanishaden wie bei Wang Chung im 1. Jahrhunder n. Chr. Den standhaften Krieger verglich Homer (Ilias XII 129ff) mit einer festgewurzelten Eiche. Den Tod eines Helden im Kampf veranschaulichte er (Ilias XIII 389ff) mit dem Sturz einer Eiche, Pappel oder Tanne. Lucan (I 135ff) brauchte für den greisen Pompeius vor seinem Kampf gegen Caesar das Bild einer alten Eiche, an der die Weihgeschenke des Volkes und die Beutestücke der Feldherrn aufgehängt sind, die aber dürr geworden ist, sich nur noch mit schwachen Wurzeln im Boden aufrecht erhält, ihre kahlen Äste in den Himmel streckt und beim ersten Windstoß stürzen muß. Wiewohl von vielen gesunden Bäumen umgeben, wird doch alleine sie verehrt, *sola tamen colitur*. Ebenso werden Frauen mit Bäumen identifiziert: *fulminata abies interitum dominae significat* – „Blitzschlag in eine Tanne deutet auf den Tod der Herrin" heißt es bei Servius (zu Aeneis II 16).

Das Mittelalter steht nicht zurück. Ekkehard von Sankt Gallen schildert im 10. Jahrhundert in seinem Walthari-Lied den Helden aus Aquitanien während des Kampfes mit den tückischen Franken: Unter ihnen stand der Held, fest wie ein Eichbaum, der seine Wurzeln so tief im Boden verankert wie er die Äste zum Himmel emporstreckt, Wind und Wetter verachtend (Vers 1000ff). Ähnlich wiederum Schiller 1799: Wallenstein klagt in seiner Verlassenheit: „Den Schmuck der Zweige habt ihr abgehauen,/da steh' ich, ein entlaubter Stamm!"

Ein urtümliches Gefühl empfindet die Schicksalsverbindung eines Menschen oder einer Gruppe mit dem zugeordneten Totem-Baum. Gedeih und Verderb spiegelt sich in dessen Zustand. Der babylonische Riese Chumbaba wurde nach dem Fall seiner Zeder überwunden; vor dem Tode Neros verdorrte sein Lauretum bei Prima Porta; Domitians Ende wurde durch das der Familien-Zypresse angekündigt; Papst Leo X, getaufter Giovanni de' Medici, starb nach dem Sturz des alten Zitronenbaums der Villa Medicea di Castello; mit den Welfen in Hannover war es vorbei, als eine von König Georg V vergeblich gestützte Eiche 1866 zu Boden ging. Der 1885 vor Cook's Office in Jerusalem stehende Baum galt bei den Arabern als Schicksalsbaum des Sultans; ein Ferman schützte ihn (Philpot S. 87).

Den archetypischen Spiegelwert des Schicksalsbaumes bestätigen mysteriöse Corollarien um den Tod von Carl Gustav Jung am 6. Juni 1961. Sein Biograph Gerhard Wehr (S. 404f) zählt eine Sequenz gleichzeitiger Phänomene auf, die in merkwürdiger Häufung den Tod des Meisters umspielt oder angekündigt hätten: Visionen und Imaginationen von Freunden, selbst solchen fern auf hoher See – *omina* und *prodigia* im livianischen Stil. Darunter nicht nur eine – o Wunder! – leere Autobatterie, sondern auch ein Gewitter, das einen Blitz in die Pappel am Seeufer von Jungs Garten jagte und den Stamm zersplitterte. Ich würde am „Tiefsinn" des Baumsturzes zweifeln, fiele der Todestag Jungs nicht zufällig auf meinen Geburtstag.

Wie der Tod, so wird das Leben mit dem eines Baumes parallelisiert: Schlägt er wieder aus, so ist das ein Zeichen der Hoffnung, ein in der Antike häufig erwähntes Prfodigium. Es wird bisweilen ganz ohne Bezug vermeldet, so die sich erneuernde Weide von Philippi bei Theophrast (IV 16, 3); die sich wieder aufrichtende Silberpappel im Museion von Stageira dagegen verweist auf den Wiederaufbau der Geburtsstadt seines Lehrers Aristoteles, die Philipp zerstört hatte. So wie nach dem Perserbrand der Ölbaum der Athena auf der Akropolis wieder ausschlug, so überlebte der „tausendjährige" Rosenstock am Hildesheimer Dom die Vernichtung der Stadt am 22. März 1945 und der Gingko von Hiroshima die Atombombe vom 6. August jenes Jahres.

Das Wachstum von Bäumen wird in magischer Sympathie mit dem menschlichen Leben in eins gesetzt. Vergil erhielt bei seiner Geburt *more regionis*, nach Landessitte, eine junge Pappel. Der spätantike Redner Himerios pflanzte Bäume bei der Geburt seiner Söhne. Johannes Geiler von Kaisersberg bezeugt um 1500 eine solche Sitte im Alemannischen. Als Goethe geboren wurde, setzte ihm sein Großvater als namengebender Pate einen Birnbaum (Lauffer S. 215ff). Ich selber habe meinen neugeborenen Söhnen im Lindheimer Park Bäumchen gepflanzt, in der Hoffnung, daß sie wie diese gedeihen mögen. Dabei wußte ich von meinen Vorgängern so wenig wie Johann Wolfgang Textor von Himerios oder von Gilgamesch.

1945 publizierte Carl Gustav Jung eine Serie von Psychogrammen, die er aus den Baumbildern von Patienten herauslas. Die anthroposophisch anmutenden Darstellungen sind überwiegend künstlerisch auf hohem Niveau, sprachlich ist es die Interpretation durch den Seelenforscher ebenso. Doch wäre das Ergebnis gleichlautend, wenn Jung nicht ein einziges Baumbild, sondern deren mehrere von derselben Person zugrundegelegt hätte? Auf seinen Spuren haben schweizerische Psychologen einen „Baum-Test" entwickelt (Koch 1972). Er dient als psychodiagnostisches Hilfsmittel zur Erhellung der Persönlichkeitsstruktur. Der Patient malt aus dem Kopf einen Obstbaum, und der Seelenarzt schließt vom Bild auf den Menschen. Man meint, daß ein in Laub und Früchten prangender Baum eine gesunde Psyche widerspiegele, tote Äste und krummer Wuchs hingegen eine seelische Schieflage verraten. Die Psyche von Caspar David Friedrich müßte demnach schwer traumatisiert gewesen sein.

Bäume dienen als Identitätssymbole für einzelne Menschen und Familien, aber auch für ganze Städte und Völker. Denn neben namentragenden gibt es namengebende Bäume. Sie liefern Personennamen: Plinius (XVII 7) schrieb einen eigenen Abschnitt darüber. Hinzu kommen bei den Römern für Männer *Arborius*, *Laurea*, *Silvanus*, *Silvius*, *Silva* und *Silvester*; für

Frauen *Silvia.* Weiterhin *Tamar* (Palme) bei den Juden; „Sykomore“ und „Myrrhe“ bei den alten Ägyptern; *Philyra* (Linde) und *Daphne* (Lorbeer), *Myrrha*, *Smyrna* und *Myrtale* (jeweils Myrte) bei den Griechen; *Birke*, *Oliver* und *Linde* mit Linda, Dietlinde, Sieglinde und Gerlinde in Deutschland. In Irland gab es als Namen: den Sohn des Hasels, der Eberesche, der Eibe und der Stechpalme (Lucas S. 22).

Sehr häufig sind von Bäumen abgeleitete Familiennamen. Das Berliner Adreßbuch verzeichnet Familien, die Baum und Holz heißen; Hain und Wald kommen vor, ebenso Park und Garten, desgleichen die natürlichen wie die verarbeiteten Teile des Baumes: Brett, Balke, Pfahl und Bohle, Zweig und Spahn; Ast und Bast, Stock und Stamm, Blatt und Wurzel – so scheint es zufällig, daß Rinde und Borke fehlen – bundesweit sind sie zu finden. Lang ist die Liste der Familien, die sich nach einzelnen Baumarten nennen. Ahorn, Apfelbaum, Birke, Birnbaum, Buche, Effe und Elm (gleich Ulme), Eibe, Erle, Esche mit den Nebenformen Eller, Else und Elze, Faulbaum, Fichte, Föhre, Hasel, Hollunder (sic), Kiefer, Kirschbaum, Mandelbaum, Nußbaum, Palme, Pappel, Rüster, Tannenbaum, Ulmen (sic) und Weide. Ungemein zahlreich sind die mit Eiche und Linde gebildeten Familiennamen; mit ihren endlos vielen Zusammensetzungen machen sie weit über die Hälfte aller Baumnamen Berliner Familien aus. Linde hieß ursprünglich auch der große schwedische Naturforscher, Karl von Linné (1707 bis 1778). Die unterschiedliche Häufigkeit der Arten im Bestand der deutschen Familiennamen entspricht der ungleichen Präsenz im kulturellen Bewußtsein. Platane, Zypresse, Kastanie und andere Zuwanderer fehlen und waren nicht zu erwarten.

s. Bäume stehen wie für Personen und Familien so für Städte und Staaten. Ortsnamen, die auf Bäume verweisen, finden sich wohl auf jeder Landkarte. Tadmor alias Palmyra im Orient; Pityous die Pinienstadt, Aigeira die Pappelstadt, Kyparissia die Zypressenstadt bei den Griechen; Ad Pirum (beim Birnbaum), Ad Salices (zu den Weiden) und Arbor Felix (Fruchtbaum) waren römische Kastelle. Mehrere Ortsteile des antiken Rom hießen nach Bäumen, so der Viminalis nach der Weide, der Caelius ursprünglich nach der Eiche. Aëtius, der letzte Römer, wurde 455 von seinem Kaiser „Bei den zwei Lorbeerbäumen“ erschlagen. Keltische Baumnamen für Orte erinnern an die Ulme (*lemos*), so Limoux, Limoges und die Landschaft Limousin. Viele Ortsnamen leiten sich von der Eiche her, sie reichen von Irland bis Zentral-Anatolien. Seit dem Mittelalter sind baumbezügliche Ortsnamen in Europa ubiquitär, wieder dominieren Eiche und Linde – nicht nur in Deutschland.

Horaz (carmina IV 4, 57 ff) verglich Rom mit der Steineiche, die mit dem Beile behauen, an Wachstum gewönne. Gemeint ist vermutlich: Nimmt man ihr den Höhenwuchs, so geht sie in die Breite. Vergil (Aeneis

II 624ff) beschrieb den Untergang Trojas mit der Abholzung einer alten Esche (*ornus*) im Gebirge, wenn Bauern im Wettstreit die Äxte schwingen, ein Zittern durch den Stamm ins Laub fährt, bis der Baum, durch viele Wunden geschwächt, stöhnend zu Boden kracht. Pausanias (VII 17,2) parallelisierte den Aufstieg des geschwächten Achäerbundes nach Alexander mit dem Austrieb eines abgehackten Baumes – dem Denkbild der Renaissance. An das gleichnamige altkeltische Gedicht denken wir bei Conrad Ferdinand Meyers »Schlacht der Bäume« von 1870. Hier streiten Bäume als Völkersymbole: die nördliche Arve, das heißt die Zirbelkiefer, als „Bannerherr der deutschen Bande“ gegen die südliche Weinrebe der Welschen.

Der Vergleich der katholischen Kirche mit einem Baum führt die entsprechende Metapher für das Volk Israel aus dem Alten Testament fort, ein Bild das im Neuen Testament wieder für die Gemeinde Christi erscheint und bei den Kirchenvätern ausgestaltet wird, so bei Justinus Martyr und Victor von Vita. Der Apostel Paulus verstand sich im ersten Korintherbrief als Baumgärtner: „Ich habe gepflanzt“. Im Begriff der „Baum-Schule“ sodann wird ein Ausdruck der kulturellen Sphäre auf die Natur übertragen. Im gleichbedeutenden Wort *seminarium* ist es umgekehrt, hier geht die Bedeutung von der Pflanzschule auf die Hochschule über – die Professoren werden zu Gärtnern. Wurde nicht schon der Begriff *cultura* von der Pflanzenzucht auf das Geistesleben übertragen?

Bäume als nationale Identitätssymbole kennen wir lange vor der Bavaria-Buche. Der Ölbaum auf der Akropolis verkörperte Athen. Ein Ölbaumzweig begegnet uns auf den Münzen der Stadt, der Weinstock auf denen von Maroneia in Thrakien. Die Dattelpalme erscheint auf den Geprägen von Karthago, steht aber ebenso für Judäa, sowohl auf den Münzen der Juden selbst als auch auf denen der Römer, die den Sieg über die Insurgenten feiern (so Vespasian), eine Maßnahme zugunsten der Provinz verkünden (so Nerva) oder einen Kaiserbesuch in Palästina anzeigen (so Hadrian). An biblische Traditionen erinnert das Bild der grünen Zeder auf der Flagge des Staates Libanon, gestiftet am 1. September 1920; botanisch und ästhetisch motiviert ist das rote Ahornblatt auf der Fahne von Kanada, gehißt von Queen Elizabeth am 15. Februar 1965. Zwei junge Staaten in Afrika haben Bäume zum Wappenemblem gewählt: Senegal den Affenbrotbaum, den durch Saint-Exupérys »Kleinen Prinzen« bekannt gewordenen Baobab, Wahrzeichen der Savanne (s. Abb. XV), und Gabun die *Aucumea Klaineana*, französisch *Okumé*, Lieferant für die größte Sperrholzfabrik der Welt, die staatliche Compagnie Forestière du Gabon. Nationalen Charakter hat schließlich das alljährliche Kirschblütenfest in Japan. Als das Land 1945 in Trümmern lag, schrieb Kaiser Hirohito seine Neujahrsbotschaft: „In der Winternacht steht der alte Föhrenbaum unerschütterlich da, ob auch lastend schwerer Schnee seine Äste niederzwingt“.

Die symbolstiftende Kraft des Baumes zeigte sich jüngst in der Motivwahl für die französischen Euro-Münzen. Sie tragen auf der Rückseite einen Blätterbaum. Die Umschrift *Liberté, Égalité, Fraternité* ließ vermuten, daß mit dem Emblem der Freiheitsbaum gemeint sei (s. 9h). Eine Auskunft der *Présidence de la Republique Française* aber widerspricht: Der Baum steht selbstredend für Leben, Dauer und Wachstum. Er verdankt seinen Ehrenplatz mithin nicht der Tradition, sondern der Inspiration. Die Eichenblätter auf den deutschen Eurocents hingegen weisen zurück auf Romantik, Freiheitskriege und Nationalbewegung. Eine Sondermarke der Post von 1919 zur Deutschen Nationalversammlung trägt einen ausschlagenden Eichbaumstumpf.

Als Sinnbild für Lebensgemeinschaft begegnet uns der Baum seit der Antike: bei Homer und Marc Aurel, bei Paulus und den Evangelisten, bei den Aufklärern und völkisch bewegten Verhaltensforschern, so Jakob von Uexküll in seiner »Staatsbiologie« von 1920. Der Idealstaat erscheint ihm als „Baum aus Bäumen“. Schon biblisch ist der Vergleich der Volksgemeinschaft mit dem Wald, so bei Jesaja (10, 34) und bei Hosea (14, 6ff). Auch Nationalsozialisten brauchten ihn. Wenn Elias Canetti in »Masse und Macht« (1960 S. 195f) die Liebe der Deutschen zum Wald damit erklärte, daß dieser ein Sinnbild für das Heer sei, so denkt er etwas eng, vergessen wir nicht Notkers Walthari-Lied, wo ein Heer als *silva ferrea*, als Eisenwald beschrieben wird (Vers 47), und *Birnam-Wood* im Marsch nach Dunsinane. Shakespeare fußt hier auf einer irischen Quelle (Haycock S. 304). Auch traf Canetti kaum den waldfrohen Geist der Romantik, militaristisch nicht bei Eichendorff, nicht bei Heine, nicht bei Thoreau. Als Ideal des Zusammenlebens in Friede und Gleichheit kann allerdings nur derjenige den Wald betrachten, der die im Kampf ums Licht unterliegenden Krümmlinge vergißt oder als lebensunfähig, lebensunwürdig abschreibt. Bei den nationalsozialistischen Dendrosophen bleibt das zu vermuten, wenn es auch nicht ausgesprochen wurde. Ihre Politik orientiert sich am Kampf ums Dasein zur Erhaltung der Art. Die Natur kennt keine Gnade.

Diesen Gedanken hat Michel Tournier 1970 in seinem Roman »Der Erlkönig« (Le roi des aulnes) angedeutet. Er meint, jeder Baum benötige, um sich voll zu entfalten, Sonne und Wind, unendlichen Raum rundum, den ihm seine Artgenossen streitig machen. „Die Bäume hassen sich“. Der Wald wird so zu einem Zwangskollektiv, einem Zuchthaus für Bäume. „Der Wald, das ist die aufgezwungene Promiskuität eines Konzentrationslagers“. Auch der Baum als Einzelwesen erscheint ihm von der Natur bestraft. Durch den „Fluch der Verwurzelung“ an das Erdreich gefesselt, suche er durch seinen Samenflug der Bindung zu entfliehen. Wieder einmal wird klar, daß wir in der Natur den Spiegel unserer Wünsche und Ängste vor uns haben.

Der Wald als Baumgemeinschaft macht aus vielen Bäumen ein einziges Volk. Die Metaphorik ist jedoch auch umkehrbar. So kann mitunter auch ein einzelner Baum einmal für viele Völker stehen. In der 1993 in Nürnberg angelegten Straße der Menschenrechte sind die dreißig Artikel der UN-Charta vom 10. Dezember 1948 durch eine Reihe von 29 weißen Mamorsäulen dargestellt. Jede trägt den verkürzten Text eines Artikels in einer anderen Sprache. Die übrigen Sprachen sind nicht vergessen, sondern werden gemeinsam durch eine für den fehlenden 21. Artikel gepflanzte Pyramideneiche repräsentiert. Die ihr zugemutete Aufgabe ist beträchtlich, wird die Zahl der Sprachen doch auf über fünftausend geschätzt!

t. Bäume sind Orte des Lebens: Maya gebar den späteren Buddha unter einem Sala-Baum; Laotse erblickte unter einem Pflaumenbaum das Licht. Im Mythos der Griechen wurden Artemis und Apollon auf Delos unter einer Palme geboren; unter einer ebensolchen brachte nach islamischer Überlieferung Maria den Jesusknaben zur Welt. Der persisch-römische Mithras wurde aus einem Fels im Schatten eines heiligen Baumes geboren oder entsprang dem Geäst, desgleichen Adonis. Die Geburt des Tammuz lokalisierte man unter einer Zeder im Tempelbezirk von Uruk. Der alte Mythos von den baumentsprossenen Menschen klingt hier in Einzelschicksalen nach.

Bäume sind Orte der Liebe: der glücklosen bei Petrons Enkolp und Händels Serse, sonst der glücklichen. Zu Gortyn zeigte man die Platane, unter welcher Zeus der Europa beigewohnt habe; der Zauberer Merlin genoß die Liebe der Fee Viviane unter einem Weißdornbusch. Walther von der Vogelweide besang ein Liebeserlebnis »Unter der Linde, auf der Heide«, und der Scholar in *Carmen Buranum* 177 erwartete seine Schäferin auf blumenreicher Wiese, nahe einer Quelle im luftigen Schatten eines Baumes, einem Ort, den Platon nicht schöner hätte malen können:

Erat arbor haec in prato,
quovis flore picturato,
herba, fonte, situ grato,
sed et umbra, flatu dato.
Stilo non pinxisset Plato
loca gratiora.

Dichter der Neuzeit dachten nicht anders. Goethe schrieb am 17. Dezember 1780 an Frau von Stein: „Ich hab eine große Unterredung mit meinen Bäumen gehabt und ihnen erzählt, wie ich Sie liebe“. Am Tage zuvor hatte er gedichtet: „Sag ich's euch, geliebte Bäume/Die ich ahndevoll gepflanzt ...“. Ähnlich Hölderlin »An einen Baum«: ihn nennt er den glücklichen, ewigen, das das Bild der Geliebtesten – „und käm einmal ein

Tag, wo sie die meinige wäre,/O! dann ruht ich mit ihr unter dir, Freundlicher, aus,/Und du zürnetest nicht, du gössest Schatten und Düfte/Und ein rauschendes Lied über die Glücklichen aus."

Und immer wieder ist die Linde der Liebesbaum, die „wollusttrunkene Fackel der Liebessehnsucht" bei Theodor Lessing 1926, wo getanzt, geschwärmt und geküßt wird. „Unter ihr begann immer neu das rote brennende Spiel der Herzen". So auch im Volkslied:

Es stand eine Linde im tiefen Tal,
War oben breit und unten schmal.
Darunter zwei Verliebte saßen,
Und die vor Lieb ihr Leid vergaßen ...

Der den Beiden bevorstehende Trennungsschmerz hat bereits den Dichter Properz erfaßt. Von seiner Geliebten Cynthia verstoßen, flüchtet er klagend in den Wald und ruft die Buche, die Pinie zu Zeugen seiner Liebe an: Waret doch auch ihr Bäume einstens von Göttern geliebt! Nun ritzt er den Namen in die Rinde: *Scribitur et vestris Cynthia corticibus* (I 18, 22), ein Brauch, der damals schon alt war. Theokrit (XVIII 43ff) hängt in Helenas Baum, die Platane, einen Lotoskranz, begießt sie mit Balsam aus silberner Flasche und kerbt ihren Namen in die Borke, damit die vorüberziehenden Wanderer ihr „nach dorischer Art" die Ehre geben. Der liebeskranke Gallus wird, so Vergil in seinem zehnten Hirtengedicht, von den Bäumen beweint und ritzt seine Liebe in ihre Stämme (*incidere amores arboribus*). Schließlich fehlt das Motiv auch nicht bei Ovid, dem Hochmeister der Liebeskunst (Heroides V 21f): Oenone findet ihren Namen in Buchenrinde geschnitten – so wächst mit dem Baum auch die Liebe. Der Baum im Pfarrhof zu Sesenheim, für Friederike gepflanzt, trug ihren und Goethes Namen, mit dem Messer geschrieben:

Der Baum in dessen Rinde
Mein Nam bei deinem steht,
Wird bleich vom rauhen Winde,
Der jede Lust verweht.
Der Wiesen grüner Schimmer
Wird trüb wie mein Gesicht,
Sie sehen die Sonne nimmer,
Und ich Friedricken nicht.

Dem antikisierenden Geschmack des Rokoko entsprach die Oper »L'arbore di Diana« von Martín y Soler, uraufgeführt im Burgtheater zu Wien am 1. Oktober 1787. Die Jagdgöttin hat Keuschheit gelobt, und dies prüft ein wundertätiger Apfelbaum, der die Zucht mit lieblichen Melodien belohnt, anderenfalls aber schwarze Äpfel präsentiert. Letzteres widerfährt dem lebenslustigen Amor; und der rächt sich, indem er Diana in Liebe zum Schäfer Endymion fallen läßt. Nun ist es auch um ihre Keuschheit geschehen, und Amor verwandelt den Schauplatz in einen Liebesgarten. Der Text von Lorenzo da Ponte flankiert die Aufhebung der Nonnenklöster durch Joseph II. Mozart zitiert eine Melodie Martíns in der Tafelmusik von »Don Giovanni«.

u. Bäume sind Orte des Todes. Wir denken an den Galgenbaum bei Callot aus dem Dreißigjährigen Krieg – doch reicht die Verbindung von Baum und Tod bis in die Schöpfungsgeschichte zurück: „Welches Tages du von dem Baume issest, wirstu des Todes sterben" (s. Abb. 29). Dem fliehenden Absalom ward ein Baum zum Verhängnis (2. Samuel 9 ff), der Prophet Jesaia soll in einem hohlen Baum zersägt worden sein. Bäume als Galgen verwendeten die frühen Israeliten (Josua), die Griechen (Timon) und die Römer *(arbor infelix)*. Der Unhold Sinis in der Theseus-Mythe band seine Opfer an zwei herabgebogene Bäume, die sie beim Emporschnellen zerrissen. Daß man 366 n. Chr. den Usurpator Procopius so hingerichtet habe (Sozomenos VI 8), ist wohl eine Fabel (Ammian XXVI 9, 9). Historisch glaubwürdig dagegen berichtet Caesar (Bellum Gallicum VI 31), daß der Keltenkönig Catuvolcus sich „mit Hilfe einer Eibe das Leben genommen hat"; er verwendete das in ihren Nadeln und ihrem Holz – nicht in ihren roten Beeren! – enthaltene Gift, eine bei den Kelten auch in Spanien übliche Form des politisch motivierten Selbstmords, wie Florus (II 33,50) bezeugt. Makabere Experimente ergaben, daß ein Pferd nach dem Genuß von 500 Gramm Eibengrün verendet. Plinius (XVI 51) notiert, am Gift der Eiben in Arkadien stürbe jeder, der unter ihnen auch nur schliefe oder äße. Vincentius von Beauvais glaubte ihm das (Speculum Naturale XIII 107).

Als die Römer Germanien erobern wollten, waren die Wälder ihre eigentlichen Gegner, sie stehen allzeit auf Seiten der Verteidiger. Das erfuhr Varus 9 n. Chr. im *saltus Teutoburgensis*. Zuvor machten die Kelten Oberitaliens im Kampf gegen Rom ihre Bäume einmal zum Werkzeug des Todes ihrer Feinde: Im Jahre 216 v. Chr. griff der Feldherr Lucius Postumius die mit Hannibal verbündeten Boier an; da mußte er, wie Livius (XXIII 24, 6ff) erzählt, bei Mutina einen Wald durchqueren. Die Kelten hatten jedoch rechts und links des Weges die Bäume angesägt. Diese ließen sie auf die Legionen niederstürzen und vernichteten so das gesamte römische Heer. Na ja. Bäume erschwerten die Offensiven der Russen in Karelien 1939 und der Amerikaner in Vietnam 1965.

Zeitlos ist die Sitte, Tote unter Bäumen zu bestatten oder solche auf Gräbern zu pflanzen. Schon König Saul wurde so wie die Amme Rebekkas unter einem Baum, einer Eiche beigesetzt. Herakles bestieg laut Kallimachos (An Artemis 159) den Scheiterhaufen unter einer phrygischen Eiche. Ulmen oder Platanen wachsen auf Gräbern homerischer Helden, die Seelen der Toten leben in den Bäumen am Ort ihrer letzten Ruhe – so glaubte man in der Antike. Zypressen stehen am Tor zum Hades; Palmen überschatten die Gräber islamischer Glaubenskämpfer und empfangen aus ihnen heilende Kraft. Auch christliche Heilge schätzten ein Grab unter Bäumen. So erklärte der selige Armogas, er wolle in keiner Kirche, sondern unter einem Johannisbrot-Baum beigesetzt werden. Als das man ihn wunschgemäß begrub, so berichtet im 6. Jahrhundert Victor von Vita (I 45f), fand man unter den Wurzeln einen wundervollen Sarkophag aus Marmor für den Toten. Auf dem Sankt Gallener Klosterplan aus der Karolingerzeit ruhen die Mönche unter Steinplatten in einem Baumgarten. Noch unsere Märchen lassen die Verstorbenen als Baum fortleben – so bei »Aschenputtel« und im »Machandelboom«. Funde von Baumsärgen sind aus dem keltischen wie aus dem germanischen Kulturkreis bekannt. Eine ungewöhnliche Sitte berichtet Aelian in seinen Bunten Geschichten (4, 1) von den Bewohnern in Kolchis östlich des Schwarzen Meeres: sie nähen ihre Toten in Tierhäute ein und hängen sie in Bäume.

Bäume des Todes gibt es noch in unserer Zeit. Der österreichisch-ungarische Dichter Ödön von Horvath wurde am 1. Juni 1938, drei Tage nach seiner Ankunft aus Wien, auf den Champs Elysées zu Paris von einem herunterbrechenden Kastanienast erschlagen. Im antiken Athen oder im deutschen Mittelalter, als Strafprozesse gegen Sachen geführt wurden, hätte man den Baum als Mörder verurteilt und umgehauen. Todesbäume waren die im Volksmund „Tannenbäumchen" genannten, grell leuchtenden Schweberaketen, mit denen im Letzten Weltkrieg die alliierten Bomberkommandos den Luftraum für das nächtliche *carpet bombing* abgrenzten, bevor sie die deutschen Städte niederbrannten. Der *Baedeker raid* vom 16. März 1945 auf Würzburg zerstörte zusammen mit der Stadt die Linde im Lusamgärtchen am Neumünster, wo man das Grab Walthers von der Vogelweide zeigte. Die Granatsplitter in den Eichen des Tegeler Forstes haben indes deren Überleben ermöglicht: die Sägewerke verweigerten die Verarbeitung des eisenhaltigen Holzes. Bäume des Todes gibt es seit dem 11. September 2001 auch im Finanzquartier von New York. Es sind die vier, je 13 Meter hohen Stahlbäume von Jean Dubuffet aus dem Jahre 1972 vor dem *Chase Manhattan Bank Building* am unteren Ende der *Fifth Avenue*. Die weißen Blätter mit den schwarzen Trauerrändern – eine prophetische Eingebung! – bedeckt noch jetzt, sechs Wochen später, eine Schicht grobkörnigen Staubes, den der Feuersturm aufgewirbelt hat: das pulverisierte *World Trade Center*.

Als Bild des Todes erscheint der Baum in der Metaphorik, wo verdeutlicht werden soll, wie auch das Stärkste stürzen kann: bei Homer waren das die trojanischen Helden, bei Vergil war es Troja selbst, bei Herder ist es Rom: „Der Keim der Verwesung lag im Innern des Gewächses: der Wurm nagte an seiner Wurzel, an seinem Herzen; und so mußte auch der riesenhafte Baum endlich sinken" (Ideen II S. 188). Dem späten Römerreich fehlte gemäß Herder die Grundlage: das Römervolk: „Der Baum möge bis an den Himmel reichen und ganze Weltteile überschatten; hat er keine Wurzeln in der Erde, so vertilgt ihn oft ein Luftstoß" (II S.89). Dürre, aber noch aufrechte Bäume treten ins Bild, wenn erläutert werden soll, wie eine organisch gewachsene Gestalt das Leben überdauern kann, das sie hervorgebracht hat. Jacob Burckhardt erklärte in seinen »Weltgeschichtlichen Betrachtungen« (S. 61) die Fortdauer von Religionen, an die niemand mehr so recht glaubt, mit dem Hinweis auf alte Bäume, die „innen ganz morsch, von ihrer Rinde und ihren Blättern leben und noch große Figur damit machen". Rinde und Blätter stehen für Interessen und Traditionen, die nun anstelle des Geistes die Religion noch eine Weile tragen. Theodor Mommsen verglich in seiner Römischen Geschichte (V S. 3) das späte Imperium Romanum mit einem „gewaltigen Baum, um dessen im Absterben begriffenen Hauptstamm mächtige Nebentriebe rings emporstreben". Gemeint sind die Völker Europas als Nachkömmlinge und Erben Roms. Oswald Spengler veranschaulichte die zivilisatorische Endphase seiner Kultur durch einen toten Baum, der auch ohne inneres Leben noch lange stehen kann.

v. Bäume können ein höheres Alter erreichen als jedes andere Lebewesen. Über die ältesten Bäume in Rom räsonnierte Plinius (XVI 234ff), über die in Griechenland schrieben Theophrast (IV 13, 2) und Pausanias (VIII 23, 4f). Alexander von Humboldt (1861, S. 104) erklärte den kronleuchterförmigen Drachenbaum zu Orotava auf Teneriffa für einen der ältesten Bäume des Erdballs; Ernst Haeckel (S. 10) hielt die pilzförmigen Affenbrotbäume Afrikas für noch älter – er dachte an 2.000 bis 5.000 Jahre. In Deutschland wetteiferten mehrere Bäume um das höchste Alter, in Frage kommen Eichen, Eiben und Linden. Nur sie erreichen vierstellige Jahreszahlen. Der amerikanische Mammutbaum kann 4.000, die Grannenkiefer 4.600 Jahre alt werden.

Durch ihre lange Lebensdauer sind Bäume Orte des Erinnerns – nicht nur die Geburts- und Grabbäume. Sie werden mit Personen und Ereignissen verbunden, um deren Gedächtnis lebendig zu halten, so allen Ortes zwischen Kalifornien und Kamakura. Ob sie diese Aufgabe immer erfüllen? Woran erinnert der *maronnier du 20 mars* an den *Champs Élysées* nahe der *Place de la Concorde* – trägt der Kastanienbaum seinen Namen zum Gedenken an Napoleons Einzug an jenem Tage 1815 oder schlicht weil er bereits zu Frühlingsbeginn ausschlägt? Daten sind mal mehrdeutig, mal nichtssagend. Auch Personennamen verblassen. Gedenkbäume für Bonifatius, Blücher und Bismarck kann man noch zuordnen, aber wer kennt schon den Förster Eigenbrodt, nach dem die schönste Buche an der Niedersteiner Altenburg benannt ist? Jugendliche „verewigen“ sich an ausgezeichneten Orten, indem sie ihren Namen oder ihre Initialen anbringen, so auch an bemerkenswerten Bäumen, mit Vorliebe an Buchen. „Mein“ Monogramm finde ich immer schon vor.

Erinnerung will gepflegt sein. Bäume können das leisten, und dies über ihre Lebensdauer hinaus. Stirbt der Gedenkbaum ab, pflanzt man ihn nach, am besten aus dem Samen oder als Schößling des alten: so beim Feigen-Baum Buddhas von Bodh Gaya, beim Ölbaum der Athena auf der Akropolis, bei der Palme der Leto auf Delos, bei der ruminalischen Feige zu Rom, beim Judas-Holunder in Jerusalem, bei der Marien-Palme von Heliopolis, beim tibetanischen Wunderbaum von Kumbum, bei der Linde in der Weltenmitte zu Kremsmünster, bei der Kunigunden-Linde zu Nürnberg und beim Birnbaum des Herrn von Ribbeck auf Ribbeck im Havelland. Auch die Heiligenbäume Irlands sind immer wieder nachgepflanzt worden (Lucas S. 37). Vielfach geht die Erinnerung von dem gestürzten Baum auf einen benachbarten über, und die Filiation wird ersetzt durch Adoption. So dürfte die Folge von Mamre-Eichen zu erklären sein, die ja immer alt sein mußten. Aus dem Baum wird eine Kette von Bäumen.

w. Bäume sind Orte der Begegnung. Unter Bäumen versammelte sich das Heer der Germanen, die Stammesgemeinde der Iren. Hier faßten Römer Volksbeschlüsse, feierten Slawen Gottesdienst, hier tagte das Gericht: das beginnt im alten Israel mit Debora, wiederholt sich bei den frühen Thessalern, ist für die Kelten bezeugt, war bei den Germanen üblich, und kam in der Schweiz noch im 20. Jahrhundert vor. Bäume waren allzeit Orte der Geselligkeit, hier tanzte die Dorfjugend und sang gemeinsam „Wo wir uns finden wohl unter Linden“. Zahlreiche Wirtshäuser heißen „Zur Linde“, man lindert seinen Durst alldort. Goethes »Götz« präsentiert sich vor der Tür der Waldherberge „Unter der Linde“. Sie ist der Palaverbaum. Hier verabreden Liebende ein Stelldichein, verbringen die Alten ihren Feierabend. *L' Arbre de Cracovie* war die Neuigkeiten-Börse des alten Paris.

Orte der Begegnung waren der Dürre Baum in der Tonacainischen Ebene, wo – laut Marco Polo – Alexander den Perserkönig Darius besiegte, waren die Eichen im Reinhardswald, unter denen die ersten Friedensverhandlungen nach dem Dreißigjährigen Krieg stattfanden, war die Einsame Pappel am Prenzlauer Berg vor dem Schönhauser Tor im Nordosten Berlins. Auf dem dortigen Exerzierplatz fand am 26. März 1848 die erste „Massendemonstration der Berliner Werktätigen“ statt, wie eine inzwischen von Sprayern verhunzte Granitplatte aus roten Zeiten verkündet. Tante Voß hatte von zehntausend Protestlern vor einer schwarzrotgoldenen Rednertribüne berichtet. Noch unter Bismarck versammelten sich die

Arbeiter an dem Baum, um gegen das Sozialistenverbot zu demonstrieren. Als die Pappel 1967 gefällt werden mußte, zog man aus einem Reis von ihr den heutigen Baum (Weißpflug S. 210f).

Eine eigentümliche Form der Kommunikation herrscht im Südwesten Berlins. In Dahlem dienen die Straßenbäume der privaten Bekanntgabe durch angeheftete Wunschzettel von Wohnungsuchenden, Weißbindern, Hundeführern und Hobbygärtnern, von Klavierstimmern, Babysittern und Tierfreunden. *Exempli gratia*: „NAPOLEON ist ein sehr liebes, stubenreines, einjähriges, (noch) nicht kastriertes Siam-Katerchen. Er wird an ebenso liebe Leute mit Haus und Garten verschenkt". Eine Telefonnummer bezeichnet den Anbieter. – Schließlich sei noch die ehrwürdige Kastanie Ernst Reuters erwähnt. Hier, in meinem Zehlendorfer Garten, dachte der Vater Berlins während der Blockade über die Zukunft der Stadt nach; hier versammeln sich an lauen Sommerabenden meine Doktoranden zum Gespräch über historische und philosophische Themen; hier wird alljährlich am 7. Mai Platons Geburtstag gefeiert.

x. Zu allen Zeiten haben Bäume der Erkenntnis gedient. Wenn Sokrates bei Platon (Phaidros 230 D) bemerkte, von Bäumen könne er nichts lernen, so steht das im Widerspruch zu seinem Zugeständnis, daß die prophetischen Eichen des Zeus in Dodona die Wahrheit redeten (275 BC), und hat zudem die Tradition gegen sich. Schon Adam und Eva wurden mit dem Biß in die Frucht sehend: „da wurden ihrer beider Augen aufgetan". Nun konnten sie, wie Gott zuvor, Gut und Böse unterscheiden. Buddha hatte unter dem Bodhi-Baum seine Erleuchtung, hier erkannte er die vier heiligen Wahrheiten über das Leiden der Welt. Bäume lieferten Denkmodelle für Pherekydes und Platon, Seneca und Marc Aurel, für Jesus und Paulus, für indische und chinesische Weise, für spätantike Kirchenväter und mittelalterliche Theologen, Juristen und Philosophen christlichen wie jüdischen Glaubens. Hochpoetische Baumallegorien ersannen Lessing und Goethe, Kant und Wilhelm von Humboldt, Schopenhauer und Nietzsche. Ein Baum der Erkenntnis ließ dann schließlich jenen Apfel fallen, der Isaak Newton auf die Gravitationstheorie gebracht haben soll. Die Legende ist alt, schon Herder und Kleist erwähnen sie; ebenso Lord Byron, und er versäumte nicht, an Eva zu erinnern. Jüngst ging eine Meldung durch die Presse, daß der Baum zu Woolthorpe Manor in Lincolnshire wiederentdeckt worden sei. Wie er sich wohl verraten hat?

y. Das Empfinden, daß Bäume Respekt verdienen, hat sich in der Geschichte ihrer Schutzbestimmungen niedergeschlagen. Ob und inwieweit schon die Antike ein Umweltbewußtsein besaß, ist strittig. Das Wort „Ökologie" ist jedenfalls eine gräzisierende Neubildung des 19. Jahrhunderts. Im Griechischen gibt es zwar *oikonomia*, nicht aber *oikologia*. Nichtsdestoweniger beginnt der religiöse Baumschutz erstaunlich früh. Er findet sich bereits im Gilgamesch-Epos aus dem 3. Jahrtausend v. Chr.: Die Götter ernennen Chumbaba zum „Hüter des Waldes“, denn die Zedern des Libanon waren vom Zugriff der Menschen bedroht. Während der Perserherrschaft des 5. Jahrhunderts standen die Platane von Sardes und die Königspalmen von Babylon unter Schutz. Die Geschichte der Baumpflege setzt sich fort mit den heiligen Bäumen der (nach)homerischen Hymnen, den Ölbäumen der Athena und dem Lorbeer des Apollon in Attika, in Bestimmungen der griechischen Stadtkönige von Cypern und der Gauvögte im ptolemäischen Ägypten, wo über geheiligte Bäume Buch geführt wurde. Wer die Pappeln des Helios antastete, den traf der Zorn des Sonnengottes. Mani tabuisierte außer den Bäumen auch noch deren Früchte. Überhört wurde die Mahnung im Neuen Testament: „Beschädigt die Erde nicht, noch das Meer noch die Bäume!“ So ruft der andere Engel in der Johannes-Apokalypse (7, 3).

Kaisergesetze der Spätantike schützten die Haine von Pergamon und Smyrna, die Bäume des Libanon, die Zypressen von Daphne und die letzten Persea-Bäume Ägyptens, doch leider nur vorübergehend gegen die Holzgier der Nachwelt. Der Kalif Abu Bekr stellte die Dattelpalme unter seinen Schutz. Die Texte belegen allerdings nicht den Erfolg dieser Maßnahmen, sondern allein deren Notwendigkeit. Die schlimmsten Feinde der Bäume waren – von den Holzfällern abgesehen – die Ziegen, die in der antiken Landwirtschaft allgegenwärtig waren. In einer Komödie des Atheners Eupolis aus der Zeit um 400 v. Chr. tritt ein Chor von Ziegen auf, die sich rühmen, Eichen und Pinien, Eiben und Eschen, Pappeln und Ölbäume, Ahorne und Buchen anzuknabbern und abzufressen.

Den Rückgang des Baumbestandes im mediterranen Raum beklagt schon Platon (Kritias 111 C). Der Raubbau seit der Antike ist vielfältig bezeugt. Man heizte mit Holz Häuser und Bäder, baute aus Holz Dächer und Schiffe, man konstruierte aus Holz Baugerüste und Brücken, befeuerte mit Holz die Brennöfen der Töpfer und die Schmelzöfen der Glas- und Metallarbeiter. War eine Gegend kahl, mußte die Industrie wandern: von Italien nach Gallien, von dort nach Germanien. Der ursprüngliche Holzreichtum ist kaum glaubhaft: Soll doch einst ein Eichhörnchen von den Pyrenäen bis zu den Säulen des Herakles haben springen können, ohne den Boden zu berühren.

Nördlich der Alpen bot sich ein ähnliches Bild. Die zivilisatorische Rückständigkeit des Frühmittelalters kam den Wäldern zugute. Bedenken wir, daß in germanischer Zeit Mitteleuropa zu neun Zehnteln bewaldet gewesen sein soll, hat sich hier der Baumverlust wiederholt. Wieviele Siedlungen wurden nicht, Inseln ähnlich, in die Waldlandschaft hineingerodet? So kam es zur Inselwende: Wohnraumbedarf, Verkehrserfordernis, Industriewachstum verringerten den Baumbestand. Die Kulturzone wuchs, die

Naturlandschaft schrumpfte. Wald wurde zu Parks und Naturschutzgebieten verinselt, auf Oasen eingegrenzt. Der letzte landesweite Kahlschlag war die Entwaldung Frankreichs in der Revolution. Seitdem scheint dieser Schrumpfungsprozeß zum Stehen gebracht. Wir wissen es: Bäume schützen heißt Menschen nützen.

Verstehen wir die Geschichte der Menschheit als einen Dauerkonflikt zwischen Fortschritt und Tradition, Veränderung und Bewahrung, Neu und Alt, so stehen die Bäume auf der konservativen, der schwächeren Seite. Im Gilgamesch-Epos vermag der göttliche Wächter die heiligen Libanon-Zedern nicht vor dem Helden zu beschützen, der Bauholz braucht. Jüdische Propheten, christliche Missionare und islamische Fanatiker kämpften gegen den jeweils alten Glauben und stürzten die den Göttern geweihten Bäume. Die Linden von Philemon und Baucis stehen dem Kolonisierungswerk Fausts im Wege, sie werden – von Mephisto, wohlgemerkt! – abgebrannt. Die Baumopfer für den Fortschritt haben eine lange Vorgeschichte.

Die Gegenstimmen sind inzwischen glücklicherweise nicht mehr zu überhören. Auch sie haben eine respektable Tradition. Ein früher Fall: In seiner Verteidigungsrede für Milo (§ 85) warf Cicero dem gewalttätigen Volkstribunen Clodius vor, auf den Albanerbergen einen heiligen Hain abgeholzt zu haben. Der schonungslose Umgang mit den ehrwürdigen Bäumen bewies ihm die Verruchtheit seines Gegners. Ein letztes Beispiel: In einer Fußnote zu dem postum publizierten dritten Band seiner »Gedanken und Erinnerungen« (1922, S. 117f) äußert sich Bismarck kritisch über seinen Nachfolger Caprivi. Bismarcks Vertrauen in dessen Charakter habe einen Stoß erlitten, als er erfahren habe, daß er die uralten Bäume vor der Gartenseite nun seiner, früher Bismarcks Dienstwohnung habe abhauen lassen, „welche eine erst in Jahrhunderten regenerierende, also unersetzbare Zierde der amtlichen Reichsgrundstücke in der Residenz bildeten. Kaiser Wilhelm I, der in dem Reichskanzlergarten glückliche Jugendtage verlebt hatte, wird im Grabe keine Ruhe haben, wenn er weiß, daß sein früherer Gardeoffizier alte Lieblingsbäume, die ihres Gleichen in Berlin und der Umgegend nicht hatten, hat niederhauen lassen." Für Bismarck war die „Baumvertilgung" ruchlos, undeutsch und durch den Wunsch nach mehr Licht nicht entschuldbar. Gravierender freilich war der „Platz an der Sonne", den die Nachfolger Bismarcks außenpolitisch anstrebten. Wie mit den Bäumen verfuhren sie mit den außenpolitischen Prinzipien ihres großen Vorgängers: sie standen dem Neuen Kurs zur Weltmachtpolitik im Wege. Doch zurück zur Kultur!

z. Kultur ist Veredelung, Überwindung der Natur. Kultur war oft genug Kampf gegen die Natur – auch Kampf gegen die Bäume. Inzwischen wissen wir: Friede, auch Friede mit der Natur ist der bessere Weg. Richtungweisende Zeugnisse bietet die lange Geschichte der Symbiose von Menschen und Bäumen. Gewiß gab es da Irrwege. Die Liebe zu Bäumen hat drei offene Grenzen: zur romantischen Gefühlsduselei, zum engstirnigen Nationalismus und zur abstrusen Esoterik. Das aber sind Randerscheinungen einer tiefen Sympathie, die zwischen Mensch und Baum eine Wesensverwandtschaft und eine Schicksalsgemeinschaft empfindet. Sie läßt hoffen.

Begreifen wir unser Verhältnis zur Natur als Kampf gegen sie, so werden wir diesen verlieren. Zuletzt triumphieren Insekten über Menschen und, wie im mexikanischen und indischen Urwald schon jetzt, die Bäume über das noch so kunstvolle Werk, noch so stabile Gebild von Menschenhand. Buchen überschatten dereinst die vom Löwenzahn aufgebrochenen Autobahnen und die vom Efeu überwucherten Ruinen der Eisenbetonbauten. Die drei Affenbrotbäume des Kleinen Prinzen zeigen es. Gegen die Natur ist kein Kraut gewachsen. Bäume gab es auf Erden, bevor es Menschen gab. Bäume wird es noch geben, wenn es Menschen nicht mehr gibt. Daher darf sich die Achtung vor der Gattung in der Schonung der Einzelwesen ausdrücken.

Ich bleibe oft vor Bäumen stehn
und grüße sie als meinesgleichen
und lasse im Vorübergehn
die Zweige meine Stirne streichen.
So hol ich mir auf meinen Wegen
den Eichen- und den Buchensegen.

Anhang

Bäume und Zeiten (1986)

Jede Zeit hat ihr eigenes Verhältnis zur Natur, zu den Bergen und Tieren, den Kräutern und Bäumen. Bestimmte Bäume gehören ins Bild bestimmter Zeiten, und darum kann uns der Gang durch einen Wald zum Gang durch die Geschichte werden.

Die Platane stammt aus dem klassischen Altertum. Schon Sokrates hat, wie Platon im „Phaidros" erzählt, in ihrem Schatten über das Wesen der Schönheit philosophiert. Die Schwarzpappel stand nach Homer (Od. X 510) am Eingang zum Hause des Hades, sie ist der Baum der Unterwelt, den Totengöttern heilig. Der Ölbaum Athenas und der Lorbeer Apollos sind unseren Breiten fremd, das hat aber unser Symbolempfinden für sie nur gesteigert. Dasselbe gilt für die Zedern vom Libanon, woraus Salomon in Jerusalem seinen Tempel errichtete.

Die Römer sind eher durch Stein als durch Holz in Erinnerung zu rufen. Immerhin hat Lucullus die veredelte Süßkirsche aus Kerasos am Schwarzen Meer (daher cerasus-"Kirsche") in den Westen gebracht. Das läßt selbst Brecht an ihm gelten. Die Esche lieferte den Germanen der Völkerwanderung ihre Speere, mit denen sie das Imperium Romanum erobert haben. So ließen sie, wie es in der Edda heißt, Ask, den ersten Menschen, aus einer Esche erwachsen, ja die ganze Welt dachten sie sich als Esche: den Weltenbaum Yggdrasil.

Die Linde ist der Baum des Minnesangs und dann des Liedes überhaupt: an der Heide, am Brunnen vor dem Tore, kein schöner Land. Die Buche hat die Gotik geboren. Kunsthistoriker, die das nicht erkennen, müssen mit geschlossenen Augen durch den Wald gehen. Das Mittelalter war überhaupt baumbewußt. Baumfrevler wurden wie Brandstifter geächtet, so im Landfrieden von 1187. An Luther erinnert das Apfelbäumchen, das er nach der Volkslegende am Tag vor dem Weltuntergang noch pflanzen wollte. Aus Apfelbaumholz mußte auch das Kreuz Christi gezimmert sein, weil es die Sünde Evas überwand. Dabei weiß die Bibel nichts von einem Apfelbaum im Paradies. Die „Frucht" vom Baum der Erkenntnis bleibt unbestimmt, vermutlich war ursprünglich nicht an einen Apfel, sondern an eine Feige gedacht. Adam und Eva „wurden gewahr, daß sie nackt waren, und flochten Feigenblätter und machten sich Schürze" (l. Mos. 3,7). Zum Baum des Lebens wurde der Apfelbaum im deutschen Märchen: „Da stand mitten inne der Baum des Lebens, und die roten Äpfel leuchteten an seinen Ästen“ (KHM. 121). Der Birnbaum dagegen ist ein Baum des Todes, nicht nur im Havelland. Wenn Ubbelohde Grimm richtig verstanden hat, dann ließ der Spielhansel Freund Hein hochoben auf einem Birnbaum warten, bis der Herr und Petrus persönlich im Gasthaus erschienen. Der eigentliche Märchenbaum ist der Nußbaum, vermutlich wegen seiner geheimnisschwangeren Früchte. Holunder und Bilsenkraut gehören dem Dreißigjährigen Krieg, der Hexenzeit. Der Barock darf die Kastanie sein eigen nennen, während sich die Pomeranzen mit Myrte und Orange schon zum Rokoko neigen. Diese drei Bäume symbolisierten damals den Süden. Heute tut dies die Palme, wie die Birke an den Norden gemahnt. Eberesche und Trauerweide sind romantisch, ebenso der Efeu. Die Heckenrose ist Biedermeier. Die Eiche (Quercus teutonicus) steht für das Bismarckreich – lange angekündigt durch Caspar David Friedrich und den Göttinger Hainbund. Wer will, kommt weiter zurück, bis auf die Eichel, die der Adler Juppiters auf der Legionsstandarte im Schnabel trug. Die Eiche ist der Baum der Herrschaft. Die wilhelminische Damenwelt wird durch Flieder und Hortensie vertreten, die Zypresse kennzeichnet das fin de siècle. Mistel und Gingko stehen für den Jugendstil, Pappel und Erle für Worpswede. Der Baum unserer Zeit ist noch nicht bestimmbar. Vielleicht wird es eher ein baumähnliches Gebilde wie die Telefonstange oder die Fernsehantenne. Immerhin besser als pilzartige Gebilde. Der ältere Plinius (VI 16, 5) verglich den Ausbruch des Vesuv im Jahre 79 nach Christus mit einer Pinie.

Literatur

Im folgenden ist die benutzte, oben im Text abgekürzt zitierte Literatur aufgeführt. Werke von Autoren, die mit mehreren Titeln vertreten sind, werden durch das Erscheinungsjahr bezeichnet. Nicht genannt werden allgemeine Nachschlagewerke (wie Brockhaus und Ploetz) und Schriften von Klassikern, die in zahlreichen Ausgaben vorliegen, wie die von Dante, Shakespeare und Goethe. Sie sind nach dem Stücktitel leicht zu finden. Antike und mittelalterliche Prosa wird, so wie die Bibel, nicht nach Seitenzahlen, sondern nach Standard-Editionen (z. B. Platon, Phaidros 229 A) oder nach Buch, Kapitel und Paragraph zitiert (z. B. Pausanias V 14,3), Dichtung nach Buch und Vers (z. B. Ovid, Metamorphosen I 452ff). Wo kein Werktitel erscheint, wie bei Livius oder Pausanias, hat der Autor nur eine Schrift hinterlassen oder die gemeinte ergibt sich aus dem Zusammenhang – so ist bei Theophrast stets seine Pflanzengeschichte (Historia Plantarum) gemeint, bei Plinius immer die Naturgeschichte von Plinius maior, bei Isidor von Sevilla das Werk „Origines sive Etymologiae„, bei antiken Biographen jeweils die Vita der im Text genannten Person. Die Übersetzungen sind in der Regel meine eigenen. Die Bibeltexte folgen Luther und Kautzsch. Nicht in allen Fällen gelang es, Nachrichten bis zur Urquelle zurückzuverfolgen. Sie wurden dennoch mitgeteilt, wenn sie Werken entstammen, die verläßlich schienen.

Peter Albrecht, Die Eiche – ein Baum wie andere auch? In: Nichts als Natur und Genie. Pascha Weitsch und die Landschaftsmalerei in der Zeit der Aufklärung. Ausstellungskatalog Braunschweig, 1998/99, S. 51ff

Andreas Alciatus, Emblematum libellus, 1542

Suzanne Anderegg, Der Freiheitsbaum. Ein Rechtssymbol im Zeitalter des Rationalismus, 1968

J. G. C. Anderson (ed.), Cornelii Taciti De origine et situ Germanorum, 1938

Bernard Andreae, Am Birnbaum. Gärten und Parks im antiken Rom, 1996

The Babylonian Talmud, ed. I. Epstein, I-XVIII, 1961

Hanns Bächtold-Stäubli (Hg.), Handwörterbuch des deutschen Aberglaubens, 1927–1942

Donatus Baldi, Enchiridion locorum sanctorum. Documenta sancti Evangelii loca respicientia, 1955

W. H. Bartlett, The Scenery and Antiquities of Ireland, I, o. J. (1842 oder 1864)

ROMUALD BAUERREIS, Arbor Vitae. Der Lebensbaum und seine Verwendung in Liturgie, Kunst und Brauchtum des Abendlandes, 1938
HELLMUT BAUMANN, Die griechische Pflanzenwelt, 1982
DERS., Pflanzenbilder auf griechischen Münzen, 2000
LOTTLISA BEHLING, Die Pflanzenwelt der mittelalterlichen Kathedralen, 1964
MONIKA BEISNER/TATJANA MICHAELIS (Hgg.), Von fliegenden und sprechenden Bäumen. Alte und neue Baummärchen, 1994
RICHARD BEITL, Der Kinderbaum, 1942
RICHARD BENZ (Hg.), Jacobus de Voragine, Legenda aurea, I 1917, II 1921
PIERRE-ANTOINE BERNHEIM/GUY STAVRIDES, Welt der Paradiese – Paradiese der Welt, 1992
MARIANNE BEUCHERT, Symbolik der Pflanzen, 1995
WINIFRED S. BLACKMAN, Sacred Trees in Modern Egypt. In: Journal of Egyptian Archeology, 11, 1925, S. 56ff
ALEXANDER BÖHLIG (Hg.), Die Gnosis III. Der Manichäismus, 1980
CARL BOETTICHER, Der Baumkultus der Hellenen, 1856
BERNHARD BORGEEST, Ein Baum und sein Land. 24 Symbiosen, 1997
INGRID BRANDT, Bild des Kosmos und des Menschen. Der Baum in Kultur und Mythos Chinas und Indiens. In: Gercke, 1985/86, S. 52ff
JEAN FRANÇOIS BRETON, Les inscriptions forestières d'Hadrien dans le mond Liban, 1980
JACQUES BROSSE, Mythologie der Bäume, 1984/2001
DERS., Les arbres de France, histoire et légendes, 1990
JACOB BURCKHARDT, Weltgeschichtliche Betrachtungen, 1868/1938
GIULIO BUSI, Simboli del pensiero ebraico, 1999
E. A. S. BUTTERWORTH, The Tree at the Navel of the Earth, 1970
ADRIAN VON BUTTLAR, Das Nationale als Thema der Gartenkunst. In: Ulrich Herrmann (Hg.), Volk – Nation – Vaterland, 1996, S. 185ff
Carmina Priapea, Gedichte an den Gartengott, hg. von Bernhard Kytzler u. Carl Fischer, 1978
CARL GUSTAV CARUS, Lebenserinnerungen und Denkwürdigkeiten, I, 1865
CCL = Corpus Christianorum, series Latina, 1954ff
CONSTANTINE P. CHARALAMPIDIS, The Dendrites in Pre-Christian and Christian Historical-Literary Tradition and Iconography, 1995
ARTHUR CHRISTENSEN, L'Iran sous les Sassanides, 1944
CIL = Corpus Inscriptionum Latinarum, 1871ff
OTTO CLEMEN, Zwei ehemalige Wallfahrtsorte in der Nähe Leipzigs. In: Studium Lipsiense. Ehrengabe Karl Lamprecht dargebracht, 1909, S. 185ff
(CLEMENS) TITUS FLAVIUS CLEMENS VON ALEXANDRIA, Die Teppiche (Stomateis), deutsch von Franz Overbeck, 1936 (nach Seiten zitiert)
CSEL = Corpus Scriptorum Ecclesiasticorum Latinorum
ERNST ROBERT CURTIUS, Europäische Literatur und lateinisches Mittelalter, 1948/93

DERS., Französischer Geist im zwanzigsten Jahrhundert, 1952
ALEXANDER DEMANDT (zus. mit Leo Tümpelmann), Ein Altar der Anahita. In: Archäologische Mitteilungen aus Iran NF. 2, 1969, S. 139ff
DERS., Metaphern für Geschichte. Sprachbilder und Gleichnisse im historisch-politischen Denken, 1978
DERS., Bäume und Zeiten. In: Neue Deutsche Hefte, 33, 1986, S. 496f
KARL DEMANDT, Schriften zur Geschichte und geschichtlichen Landeskunde von Hessen, I 1965
DERS., Geschichte des Landes Hessen, 1972
HERMANN DESSAU (ed.), Inscriptiones Latinae Selectae, 1892ff
HANA DEUCHERT, Der Baum in der Kunst der Jahrhundertwende. In: Gercke (s.u.), S. 220ff
PAUL DEUSSEN, Sechzig Upanishad's des Veda, 1897
Deutschlandbilder 3. Grüne Patriarchen – Von den ältesten Bäumen der Bundesrepublik Deutschland. Fotos von Wilfried Bauer, Texte von Peter Schille, 1985
Dictionnaire d´archéologie chrétienne et de liturgie, 1924ff
REINHARD DÖRING, Die Ilmenauer Promenaden, 1999
DSCHUANG DSI, Das wahre Buch vom südlichen Blütenland, übersetzt aus dem Chinesischen von Richard Wilhelm, 1923
WILFRIED EBERT, Der frohe Tanz der Gleichheit. Der Freiheitsbaum in der Schweiz 1798–1802, 1996
EDDA s. Genzmer
D. OTTO EDZARD, Gilgamesch und Huwawa. In: Texte aus der Umwelt des Alten Testaments, III, 1994, S. 540ff
VERENA EGGEMANN/BERND STEINER, Baumzeit, 1995
ULRICH ENZENSBERGER, Georg Forster. Ein Leben in Scherben, 1996
A. FALKENSTEIN/W. VON SODEN, Sumerische und akkadische Hymnen und Gebete, 1953
HELMUT FELD, Franziskus von Assisi und seine Bewegung, 1994
THEOBALD FISCHER, Die Dattelpalme, 1881
JOHANNA FLEMMING, Gärten der Ewigkeit. Einflüsse christlicher Ikonographie in der frühchristlichen Kunst. In: Das Münster, 19, 1966, S. 449ff
THEODOR FONTANE, Wanderungen durch die Mark Brandenburg (1861) I-III, hg. v. Helmuth Nürnberger, 1991
PATRICK K. FORD, The Mabinogi and other Medieval Welsh Tales, 1977
NEIL FORSYTH, Huwawa and the Trees: A Narrative and Cultural Analysis. In: Acta Sumerologica, 3, 1981, S. 13ff
PETER ROBERT FRANKE/MAX HIRMER, Die griechische Münze, 1964
DERS., Kleinasien zur Römerzeit. Griechisches Leben im Spiegel der Münzen, 1968
JAMES GEORGE FRAZER, The Golden Bough, 1890/1915

FREIHEIT, GLEICHHEIT, BRÜDERLICHKEIT. Ausstellungskatalog Nürnberg 1989, S. 501ff (zur Deutschen Eiche)
HANS JOACHIM FRÖHLICH, Alte liebenswerte Bäume in Deutschland, 1989
DERS., Wege zu alten Bäumen, I-XII, 1990–1995 (das Bundesgebiet umfassend)
DERS., Zauber der Alleen, 1996
GCS = Die griechisch-christlichen Schriftsteller, 1897ff
FELIX GENZMER, Die Edda, 1933/40
HANS GERCKE (Hg.), Der Baum. Ausstellungskatalog Heidelberg 1985, Saarbrücken 1986
FRIEDRICH GERKE, Der Sarkophag des Junius Bassus, 1936
Gilgamesch: Andreas George (ed.), The Epic of Gilgamesh, 1999
JEAN GIONO, Der Mann mit den Bäumen, 1952/1999
HELMUTH VON GLASENAPP, Die fünf großen Religionen, I, 1952
HERMANN GÖRING, Reden und Aufsätze, hg. von E. Gritzbach, 1939
OSWALD GOETZ, Der Feigenbaum in der religiösen Kunst des Abendlandes, 1965
GERDA GOLLWITZER, Bäume. Bilder und Texte aus drei Jahrtausenden, 1984
MARIE LUISE GOTHEIN, Geschichte der Gartenkunst, I, 1914
RAINER GRAEFE, Baum, Wald, Kirche: In: Waldungen (s. u.) S. 86f
CARLHEINZ GRÄTER, Linde und Hag. Eine kleine Kulturgeschichte von Baum und Strauch, 1997
ROBERT GRAVES s. Ranke-Graves
FERDINAND GREGOROVIUS, Wanderjahre in Italien, I-V, 1896
JACOB GRIMM, Deutsche Mythologie, 1844/1953
DERS., Deutsche Rechtsalterthümer, I/II, 1899
W. GÜNTHER, Das Orakel von Didyma in hellenistischer Zeit. Istanbuler Mitteilungen, Beiheft 4, 1971
ERNST HAECKEL, Von Teneriffa bis zum Sinai, 1923
KARL HASEL, Forstgeschichte, 1985
RICHARD HARDER (Üs.), Plotins Schriften, 1956ff
GUSTAV FRIEDRICH HARTLAUB, Kunst und Magie, 1991
ALBERT HAUCK, Kirchengeschichte Deutschlands, I 1904
MARGED HAYCOCK, The Significance of the 'Cad Goddau' Tree-List in the Book of Taliesin. In: M.J. Ball u.a. (Ed.), Celtic Linguistics. Reading in the Brythonic Languages. Festschrift for T. Arwyn Watkins, 1990, S. 297ff
HdA = Handwörterbuch des deutschen Aberglaubens, hg. von Hanns Bächthold-Stäubli, 1927ff
KARL HECKER, Das akkadische Gilgamesch-Epos. In: Otto Kaiser (Hg.), Texte aus der Umwelt des Alten Testaments, III, 1994, S. 646ff
ULRICH HECKER, Bäume und Sträucher, 1998
SVEN HEDIN, Durch Asiens Wüsten, 1899
DERS., Die Seidenstraße, 1936/1941

VICTOR HEHN, Kulturpflanzen und Haustiere in ihrem Übergang aus Asien nach Griechenland und Italien sowie in das übrige Europa, 1911
HEILMEYER s. Schirarend
KARL HEISIG, Woher stammt die Vorstellung vom Paradiesapfel? Zeitschrift für Neutestamentliche Wissenschaft, 44, 1952/53, S. 111ff
A. HENKEL/A. SCHÖNE (Hgg.), Emblemata, 1967
DIETER HENNEBO, Entwicklung des Stadtgrüns von der Antike bis in die Zeit des Absolutismus, 1979
CARL HENSS, Ein historischer Baum im Hanauer Land. Das Wartbäumchen bei Windecken, 1909
HUGO HEPDING, Rouphinion alsos. In: Philologus 88, 1933, S. 90ff
VOLKMAR HERRE, Venus. Bäume der Insel Vilm, 1997
PETER HERZ, Holz und Holzwirtschaft. In: Peter Herz/Gerhard Waldherr (Hgg.), Landwirtschaft im Imperium Romanum, 2001, S. 101ff
WALTER HESS, Dokumente zum Verständnis der modernen Malerei, 1956
F. HINDERMANN (Hg.), Sag ich's euch, geliebte Bäume... Texte aus der Weltliteratur, 1984
(IBN HISCHAM) Das Leben Mohammeds nach Mohammed Ibn Ishak und Abd el Malik Ibn Hischam, übersetzt von Gustav Weil, hg. v. Herbert Eulenburg, 1910
GERTRUD HÖHLER, Die Bäume des Lebens. Baumsymbole in den Kulturen der Menschehit, 1985
FRIEDRICH HOLL (Hg.), Wörterbuch deutscher Pflanzen-Namen, Erfurt 1833
UNO HOLMBERG, Der Baum des Lebens, 1922
RUDI HOLZBERGER, Das sogenannte Waldsterben, 1995
HOLGER HOMANN, Der Indiculus superstitionum et paganiarum und verwandte Denkmäler, 1965
GOTTFRIED HONNEFELDER (Hg.), Bäume. Das Inselbuch der Bäume. Gedichte und Prosa, 1987
JOHANNES HOOPS, Waldbäume und Kulturpflanzen im germanischen Altertum, 1905
HS – Edgar Hennecke/Wilhelm Schneemelcher (Hgg.), Die Apokryphen zum Neuen Testament, I 1968, II 1971
RICARDA HUCH (Hg.), Martin Luthers deutsche Schriften, 1927
ALEXANDER VON HUMBOLDT, Reise in die Aequinoctialgegenden des neuen Continents, I, 1861
DERS., Die Reise nach Südamerika. Vom Orinoko zum Amazonas, nach der Übersetzung von Hermann Hauff bearbeitet und herausgegeben von Jürgen Starbatty, 1985
DERS., Relation historique du Voyage aux Régions équinoxiales du Nouveau Continent, 1814–1825, Neudruck hg. v. Hanno Beck, II, 1970
RONALD HUTTON, The Pagan Religions of the Ancient British Isles, 1991

IG = Inscriptiones Graecae, Berlin 1873ff
A. O. H. JARMAN, The Legend of Merlin, 1960
DERS., The Cynfeirdd. Early Welsh Poets and Poetry, 1981
HUGH JOHNSON, Das große Buch der Wälder und Bäume, 1983
WALTHER JUDEICH, Topographie von Athen, 1931
CARL GUSTAV JUNG, Der philosophische Baum (1945). In: Ders., Von den Wurzeln des Bewußtseins, 1954, S. 351ff
ERNST JÜNGER/WOLF JOBST SIEDLER, Bäume, 1976
URS KAMBER, Arbor amoris – Der Minnebaum: Ein Pseudo-Bonaventura-Traktat, 1964
E. KAUTZSCH (Hg.), Die Apokryphen und Pseudepigraphen des Alten Testaments, I/II, 1900
OTTMAR KEEL/CHRISTOPH UEHLINGER, Göttinnen, Götter und Gottessymbole, 1992
OTTO KERN, Baumkultus. In: RE. 5, 1897, S. 155ff
OTTOKAR KERNSTOCK, Unter der Linde, 1905
HERMANN J. KIENAST, Zum Heiligen Baum der Hera auf Samos. In: Mitteilungen des Deutschen Archäologischen Instituts Athen, 106, 1991, S. 71ff
LUDWIG KLEIN, Bemerkenswerte Bäume im Großherzogtum Baden, 1908
KARL KOCH, Der Baumtest. Der Baumzeichenversuch als psychodiagnostisches Hilfsmittel, 1972
CLEMENS KOPP, Die heiligen Stätten der Evangelien, 1964
DER KORAN, aus dem Arabischen von Max Henning, Einleitung von Ernst Werner und Kurt Rudolph. Textdurchsicht, Anmerkungen, Register von Kurt Rudolph, Leipzig (reclam) 1968
E. H. L. KRAUSE, Deutsche Bäume. In: Deutsche Erde, 11, 1912, S. 7ff; 40ff
PAUL KRETSCHMER, Griechisch philos. In: Indogermanische Forschungen, 45,1927, S. 267ff
C. KROLLMANN (Hg.), Ostpreußisches Sagenbuch, 1915
BRUNO KRUSCH, Die Übertragung des H. Alexander von Rom nach Wildeshausen durch den Enkel Widukinds 851 etc., in: Nachrichten der Gesellschaft der Wissenschaften zu Göttingen, Phil.-hist. Klasse 1933, S. 405ff (enthält den zeitgenössischen Bericht Rudolfs von Fulda)
HANSJÖRG KÜSTER, Geschichte des Waldes von der Urzeit bis zur Gegenwart, 1998
HELMUT KYRIELEIS, Führer durch das Heraion von Samos, 1981
BENNO LANDSBERGER, Zur vierten und siebenten Tafel des Gilgamesch-Epos. In: Revue d'Assyriologie, 62, 1968, S. 97ff
OTTO LAUFFER, Schicksalsbaum und Lebensbaum im deutschen Glauben und Brauch. In: Zeitschrift für Volkskunde, 45 NF. 7, 1935/1937, S. 215ff
DORIS LAUDERT, Mythos Baum, 2000
ROGER LECOTTÉ, Recherches sur les cultes populaires dans l'actuel diocèse de Meaux (Departement de Seine-et-Marne), 1953

HANS-GÜNTER LEDER, Arbor Scientiae. Die Tradition vom paradiesischen Apfelbaum. In: Zeitschrift für neutestamentliche Wissenschaft, 52, 1961, S. 156ff

LEGENDA AUREA s. Benz

ALBRECHT LEHMANN, Der deutsche Wald. In: E. François/H. Schulze (Hgg.), Deutsche Erinnerungsorte, III, 2001, S. 187ff

DERS., Von Menschen und Bäumen. Die Deutschen und ihr Wald, 1999

P. S. LEICHT, Tracce di paganesimo fra gli Slavi dell' Isonzo nel sec. XIV. In: Studie e materiali di storia delle religioni, 1, 1925, S. 247ff

KARL LEMKE/HARTMUT MÜLLER, Naturdenkmale. Bäume, Felsen, Wasserfälle. DDR-Touristik-Führer, 1988

THEODOR LESSING, Deutsche Bäume (1926). In: Ders., Ich warf eine Flaschenpost ins Eismeer der Geschichte. Essays und Feuilletons (1923–1933), hg. v. R. Marwedel, 1986

WILHELM LETTENBAUER, Der Baumkult bei den Slaven, 1943/1981

DERS., Bemerkungen zur Baumverehrung in Volksglauben und Brauchtum der Südslawen. In: Festschrift für Erwin Koschmieder, 1958, S. 68ff

LEXIKON DER ÄGYPTOLOGIE, hg. v. Wolfgang Helck u. Eberhard Otto, 1975ff

LEXIKON DER CHRISTLICHEN IKONOGRAPHIE, hg. v. Engelbert Kirschbaum, 1968ff

LEXIKON DES MITTELALTERS, 1980ff

KLAUS LINDEMANN, In den frischen Eichenhainen webt und rauscht der deutsche Gott. Deutschlands poetische Eichwälder. In: Semmler 1991 (s.u.!), S. 200ff

A. T. LUCAS, The Sacred Trees of Ireland. In: Journal of the Cork Historical and Archaeological Society, 68, 1963, S. 16ff

RAMON LULL, Das Buch vom Heiden und den drei Weisen, hg. v. Th. Pindl, 1998

MANFRED LURKER, Der Baum in Glauben und Kunst unter besonderer Berücksichtigung der Werke des Hieronymus Bosch, Baden-Baden/Strasbourg 1960

LUTHER s. Huch

MABINOGION s. Ford

MAGIE DER BÄUME, Ausstellungskatalog der Fondation Beyeler in Riehen/Schweiz, 1998/99

GÜNTER MADER/LAILA NEUBERT-MADER, Bäume, Gestaltungsmittel in Garten, Landschaft und Städtebau, 1996

BERNHARD MAIER, Lexikon der keltischen Religion und Kultur, 1994

FERDINAND MAIER, Das Kultbäumchen von Manching. In: Germania, 68, 1990, S. 129ff

Émile Mâle, La fin du paganisme en Gaule, 1950

(JOHN MANDEVILLE), Das Reisebuch des Ritters John Mandeville. Ins Neuhochdeutsche übertragen und eingeleitet von Gerhard E. Sollbach, 1989

WILHELM MANNHARDT, Wald- und Feldkulte, I/II, 1905

KURT MANTEL, Forstgeschichtliche Beiträge, 1965

LEE MARIL (Hg.), Elisabeth von Thüringen. Die Zeugnisse ihrer Zeitgenossen, 1960

RUSSELL MEIGGS, Trees and Timber in the Ancient Mediterranean World, 1982
MERLIN, der Künder des Grals, von Robert de Baron, aus dem Altfranzösischen übersetzt von Konrad Sandkühler, 1975
KLAUS MEYER-ABICH (Hg.), Vom Baum der Erkenntnis zum Baum des Lebens. Ganzheitliches Denken der Natur in Wissenschaft und Wirtschaft, 1997
MGH = Monumenta Germaniae Historica
HANNES MÖHRING, Der Weltkaiser der Endzeit, 2000
RAMSES RIAD MOFTAH, Die heiligen Bäume im Alten Ägypten, Diss. masch. 1959
GERD-HEINZ MOHR, Lexikon der Symbole. Bilder und Zeichen der christlichen Kunst, 1984
WILHELM MÜLLER, Rechtsgeschichtliches über Linde und Effe in Rheinhessen. In: Vom Rhein, 12, 1913, S. 19ff
ANNEDORE MÜLLER-HOFSTEDE, Eichenwälder und ihre symbolische Bedeutung Ende des 18. Jahrhunderts. In: Dies., Der Landschaftsmaler Pascha Johann Friedrich Weitsch 1723–1803, 1973, S. 174ff
WOLFGANG MÜNKE, Die klassische chinesische Mythologie, 1976
JOSEF MURR, Die Pflanzenwelt in der griechischen Mythologie, 1890
HANS VON MZIK (Hg.), Die Reise des Arabers Ibn Batuta durch Indien und China, 1911
NASER-E-KHOSROU, Safarname. Ein Reisebericht aus dem Orient des 11. Jahrhunderts, Herausgegeben, bearbeitet und aus dem Persischen übersetzt von Seyfeddin Najmabadi und Siegfried Weber, 1993
FRANÇOIS NAU, Opuscules Maronites, in: Revue de l'Orient chrétien, 4, 1899, S. 337ff
NELLY NAUMANN, Die Mythen des alten Japan, 1996
MARCUS NENNINGER, Die Römer und der Wald, 2000
FRIEDRICH NOACK, Das Deutschtum in Rom, I/II, 1927
KARL F. OTTO, Die Sprachgesellschaften des 17. Jahrhunderts, 1972
OVERBECK s. Clemens
ATTILIO PETRUCCIOLI (Hg.), Der islamische Garten, 1995
GEORG PETZL, Die Beichtinschriften Westkleinasiens. In: Epigraphica Anatolica, 22, 1994 (Sonderband)
WILL-ERICH PEUCKERT, Pansophie, I, 1936/76, II 1967
PG = J. P. Migne (ed.), Patrologia Graeca, 1857ff
MRS. J. H. PHILPOT, The Sacred Tree or the Tree in Religion and Myth, 1897
REINHARD PIECHOCKI, Der Vilm. Insel der Maler, Mönche und Mächtigen, 1998
PAUL PIUR, Cola di Rienzo, 1931
PL = J. P. Migne (ed.), Patrologia Latina, 1844ff
EMIL PLAUMANN, Die deutsche Lindenpoesie, Gymnasial-Programm Danzig, 1890
(ODORICH VON PORTENAU): Konrad Steckels deutsche Übertragung der Reise nach China des Odorico de Pordenone, hg. von Gilbert Strasmann, 1968

ODORICO DA PORDENONE, Relazione del viaggio in oriente e in Cina (1314?–1330), ed. T. Domenichelli, 1881
R. E. PRUTZ, Der Göttinger Dichterbund, 1841
GIOVANNI PUGLIESE CARRATELLI, Le lamine d'oro orfiche, 1993
RAC = Reallexikon für Antike und Christentum, 1950ff
KURT RANKE (Hg.), Enzyklopädie des Märchens, 1977ff
ROBERT RANKE-GRAVES, Die weiße Göttin, 1948/1999
RE = Pauly-Wissowas Reallexikon der classischen Altertumswissenschaft, 1893ff
REALLEXIKON ZUR DEUTSCHEN KUNSTGESCHICHTE: hg. vom Zentralinstitut für Kunstgeschichte München. Begonnen von Otto Schmitt, 1981ff
LUDWIG REINHARDT, Kulturgeschichte der Nutzpflanzen, I/II, 1911
JOHANNES RENGER, Zur fünften Tafel des Gilgamesch-Epos. In: Language, Literature and History. Philological and Historical Studies, presented to Erica Reiner, ed. F. Rochberg-Halton, 1987, S. 317ff
RGA = Reallexikon der Germanischen Altertumskunde, begründet von Johannes Hoops, 1911ff; 2. Auflage 1973ff
DOMENICO RICCARDI, Inaugurazione del monumento commemorativo in onore del pittore Edmund Kanoldt, 1995
WILHELM HEINRICH RIEHL, Die Naturgeschichte des deutschen Volkes (1850ff), Zusammengefaßt und herausgegeben von G. Ipsen, 1939
LOUIS ROBERT, Hellenica, X, 1955
MARCELLA RODDEWIG, Der gerettete Wald in Dantes Göttlicher Komödie. In: Semmler 1991, S. 161ff
JOHN C. G. RÖHL, Kaiser, Hof und Staat. Wilhelm II und die deutsche Politik, 1988
FRANÇOIS ROSSET, L´Arbre de Cracovie. Le mythe polonais dans la littérature française, 1996
KURT RUDOLPH s. Koran
BERND-A. RUSINEK, „Wald und Baum in der arisch-germanischen Geistes- und Kulturgeschichte„ – Ein Forschungsprojekt des „Ahnenerbe" der SS 1937–1945. In: A. Lehmann/K. Schriewer (Hgg), Der Wald – Ein deutscher Mythos?, 2000, S. 267ff
SANDKÜHLER s. Merlin
HERMANN SCHADT, Die Darstellungen der Arbores Consanguinitatis und der Arbores Affintatis. Bildschemata in juristischen Handschriften, 1982
ULRICH SCHAFFER, Verwurzelt wie ein Baum, 2002
SIMON SCHAMA, Der Traum von der Wildnis. Natur als Imagination, 1996
WOLFGANG SCHILD, Alte Gerichtsbarkeit. Vom Gottesurteil bis zum Beginn der modernen Rechtsprechung, 1980
CARSTEN SCHIRAREND/MARINA HEILMEYER, Die Goldenen Äpfel. Wissenswertes rund um die Zitrusfrüchte, 1996
RUTH SCHIRMER-IMHOFF (Hg.) Jeanne d'Arc. Dokumente ihrer Verurteilung und Rechtfertigung 1431/1456, 1956

MARTIN SCHLOEMANN, Luthers Apfelbäumchen?, 1994
MARGARETHE SCHMIDT, Warum ein Apfel, Eva? Die Bildsprache von Baum, Frucht und Blume, 2000
FRIEDRICH SCHNACK/WILLI HASWERTH, Das kleine Baumbuch (Insel-Bücherei 316), 1934
ALBERT SCHOTT, Das Gilgamesch-Epos, hg. v. Wolfram v. Soden, Reclam 1958
HANS WOLFGANG SCHUMANN, Der historische Buddha, 1982
SIBYLLE SELBMANN, Der Baum. Symbol und Schicksal des Menschen, 1993
JOSEF SEMMLER (Hg.), Der Wald in Mittelalter und Renaissance, 1991
F. MARCO SIMÓN, Iconografía y religión celtibérica: reflexiones sobre un vaso de Arcóbriga. In: Homentage a Miquel Tarradell, 1993, S. 537ff
SAMUEL SINGER (ed.), Thesaurus proverbiorum medii aevi, 1995ff
SS. rer. Lang. = Scriptores rerum Langobardicarum (Abteilung der MGH)
SS. rer. Mer. = Scriptores rerum Merovingicarum (Abteilung der MGH)
RUDOLPH STADELMANN, Preußens Könige in ihrer Tätigkeit für die Landescultur, II, 1882
DAVID STRONACH, The Royal Gardens at Pasargadae. In: Archaeologia Iranica et Orientalis. Miscellanea in honorem Louis Vanden Berghe, edd. L. de Meyer/E. Haerink, 1989, S. 475ff
SVF = Stoicorum Veterum Fragmenta, hg. von J. v. Arnim, 1905ff
MICHAEL TANGL (Hg.), Die Briefe des heiligen Bonifatius und Lullus, 1916
D. B. THOMPSON/R. E. GRISWOLD, Garden Lore of Ancient Athens, 1963
MICHEL TOURNIER, Der Baum und der Wald. In: Waldungen (s. u.), S. 26f.
HANS TRÜMPY, Der Freiheitsbaum. In: Schweizerisches Archiv für Volkskunde, 57, 1961, S. 103ff
SIEGFRIED UNSELD, Goethe und der Ginkgo, 1998
HERMANN USENER, Das Weihnachtsfest, 1910
ODETTE VIENNOT, Le culte de l'arbre dans l'Inde Ancienne, 1954
GEORG VOIGT, Die Wiederbelebung des classischen Altertums oder das erste Jahrhundert des Humanismus, I, 1893
JACOBUS DE VORAGINE s. Benz
PHILIPP WACKERNAGEL, Das deutsche Kirchenlied, II, 1867/1964
PAUL WAGLER, Die Eiche in alter und neuer Zeit. Eine mythologisch-kulturgeschichtliche Studie. I Teil in: Programm des Königlichen Gymnasiums zu Wurzen i. S., Wissenschaftliche Beilage, Ostern 1891; II Teil in: Berliner Studien für classische Philologie und Archäologie, 13, 2. Heft, 1891/1892
WALDUNGEN. Die Deutschen und ihr Wald. Ausstellungskatalog Berlin, hg. v. B. Weyergraf, 1987
HEINRICH WEBER, Oberhessische Waldkönige. In: Hessenland, 28, 1914, S. 247ff; 267f
GERHARD WEHR, Carl Gustav Jung. Leben, Werk, Wirkung, 1985
HAINER WEISSPFLUG, Berliner Naturdenkmale, 1997

PASCHA WEITSCH: Nichts als Natur und Genie. Pascha Weitsch und die Landschaftsmalerei in der Zeit der Aufklärung. Ausstellungs-Katalog Braunschweig, 1998/1999

JAKOB WERNER, Lateinische Sprichwörter und Sinnsprüche des Mittelalters aus Handschriften gesammelt, 1966

AUGUSTINUS WICHMANS, Brabantia Mariana Tripartita, 1632

GEO WIDENGREN, The King and the Tree of Life in Ancient Near Eastern Religion, 1951

DERS., Iranische Geisteswelt, 1961

THEODOR Wieser, Das Baumsymbol bei Gottfried Keller. In: Euphorion 54, 1960, S. 109ff

PAUL WIGAND, Das Femgericht Westfalens, 1893

FR. WINDISCHMANN, Zoroastrische Studien, 1863

HENRY YULE/HENRI CORDIER, The Book of Ser Marco Polo, I–III, 1871/1920

PAUL ZAUNERT (Hg.), Deutsche Märchen seit Grimm, 1912

I. V. ZINGERLE, Der goldene Baum in mittelhochdeutschen Gedichten, In: Germania, 7, 1862, S. 101ff

MICHAEL ZOHARY, Plants of the Bible, 1982

Bildnachweis

Abbildungen im Text

S. 7 — 1) Acis' Zwergenbaum. Zeichnung eines Fünfzehnjährigen von 1981. Baumbilder von Kindern weisen in eine magische Welt.

S. 12; 216 — 2) Ulme und Weinrebe. Dazu die Devise: Amicitia etiam post mortem durans – »Freundschaft überdauert den Tod«. Auch der abgestorbene Baum trägt die Rebe noch. Aus: Andreas Alciatus, Emblematum Libellus, 1542, S.40

S. 67 — 3) Hasegawa Tohaku, Pinien (Ausschnitt). Momoyama-Zeit, 16. Jahrhundert. Tokyo, Nationalmuseum

S. 79 — 4) Münzen nach Vorlagen von Peter Robert Franke, München.
4a) Eiche von Dodona um 300 v. Chr.
4b) Ölzweig Athenas 5. Jahrhundert v. Chr.
4c) Alexander-Platane von Smyrna um 245 n. Chr.
4d) Europa-Platane von Gortyn auf Kreta um 340 v. Chr.
4e) Palme von Karthago um 410 v. Chr.
4f) Siegespalme des Titus um 71 n. Chr.
4g) Baumfrevler von Myra in Kleinasien um 240 n. Chr.
4h) Weinstock von Mende in Nordgriechenland um 430 v. Chr.

S. 88 — 5) Hellenistisches Weihrelief mit Platane, um 170 v. Chr. Glyptothek München, FW. 206

S. 100 — 6) Alexanders Orakelbaum, spätmittelalterliche Handschrift. Aus Yule I, S. 134.

S. 106 — 7) Apollo verfolgt Daphne. Marmorskulptur von G.L. Bernini (1622/23) im Casino der Villa Borghese zu Rom, nach einem Stich von A. Tofanelli

S. 138 — 8) Gallo-römischer Steinaltar für Esus (Mars), 1. Jahrhundert n. Chr., gefunden unter Notre Dame, Paris, Musée de Cluny. Corpus Inscriptionum Latinarum XIII 3026. Aus: P.M. Duval, Les dieux des Celtes, 1957, S.30

S. 142 — 9) Keltischer Gundestrup-Kessel, 1. Jahrhundert v. Chr.(?), Kopenhagen, National-Museum. Aus: Die Kelten in Mitteleuropa. Ausstellung Hallein 1980, S.71.

S. 143 — 10) Martins Baumsturz, figürliches Kapitell der Kathedrale Sainte-Madeleine zu Vézelay, um 1130. Aus: Schmidt 2000, S.15.

S. 146 11) Merlin im Weißdorn. Zeichnung von Alan Lee zu Peter Dickinson, Merlin Dreams, 1988. Aus: Caitlin Matthews, The Celtic Tradition, 1995, S.27

S. 153 12) Bonifatius an der Donar-Eiche zu Geismar bei Fritzlar. Zeichnung zu Wiegand Gerstenberg, Landes-Chronik von Thüringen und Hessen um 1500. Aus: Hessischer Museumsverband (Hg.), Aus hessischen Museen 3, 1982/83, S.99

S. 178 13) Judas am Feigenbaum hängend. Frontispiz zu Abraham a Santa Clara, Judas, der Ertz-Schelm, Salzburg, 1710

S. 187; 185 14) Lindensiegel von Lindheim. Ausschnitt aus einer Eichenholztafel von 1669 am alten Rathaus. Aus: Karl Ernst Demandt, Lindheimer Chronik, 1975, S.43.

S. 192 15) Wolfram von Eschenbach, Parzival trifft Sigune mit Schionatulander auf der Linde. Hagenau-Werkstatt um 1445. Universitätsbibliothek Heidelberg. Cod. Pal. germ. 339, f. 185v.

S. 193ff 16) Jakob von Warte im Bade, Manessische Liederhandschrift Heidelberg, um 1330.

S. 197f 17) Lambert von St. Omer, Liber Floridus (um 1120). Illustrationen aus der 2. Hälfte des 12. Jahrhunderts. Wolfenbüttel, Herzog-August-Bibliothek (Cod. Guelf. 1 Gud. lat. Blatt 76 r, v).

S. 199f; 175 18) Kreuzbaum aus dem »Lignum Vitae« des Bonaventura. »O Kreuz, heilbringendes Gesträuch, von lebendiger Quelle bewässert, dessen Blüte duftet, dessen Frucht begehrt ist.« Unter der Wurzel: »Holz des Lebens, zwölf Früchte bringend in den einzelnen Monaten, seine Frucht bringend und die Blätter des Baumes zur Genesung der Völker« (Johannes-Apokalypse 22,2). Aus: Bonaventura, Opera VIII. Ed. Quaracchi, 1898 gegenüber S.68.

S. 213 19) Palmen-Orden. Emblem der »Fruchtbringenden Gesellschaft« 17. Jahrhundert. »So zermürbt das Alter«: Sterbende Eiche als Zeichen vergänglicher Macht (aus: Henkel/Schöne S. 226).

S. 216 20) Eichen-Emblem mit der Devise: Sic conterit aetas – »So zermürbt die Zeit.« Der alte Eichbaum, selbst schon gespalten, zerbricht die um ihn gelegte Krone; das Wappenzeichen von Lafayette. Aus: A. Henkel/A. Schöne (Hgg.), Emblemata, 1967, S.226

S. 221f 21) Orangenbaum auf dem Platz vor dem Schloß Oranienbaum, 1673

S. 238 22) Goethe: Bäume am Fluß. Lavierte Bleistiftzeichnung. Freies Deutsches Hochstift – Frankfurter Goethe-Museum.

S. 238 23) Wanderers Nachtlied. Nachgezogenes Faksimile des ursprünglich auf der Innenwand des Oberstocks des Pirschhauses auf dem Kickelhahn bei Ilmenau geschriebenen Textes. Nach Photo im Museum der Stadt Ilmenau auf Postkarte.

S. 243 24) Eichenlaub auf deutschen Münzen. Eine Deutsche Mark 1991 (BRD), Groschen 1990 (BRD), Pfennig 1978 (BRD), Fünfziger 1990 (BRD), 5-Euro-Cent 2002 (BRD), eine Deutsche Mark 1956 (DDR, außer Kraft gesetzt 1981)

S. 256f 25) Titelblatt der Zeitschrift »Ver Sacrum. Organ der Vereinigung Bildender Künstler Österreichs« Januar 1898. Graphik von Alfred Roller.

S. 257f 26) Paul Klee, Jungfrau (träumend) 1903, 2. Aus: Catalogue raisonné Paul Klee, Band 1, hg. von der Paul-Klee-Stiftung Bern/Bonn, 1998, S.154.

S. 298f 27) Otto Ubbelohde, 1907. »Die wahre Braut« (Emmi Schenk zu Schweinsberg auf dem Marburger Schloß). Aus: Kinder- und Hausmärchen, gesammelt durch die Brüder Grimm, Marburg um 1925 III, S.221.

S. 291 28) Ständebaum des Petrarca-Meisters 1519/20 (aus: Gercke, S. 279)

S. 293 29) Adam und Eva am Baum des Todes und des Lebens, Holzschnitt von Jakob Rueff, Hebammenbuch, 1533. Aus: R. Beitl, Der Kinderbaum, 1942.

Farbtafeln

S. 4; 172 Abb. I Die Buche von Pondorf mit der Patrona Bavariae. Aus: Mader 1996, S.72

S. 4; 6 Abb. II Die Bavaria-Buche von Pondorf: Der Baum der vier Jahreszeiten, Photos: Wilfried Bauer und Amos Schliack.

S. 8 Abb. III Ein sturmgebeugter Charakterbaum: Pinie am Mittelmeer. Photo: Hildegard Schmidt.

S. 15 Abb. IV Stammbaum-Linde von 1700. Aufschwörung des Adrian Johann Frank von Eerde zu Pleckenpoel, Speyer. Aus: Selbmann 1993, S.119

S. 24 Abb. V Abraham unter der Eiche von Mamre. Aus dem Psalter Ludwigs des Heiligen (Manuscrit Latin 10.525, Bibl. Nat. Paris, Faksimile Graz 1985, hg. M. Thomas/S. Debains, Tafel 7) um 1260

S. 57 Abb. VI Krönungsmantel Rogers II von Sizilien, aus dem Jahre 1133. Bestandteil der deutschen Reichsinsignien in der Burg zu Wien. Die arabische Schrift auf dem Saum lautet übersetzt: »Angefertigt in der königlichen Hofwerkstatt mit Glück und Ehre, Eifer und Vollkommenheit, mit Macht und Verdienst, mit (des Herrschers) Zustimmung und Wohlergehen, Großmut und Erhabenheit, Ruhm und Schönheit, sowie der Erfüllung seiner Wünsche und Hoffnungen in glücklichen Tagen und Nächten ohne Unterlaß und Änderung, mit Ehre und Fürsorge, Hilfe und Schutz, mit Erfolg und Sicherheit, mit Triumph und Tüchtigkeit. In der Hauptstadt Siziliens (Palermo) im Jahre 528 der Hedschra.«

S. 63 Abb.VII Bodhi-Baum: Buddhas Feigenbaum in Bodhgaya, Nordindien. Photo von Deborah Zeeden, Ortenberg, Juli 2001.

S. 99 Abb. VIII Alexanders Wunderbaum auf den Wak-Wak-Inseln. Indische Miniatur der Moghulzeit zur Alexanderlegende, um 1650. Aus: Indische Miniaturen aus dem Besitz der Staatlichen Museen zu Berlin, hg. von Ernst Kühnel, o.J. Nr. 15.

S. 187 Abb. IX Gerichtslinde zu Mühlhausen, Schweiz. Luzerner Chronik von Diebold Schilling dem Jüngeren 1513. Luzern, Bürgerbibliothek. Aus: Schild, 1980, Abb. 177

S. 209 Abb. X Albrecht Dürer, Linde auf der Bastion um 1494, heute im Museum Boymans, Rotterdam.

S. 215 Abb. XI Alchimistischer Lebensbaum. Aus dem »Splendor Solis oder Sonnen-Glantz. Sieben Traktate vom Stein der Weisen« des Salomon Trismosin. Schule von Nürnberg um 1532. Kupferstich-Kabinett, Staatliche Museen Preußischer Kulturbesitz, Berlin. Aus: Gustav Friedrich Hartlaub, Kunst und Magie, 1991, S.135.

S. 254 Abb. XII Eiche im Schnee von Caspar David Friedrich von 1828. Wallraf-Richartz-Museum Köln.

S. 254/163 Abb. XIII Moritz von Schwind: Krokus und die Eichen-Elfe, die Eltern von Libussa, Gründerin von Prag (1855). Schack-Galerie München, Inv.-Nr. 11571. Photo: Joachim Blauel.

S. 254 Abb. XIV Moritz von Schwind: Im Walde. Des Knaben Wunderhorn, um 1848. Schack-Galerie. München, Inv.-Nr. 11576. Photo: Blauel/Gnamm.

S. 301 Abb. XV Antoine de Saint-Exupéry, Der Planet mit den Affenbrot-Bäumen aus dem »Kleinen Prinzen«, 1943

Register

Erfaßt sind im folgenden die wichtigsten Namen und Sachbegriffe. Ubiquitäres, wie Gott, Baumkult, Wald, Mythos, Religion; Europa, Asien ist nicht einzeln ausgewiesen. Quellenangaben, insbesondere antike Autoren (wie Athenaios, Pausanias, Plinius, Plutarch, Strabon) bleiben in der Regel ausgespart und wurden nur dann aufgenommen, wenn es zur Kennzeichnung des Autors dienlich ist. Unberücksichtigt blieben ebenfalls die Wiederholungen in der Zusammenfassung Kapitel 10, weiterhin bloße Vergleiche und Verweise sowie die meisten Baumbezüge in Ovids »Metamorphosen«. Auf andere Stichworte in diesem Register ist mit vgl. (vergleiche), s. (siehe) oder s.d. (siehe dort) verwiesen.

EXPLICIT LIBER FELICITER

Richard van Dülmen (Hg.)
Entdeckung des ICH
Die Geschichte der Individualisierung vom Mittelalter bis zur Gegenwart
Böhlau